आदिवासी : साहित्य यात्रा

आदिवासी : साहित्य यात्रा

सम्पादक
रमणिका गुप्ता

राधाकृष्ण प्रकाशन

ISBN : 978-81-8361-218-0

आदिवासी : साहित्य यात्रा

पहला संस्करण : 2008
सातवाँ संस्करण : 2026

मूल्य : ₹895

प्रकाशक
राधाकृष्ण प्रकाशन प्राइवेट लिमिटेड
जी-17, जगतपुरी, दिल्ली-110 051
शाखाएँ : अशोक राजपथ, साइंस कॉलेज के सामने, पटना-800 006
पहली मंजिल, दरबारी बिल्डिंग, महात्मा गांधी मार्ग, प्रयागराज-211 001
1, अनमोल सोराबजी संतुक लेन, धोबी तलाव, मरीन लाइंस, मुम्बई-400 002
वेबसाइट : www.radhakrishnaprakashan.com
ई-मेल : info@radhakrishnaprakashan.com

मुद्रक
बी.के. ऑफसेट
नवीन शाहदरा, दिल्ली-110 032

AADIVASI : SAHITYA YATRA
Edited by Ramanika Gupta

संपादकीय

आदिवासी लेखन : एक उभरती चेतना

दरअसल आदिवासी चेतना का लेखन, जहाँ एक तरफ अपनी पीड़ा खुद कहने, अपने समाधान खुद ढूँढ़ने की चेष्टा है, वहीं आज वह प्रस्थापितों (Established) द्वारा अपनी संस्कृति को नष्ट करने, अपने संसाधनों पर कब्जा जमाने के षड्‌यंत्रों के बरक्स प्रतिरोध की चेतना से भी लैस है। यह आदिवासी साहित्य अपने संगठन की वजह से पिछले पाँच हजार वर्षों से जिन्दा है। आज आदिवासी साहित्य 90 भाषाओं में लिखा जा रहा है। यहाँ तक कि यह लेखन हिन्दी में भी प्रचुर मात्रा में हो रहा है। इससे न केवल (आदिवासी संस्कृति से) हिन्दी समृद्ध हुई है, बल्कि आदिवासी जीवन-शैली, समानता, भाईचारा और आजादी के सूत्रों को हिन्दी पट्‌टी और हिन्दी भाषी मानस ने भी कुछ हद तक ग्रहण किया है। ये हिन्दी भाषी मानस में दृष्टिकोणात्मक बदलाव लाने में काफी सहायक हो रहा है। आदिवासी साहित्य जीवन का साहित्य है। वह प्रकृति का सहयोगी–सहअस्तित्व का अभ्यस्त, ऊँच-नीच, भेदभाव व छल-कपट से दूर है। वह जमाखोरी या सम्पत्ति जुटाने की भावना से मुक्त है। वह अन्याय का विरोधी और सामाजिक न्याय का पक्षधर है। उसके साहित्य में इन्हीं सब की अभिव्यक्ति है। जीवन की समस्यायें और प्रकृति से लगाव उसके साहित्य का आधार है।

आज आदिवासियों में चेतना जगी है। वह नई-नई विचारधाराओं और क्रान्तियों से परिचित हुआ है, जिनके परिप्रेक्ष्य में वह अपनी नई पुरानी स्थितियों को तोलने लगा है। उसमें अपने होने न होने, अपने हकों के अस्तित्व की वर्तमान स्थिति, अपने साथ हुए भेदभाव व अन्याय का बोध भी जगा है। यही बोध उसके साहित्य में झलक रहा है। अपने इस संपादकीय में मैं आदिवासियों में पैदा हुए इस बोध और चेतना का विश्लेषण उनके द्वारा रचित साहित्य के माध्यम से करने जा रहे हैं। वह आज अपनी समस्याओं को हिन्दी की कलम से भी व्यक्त करने लगा है तो साथ ही अपनी संस्कृति, भाषा और अपनी उदात्त जीवन-शैली की अभिव्यक्ति से हिन्दी को समृद्ध कर रहा है। आदिवासी साहित्य की जरूरत क्यों हुई, इसे भी वह दर्ज कर रहा है। आदिवासी लेखन की उभरती चेतना का सबसे सटीक और सही चित्रण हमें वाहरू सोनवणे की 'स्टेज' नाम की कविता की इन पंक्तियों में मिलता है–

> *हम स्टेज पर गए ही नहीं/जो हमारे नाम पर बनाई गई थी/हमें बुलाया भी नहीं गया/उँगुली के इशारे से/हमारी जगह हमें दिखा दी गई/हम वहीं बैठ*

गए/हमें खूब शाबासी मिली/और 'वे' स्टेज पर खड़े होकर/हमारा दुख हमें ही बताते रहे "हमारा दुख अपना ही रहा/जो कभी उनका हुआ नहीं"/हम बड़बड़ाए—अपनी शंकाएँ जताईं/'वे' कान देकर सुनते रहे और हुंकारे.../हमारे कान पकड़कर हमें धमकाया/"माफी माँगो...नहीं तो..."

इस कविता में आदिवासी कवि ने अपने उस अहसास को चिह्नित किया है जिससे उसका लेखन फूटा है। यह कविता आदिवासी लेखन में उभर रही चेतना को परिभाषित और उस लेखन की जरूरत को रेखांकित करती है। 'आदिवासी साहित्य क्यों?'—यह कविता इस प्रश्न का जवाब भी देती है।

दूसरों द्वारा अपने दुख की चर्चा की बजाय, अपना दुख खुद व्यक्त करने की चेतना के साथ-साथ ही जगी सदियों की चुप्पी तोड़कर प्रस्थापितों द्वारा घेरे गए दायरे और लक्ष्मण रेखाएं तोड़ने की चेतना। अपनी संस्कृति, अपनी भाषा, अपना इतिहास, अपना भूगोल सब जानने, सबकी पड़ताल करने और उसे उस बाह्य जगत से रू-ब-रू कराने की चेतना भी उनमें उभरी और वे बोल उठे—"देखो! हम एक ऐसे समाज हैं, जिनके मूल्यों का न तो ह्रास हुआ है, ना ही उनमें विकृति आई है। हम सामूहिक जीवन प्रणाली में जीते रहे हैं—समाज और समूह में रहते रहे हैं—तुम्हारे द्वारा दी गयी कठिन जिंदगी को अपने गीतों, अपने नृत्य से भुलाते रहे हैं। तुमने हमें सभ्यता से दूर ठेला—विस्थापित किया—हमने बांसुरी और नगाड़े के माध्यम से आपसी संवाद जारी रखा—अब यह संवाद नाद बनकर फूट पड़ा है। बांसुरी को हमने 'मशाल' बना लिया है। अब देश और भाषाओं की सीमाएं और कबीलों के दायरे लांघकर हम अपने समूचे समाज को रोशन करने के लिए संकल्पबद्ध हो गए हैं। हमारी भाषाओं ने अब कलम थाम ली है—हम लिखने लगे हैं—अब हमने अपनी अस्मिता पहचान ली है। हमें वनवासी कहकर 'भुतलाओ' मत—हम तो प्रकृति के संग-संग पैदा होने, उसके साथ विकसित और पनपने वाले आदिम मनुष्य हैं—जो प्रकृति को बचाए रखने में, उसके साथ सहयोग और सहभागिता से जीने में विश्वास करते हैं। हम प्रकृति पर कब्जा नहीं करना चाहते, उस पर अपना वर्चस्व नहीं जताना चाहते, हम साथ-साथ जीने में विश्वास करते हैं, विनाश में नहीं। हम प्रकृति से जरूरत भर लेते हैं और उसे उतना वापिस भी देते हैं। अब हम लिख रहे हैं, तुम्हारे द्वारा थोपे गए विस्थापन के विरुद्ध, अब हम अपनी अस्मिता को मिटने न देंगे, अपने आत्मसम्मान को भी टूटने नहीं देंगे। हम तुम्हें अपनी जीवन-शैली में जीते हुए बदलाव की सीढ़ियां चढ़के दिखाएंगे। हम तुम्हारे साथ होड़ में बराबर के बैठेंगे, पर अपनी निजता—अपनी सरलता और अपनी सामूहिकता को बरकरार रखते हुए। हमने सभ्यता के बढ़ते कदमों के साथ चलने की तुम्हारी चुनौती स्वीकार ली है, हमें हमारी छीनी गई जमीनें—अपने जंगल तुमसे वापिस लेने हैं। अब हम मातृभाषा में पढ़ेंगे ताकि सब आदिम मनुष्य आपस में जुड़ सकें। अपना इतिहास भी खोज निकालेंगे हम। तुमने हमारे बलिदान और विनाश पर ही तो विकास किया है न? इस सत्य को हम उजागर करेंगे। हम मिथकों में, प्रतीकों में, साहित्य में तुम्हारी कलम द्वारा विकृत

की गई अपनी छवि को, तुम्हारे षड्यंत्र को उजागर करेंगे और साबित कर देंगे कि हम तो रक्षक थे, राक्षस नहीं थे। दानवीर थे, दानव नहीं, महाबलिपुरम के राजा थे—हमारे पूर्वज। हमने वेश बदलकर किसी को छला नहीं कभी।"

इस चेतना के साथ ही अपने लोक-साहित्य की समृद्ध परंपरा को स्त्रोत बनाते हुए आदिवासियों ने समकालीन साहित्य की शुरूआत की। पाँच हजार वर्षों का विशद इतिहास है उनके पास। लोकगीतों—लोककथाओं—लिजिन्द्रियों—वीर गाथाओं—पर्वों-त्योहारों के गीतों और अनुष्ठानों की महान परम्परा है, जिसमें उनकी ही नहीं बल्कि पृथ्वी का इतिहास भी छिपा है। वे अब खोज रहे हैं अपना इतिहास—उनके मन्त्रों में यदि ज्ञान का स्त्रोत व्याख्यायित हो रहा है, तो उनकी कथाओं में सृष्टि की—सृजन-गाथाएँ भरी हैं—प्रेम की अनगिनत कहानियां—प्रकृति के असीम विकास की कथा कहते हैं उनके गीत। आदिवासी लेखक अपने समकालीन जीवन के सत्य पर—इन सब समस्याओं पर, प्रश्न कर रहा है—उत्तर पूछ रहा है—समाधान सुझा रहा है। इसलिए आदिवासी लेखन, जीवन का लेखन है, कल्पना और मनोरंजन का किस्सा नहीं। उनकी कलम बिरसा के ऊलगुलान पर, झारखंड के जंगलों में अंग्रेजों के खिलाफ हुए संथाल कोल विद्रोह पर, सिद्धुकानू को दी गई फाँसी पर सतत् चल रही है।

सदियों पहले आर्यों से परास्त होकर ये लोग जंगलों में खदेड़ दिए गये थे। सामूहिक जिन्दगी जीने वाले, प्रकृति-प्रेमी, प्रकृति के सहयात्री और सहयोगी आदिवासी समूह सम्पत्ति की धारणा व लिंग विभेद के भेदों से बिल्कुल अनजान थे। वे सदियों से जंगलों में रह कर—जंगलों के फल, कंद-मूल खाकर व नदियों के पेट में या जंगलों में झूम खेती करते हुए बड़े स्वाभिमान सहित अपनी भाषा, संस्कृति व जीवन-शैली को ज़िन्दा रखे हुए थे। अंग्रेज़ों ने जब हमला किया तो उन्होंने इनकी भाषाओं को लिपि दी और इन्हें पढ़ना-लिखना सिखाया। इन तथाकथित आदिम जमातों के पास अपूर्व लोकसाहित्य का खजाना सुरक्षित है, जिसे पीढ़ी दर पीढ़ी इन्होंने वाचिक परम्परा में ज़िन्दा रखा। लगभग सौ साल पहले इन्होंने लिखना शुरू किया। यह इनका संगठित सामूहिक जीवन ही था, जिसने इनके साहित्य को ज़िन्दा ही नहीं रखा बल्कि समयानुसार उसमें कुछ न कुछ जोड़ा. भी। खोज करने पर इनकी जीवनशैलियों, पर्वों, त्योहारों, उत्सवों, अनुष्ठानों, मंत्रों एवं लोकथाओं और लोकगीतों से पूरा का पूरा इतिहास मिल सकता है, जिसका अभाव तथाकथित भारतीय संस्कृति के साहित्य में रहा है। भारतीयों ने कभी अपना इतिहास नहीं लिखा, न ही गाया, न ही सुनाया। जो लिखा, जो सुनाया, जो गाया वह अतिशयोक्तिपूर्ण था। सत्य नहीं था। वह भाटों का प्रशस्ती गान भर बना रहा। हाँ! लोक साहित्य ने अपने ढंग से सत्य को जरूर कायम रखा है। हालांकि लोकसाहित्य की भी अपनी सीमाएँ होती हैं।

गौरतलब है कि पूर्वोत्तर में अंग्रेजों के जमाने से ही आदिवासी अस्मिता का आन्दोलन शुरू हो गया था। इसी प्रकार झारखंड, छत्तीसगढ़, मध्यप्रदेश, महाराष्ट्र में भी पहचान का यह आन्दोलन ज़ोर पकड़ने लगा था। ऐसे तो बाबासाहेब अंबेडकर ने भी आदिवासी

समस्याओं पर सबका ध्यान खींचा था और संविधान बनाते समय इनके संरक्षण व आरक्षण का प्रावधान किया था। उनकी मृत्यु के बाद चूँकि दलित नेतृत्व ने आदिवासी मुद्दे, जो दलितों से काफी हद तक भिन्न थे, पर ध्यान नहीं दिया, इसलिए महाराष्ट्र में स्वतंत्र आदिवासी संगठनों की शुरुआत हुई और आन्दोलन भी भीतर ही भीतर सुगबुगाने लगा। यह आन्दोलन तुमराम, वाहरू सोनवणे, भुजंग मेश्राम व लक्ष्मण गायकवाड के नेतृत्व में चला जिसने कई आदिवासी कवि, कहानीकार, नाटककार पैदा किए। महाराष्ट्र का कवि भुजंग मेश्राम बिरसा-चेतना से लैस होकर लिखने लगा—

> *बिरसा तुम्हें कहीं से भी आना होगा/घास काटती दराँती हो या लकड़ी काटती टाँगी/यहाँ-वहाँ पूरब-पश्चिम, उत्तर-दक्षिण से/खेतों की बयार बन कर/कहीं से भी आ मेरे बिरसा/लोग तेरी बाट जोहते!*

इस चेतना ने उन्हें दिया मुक्ति का अहसास, अपनी ताकत का अहसास, जो उनकी मुट्ठी में बंद है।

> *वर्षों बाद फैली है जंगल में खबर/अभी-अभी 'बया' मिली थी/कह रही थी बनाऊंगी घोंसला/पाँच हजार बरस पहले जैसा/बस तुम गाते जाओ/मुक्ति के गीत/जंगल की मुट्ठी में अब है कहानी सवा लाख की।*

आदिवासी कलम से उकेरी चेतना ने उनमें इतना आत्मविश्वास भर दिया कि महादेव टोप्पो कह उठते हैं—

> *वह धनुष उठाएगा/और/जंगल के हरेपन की खातिर जंगल का कवि/माँदर बजाएगा—बाँसुरी बजाएगा/चढ़ाकर प्रत्यांचा पर कलम*

दूसरी तरफ ग्रेस कुजूर कलम की ताकत को बंदूक की ताकत से भी बड़ा मानते हुए कहती हैं—

> *क्या कर लेंगी उनकी बंदूक और गोलियाँ/लाँधते ही देहरी हजारों*
> *कहानियाँ/नस-नस हो गई कमान सब लहू तीर/देखना बाकी है*
> *कलम को तीर होने दो!*

वे कलम के ही तीर बन जाने की प्रतिक्षा में हैं—

> *वे लुटने-लुटाने आए हम गए परदेश/धरती उजड़ी जंगल उजड़े रह*
> *गया शेष/झाड़ियाँ हो गईं कमान, सब बिरबै तीर/देखना बाकी है*
> *कलम को तीर होने दो!/ईंटों के भट्ठों में सीज गईं जिन्दगी/रोटी*
> *की खोज में कहाँ नहीं भागी/बाहें हो गईं कमान सब उंगलियां*
> *तीर/देखना बाकी है कलम को तीर होने दो*

आदिवासी जब बोलता नहीं था, तो अन्याय का विरोध तीर चलाकर करता था। अब वह कलम की मारक शक्ति से परिचित हो गया है और अपनी लेखन शक्ति को तीर बनने की राह ताक रहा है। उनकी स्त्रियां भी पीछे नहीं रहीं। वह अपने इतिहास को खोजता है, तो उसे 'सिनगी दई' जैसी वीर योद्धा स्त्री अकेले ही लड़ाई के मैदान में मुगल सेना से लोहा लेते नज़र आती है। और ग्रेस कुजूर कह उठती हैं—

अगर अब भी तुम्हारे हाथों की/उँगुलियाँ थरथराईं तो जान लो/मैं
बनूँगी एक बार और 'सिनगी दई'

वह पूरी आदिवासी स्त्री-जाति का आह्वान करती हैं। उन्हें याद कराती हैं, जब वे दुश्मनों के छक्के छुड़ाने 'जनीशिकार' पर निकल पड़ी थीं।

सच बहुत जरूरत है झारखंड में/फिर एक बार एक जबरदस्त जनीशिकार की!

दूसरी तरफ संताली/हिन्दी कवयित्री निर्मला पुतुल की कविताएं उन निगाहों को पहचानती हैं, जो आदिवासी स्त्रियों को वस्तु में बदलने को आतुर हैं। वे निगाहें आदिवासी समाज को सस्ता मजदूर बनाकर, उनकी संस्कृति, भाषा, जल, जंगल और जमीन को हथिया कर उन्हें पलायन के लिए मजबूर करती हैं। निर्मला पुतुल अपने समाज की विकृतियों से भी टकराती हैं, जब वे 'सजोनी किस्कू' की व्यथा-कथा कहती हैं या 'चुड़का सोरेन' के पिता को हंडिया पीकर बेखबर होने के खतरों से सचेत करती हैं।

'देखो तुम्हारे ही आंगन में बैठे—तुम्हारे ही हाथों बनी हंडिया/तुम्हें पिलाकर—कोई कर रहा है/तुम्हारी बहनों से ठिठोली' 'ये वे लोग हैं/जो हमारे ही नाम पर लेकर गटक जाते हैं/हमारे ही हिस्से का समुद्र'

ये कविताएँ आदिवासियों में पहचान के आन्दोलन और अपनी संस्कृति, भाषा, जल, जंगल, जमीन और लाठा-जलावन को बचाने की मुहिम का हिस्सा नहीं तो और क्या हैं? वे अपने समाज की विकृतियों को भी दूर कर आज के समाज के समकक्ष सशक्त होकर खड़ा होना चाहते हैं। निर्मला पुतुल अपने समाज में व्याप्त कुप्रथाओं, जड़-परंपराओं और प्रयासों पर तीव्र चोट करती हैं, जब वे कहती हैं—

'बस रहने दो/कुछ मत कहो सजोनी किस्कू/मैं जानती हूँ कि अपने गाँव बागजोरी की धरती पर जब तुमने चलाया था हल/तब डोल उठा था बस्ती के माँझी थान में/बैठे देवता का सिंहासन/गिर गई थी पुश्तैनी प्रधानी कुर्सी पर बैठे/मगजहीन माँझी हाड़ाम की पगड़ी/तब बैल बनाकर हल में जोता था/जालिमों ने तुम्हें/खूँटे में बाँधकर खिलाया था भूसा'

वे चुड़का सोरेन को सावधान करती हैं—

तुम्हारे पिता ने कितनी शराब पी/ये तो मैं नहीं जानती/पर शराब उसे
पी गई।

वे आदिवासी लड़कियों को फुसलाकर भगा ले जानेवाले मैदानी लोगों के बारे में चुड़का को सतर्क करती हैं—

'वह कौन-सा जंगली जानवर था चुड़का सोरेन/जो जंगल में लकड़ी बीनने गई/तुम्हारी बहन मुंगली को उठाकर ले भागा'

उधर राजस्थान में आदिवासी लेखकों ने गोविन्द गुरु के विद्रोह और कालीबाई के बलिदान को भी खोज निकाला है। रमेश चन्द्र बड़ेरा और खेमराज पारगी ने राजस्थान के उन जनगीतों के माध्यम से गोविन्द गुरु और कालीबाई के इतिहास को खोजा है।

हरिराम मीणा ने भी अपने लेखों में इस पर शोध किया है और आज यह तथ्य सामने आया है कि मानगढ़ में जलियाँवाला बाग से भी बड़ा कांड घट चुका था, जहाँ अंग्रेजों ने राजस्थान और गुजरात के रजवाड़ों को साथ लेकर एक रात में 1500 आदिवासियों को मानगढ़ की पहाड़ियों पर गोलियों से भून डाला था पर इसे इतिहास में दर्ज नहीं किया गया था। अब यह दर्ज हो रहा है।

शिक्षा के समर्थक गोविन्द गुरु ने लड़के-लड़कियों के लिए स्कूल खुलवाने और सरकार को लगान न देने तथा सूदखोरों को सूद न देने की मुहिम चलाई, जो आदिवासी लोकगीतों और लोककथाओं में व्याप्त हैं और आज उन्हें उकेर रही है उनकी कलम, पत्थरों में उकेर रही है उनकी छैनी। गोविन्द गुरु का निम्नलिखित गीत आजादी की भविष्यवाणी के रूप में साबित हुआ है, जो राजस्थान के चप्पे-चप्पे में गूंजता है।

> *'भुरेटिया न मानू रे न मानू रे/दिल्ली में म्हारी कलम है/अहमदाबाद म्हारी जाजम है/जाम्बू में म्हारी फौजें हैं/मानगढ़ में म्हारी धूणी है/पंचराज थापूवुँई/तो कई गया/गोविन्द गुरु है/भुरेटिया न मानू रे न मानू रे... ।'*

आदिवासी अपने विस्थापन और सभ्यता से दूर रखे जाने के षड्यंत्र को समझ रहा है और अपने समाज को आगाह करता है। हरिराम मीणा का संवाद अंडमान निकोबार तक के आदिम मनुष्यों से होता है। वे उनकी खत्म होती नस्लों पर चिंतित हैं, जमीनों से उनकी बेदखली पर वे कह उठते हैं–

> *कैसे करोगे साबित/सभ्यता की इस अदालत में/कि यह 'भौम' (जमीन) तुम्हारी थी।*

कवि अपनी जमातों को बेदखल होते देख उनकी बेबसी पर बौखला उठता है और सवाल करता है उनसे–

> *'देखो तुम देख रहे हो/कि वे आ रहे हैं/तुम्हारी नसें तन रही हैं/तुम्हारी भुजाएं फड़क रही हैं/तुम्हारे तीर-कमान तने हैं/तुम एकजुट हो/मगर तुम कुछ नहीं कर रहे/तुम आक्रमण कर सकते हो/मगर तुम डर रहे हो/आखिर क्यों–क्यों?'*

पूर्वोत्तर में पहचान का आन्दोलन

झारखंड के आन्दोलन से आदिवसी साहित्य पैदा हुआ, तो पूर्वोत्तर में पहचान के आन्दोलन ने जो अंग्रेजों के समय से ही शुरू हो गया था, साहित्य को समृद्ध किया। मिजोरम हो या मेघालय, नागालैण्ड हो या असम, मणिपुर हो या अरुणाचल प्रदेश या त्रिपुरा अस्मिता का आन्दोलन उनके साहित्य को तराशता रहा। लोककथाओं, लोकगीतों, मिथकों और गाथाओं में संजोयी उनकी समृद्ध विरासत से ऊर्जास्वित हुए हैं पूर्वोत्तर में कवि, कहानीकार, उपन्यासकार। बोड़ो आन्दोलन ने बोड़ो साहित्य को समृद्ध किया। सभी विधाओं में उनका लेखन आन्दोलन के बल पर पनपा। विदेशी और देसी बहिरागतों के दबाव ने उन्हें अपनी

संस्कृति को बचाने के लिए सचेत और एकजुट किया। वे डट कर खड़े हो गए कलम और कदम-ताल के मेल ने, जहाँ अनेक रचनाओं और रचनाकारों को जन्म दिया वहीं बोड़ो भाषा और उसके साहित्य और आन्दोलन को सुदृढ़ और सबल बनाया। मेघालय में वैल्श लोगों ने उन्हें लिपि दी। वे उनके एहसानमंद तो हैं पर वे अपनी संस्कृति का अपमान नहीं भूले। उस पर उनके आघातों के प्रति वे आज भी आन्दोलित हैं। मेघालय का खासी कवि डेस्मंड या असम का राभा कवि नेताई अंग्रेजी भाषा को लेकर आत्मग्लानी महसूस करता है और अपनी विरासत के प्रति फैलाई जा रही ग्लानी को पहचानता है। डेस्मंड कहते हैं—

'मेरे अंग्रेजी-ज्ञान का बोझ 'दूसता' है मुझे—सवाल करता है/यह ज्ञान जो बन गया है मकबरा बघारता है शेखी/करता है निरंतर अट्टहास।'

कवि उन विदेशी मेहरबानों को माफ नहीं कर पाता—जिन्होंने उन्हें लिपि देकर साक्षर तो किया पर 'खासी संस्कृति' के प्रति उनके मन में हीन भावना भर दी!

'अपने विदेशी संरक्षकों के/स्याह चोगों में छिपकर/मुझे सिखाया गया था/खुद अपने आप पर शर्मिंदा होना! (द कांकेस्ट)

असम के नेताई राभा अपनी भाषा की बजाय गैर राभा या गैर बोड़ो भाषा वालों के प्रति रोष प्रकट करता है, जब वह कहता है—

'लेमा बोलने के प्रयास में/तुमने खो दी है अपनी जबान—अपनी बोली/हमारी जबान भी कम नहीं किसी कदर भी मिठास में/फिर क्यों करें हम दूसरों का अनुसरण—/दूसरों की नकल'

शिलांग में बसा मणिपुर निवासी कवि न्गनगोम विदेशी शासकों द्वारा बरती गई उपेक्षा के प्रति कह उठता है—

'कोई पीतवर्णी दिव्य तेजस्वी/चेहरे वाला युवक/एक बार आया कोहरे में लिपटी/हमारी पहाड़ियों में/लाया था वह हमारे लिए चिट्ठियाँ,/साहित्य और बाइबिल/वह था 'वैल्श' का निवासी।/पर टॉमी लाए द्वेष/और हमारी हरित भूमि पर छिड़क दिया/हमारे पुरखों का रक्त/और हमसे गोलीबारी के अंदाज में की बातें' (एक वैल्श कवि से मुठभेड़)

न्गनगोम भ्रष्टाचार और उग्रवाद को झेलते हुए जनमानस के प्रति भी सजग होकर अपनी व्यथा को व्यंग्य की शैली में बखानता है—

'आओ हम छेड़ें युद्ध मासूम चीजों के खिलाफ/प्रकृति की संतानों से—अपनी धरती के लालों से छुरे, डंडे और पत्थर लेकर।/इस छोटे भूखंड में जिसे भुला दिया इतिहास ने अलग कर दिया नौ पर्वत-श्रेणियों ने/वह कंगलेइपक बसा है अज्ञानता के स्वर्ग में जो था कभी उत्कृष्ट—/भूमि-हितकारी और पौराणिक/अब अड्डा काला-बाजारियों का/स्वर्ग—पैसे बनाने वालों का/जहाँ रुकती नहीं किसी की धड़कन/चाहे आप रिश्वत दें,/इज्जत बेचें या करें—/न्याय बाँटने का धन्धा!'[1]

---

1. आई ऐम सॉरी टू सी पोएट्री इन चेन्ज, पृष्ठ 85

सरकारी और गैर सरकारी उग्रवाद पर उनका व्यंग्य भीतर तक भेद डालता है। देखें–

'सुना है आजादी/उस जगह ही आती है/जहाँ वह चल सके/सशसत्र जवानों के साए में।' (होमलैंड आई लेफ्ट)

यह तो मानना ही होगा कि ऐसी कविताएँ पूर्वोत्तर में चल रहे दमन-विरोधी जनसंघर्षों की प्रेरणा का ही प्रतिफल है।

देसी व विदेशी बहिरागतों द्वारा फैलाई गई विकृत संस्कृति और उनकी निगाहों में छिपी कुत्सिता के खिलाफ पॉल लिंगदोह गिरते मूल्यों पर व्यंग्य करते हुए 'रंगरलियों के दिन' शीर्षक कविता में कहते हैं–

बिकाऊ है/अपनी समूची सम्पदा से लदी-फदी धरती के साथ/यह आत्मविस्मृत, खंडित देश/हमारी मूल्यवान खनिज सम्पदा, वनौषधियाँ और/दुर्लभ बगीचे/और दरख्त और मैदा और जलाशय–/ये सब और सब कुछ। बिकाऊ है/हमारी युवा–विवाहयोग्य लड़कियाँ,/इस देश जैसी ही खूबसूरत/हमारी वरीयता : मैदानी इलाकों के मर्द या बेशक समंदर-पार के/बस्‌ थोड़े तंदरुस्त–(वैवाहिक स्थिति, धर्म या जाति का कोई बंधन नहीं)...सिर्फ तोंदियल लोग ही,/या वे, जो निकट भविष्य में तोंदियल होने की/संभावना वाले हों, आवेदन करें।... बिकाऊ है/हमारी बोझिल, पुरातन कबीलाई जड़ें/जिन्होंने हमारी तरक्की के चक्कों को जकड़ रखा है/अपने आप से आगे जाने की हमारी शक्ति को/और हमारे लिए झेंप का स्थायी कारण बन गई हैं।...बिकाऊ है/हमारा स्वाभिमान, हमारी मान्यताएँ, हमारी कार्य-संस्कृति,/हमारा लज्जा-भाव, हमारी सामूहिक चेतना, अतिरिक्त बोनस : ये सारी चीज़ें लुटाने के भाव उपलब्ध हैं।/विशेष : सम्पर्क के लिए टेलीफोन नंबर की ज़रूरत नहीं। हमारे एजेंट हर कहीं हैं।/गलियों में, सड़कों पर झुंड के झुंड देखे जा सकते हैं वे।

चुनाव पर व्यंग्य करते हुए वे कहते हैं–

किसी प्रवीण शब्दशास्त्री ने/मौज-मस्ती में डूबी इन रंगरलियों के लिए/गढ़ा एक शब्दः/चुनाव!

पूर्व हो या पूर्वोत्तर, मध्यभारत हो अथवा पश्चिम व दक्षिण भारत अथवा उसके इर्द-गिर्द के द्वीप सभी जगह आदिवासी पहचान का आन्दोलन जन्म ले चुका है। हालांकि दक्षिण में आदिवासियों की संस्कृति का हिन्दू-संस्कृति या अन्य संस्कृतियों में काफी समायोजन हो चुका है लेकिन वहाँ भी अब बची-खुची आदिवासी संस्कृति को बचाने का प्रयास शुरू हो गया है। इसके दो कारण मुख्य हैं–एक तो जब विदेशी यानी अंग्रेजों ने और साथ ही साथ भारत के मैदानी क्षेत्रों के तथाकथित सभ्य लोगों ने आकर, उन्हें उनकी संस्कृति को पिछड़ा, असभ्य व जंगली कह कर उनमें हीन-भावना भरने की कोशिश की, तो वहाँ के पढ़-लिखे आदिवासी लोग अपनी संस्कृति को ही हेय समझने लगे। इसके विरोध में आदिवासियों के चेतनशील व जागरूक तबके ने अपनी आवाज बुलन्द की

और लेखन व जमीनी संघर्ष के माध्यम से विरोध प्रकट किया, जिसने कालान्तर में एक जबरदस्त आन्दोलन का रूप ले लिया।

दरअसल आदिवासियों का शोषण केवल बाहरी शक्तियों ने ही नहीं किया बल्कि भारत के आन्तरिक उपनिवेशवादियों ने उनका अधिक शोषण किया। उनकी जमीनें व रोजगार के साधन तो बाहरी लोगों ने हड़पे ही साथ ही साथ इतनी अधिक संख्या में भारत के मैदानी लोग वहाँ जाकर बस गए कि आदिवासी अपने ही घर में अल्पसंख्यक हो गए या कहें परदेशी हो गए—निज घरे परदेसी! यह बहिरागत जमात, जो भारत के भीतर ही से उन्हें लूटने या उन पर वर्चस्व जमाने अथवा उनकी नौकरियों के अवसर हड़पने आती थी, के खिलाफ भी आदिवासियों में रोष का बवंडर उठा, जिसने एक बड़े आन्दोलन का रूप ले लिया। आज वह आक्रोश उनकी कविता, कहानी या उपन्यासों में तो दर्ज हो ही रहा है, वह लोककथाओं व लोकगीतों के रूप में भी सुनाया या गाया जा रहा है। इसी के फलस्वरूप वहाँ उग्रवाद भी पनपा है जिसका दंश वे ही झेल रहे हैं और उस पर लिख भी रहे हैं। इसी दंश के विरोध मैं मणिपुर के न्गनगोम तड़प कर कहते हैं—

एक शैतानी युद्ध छिड़ गया है/हमारी धरती पर/खून से लथपथ अनादरित शरीर/घसीट कर ले जाए जा रहे हैं/हमारे धान के खेतों से!...

बोरो साहित्य सभा असम के अध्यक्ष ब्रजेन्द्र ब्रह्म अपनी कविता में बहिरागतों के आने पर बोड़ो जनों की दुर्दशा पर कह उठते हैं—

इतर जातियों के प्रपंच ने/किया तुम्हें छिपने को मजबूर—जंगलों में/तुम लुटे बहिरागतों के हाथों/बन गए परदेसी जमीन पर अपनी ही/और परदेसी बन गए तुम्हारी जमीनों के मालिक।

आज पूर्वोत्तर आदिवासी न सिर्फ अपने प्रति बरती गई भारत सरकार व भारतीयों की उपेक्षा के खिलाफ लिख रहे हैं बल्कि उन्हें यह भी गिला है कि भारत के जो लोग उन पर शासन कर रहे हैं, वे उन्हें पहचानते तक नहीं। दिल्ली में उनके जाने पर वे उनसे पूछते हैं—"क्या आप वर्मी या चीनी हैं?" यह प्रश्न उन्हें शंका में डाल देता है और नागालैण्ड नेचरियाजो चुचा अपने से पूछने लगते हैं—"क्या हम भारतीय हैं? हमारा चेहरा-मोहरा व रंग-रूप भी तो इनसे नहीं मिलता फिर हमारी जड़ें कहाँ हैं?" और वे अपनी जड़ों की खोज में वर्मा, तिब्बत, चीन, मंगोलिया या इजरायल तक पहुँच जाते हैं। अपने मिथकों में वे अपनी जड़ें खोजते हैं। पूर्वोत्तर का पूरा का पूरा साहित्य पहचान के इस आन्दोलन से ही अस्तित्व में आया है।

आदिवासी लेखकों ने अपनी भाषा का स्रोत तक खोजने की कोशिश भी की है। मोराजी देवगम ने मुंडारी शब्दों को नामीबिया, मंगोलिया, नाइजीरिया और जर्मनी की भाषाओं तक में खोजा है। वे यह भी साबित कर रहे हैं कि मुंडारी भाषा और उसका दुपुव (मूल) संस्कृति ही विश्व मानव समाज की जननी है। मुंडारी और कुड़ुख भाषा के शब्द वेदों में भी खोजे जा रहे हैं।

पुष्प पुष्कर मातृभाषा की वकालत करते हुए मुंडारी, खड़िया, संताली और हो भाषाओं का संबंध बताते हैं, तो देवगम आदिवासी समाज की स्वर प्रधान भाषाओं के अनुकूल हो भाषा की लिपि गढ़ते हैं।

इतना ही नहीं विभिन्न भाषाओं के आदिवासी साहित्य का आकलन भी शुरू कर दिया है, डॉ. राजेन्द्र ठाकरे, रोजकेरकेट्टा, रेमिस कंडुलना और डोमन साहू 'समीर' जैसे आलोचकों ने। रावण का नया मूल्यांकन करने लगे हैं। लटारी कबडू मडावी और भारतीय वाङ्मय में आदिवासियों के जान-बूझकर विकृत बनाए गए चेहरों का सही रूप प्रस्तुत करने लगे हैं।

आदिवासियों के विस्थापन, विकास और परिवर्तन का डॉ. गोविन्द गारे मराठी, चैतन्य प्रसाद मांझी उड़िया और राजेन्द्र सिंह मुंडा तथा रामदयाल मुंडा हिन्दी में विश्लेषण कर, दिशा निर्धारित कर रहे हैं। दयामनी, वासवी, बिटिया मुर्मू, निर्मला पुतुल और रोज केरकेट्टा आदिवासियों के सवालों पर कलम चला रही हैं और उनके सवालों को हर दृष्टिकोण से उठा रही हैं।

आदिवासी लेखक अपने लोकसाहित्य को प्रस्तुत कर रहे हैं—किंवदन्तियाँ, कथाएँ, लोककथाएँ सामने ला रहे हैं, नाटक लिख रहे हैं तो वे अपनी शौर्यगाथाओं की खोज में भी निकल पड़े हैं। अरुणाचल प्रदेश के एक लोकगीत 'हयकंग' (बोरी जनजाति का उपासना गीत) में पुजारी मनुष्य की उत्पत्ति की कथा सुनाते हुए सृष्टिकर्ता द्वारा मानव जाति पर किए गए अन्याय का वर्णन करता है, तो 'मृतआत्मा के विलाप' लोकगीत में कब्र में पड़ी मृतक की आत्मा स्वर्ग की नहीं बल्कि जीवितों के संसार में, यानी धरती पर वापस आने का आग्रह करती है। बंजारा गीतों में विवाह की प्रथा से वधू खुद को लज्जित महसूस करती है और वे हाथों और पावों में जंजीरे पहनाकर पराए पथिक के साथ बांधकर भेजने की कोशिश के विरोध में रूदन करती हैं।

संपादन के क्षेत्र में भी आदिवासी लेखकों ने कमान संभाल ली है। इनकी मातृभाषाओं में पत्र-पत्रिकाएँ प्रकाशित होने लगी हैं। अकेले झारखंड राज्य में संताली भाषा में ही लगभग 146 पत्रिकाएं प्रकाशित होती रही हैं। राजस्थान से निकलने वाली 'अरावली उद्घोष', जिससे प्रेरित होकर 'युद्धरत आम आदमी' ने आदिवासी रचनाओं के दो विशेषांक निकाले, अपने में एक महत्त्वपूर्ण पत्रिका है, जो आज हिन्दीभाषी आदिवासी लेखकों का प्रतिनिधित्व करती है।

यह साहित्य प्रासंगिक तो है ही, उपेक्षित जमातों के प्रति आज तक अनजाने में अथवा जानबूझकर अपने स्वार्थहित में बरती जा रही उपेक्षा के प्रति तथाकथित मुख्यधारा में संवेदना पैदाकर मानसिकता बदलने का प्रयास भी करता है। 'हम और वे' की दूरियों को पाटने का काम यही साहित्य कर रहा है। निर्मला पुतुल ने यदि झारखंड के आदिवासियों में पनप रहे रोष और पहचान के आन्दोलन से प्रभावित होकर लिखा है, तो उसका असर आपके मन पर भी पड़ रहा है, आपके अन्तर्मन में वे एक संवेदना जगाने में कामयाब हुई हैं और यही आदिवासी साहित्य की सफलता है।

इस प्रकार आदिवासी लेखन की चेतना का उभार बहुमुखी, व्यापक और यथार्थपरक है। यह प्रतिबद्ध लेखन है, जिसका लक्ष्य समाज और मानव का कल्याण है, जो जनतांत्रिक है और समता, बराबरी, भाईचारा में विश्वास रखता है। शिक्षा के महत्त्व को समझते हुए यह लेखन साक्षरता और चेतना जन-जागृति के अभियान के साथ आगे बढ़ रहा है।

–रमणिका गुप्ता

अनुक्रम

संपादकीय

आदिवासी लेखन : एक उभरती चेतना — *रमणिका गुप्ता* — 5

मराठी भाषा

आदिवासियों की अब तक की साहित्य-यात्रा — *डॉ. विनायक तुमराम* — 21
आज अगर खामोश रहे, तो कल सन्नाटा छाएगा — *वाहरू सोनवणे* — 34
आदिवासी साहित्य क्यों ? — *भुजंग मेश्राम* — 44
आदिवासी कविता : एक आकलन — *डॉ. राजेन्द्र ठाकरे* — 54
मराठी कविता में आदिवासी चेतना — *दामोदर मोरे* — 76

खड़िया भाषा

खड़िया जाति का इतिहास-बोध और साहित्य — *डॉ. रोज केरकेट्टा* — 82
खड़िया भाषा का रचना-संसार — *डॉ. रोज केरकेट्टा* — 89

संताली साहित्य

संताली साहित्य : मौखिक अभिव्यक्ति का स्वर — *कृष्ण चन्द्र टुडू* — 92

कुड़ुख़

आदिवासी महिलाएँ और साहित्य — *रेमिस कंडुलना* — 97
कुड़ुख़ लोकगीतों में युद्ध-वर्णन — *अजय तिर्की* — 99

बोडो साहित्य

बोडो साहित्य सभा : मूल्यांकन — *सोभा ब्रह्मा* — 103
बोडो साहित्य का काल विभाजन — *मधुराम बोडो* — 114
बोडो लिखित-साहित्य का परिचय — *स्वर्ण प्रभा चैनारी* — 121

राभा साहित्य

राभा भाषा में साहित्य-लेखन — *फुकन चन्द्र बसुमतारी* 127

राभा काव्य साहित्य की एक झलक — *रूपक कुमार राभा* 130

राभा भाषा एवं साहित्य के अनुदृश्य — *नीवारानी फुकन गोगोई* 134

गारो साहित्य

गारो लिखित-साहित्य का परिचय — *स्वर्ण प्रभा चैनारी* 141

कोक-बोरोक

सृजन की एक ऊर्ध्वमुखी सदी — *नन्दकुमार देब बर्मा* 145

मिजो

मित्रो भाषा एवं साहित्य की विकास यात्रा : एक जायजा — *डॉ. लल्टलुआंगलियाना खियांग्टे* 163

मिजो साहित्य का अन्य साहित्य के सन्दर्भ में आकलन — *आर. थंगबुंगा* 183

मिजो नाटक की उत्पत्ति और विकास — *प्र. एल.टी. लियाना खियाङ्ते* 194

खासी

खासी-काव्य साहित्य — *आई.एम. साइमन* 203

खासी पहाड़ियों के कुहासे में अंग्रेजी कविता के भँवर — *सुमन्यु सत्पथि* 209

'का जिंगस्नेंग तिम्मेन' : खासी-जैन्तिया प्रकृति का आईना — *आर.टी. रिम्बाई* 225

एक कवि की दृष्टि में खासी लोकतन्त्र : एक विश्लेषण — *किनफामसि नौगकिनरिह* 232

आदिवासी : साहित्य यात्रा

मराठी भाषा

आदिवासियों की अब तक की साहित्य-यात्रा

डॉ. विनायक तुमराम

महाराष्ट्र के गोंडवाना, सह्याद्री और सतपुड़ा, इन तीन पहाड़ों पर कुल 47 आदिवासी जनजातियों का वास है। आजादी मिले भी आज 58 वर्ष गुजर गए हैं, किन्तु आदिवासियों के जीवनमान में कोई अधिक फर्क दिखाई नहीं पड़ता। वर्तमान में भी उनकी जो स्थिति है, वह सोचने को मजबूर करती है, बेचैन करती है। उनके सामाजिक जीवन का चैतन्य ही खो गया है। सदियों से उनके हिस्से में मौन आया है। वर्तमान स्थिति का कवच तोड़कर बाहरी संसार की ओर छलांग लगाने की चेतना का उदय उनकी सामूहिक-जीवन-शैली में अभी हुआ ही नहीं है। काल-बद्ध, रूढ़िवादी-परम्परा के शिकंजे से वे अभी भी मुक्त नहीं हुए हैं। ऐसा नहीं लगता कि उन्हें अपनी स्थिति की गति का ज्ञान हुआ हो ! आदिमों का आत्मानुभव, स्वधर्म में उनकी अटल श्रद्धा और स्व-संस्कृति से अत्यधिक प्रेम होने के कारण ही वे आज तक स्थापित जीवन-मूल्यों को गले लगाए बैठे हैं। इन जीवन-मूल्यों को नकारने के लिए आदिम मानसिकता अभी भी तैयार नहीं है। बीती सदी के क्रूर एवं कठोर दासता के बन्धन अभी ढीले नहीं हुए हैं। इन दासता के बन्धनों को छोड़ने के युद्ध-जनित ज्ञान ने, अभी भी उनके सामूहिक जीवन में जड़ें नहीं जमाई हैं। चारों ओर से यह जीवन तबाही के मार्ग पर है। जीवन के हर क्षेत्र में एक तरह की पराजय उनके हिस्से आ रही है। इसलिए यह नव और क्रान्तिकारी विचार कि—जीवन की हर युद्धभूमि पर सामूहिक युद्ध के अलावा, इस जीवन को ग्रसनेवाली भयानकता को रोकना सम्भव नहीं है—इन दिनों नवशिक्षित आदिवासी युवकों में जड़ें जमाने लगी है। इस दिशा में उनका कृतिशील मार्गक्रमण शुरू हुआ है। उनकी प्रज्ञा, प्रतिभा, आदिम-वेदना से जुड़ने के लिए आगे बढ़ रही है।

प्रथम आदिवासी-साहित्य सम्मेलन

शिक्षा के बढ़ते प्रसार से आदिवासी समाज थोड़ा-बहुत लिख-पढ़ रहा है, इसलिए युवकों में अपनी दशा के परीक्षण तथा चिन्तन की प्रक्रिया जोर पकड़ रही है। आदिवासियों में पुराण-मूल्यों को जानबूझकर नकारनेवाली नई पीढ़ी उदित होने लगी है। इन

नवशिक्षित आदिवासी युवकों का जीवन के प्रति नया अहसास तथा अनुभव, तेज और विद्रोही तो है ही, साथ ही यह नव-निर्माण हेतु सक्षम भी है। यह पीढ़ी अपने सम्पन्न धरोहर की वस्तुनिष्ठ खोज करते समय, प्रखर यथार्थ का निरन्तर ध्यान रखनेवाली है। इस पीढ़ी की बेचैनी का यही कारण है। आर्यों के आक्रमण से वन-जंगलों में पलायन को मजबूर और अत्यधिक भय से पीड़ित आदिम-समूह के जीवन की चिरवेदना, नई पीढ़ी के आदिवासी युवकों के संवेदनशील मन को घायल कर रही है। जिस समाज में हम पैदा हुए, बड़े हुए, पढ़-लिखकर आगे बढ़े, उस समाज के हिस्से में आई, इस दुरावस्था को देखकर यह पीढ़ी दुखी है, बेचैन है। इस दुख, बेचैनी, विद्रोह के कहीं न कहीं अभिव्यक्त होने की आवश्यकता थी और यह आवश्यकता पूरी हुई–आदिवासी-साहित्य मंच के निर्माण से। जिस दिन यह स्वतन्त्र मंच निर्मित हुआ, वह 10 नवम्बर, 1979 का दिन आदिवासियों के समग्र इतिहास में स्वर्णाक्षरों से लिखा जानेवाला दिन था। इसी दिन चन्द्रपुर जिले की भद्रावती नामक प्राचीन ऐतिहासिक नगरी में आदिवासियों का पहला 'साहित्य-सम्मेलन' हुआ। उस सम्मेलन के अध्यक्ष माननीय कृष्णमूर्ति जी मिरमिरा, उद्घाटक ख्यातनाम दलित साहित्यकार डॉ. यशवन्त मनोहर और प्रमुख अतिथि प्राचार्य राम शेवालकर उपस्थित थे।

युगों से चले आए आदिवासियों के मौन को इस सम्मेलन में एक नई राह मिली। मराठी साहित्य-जगत को एक विरले अनुभव की असलियत ज्ञात हुई। इस सम्मेलन में ऐसे आदिपुत्रों की मुक्ति का ठोस निर्णय हुआ, जिनके सामाजिक परिवर्तन का दर्शन-संस्कृति की मजबूत नींव पर खड़ा है। साहित्य-क्षेत्र से बाहर कई वर्षों तक जो, 'वंचित' बनकर जिए, जिनकी प्रज्ञा, प्रतिभा के उत्थान का कोई मार्ग ही शेष नहीं था, उन वनपुत्रों की वेदना की हुँकार इस सम्मेलन में जाग उठी। आदिवासी प्रतिभा दिल खोलकर इस साहित्यिक मंच पर विचर रही थी। आदिवासी कवि-लेखकों की भाव-भावना की व्यथा-वेदना का अहसास, प्रेरणा, प्रश्न तथा समस्याओं की तीव्रता आदि का उपस्थित जन-समुदाय को अनुभव हुआ। इस तरह आदिवासियों के सांस्कृतिक और साहित्यिक आन्दोलन की शुरुआत इसी सम्मेलन से हुई। स्पष्ट है कि पहला आदिवासी-साहित्य सम्मेलन, आदिवासियों की वनवास-मुक्ति की ओर उठा पहला कदम है।

दूसरा आदिवासी साहित्य-सम्मेलन

दूसरा 'आदिवासी-साहित्य सम्मेलन' वणी, जिला यवतमाल में 23, 24 मई 1984 को बड़े पैमाने पर हुआ। दलित-साहित्य आन्दोलन के सिद्धहस्त लेखक एवं विचारक डॉ. रावसाहेब कसबे इस सम्मेलन के अध्यक्ष थे। शब्दों की शक्ति पर नितान्त विश्वास रखने वाले और नए युग की प्रस्तावना के लिए शब्दों की पूँजी लगानेवाले प्रतिभाशाली कवि-लेखक आदिवासी समाज ने भी पैदा किए हैं, इसकी प्रतीति एक

बार फिर इस सम्मेलन में हुई। धीरे-धीरे आकार प्राप्त करनेवाले इस भिन्न अनुभव-जगत की पड़ताल करने के उद्देश्य से 'महाराष्ट्र मानव-विज्ञान परिषद्' पुणे नामक संस्था ने 1 और 2 अक्टूबर 1986 को पुणे में 'महाराष्ट्र के आदिवासियों के प्रश्न तथा साहित्य में उनका प्रतिबिम्ब' विषय पर गोष्ठी-चर्चा का आयोजन किया। महाराष्ट्र के एक बड़े विचारक तथा सन्त-साहित्य के गहन अध्येता गं.बा. सरदार जी के कर-कमलों से इस गोष्ठी-चर्चा का उद्घाटन किया गया। इसमें, महाराष्ट्र के कोने-कोने से उदयोन्मुखी कवि-लेखक तथा सामाजिक कार्यकर्ता उपस्थित थे। इस गोष्ठी में आदिवासियों की ध्वस्त-जीवन-संस्कृति को न्याय देने के लिए तथा उनके जलते प्रश्नों तथा समस्याओं को मुखर करने के लिए आगे बढ़े आदिवासी कवि-लेखकों के साहित्यिक कार्य का निकट से परिचय हुआ।

तीसरा आदिवासी-साहित्य सम्मेलन

6, 7 जून 1987 को किनवट, जिला नांदेड़ में 'तीसरा आदिवासी-साहित्य सम्मेलन' आयोजित किया गया। 'आदिवासी संशोधन तथा प्रशिक्षण संस्था', पूणे के संचालव. डॉ. गोविन्द गारे इस सम्मेलन के अध्यक्ष थे। इस सम्मेलन के हर चर्चा-सत्र में 'आदिवासी-साहित्य का स्वरूप', 'इस साहित्य का समाज से सम्बन्ध', 'उसका भविष्य', 'उसके अनुभव और प्रेरणा' आदि विषयों पर अधिक प्रकाश डाला गया। इस सम्मेलन में सहयाद्री, सतपुड़ा तथा गोंडवाना, से नवोदित आदिवासी-कवि-लेखक आए थे। इस सम्मेलन से यह स्पष्ट हो गया कि आदिवासी-साहित्य की धारा धीरे-धीरे आन्दोलन का रूप धारण कर जड़ें जमाने लगी है।

'नवोदित आदिवासी प्रशिक्षण-शिविर'

तीसरे आदिवासी-साहित्य सम्मेलन के थोड़े ही देर बाद ठाणे के जठार शहर में 26 से 29 फरवरी 1988 को नवोदित आदिवासी साहित्यकारों के लिए 'प्रशिक्षण शिविर' का आयोजन किया गया। इस शिविर का उद्घाटन 'दैनिक केसरी' के सम्पादक तथा ख्यातिनाम साहित्यकार डॉ. शरच्चन्द्र गोखले जी ने किया। साहित्य से प्रेम करने वाले तथा सामाजिक बन्धन को अपनाने वाले आदिवासी-साहित्यकारों का वह क्रान्ति-उत्सव था। इस प्रशिक्षण शिविर में साहित्य का स्वरूप, साहित्य का प्रयोजन, कहानी, उपन्यास, नाटक, जीवनी, चरित्र, ललित लेखन आदि का मार्गदर्शन तथा 'आदिवासी लोक-साहित्य का संवर्धन' एवं 'आदिवासी-साहित्य तथा समाज' आदि महत्त्वपूर्ण विषयों पर इस क्षेत्र के प्रसिद्ध कहानीकारों, उपन्यासकारों, नाटककारों, चरित्र-लेखकों तथा कवियों ने उपस्थित शिविरार्थियों का मार्गदर्शन किया।

चौथा आदिवासी साहित्य-सम्मेलन

26 से 29 जनवरी 1989 को नंदुरवार, जिला धूले में 'चौथा आदिवासी-साहित्य सम्मेलन' सम्पन्न हुआ। उपन्यासकार लक्ष्मण माने इस सम्मेलन के अध्यक्ष थे। यह साहित्य सम्मेलन बहुत बड़े पैमाने पर हुआ। यह सम्मेलन 'आदिवासी-साहित्य परिषद' की ओर से आयोजित किया गया था। इसी परिषद की ओर से 'गड़चिरोली' में 8-10 फरवरी 1989 को 'प्रथम आदिवासी साहित्यिक मित्र-मेला' का आयोजन किया गया था। जन-साहित्य आन्दोलन की धुरी सँभालनेवाले डॉ. सुभाष सावरकर जी की अध्यक्षता में यह मित्र-मेला सम्पन्न हुआ।

दूसरा आदिवासी साहित्यिक-मेला

आदिवासी साहित्य परिषद की ओर से पांढरकवड़ा, जिला यवतमाल में डॉ. भाऊ मांडवकर की अध्यक्षता में 'दूसरा आदिवासी साहित्यिक मित्र-मेला' आयोजित किया गया था। यह आदिवासी-साहित्यकारों की आज तक की साहित्य-यात्रा है। साहित्य क्षेत्र में इन आदिवासियों के विद्रोह में वनवास-मुक्ति का आशय भी छिपा है। इस विद्रोह में अस्मिता का सवाल निहित था। यह विद्रोह विध्वंसक नहीं है, ज्यादा आग्रही भी नहीं है, यह नव-सृजन की क्षमता रखनेवाला और यथार्थदर्शी है। यह सैकड़ों वर्षों के अन्याय-अत्याचार और छल-शोषण के विरुद्ध विद्रोह है। विलम्ब से ही सही, आदिवासियों को प्राप्त आत्मज्ञान इस विद्रोह की प्रेरक शक्ति है।

आदिवासी-साहित्य क्या है ?

आदिवासी-साहित्य वन संस्कृति से सम्बन्धित साहित्य है। आदिवासी-साहित्य, उन वन-जंगलों में रहनेवाले वंचितों का साहित्य है, जिनके प्रश्नों का अतीत में कभी उत्तर ही नहीं दिया गया। यह ऐसे दुर्लक्षितों का साहित्य है, जिनके आक्रोश पर मुख्यधारा की समाज-व्यवस्था ने कभी कान ही नहीं धरे। यह गिरि-कन्दराओं में रहनेवाले अन्यायग्रस्तों का क्रान्ति-साहित्य है। सदियों से जारी क्रूर और कठोर न्याय-व्यवस्था ने, जिनकी सैकड़ों पीढ़ियों को आजीवन वनवास दिया, उस आदिम-समूह का मुक्ति-साहित्य है आदिवासी-साहित्य। "वनवासियों का क्षत जीवन, जिस संस्कृति की गोद में छुपा रहा, उसी संस्कृति के प्राचीन इतिहास की खोज है यह साहित्य। आदिवासी-साहित्य इस भूमि से प्रसूत आदिम-वेदना तथा अनुभव का शब्दरूप है।"[1]

एक नया विद्रोह आदिवासी-साहित्य के रूप में दिन-ब-दिन आकार ले रहा है। वनवास-मुक्ति का नया संकल्प, इस साहित्य के बहाने आदिमों के मन में दृढ़ हो रहा

1. 'आदिवासी-साहित्य-उदगम आणि भाणिः' विनायक तुमराम, लोकमत साहित्ययात्रा, नागपुर, 5 दिसम्बर, 1982, पृ. 3।

है। आदिम भारत के नव निर्माण का स्वप्न-बीज आदिवासी-साहित्य के बहाने अंकुरित हो रहा है। "पहाड़ों की गोद में और कँटीली झाड़ियों में, बस्ती-बस्ती में, जिनके जीवन का हर क्षण शृंखलाबद्ध हुआ है, यह साहित्य ऐसे ही जंगलवासियों को मुक्ति की आशा दिलानेवाला है।"[2] जिनके वनवास का अन्धकार कभी हटाया ही नहीं गया, उस वर्ण-व्यवस्था से निर्णायक युद्ध करनेवाला यह साहित्य, आदिमों की सारी शिकायतों, फरियादों को साथ लेकर युग की यात्रा पर निकल पड़ा है।

इस साहित्य में वेदना है, विद्रोह है और अपने ढंग की अभिव्यक्ति भी है। आदिपुत्रों को वन-जंगलों, गिरिकुहरों में कैद करनेवाली व्यवस्था के प्रति जान-बूझकर किया गया नकार है। इसमें उज्ज्वल परम्परा का बुनियादी व्यक्ति होने का अहसास है तो इसमें 'सांस्कृतिक संघर्ष में बलिदान किए जानेवाले परिवारों से हमारा रक्त सम्बन्ध', जैसा भावुक सुर के साथ ही अपनी वैचारिक योग्यता के बल पर जंगल के मौन को तोड़ने की सौगन्ध भीं है। आदिमों को मानसिक बल देने का वैचारिक संकेत तो इसमें है ही। अँगूठा काटनेवालों से सावधान रहने का इशारा भी है। आदिवासी-साहित्य का कुल वातावरण ही आदिम जीवन के दुखों को सामने लानेवाला, आदिम हुँकारों से भड़का हुआ और अँधेरे से लड़नेवाला है। आदिमों के अन्तर्मन की तिलमिलाहट इस वातावरण द्वारा सँजो कर रखी गई है।

आदिवासी-साहित्य जीवनवादी साहित्य है। आदिमों के सर्वांगीण उत्थान का सवाल लेकर यह स्थापित समाज व्यवस्था को ललकार रहा है। साथ ही, यह आदिमों की सामाजिक-रचना और एकात्म-जीवन का विचार भी रखने लगा है। इस साहित्य का सपना है कि आदिम समूहों में वर्ग रहित, जाति रहित समाज-व्यवस्था रची जाए, जो जीवनमूल्य आदिवासियों के थे ही नहीं, ये साहित्य उसे कभी नहीं स्वीकारेगा।

आदिवासी-साहित्य का स्वरूप व्यापक है। चाहे कोरकु जनजाति पर लिखा साहित्य हो अथवा गोंड, भील, परधान, कोलाम, आन्ध्र, महादेव, कोली (मछुआरे) वारली आदि किसी भी अन्य जनजाति पर लिखा साहित्य हो, उस सबका समावेश आदिवासी-साहित्य में है। संसार में जहाँ-जहाँ आदिम समूह रहते हैं, उनसे सम्बन्धित सारा साहित्य आदिवासी-साहित्य में समाविष्ट होगा। अभी तक अव्यक्त वेदना-संसार का दर्शन कराने वाला है यह साहित्य। 'आज का आदिवासी-साहित्य नए जागरण का उषासूक्त है।' (राम शेनालकर. गोंडवन पेटल आद्रे।)

आदिवासी-साहित्य की सच्ची प्रेरणा

आदिवासी-साहित्य की प्रेरणा क्या है—इस प्रश्न का उत्तर ढूँढ़ने के लिए आदिम समूहों की प्रेरणा का विचार पहले करना होता है। आदिवासी, प्रकृति पर निर्भर रहनेवाला मानव-समूह है। वह, जिस पर्यावरण में रहता है, उसके परिवर्तन का प्रभाव थोड़ी-बहुत

2. 'आदिवासी-साहित्य व कला' 3 नि., पृ. 3।

मात्रा में उसकी आन्तरिक संरचना पर है। जंगलों के पशु-पक्षी, फल-फूल, नदी-सरोवर का चिर-सान्निध्य उसे प्राप्त हुआ है। गिरि कुहरों और वन-जंगलों में उसका स्वत्व, मुक्त होकर खिला है। प्रकृति के सान्निध्य में वह बेहद खुश था। इस प्रकार, उसका प्रकृति-प्रेम विलक्षण तथा उसकी प्रकृति निष्ठा दृढ़ है। प्रकृति के सान्निध्य में ही उसे अकृत्रिम स्वतन्त्रता का अनुभव होता है, अतः उसका नज़रिया भी ऐसा ही होता है, जैसे—

'बामणों में पैदा होगे/लिख-लिख मरोगे/मारवाड़ी होगे/तोल-तोल मरोगे/चमार होगे/जूता घिस-घिस मरोगे/पर होगे वारली/तो जंगल के राजा बनोगे।'[3]

उसकी जीवनदृष्टि तथा जीवनानुभूति को इस छन्द के आलोक में समझा जा सकता है। इस अनुभूति तथा जीवनदृष्टि का प्रतिबिम्ब उसके लोक-साहित्य में दिखाई देता है। उसके सारे जीवन व्यवहारों को इस अनुभूति तथा जीवनदृष्टि ने जकड़ रखा है। प्रकृति ही उसका सर्वस्व और प्रथम प्रेरक है।

आसपास की प्रकृति और अपनी सीमानुरूप प्रवृत्तियों की छाप लेकर आई उसकी संस्कृति प्राचीनतम तथा समृद्ध है। यह सांस्कृतिक धरोहर उसकी अनेक पीढ़ियों को मिली है। इस जीवन की सामाजिक एकात्मकता काल के तूफानी प्रवाह में भी अखंड है। तब, इस जीवन के पीछे कौन-सी प्रेरणा होगी, यह प्रश्न उठना सहज है। संस्कृति ही इनके जीवन का एकमात्र आधार और प्रेरणा स्रोत है, यही इस प्रश्न का सम्यक उत्तर होगा।[4]

कुछ अध्येताओं ने आदिम जीवन की संस्कृति को आदिवासियों का प्रेरणा-धर्म माना है परन्तु वर्तमान परिस्थितियों में निरन्तर चलनेवाली नगरीकरण की प्रक्रिया में आदिवासी मनुष्य भी खिंचा चला आ रहा है। इस कारण नगरीकरण और शहरीकरण की प्रक्रिया में आदिवासियों का धर्म धीरे-धीरे लुप्त होता हुआ दिखाई दे रहा है, जिसके चलते भविष्य में रचे जानेवाले आदिवासी-साहित्य का प्रेरणा-स्रोत धर्म होगा, यह बात कम से कम आज नहीं कही जा सकती। जहाँ आदिवासियों के मूल्य ही लुप्त हो रहे हों, वहाँ धर्म के अस्तित्व के बारे में भविष्यवाणी करना भूल होगी।

आदिवासियों का जीवन अनेक कलाओं से युक्त है। उनकी चित्रकला, संगीतकला, कढ़ाई, नृत्य, गायन आदि कलाएँ प्रशंसनीय हैं। उनका अपना समृद्ध लोक साहित्य है। लोककथा, लोकगीत, लोकोक्ति आदि से वह कूट-कूटकर भरा है। प्रत्येक आदिम जनजाति का अपना वैशिष्ट्य तथा परम्परागत लोक साहित्य है। मौखिक परम्परा से लोकसाहित्य की अमूल्य धरोहर, इस जनजाति ने जतन से सँजोकर रख रखी है। इसमें इन वन्य जनजातियों की भाषागत विशेषताओं की खोज की जा सकती है। लोककथा, लोकगीत, लोकोक्ति, मुहावरे आदि से, इन वन्य जनजातियों को ठीक-ठीक क्या सुझाना

---

3. 'जंगलचे राजे', कुसुम नारगोलकर व वसन्त नारगोलकर, प्र. आ. गोरगोटी, 1955, पृ. 1।
4. 'आदिवासिया सांस्कृतिक जीवनाची घडण' विनायक तुमराम, आदिवासी संशोधन पत्रिका, खंड-6, क्र. 1, 20 मार्च, 1984, पृ. 34।

है, कौन-सा सामाजिक, सांस्कृतिक भाव व्यक्त करना है, यह पहले आदिवासी-साहित्यकारों को समझ लेना चाहिए, जिससे कि उनके अनुभवों तथा प्रेरणाओं की तलाश आसानी से की जा सके।

आदिम जनजातियों में जैसी प्राकृतिक और सांस्कृतिक प्रेरणाएँ हैं, वैसी ही ऐतिहासिक प्रेरणाएँ भी हैं। समग्र मानवीय इतिहास से आदिवासियों को गायब करना इतना आसान भी नहीं है। कभी न कभी उनका सही इतिहास लिखा ही जाएगा। आदिवासी वीर पुरुषों के ऐतिहासिक कार्यों का परिचय आदिवासी-साहित्य-लेखन के सन्दर्भ में अमूल्य होगा। उनका मुक्ति-संघर्ष तथा आदिवासी वीर पुरुषों का राजनीतिक, सामाजिक और सांस्कृतिक योगदान भी आदिवासी-साहित्यकारों के लिए प्रेरणा-स्रोत होगा। आदिवासी आन्दोलन के विविध रंग हैं। उनका विद्रोह समान सामाजिक यातना से उत्पन्न हुआ है। कुछ आदिम जनजातियों ने आत्मसम्मान का आन्दोलन प्रारम्भ किया। कुछ लोगों ने अपनी संस्कृति पर होनेवाले विदेशी आक्रमणों को रोकने के लिए विद्रोह किया, तो कुछ आदिवासियों ने शोषण, विषमता के विरुद्ध आवाज़ उठाई। इससे आदिवासियों के ध्येय, रणनीति तथा आह्वान की दिशा में कूद पड़ने की उनकी युद्धपरक-प्रवृत्ति का परिचय हो जाता है, जो आवश्यक है। इसे विस्मृत करना गलत होगा। जिनका चिन्तन अपने इतिहास और इतिहास पुरुषों से कटा होता है, उनका साहित्य चेतनाहीन, सन्दर्भशून्य और प्रेरणाहीन होता है। ऐसे साहित्य में नई पीढ़ी को नया बल देने की क्षमता नहीं होती। ऐसे साहित्य का भविष्य निर्माण का सपना, केवल सपना ही होता है। अपना इतिहास, अपना अतीत भूलने की अक्षम्य भूल आदिवासी कवि-लेखकों में नहीं होनी चाहिए। सभी ऐतिहासिक घटनाओं की वस्तुनिष्ठ खोज-खबर करने पर ही आदिवासी-साहित्य की समृद्धि निर्भर है। अतीत को सामने रखकर वर्तमान का लेखन होना चाहिए। अतीत की कमियों और खूबियों का अहसास तथा धोखा देनेवाले मोड़ों के संकेत साहित्य के माध्यम से भावी पीढ़ी को देने चाहिए। आदिवासी कवि या लेखकों को तो निश्चित रूप से यही करना चाहिए। उन्हें आदिम संघर्ष की प्रेरणा को तलाशना होगा। वही आदिवासी-साहित्य की सही और सच्ची प्रेरणा होगी।

आदिमों की अनेक बोलियाँ हैं और उन बोली-भाषाओं से अभिव्यक्त साहित्य का स्वतन्त्र रूप से अध्ययन होना चाहिए। उनके जीवनानुभव तथा प्रेरणा की तलाश भी उतनी ही महत्त्वपूर्ण है। वहाँ के जीवन-संघर्ष के कँटीले सन्दर्भ आदिम प्रतिभा द्वारा अभिव्यक्ति के लिए प्रयोग में लाए जाने चाहिए, जिससे इस साहित्य को यथार्थ से जुड़े साहित्य के रूप में देखा जा सके। इसी से आदिमपन् के सही-सही दर्शन होंगे।

समय तेजी से बदल रहा है। इस बदलते समय का प्रभाव नव शिक्षित आदिवासी युवकों की जीवन-दृष्टि तथा जीवनानुभव पर पड़ रहा है। प्रकृति से दूर रहनेवाला यह युवा-वर्ग शहरों में उच्चवर्गीय तथा प्रगतिशील लोगों के सम्पर्क में पल-बढ़ रहा है। आसपास की बदलती परिस्थितियों और पर्यावरण से उन्हें समझौता करना पड़ रहा है।

वे स्वयं को 'एडजस्ट' करने के प्रयत्न में लगे हैं। ऐसे समय में उनके रचित साहित्य में एक नया संघर्ष दिखाई पड़े तो कोई आश्चर्य नहीं। वहाँ अनुभूति की प्रखरता भी दिखाई देगी और सभ्य और सुसंस्कृत होने का दम्भ भी। उसमें विद्रोह और क्रान्ति का वातावरण भी होगा पर साथ ही, वह साहित्य भावाभिव्यक्ति तथा शब्द रूप की दृष्टि से भी सम्पन्न होगा। किन्तु, इससे सांस्कृतिक-सुर के खो जाने की सम्भावना को भी नकारा नहीं जा सकता। यह सम्भावना सत्य न बन जाए, इसका ध्यान आदिवासी कवि व लेखकों को रखना चाहिए वरना यह साहित्य आदिमों की सांस्कृतिक भूख मिटानेवाला न रहकर, केवल छाती पीटनेवाला साहित्य रह जाएगा। अतः आदिवासी-साहित्य में आदिमों की सांस्कृतिक समृद्धि का संवर्धन करना होगा। वही समृद्धि तो उनके पास शेष है। उनके पास कुछ अन्य है ही क्या ? केवल दरिद्रता, दुख और वनवास के सिवा !

आदिम प्रतिभा क्या स्वीकारे—क्या नकारे

साहित्य और समाज का रक्त सम्बन्ध है, यह कोई नई बात नहीं है। साहित्य समाज को जागृत करता है, समाज को वाणी देता है और उसके उत्थान की दिशा भी दर्शाता है। साहित्य समाज का प्राणतत्त्व है। वह समाज का दर्पण है। उससे समाज को, अपनी स्थिति-गति का आकलन होता रहता है। डॉ. म.ना. वानखड़े जी के कथनानुसार, "समाज के मन को संस्कारित करने की बहुत बड़ी सामर्थ्य साहित्य में होती है। सामाजिक जीवन को सँवारने, प्रेरणा देने की ही नहीं बल्कि सामाजिक क्रान्ति लाने की सामर्थ्य भी साहित्य में होती है। साहित्य नव-समाज-निर्माण के लिए क्रान्ति ला सकता है।"

आदिवासी-साहित्य और आदिवासी समाज का सम्बन्ध भी अटूट एवं नज़दीकी है। सम्भवतः आदिवासी समाज से आदिवासी-साहित्य अलग रह ही नहीं सकता। आदिवासी-साहित्य का एक भाग समझे जानेवाले लोक-साहित्य का आदिवासी समाज से बहुत निकट का सम्बन्ध है। इस सम्बन्ध की सदियाँ गवाह हैं। यही साहित्य, उनकी प्रेरणा-प्रवृत्ति तथा जीवन-संघर्ष के दर्शन कराता है।

नव शिक्षित युवकों द्वारा रचित साहित्य को सही अर्थ में 'आदिवासी-साहित्य' करार देने के लिए उनके साहित्य में अभिव्यक्त जीवन-दर्शन प्रामाणिक होना चाहिए। उसमें झूठी वेदना की तरफदारी (प्रशंसा) न हो। वहाँ का जीवन-दर्शन, उत्कट, वस्तुनिष्ठ और अस्मिता को चुनौती देनेवाला कैसे होगा, इसके हल ढूँढ़ने का उत्तरदायित्व आदिवासी-साहित्यकारों पर अपने-आप आ जाता है क्योंकि यह आनेवाली पीढ़ियों को जागृत करनेवाला है। साहित्य उनकी मुक्ति का शस्त्र होनेवाला है। अतः आदिवासी-साहित्यकारों को आदिवासी-साहित्य और आदिवासी समाज का ठीक-ठीक सम्बन्ध जान लेना चाहिए।

आदिवासी समाज दुखी और सताया हुआ है। अनेक व्याधियों से जर्जर है। अन्याय-अत्याचारों से पीड़ित है तथा शोषण से खोखला हो गया है। अन्धश्रद्धा, अपनी

ही प्रथा परम्पराओं से जोंक की तरह चिपकने की प्रवृत्ति, जादू-टोना, भूत-प्रेत तथा देवी-देवताओं पर विश्वास, नरबली, पशुबली ऐसी अनेक समाजघाती बातें आज भी आदिवासियों में प्रचलित हैं। उनकी जड़ें आदिवासियों की मनोभूमि में गहरे तक उतरी हुई हैं। विज्ञान का प्रकाश अभी भी उनकी बस्तियों में प्रवेश नहीं पा सका है। ऐसी विपरीत परिस्थितियों में आदिवासी-साहित्यकारों को अपने साहित्य के माध्यम से समाज जागृति का कठिन कार्य करना है। आदिमों के जीवन की कमियों को खोजकर उनकी भरपाई कैसे की जा सकती है, इसकी तलाश आदिम प्रतिभा को कर लेनी चाहिए। आदिमों के वनवास के अनुभवों को खोजकर आदिमों की अनुभूति से उसका एकाकार करना चाहिए।

आदिमों की लोकभाषा, उसकी शब्द-सम्पत्ति और अर्थ-वैभव, आदिवासी-साहित्य के शक्ति-स्रोत हैं। इसी वैभव से आदिवासी-साहित्य दूसरों की नजरों में तुरन्त आ जाता है। यह वैभवपूर्ण अस्तित्व, यदि आदिवासी-साहित्यकारों ने बनाए रखा तो ही इस साहित्य का निरालापन तथा सांस्कृतिक दृष्टि से उसका एक नया अर्थ और भविष्य हो सकता है। आदिमों की लोकप्रियता और प्रतिभा से परिपूर्ण काव्य-जगत में इसे अधिक तेजस्वी होना चाहिए। आदिम लोकजीवन में सैकड़ों सालों से टिकी हुई, कुछ अच्छी प्रथा-परम्पराओं तथा लोकचेतना के शेष-अवशेषों का अध्ययन भी आवश्यक है। इससे आदिम लोकजीवन पर हुए इष्ट-अनिष्ट परिणामों को खोजने में सहायता मिलेगी। कथा, कहानी, कविता, चरित्र, नाटक, उपन्यास तथा आत्म-कथा आदि विविध साहित्य की विधाओं से आदिवासी कवि-लेखक द्वारा आदिम लोकजीवन तथा लोक-संस्कृति का जन्म एवं संवर्धन करके आदिम लोक-समूह की मानसिकता का भी अध्ययन किया जाना चाहिए।

डॉ. रावसाहेब कसबे जी ने वेणी में आयोजित 'दूसरे आदिवासी-साहित्य' सम्मेलन के दौरान आग्रहपूर्वक कहा था कि—"आदिवासियों की विविध बोली-भाषाओं में साहित्य की रचना हो भी तो कोई बात नहीं। इसके लिए अगर हमें साहित्य-समीक्षा के मापदंड भी बदलने पड़ें तो भी कोई बात नहीं।" सही अर्थ में आदिवासी-साहित्य का प्रेरणा-स्रोत उनकी संस्कृति और बोली (भाषा) है। अतः भिन्न-भिन्न सांस्कृतिक विशेषताओं समेत आदिवासियों की विविध बोली भाषाओं में अभिव्यक्त लोक-साहित्य और लिखित-साहित्य ही सही अर्थ में आदिवासी-साहित्य होगा।

किसी भी लोकसमूह से भावपूर्ण निकटता प्राप्त करने के लिए और उस समूह की सामाजिक और सांस्कृतिक खोज के लिए उस लोकसमूह की लोक-भाषा में साहित्य लिखा जाना चाहिए, तभी उसमें उस समूह की चेतना का प्रतिबिम्ब आएगा और वह साहित्य साहित्यिक और सांस्कृतिक सफलता की मान्यताप्राप्त कसौटी पर खरा उतरेगा। आदिवासी-साहित्य भी इन कसौटियों पर खरा उतरेगा, यदि वह केवल आदिमों की लोक-भाषा में रचा गया हो। आदिवासी साहित्यकारों को आदिवासी-साहित्य रचने हेतु आदिमों की लोक-भाषा में परिवर्तनवादी साहित्य रचना होगा। आदिमों की अस्मिता

को जगानेवाला क्रान्तिकारी आदिवासी-साहित्य का सृजन समझ-बूझकर करने की आवश्यकता है।

आदिवासियों के उज्ज्वल इतिहास और उनकी प्राचीनतम समृद्ध संस्कृति को उजागर करने हेतु आदिवासी-साहित्यकारों को अपनी बौद्धिक प्रतिभा इस्तेमाल करनी होगी। जो अपना नहीं है, उसे सोच-समझकर नकारना तथा जो अपना है, उसे सोच-समझ कर अपनाना चाहिए। स्थापितों की संस्कृति को पुनःजीवित करने के लिए तथा इस जीवन की अस्मिता को जगाने के लिए आदिम-प्रतिभा को जुटाना होगा क्योंकि संस्कृति के जीवित रहने से आत्म-विलोप की समस्या पैदा ही नहीं होगी। संस्कृति के जीवित रहने से ही आदिम जनों का सामाजिक 'अस्तित्व' और 'स्वत्व' कायम रहेगा। उनका संगठन मजबूत होगा। स्वर्गीय नारायण सिंह जी उइके ने संस्कृति के सन्दर्भ में जो अमूल्य संकेत दिए, वे इस प्रकार हैं—

"आदिवासियों की संस्कृति और उसके विकास का सम्बन्ध निकट का है। आदिवासियों को संगठित करने की शक्ति उनके सांस्कृतिक अधिष्ठान में ही है। सत्ता-सम्पत्ति का आकर्षण, भ्रष्ट मार्ग का अनुसरण व व्यक्तित्व पूजा का विकास आदिवासियों को खाई में ले जाएगा।"

स्वर्गीय उइके के कथन का अर्थ आदिवासी कवि-लेखकों को समझ लेना चाहिए। उन्हें, अपनी सांस्कृतिक भिन्नता को परिश्रम से सुरक्षित रखना होगा तभी आदिवासी-साहित्य का स्वतन्त्र अस्तित्व होगा और वह सीना ताने खड़ा रह पाएगा।

केवल आदिम जीवन के चित्रण में अपने शब्द और प्रतिभा को लगाना ही आदिवासी-साहित्य का सृजन नहीं माना जा सकता। जिस सामाजिक व्यवस्था ने आदिमों का अस्तित्व नकारा, उन्हें वनों-जंगलों, गिर-कुहरों में जबरदस्ती धकेला, लंगोटी में जीने को बाध्य किया और उनके सामने कन्दमूल परोसे—उस व्यवस्था पर विचार करना भी जरूरी है। आदिम-संस्कृति को नष्ट करने के लिए रचे गए षड्यन्त्रों का चित्रण भी साहित्य में होना चाहिए। उसके लिए आदिम प्रतिभा को आदिमों के सांस्कृतिक-परिसर में मुक्त-विचरण करना चाहिए, यानी जो देखा, वही लिखना चाहिए।

महत्त्वपूर्ण यह है कि गोंड, बुरुड, परधान, वारली, भील आदि जातीयता की सीढ़ियों को आदिवासी-साहित्यकारों को नकारना होगा। जातिभिमान को धिक्कारना होगा। समाज-परिवर्तन का यह काम हठपूर्वक निष्ठा से करना चाहिए। आन्तरिक जातीयता से सांस्कृतिक धारा किस तरह क्षीण होती है, इसकी ध्वनि आदिवासी-साहित्यकारों की रचनाओं से आनी चाहिए। जाति से चिपके बैठे अनाड़ीपन के रवैये को समझाकर दूर करना चाहिए। धर्म की शरण तथा रूढ़ियों की शरण में जाने वाली प्रवृत्ति को रोकना चाहिए। प्रवाह के साथ न बह कर, अपनी अस्मिता की तलाश करनी चाहिए। आदिमों की विविध बोलियाँ, उन बोलियों का लोक-साहित्य, उनकी लोक-कलाएँ (नृत्य, गायन आदि) उनके प्रश्न, उनकी व्यथा-वेदना, सुख-दुख, आशा-आशंका—ऐसे अनेक विषयों पर बहुत कुछ लिखा जा सकता है। उनके सांस्कृतिक जीवन के इतने अन्तःप्रवाह हैं

कि उन सबको समाज के सामने लाने के लिए स्वतन्त्र-लेखन की आवश्यकता है। यह लेखन जितना सन्तुलित, वस्तुनिष्ठ तथा सूचक होगा, उतना ही वह प्रभावी होगा और वह आदिम स्वत्व के हित की बात करनेवाला होगा। ऐसा लेखन पाठकों पर निश्चित रूप से सकारात्मक प्रभाव बनाएगा।

26 फरवरी 1988 के दिन जव्हार, जिला ठाणे में आयोजित 'आदिवासी साहित्यिक प्रशिक्षण' शिविर का उद्घाटन करते समय 'दैनिक केसरी' के सम्पादक डॉ. शरच्चन्द्र गोखले जी ने निम्न मार्मिक बातें कही थीं—

''लेखक को शब्दों के प्रेम में बन्धना नहीं चाहिए। उत्कट अनुभव, वे वैयक्तिक हों या सामाजिक, जिन्हें हम रोजमर्रा के जीवन में अनुभव करते हैं, को देखने हेतु एक दृष्टि की जरूरत होती है। अनुभव को शब्दों के पंख मिलने चाहिए। उत्कट और जीवन्त अनुभव पहचानने की क्षमता साहित्यकार के पास होनी चाहिए।''

डॉ. गोखले का यह उद्गार आदिवासी-साहित्यकारों का मार्गदर्शन करने और स्वत्व खोजने हेतु निश्चित दिशा देनेवाला है।

दलित-आदिवासी-साहित्य : एक तुलनात्मक विवेचन (सांस्कृतिक सन्दर्भ के साथ)

जिस परिसर, पर्यावरण तथा परिस्थिति में दलित तथा आदिवासियों की कई पीढ़ियाँ सैकड़ों सालों से वास करती आई हैं, अन्ततः उन्हीं पर विचार करना आवश्यक है, क्योंकि दलित-साहित्य तथा आदिवासी साहित्य का वातावरण (चाहे वह सामाजिक हो या सांस्कृतिक), इन्हीं से नियन्त्रित होता है। वास्तव में भिन्न-भिन्न परिसर, पर्यावरण तथा परिस्थिति में रहनेवाले और भिन्न-भिन्न मानसिक ढाँचे से बने दलित और आदिवासी, दोनों स्वतन्त्र गुट हैं। इन दोनों मानव-समूहों की स्थिति-गति में, यदि कुछ समानताएँ हैं, तो विषमताएँ भी हैं। यह समझ लेना चाहिए कि इनकी वैचारिकता तथा मानसिकता में अन्तर है। जिस तरह दलितों के हिस्से में गाँवों के बाहर जीवन-यापन करना आया, उसी तरह से आदिवासियों के हिस्से में गाँवों से कई मील दूर जंगलों, वनों, गिरि-कुहरों में आश्रय पाने की मजबूरी आई। वर्णव्यवस्था की आँच जैसे दलितों को लगी, वैसे ही आदिवासियों को भी लगी। वर्गबली एकलव्य इसका मुखर उदाहरण है। दलितों पर, जो अन्याय और अत्याचार हुआ, उनका जो शोषण हुआ, वैसा ही अन्याय-अत्याचार और शोषण आदिवासियों का भी हुआ। हाँ ! इस अन्याय-अत्याचार तथा शोषण का स्वरूप भिन्न है और उसकी तीव्रता भी कम-ज्यादा है। पर एक बात माननी ही होगी कि जिस जाति-व्यवस्था ने दलितों को जर्जर किया, उनकी मनुष्यता को नकारा, सहस्त्रों साल अछूत बनकर जीने के लिए बाध्य किया तथा पशुवत व्यवहार किया, उस क्रूर कठिन जाति-व्यवस्था की आँच वनों-जंगलों की जनजातियों तक प्रायः पहुँची ही नहीं। जिस विषमता की ज्वालाग्नि में दलित जल उठा, वह विषमता की

ज्वालाग्नि जंगलों-वनों तक, गिरि-कुहरों तक उतनी तेज गति से नहीं पहुँच पाई। उसकी तीव्रता का अहसास भी आदिवासियों को नहीं हुआ।

ऊपर नीले आकाश की छत, नीचे हरी धरती, चारों ओर वन की हरीतिमा, नीले पहाड़ और जलाशय, पशु-पक्षियों की ध्वनियों से गुंजित मुक्त परिसर में आदिवासी मनुष्य सदियों से जीता चला आ रहा है। सोने के लिए धरती, सिरहाने पत्थर, ओढ़ने को तारों भरा आकाश, खाने के लिए कन्दमूल तथा कमर पर शर्म छिपाने हेतु बित्तीभर लंगोटी—बस इतना ही जीवन-प्रपंच ! उसकी जरूरतें भी सीमित—प्रकृति के आदेश का पालन करना तथा वह जो देगी उस पर गुज़ारा करना ! सन्तोष तथा सन्तुलित जीवन शैली से जीना, यही उनका आचार-तत्त्व ! मनमुक्त होकर प्रकृति का आनन्द लेना, स्वच्छन्द पारखी-सा जंगल में भटकना तथा नदी, नालों या जलाशयों में जी भर तैरना, यही उनकी रोजमर्रा की जिन्दगी है। अतः यह सहज ही है कि बाह्य-जगत से सम्बन्ध रखने की, उसके परिवर्तन पर गम्भीर रूप से विचार करने की तथा उसके अनुसार, अपने को बदलने की आवश्यकता उन्होंने महसूस ही नहीं की। जंगलों-गिरी-कुहरों का स्वतन्त्र-मुक्त वातावरण, यही उनकी दृष्टि से समता तथा स्वतन्त्रता का वातावरण था, यही उनकी अपनी न्याय-व्यवस्था भी थी। विविधता से सजी उनकी प्राचीनतम संस्कृति ने उनका जीवन-पथ कब का निश्चित कर डाला था।

यह सत्य मान लेना ही होगा कि गाँव के बाहर जीते हुए भी गाँव के भीतर के जन-जीवन तथा व्यवहार से दलितों का सम्पर्क तथा सम्बन्ध किसी न किसी रूप में कायम ही था। आदिवासी-समूह गाँव के जीवन तथा उनके जीवन के प्रभाव-क्षेत्र से सैकड़ों योजन दूर था। गाँव के भीतर के सामाजिक तथा सांस्कृतिक व्यवहार के साथ दलितों का जैसा सम्बन्ध और सम्पर्क था, वैसा आदिवासियों का नहीं था। कुसुम नारगोलकर के अनुसार—"अछूतों को—चाहे हिन्दू-समाज के शूद्र-सेवक के रूप में ही क्यों न हो, किन्तु एक विशिष्ट सामाजिक स्थान दिया गया था, परन्तु आदिवासियों का श्रेष्ठ या कनिष्ठ ऐसा कोई स्थान नहीं था। वे उपेक्षित थे। हम मनुष्य हैं—यह अहसास ही आज तक उनमें पैदा नहीं हुआ है।"[5]

इसके परिणामस्वरूप आदिवासियों के हिस्से में, जो एकाकीपन आया, उसकी तीव्रता दलितों के हिस्से में आए एकाकीपन से निश्चित रूप से कहीं अधिक थी, इसलिए दलितों और आदिवासियों की जीवनशैली में जो लाक्षणिक अन्तर है, वह सांस्कृतिक भिन्नता के कारण है, अनुभूति के निरालेपन के चलते है। दलितों तथा आदिवासियों में दिखाई देनेवाली भावनात्मक दूरी का कारण उनकी मानसिकता में खोजना पड़ता है। उन दोनों के हिस्से में, जो अकेलापन-एकाकीपन है, उसका कारण भी उनकी स्वरूप भिन्नता तथा दोनों के जीवन-संघर्ष में खोजना पड़ता है।

26 फरवरी 1988 के दिन महाराष्ट्र सरकार की 'आदिवासी संशोधन तथा प्रशिक्षण

---

5. 'जंगलचे राजे', कुसुम नारगोलकर व वसन्त नारगोलकर, प्र. आ. गोरगोटी, 1955, पृ. 176।

संस्था' की रजत-जयन्ती के अवसर पर जव्हार, जिला ठाणे, में आयोजित 'आदिवासी साहित्यिक प्रशिक्षण शिविर' का उद्‌घाटन करते समय 'दैनिक केसरी', पुणे के सम्पादक डॉ. शरदचन्द्र गोखले जी ने, जो कहा, वह अत्यन्त मार्मिक था—"दलित तथा आदिवासियों के आसपास की सांस्कृतिक चौखट एवं वातावरण भिन्न है। आदिवासियों की संस्कृति की अपनी एक समृद्ध चौखट है। उनकी संस्कृति में मिट्टी की सोंधी महक है। इस कारण आदिवासी साहित्य दलित-साहित्य की नकल न बनकर, उसकी अपनी एक शैली तथा संरचना होनी चाहिए।"[6]

कुल मिलाकर हम कह सकते हैं कि दलितों तथा आदिवासियों के जीवन-सन्दर्भ एक से नहीं हैं। इन संदर्भों को प्रकाशमान करने का दोनों का सामर्थ्य भी एक-सा नहीं है और फिर अपनी-अपनी सम्पन्न धरोहर का वस्तुनिष्ठ-बोध लेने की कुव्वत दोनों में ही नहीं है। दलितों तथा आदिवासियों के स्वत्व-स्वप्नों का रक्तसम्बन्ध भले ही ना हो, तो भी समाज-व्यवस्था की पुनर्रचना का उनका इरादा एक ही है, जो नेक भी है।

आदिवासी साहित्य का स्वतन्त्र मंच क्यों हो, यह बात उपर्युक्त विवेचन से स्पष्ट हो जाती है।

अनुवाद : *डॉ. प्रतिभा मुदलिया*

---

6. सुधीर जोग द्वारा प्रस्तुत शिविर के वृत्तान्त पर आधारित।

आज अगर खामोश रहे, तो कल सन्नाटा छाएगा

वाहरू सोनवणे

बहुजनों की भाषा मराठी से प्रेम करनेवाले युवक-युवती, स्त्री-पुरुष और साहित्य प्रेमी विद्वज्जन, आज 'छत्रपति शाहू महाराज' की जन्म-भूमि और कर्म-भूमि कोल्हापुर में, द्वितीय 'विद्रोही साहित्य सम्मेलन' की संगोष्ठी हो रही है, यह गौरव की बात है। छत्रपति शाहू महाराज ने अपने जीवन काल में सामाजिक विषमता के विरुद्ध और दलित, आदिवासी, कष्टकरी (मजूर), मुस्लिम, ईसाई, विमुक्त जाति और स्त्रियों के उत्थान के लिए तथा उन्हें मानवीय प्रतिष्ठा और आत्मसम्मान देने के लिए जो संघर्ष किया उसकी याद में उनके ही शहर में इस संगोष्ठी का आयोजन किया जाना गौरव की बात है। शाहू महाराज के विचार, उद्‌देश्य और कार्य में कोई अन्तर नहीं था, इसलिए यह सम्मेलन भविष्य के लिए दिशा-दिग्दर्शन देनेवाला रहेगा, इसमें कोई सन्देह नहीं है। ऐसी अति महत्त्वपूर्ण संगोष्ठी के अध्यक्ष पद के लिए मुझे चुना गया, यह मेरे लिए सन्तोष की बात है। मेरे मन में बार-बार जो सवाल उभरकर आ रहा है, वह यह है कि मुझे इतनी महत्त्वपूर्ण संगोष्ठी के अध्यक्ष पद का मान क्यों दिया गया ? इसका कारण, जब मैं ढूँढ़ने लगा तो मुझे ऐसा लगा कि शायद मैं एक दलित हूँ, आदिवासी भी हूँ, कामगार संगठनों का कार्यकर्ता रहा हूँ, मेरी कविता में जो विचारधारा प्रकट हुई है, उसकी और इस संगोष्ठी की विचारधारा में एकरूपता है, प्रस्थापित व्यवस्था को नकार देनेवाली मेरी विचार-प्रणाली और इस संगोष्ठी के उद्‌देश्य में तालमेल है, जैसे कारणों से मुझे यह सम्मान प्राप्त हुआ है। इसके लिए मैं विद्रोही सांस्कृतिक संगठनों के कार्यकर्ताओं का आभारी हूँ।

अनेक पीढ़ियों से, अति दुर्गम विभाग के घने जंगलों, पहाड़ों और गिरि-कन्दराओं में कन्दमूल (फल) खाकर अपनी जीविका चलानेवाली और शिक्षा से वंचित निरक्षर आदिवासी जाति में मेरा जन्म हुआ। आज तक, जिसे उच्चवर्गीय संस्कृति ने जंगली, वनवासी, लंगोटीवाला कहकर अपमानित किया, अन्याय, अत्याचार और दुख-दर्द के पहाड़ तले जिन्हें कुचला गया, जिस समाज को हीन, नीच दृष्टि से देखा गया, प्रताड़ित किया गया, ऐसे आदिवासी समाज के मुझ जैसे कवि को इस संगोष्ठी की जिम्मेवारी दी गई और मेरा सम्मान किया गया, इसके लिए मेरा मन गद्‌गद्‌ हो गया है।

मुझे अध्यक्ष पद के लिए निर्वाचित किया गया, यह खबर जब अखबारों में छपी तब एक पत्रकार हमारी बस्ती में गए। मेरे घर में मेरा बेटा था। उससे पत्रकार ने कुछ सवाल (मेरे बारे में) पूछे। बाद में, वह पूरी बस्ती के आदिवासी बन्धुओं से मेरे बारे में पूछता रहा। वाहरू सोनवणे कहाँ हैं ? क्या करते हैं वे ? जितना समझ में आया, उन प्रश्नों के जवाब तो उन्हें आदिवासियों ने दिए लेकिन जब पत्रकार ने पूछा कि साहित्य-संगोष्ठी का मतलब जानते हो ? सोनवणे इस संगोष्ठी के अध्यक्ष बने हैं, क्या यह पता है आपको ? कैसा लगता है यह समाचार सुनकर ? इन सवालों के जवाब तो उनके पास नहीं थे क्योंकि वे इसका अर्थ नहीं जानते थे। इस कारण, ऐसे सवाल पर खुशी व्यक्त करें या दुख जाहिर करें, इसका उन्हें पता नहीं चला...बस यहाँ से मैं अपना कथ्य सुनाना चाहता हूँ...। इस घटना पर अनेक सवाल उठते हैं। आदिवासियों को शिक्षा का हक क्यों नहीं दिया गया ? साहित्य की इस संकल्पना से उन्हें दूर क्यों और किसने रखा ? उस व्यवस्था का नाम क्या है ?

आदिवासी समाज का सुख-दुख, आनन्द, क्रोध, आशा-निराशा, भाव-भावना, यानी उनकी जीवन-शैली, जिन पारम्पारिक साधनों के माध्यम से व्यक्त की जाती है, वे साधन क्या हैं ? यानी आदिवासी लोगों का साहित्य कौन-सा है ? शादी-ब्याह और उत्सव के समय गाए जानेवाले गीत, काम करते समय गाए जानेवाले श्रम-गीत, देवी-देवताओं के सामने रात-भर चलनेवाला कथा-कथन, नृत्य-नाटक, जिसमें मनोरंजन का उद्देश्य भी होता है, विविध प्रकार के समूह-गीत, सामूहिक-नृत्य या संगीत, आदिवासी बान्धवों का साहित्य है। यह साहित्य उनके जीवन का दर्पण है, उनके जीवन का यह अविभाज्य अंग है। यह लोक-साहित्य, (Folk Literature) उन्होंने पीढ़ियों से जतनपूर्वक अर्जित किया है। उन्होंने इस धरोहर को आज तक सही-सलामत रखा है। ऐसे साहित्य के माध्यम से अपने जीवन की रागिनी को व्यक्त करते-करते सांस्कृतिक जीवन को समृद्ध करनेवाले आदिवासी समाज में मेरा जन्म हुआ। कुछ समय तक पाठशाला गया। कुछ पढ़ने की, समझने की कोशिश की लेकिन परिस्थितियों के दबाव के सामने मुझे शिक्षा से वंचित होना पड़ा। मेरी शिक्षा रुक गई। मैं अपने माँ-बाप और भाइयों के साथ यानी अपने परिवार के साथ काम में हाथ बँटाने लगा। ऐसे ही एक दिन मैं आदिवासियों के नेता अंबरसिंह महाराज जी के पास नौकरी माँगने के लिए चला गया। वह 1970 का साल था, जब आदिवासियों पर होनेवाले अत्याचार बढ़ गए थे। स्थिति गम्भीर और अत्यन्त दयनीय थी। मेरी नौकरी की अर्जी बाजू में रखकर महाराज ने कहा था—"जिस समाज में तुमने जन्म लिया है, वह समाज अन्याय और अत्याचारों के ज्वालामुखी में जल रहा है, वे लोग हाथ फैलाकर चिल्ला रहे हैं 'भय्या बचाओ, दादा बचाओ'—लेकिन जिनमें उन्हें बचाने की, उनके संकटों को कम करने की ताकत है, वे लोग इस तरह नौकरी के नशे में चूर हैं।" महाराज के शब्द सुनकर मैं हैरान हुआ और तब से मैंने उनके साथ काम करने का निश्चय किया।

1978 में खेत पर काम करनेवाले (सालाना) मजदूरों की सामाजिक और आर्थिक

स्थिति अत्यन्त दयनीय थी। उनके शोषण का रूप बहुत भयानक था। प्रातः 4 बजे से काम शुरू होता था और वह रात 9-10 बजे तक चलता रहता था। जानवर की तरह काम करके भी उनकी कमाई अत्यन्त कम थी, मामूली सी थी। जहाँ दो समय पेटभर रोटी मिलनी मुश्किल बात थी, वहाँ और सुविधा का नाम भी नहीं लिया जा सकता था। इतने कष्ट झेलकर भी, उन्हें कदम-कदम पर अपमान और प्रताड़ना का सामना करना पड़ता था। मालदार लोगों को पैसे और जमीन की मस्ती थी, जिसके बल पर वे मजदूरों को, श्रमिकों को मारते-पीटते थे, उनकी पत्नियों से बलात्कार करते थे, कुँवारी बच्ची माँ बनती थी लेकिन जवाब पूछना मना था। ऐसी भयंकर स्थिति को देखकर आदिवासी समाज के कल्याण और उनके उत्थान हेतु मैं इस संगठन में दाखिल हुआ। यह काम करना सरल बात नहीं थी। प्रस्थापित व्यवस्था के प्रति विरोध प्रकट करते समय अनेक कठिनाइयों का, परेशानियों का सामना करना पड़ा। इस कठिन दौर से गुजरते हुए मेरे मन की भीतरी भावनाएँ शब्द बनकर अनायास उमड़कर कागज पर उतरीं। पहली कविता 'भिलोरी' ने जन्म लिया। वह कविता, जिसका भावानुवाद कुछ इस प्रकार है—

> *यह ऐसा क्यों है... ?/सवाल पूछना यहाँ मना है !/अगर फिर भी किसी ने ऐसी हिम्मत की.../तो थोबड़ा उसका लाल रंग से लथपथ होगा/फिर भी नहीं सुना आपने/तो भेज दिया जाएगा आपको/किसी नरक सदृश्य अंधियारी कोठरी में/वे कुछ...भी...कर सकते हैं/उनके खिलाफ शब्द भी मौन हो जाते हैं.../अगर आपको मंजूर नहीं उनकी करतूत/तो मुँह मोड़कर चले जाइए/किसी अनजान रास्ते से.../जो देखा है उसे अनदेखा कीजिए/फिर भी 'जान' खतरे में है.../तो बस्ती छोड़कर चले जाइए/दूर-दूर आँख बन्द करके ओंठों को सिल के/चुपचाप सारी स्थिति को सहन कीजिए.../आँख उघार कर—खोलकर अन्धे बने रहिए/तभी आप जैसे गरीब को/अच्छे लोगों का 'खिताब' वे देंगे/यह निष्ठुर जमाना है।*

इस प्रकार मैंने 'काव्य' के क्षेत्र में पहला कदम रखा और 'गोधड़' नाम से मेरा प्रथम काव्य-संकलन प्रकाशित हुआ। मेरे साथ-साथ मेरे अनेक अपने आदिवासी भाई और बहनें कविता के माध्यम से भोगे हुए दुख-दर्द को व्यक्त करते रहे। आदिवासी कवि कृष्ण कुमार चांदेकर अपनी कविता में कहते हैं—

> *नंगे होकर जब जंगल-जंगल घूमते थे / तब कैमरे हमारी पीठ पर लगे हुए थे विद्रोह करके 'बंड' पुकारा तो अब/पुलिस हमारे पीछे थी।*

और एक आदिवासी कवयित्री कविता में कहती है—

> *सखी री—मुझे एक बात बता/कब तक हम शरमाएँगे ?/चप्पे-चप्पे पर—चारों रास्तों पर/ हाथों में शस्त्र लिए जमींदार राह देख रहे हैं/उनके ही शस्त्र लेकर हाथ में बताएँगे हम उन्हें/कि हमारे भी हाथ हैं.../छोड़ दिया है, हमने चूड़ी पहनना/उठा लिया है शस्त्र हाथ/वह देखो न...जलता सूरज क्या/कभी किसी*

के लिए रुकता है ?/पूरब से पश्चिम की ओर जाते समय/क्या कभी वह रोता है ?/फिर, क्यों रोते हैं, हम ?/यह ले लो जलती मशाल/मैं निकलती हूँ आगे/मेरे पीछे तुम भी चलो !

जो साहित्य-संस्कृति को सँभालकर रखता है, वह जीवन में अस्मिता जगाता है। साहित्य समाज और जीवन का दर्पण है। जीवन को दिशा और गति देता है। सक्षम समाज बनाने में साहित्य की भूमिका महत्त्वपूर्ण है। ऐसे तत्त्वों को मन में रखकर जब, मैं आदिवासियों की ओर देखने लगा तो मुझे लगा कि क्या हमारे जीवन को सुधारने की, सँवारने की, आज तक किसी ने कोशिश की ? अगर की है तो वह किस प्रकार की है ? इसके लिए, जब इतिहास के झरोखे में झाँका और अपने समक्ष खड़े वर्तमान का अवलोकन किया तो एक बात समझ में आई कि इतिहास या अतीत में हमें राक्षस करार करके हमारा कत्लेआम किया गया। चातुवर्ण की रक्षा के लिए श्रीकृष्णा ने 'ताड़का' का वध किया। शिक्षा का अधिकार एकलव्य को नहीं दिया गया। इतना ही नहीं, गुरु-दक्षिणा के नाम पर एकलव्य का अँगूठा काट कर आदिवासियों की कलम को अपमानित किया गया। स्वतन्त्रता-संग्राम में अंग्रेजों के विरोध में बिहार में लड़नेवाले बिरसा मुंडा, मध्य प्रदेश में तंट्या भील, महाराष्ट्र में खाज्या नाईक, रामदास महाराज, भागोजी नाईक, उमाजी नाईक जैसे वीरों ने अपना जीवन न्योछावर कर दिया लेकिन इन क्रान्तिवीरों के पराक्रम की गाथा इतिहास में नहीं आई। इतिहास ने हमें नकार दिया। इस प्रकार वहाँ पर भी हमारे पराक्रम की अवहेलना की गई। यहाँ भी, हमें अन्याय का सामना करना पड़ रहा है। पाठ्य-पुस्तकों की कहानियों में भी इन वीरों का नामोनिशान नहीं है। इसके कारणों का पता जब लगाने की कोशिश करता हूँ तो मुझे ऐसा लगता है कि किसी भी युग में शत्रु-पक्ष के पराक्रम की तारीफ नहीं की जाती। अपने ही पक्ष की तारीफ करना जैसे जरूरी होता है, उसी प्रकार प्रस्थापित इतिहासकारों ने हमें शत्रु-पक्ष के लोग समझकर हमारा इतिहास में नाम नहीं दिया। तब यह सवाल उठता है कि उन्होंने आखिर आदिवासियों को शत्रु-पक्ष क्यों समझा ?

पाठ्य-पुस्तकों का अगर अवलोकन करें तो चौथी कक्षा की किताब में एक पाठ में 'वे भील लोग चोरी करते थे' ऐसा लिखा है। लेकिन क्या वे भील केवल चोरी ही करते थे और कुछ नहीं करते थे ? अगर चोरी करते थे तो क्यों करते थे ? इन प्रश्नों का कहीं कोई उत्तर नहीं। इस वाक्य का चौथी कक्षा में पढ़ रहे, संस्कार ग्रहण कर रहे बालकों की मानसिकता पर क्या प्रभाव पड़ता होगा ? जो भील नहीं हैं, वे बच्चे, भील-बच्चों के बारे में क्या सोचते होंगे ? इस सन्दर्भ में पाठ्य-पुस्तकों के लेखक मंडल के सदस्यों ने कुछ विचार किया ही नहीं है।

दूसरा उदाहरण उत्तर महाराष्ट्र विश्वविद्यालय जलगाँव का है। वहाँ के स्नातकोत्तर के पाठ्यक्रम में 'झडीये दिवस' (बारिश के दिन) नामक पुस्तक थी। यह किताब आदिवासी लोगों के जीवन पर लिखी हुई है। इस किताब में आदिवासी लोग नदी के

प्रवाह में स्नान करते हैं, ऐसा उल्लेख आया है और नदी के प्रवाह को 'डोंगर वाडी' कहते हैं, ऐसा भी लिखा है। यहाँ पर लेखक को जवान युवती का शरीर दिखाई देता है। उसने युवती के शरीर का जो वर्णन किया है, वह आदिवासियों का अपमान करनेवाला और उनकी भावनाओं को ठेस पहुँचानेवाला है। इस प्रकार के वर्णन के विरोध में विद्यार्थी संगठन ने आन्दोलन छेड़ा था और विश्वविद्यालय को यह किताब रद्द करनी पड़ी थी।

आज, हम आदिवासियों के घरों में झाँककर देखते हैं तो वहाँ हमें आदिवासियों के देवी-देवता नजर नहीं आते। वहाँ पर राम, कृष्ण, मुसलमानों के पीर या ईसाइयों का ईसा-मसीह हमें दिखाई देता है। वस्तुतः बागदेव, डोंगया देव, राणी काजल जैंसे देवी-देवता आदिवासियों के हैं। ऐसा परिवर्तन जो हुआ है, उसका एक ही कारण हो सकता है, वह है आदिवासियों के देवी-देवताओं का नामोनिशान मिटा देने की एक सुरचित साजिश। आदिवासियों की कुल देवी का नाम 'याहाभोगी' है। 'विश्व हिन्दू परिषद' के लोगों का कहना है कि याहाभोगी और जगदम्बा यह एक ही देवी का नाम है। तात्पर्य 'याहाभोगी' का नामकरण 'जगदम्बा' क्यों न किया जाए ? लेकिन आदिवासी विद्यार्थी संगठन और आदिवासी समाज ने इसका तीव्र विरोध किया, जिसके कारण 'विश्व हिन्दू परिषद' को यह प्रस्ताव वापस लेना पड़ा। इस वाद-विवाद में हमारा यह मानना है कि अगर 'याहाभोगी' और 'जगदम्बा' एक ही है तो 'जगदम्बा' को ही 'याहाभोगी' का नाम दे दीजिए। लेकिन ऐसा होगा नहीं क्योंकि जगदम्बा देवी की पूजा आदिवासी, उनकी अपनी परम्परा के अनुसार करेंगे और यह उन्हें पन्सद नहीं होगा। दूसरी बात यह है कि 'पावरा' नामक जाति में 'इंदल' नाम से एक पूजा होती है। यह पूजा सत्यनारायण की पूजा के समान ही है। इस प्रकार से मतिफेर कर आदिवासियों के हिन्दूकरण की प्रक्रिया चल रही है। आदिवासी लोग हिन्दू नहीं हैं। हिन्दू कोड बिल आदिवासियों पर लागू नहीं किया जाता। यह बात यहाँ पर ध्यान देने लायक है कि विश्व हिन्दू परिषद ने 23.11.77 को 'अकुलकुवा' गाँव में हिन्दू-सम्मेलन का आयोजन किया था। इस सम्मेलन में आदिवासियों को 'वनवासी' नाम से सम्बोधित किया गया था। इस घटना के विरोध में भी 'आदिवासी एकता परिषद' ने विश्व हिन्दू परिषद के खिलाफ तीव्र विरोध किया और आखिर में विश्व हिन्दू परिषद को इसके लिए माफी माँगनी पड़ी। आदिवासी समाज में कोई जाति नहीं है। फिर भी हमें जाति का सर्टिफिकेट देना पड़ता है और जबरन हमें 'हिन्दू भील', 'हिन्दू पावरा' लिखने के लिए मजबूर होना पड़ता है। हम किसी जाति से नहीं केवल आदिवासी नाम से पहचाने जाना पसन्द करते हैं। हमारी माँग यह अभी तक पूरी नहीं हुई है। भारतीय संविधान में भी आदिवासियों को 'अनुसूचित जनजाति' नाम से दर्ज़ किया गया है। वस्तुतः ऐसी घटना से हमारी अस्मिता और स्वाभिमान को ठेस पहुँचती है। इसलिए 'शेड्यूल्ड-ट्राइब' की जगह 'आदिवासी' नाम से हमारा रजिस्ट्रेशन होना चाहिए, यह जागृत आदिवासी समाज की माँग है।

आज तक हमारे जीवन के व्याख्याकार, सलाहकार वे गैर आदिवासी लोग ही रहे।

उन्होंने जो हमारे जीवन के बारे में बताया, वह हमने माना। हमें अपमानित किया गया। ऐसी लांछनास्पद जिन्दगी आज तक हमने गुजारी लेकिन अब स्थितियाँ बदल रही हैं। हमारी जिन्दगी, निजी जिन्दगी है। इसे किस प्रकार गुजारना है, यह हमारा सवाल है। इस प्रश्न का उत्तर हम स्वयं ढूँढ़ लेंगे। हमें समय-समय पर जो निर्णय लेने होंगे, वे हम खुद लेना चाहते हैं, किसी की सहायता की बैसाखी लेकर नहीं। हमारी जिन्दगी पर केवल हमारा अधिकार है और किसी का नहीं। अब हम बड़े हौसले और आत्मविश्वास के साथ आगे बढ़ना चाहते हैं। द्रोणाचार्य से एकलव्य ने किसी भी प्रकार की विद्या ग्रहण नहीं की थी, फिर भी उसे गुरु-दक्षिणा के नाम पर अपना अँगूठा काटकर देना पड़ा था। इस घटना का सही-सही अर्थ हमने अब जान लिया है। हमें नीच, हीन दृष्टि से देखनेवालों को हम अब कहना चाहते हैं कि एकलव्य की मानसिकता से हम उबर चुके हैं और यही एक कारण है कि विद्रोही साहित्य प्रस्थापितों की किसी मान्यता या अनुमति का मोहताज नहीं है। अब हम जाग चुके हैं...। मैं मानता हूँ कि कुछ शिक्षित आदिवासी बन्धु नौकरी मिलने के बाद जब जीवन में स्थिरता आती है, तब वे इतने खुश होते हैं कि वे अपने दूसरे आदिवासी बान्धवों के जीवन के विकास और समृद्धि के प्रति उदासीन हो जाते हैं। वे अपने ही खोल में रहना चाहते हैं। यह बात ठीक नहीं। उन्हें अपने कल्याण के साथ अपने समाज के कल्याण के प्रति हमेशा कार्यरत रहना चाहिए। फिर भी आज कुछ युवक-युवतियाँ अपने खोल से बाहर निकलकर आदिवासी समाज के शोषण के विरुद्ध, उनकी प्रगति के लिए दिन-रात काम कर रहे हैं। इस पीढ़ी का युवा-वर्ग आज के साहित्य में आदिवासियों का क्या स्थान है, स्थान है या नहीं, अगर है तो किस प्रकार का है, नहीं है तो क्यों नहीं है, ऐसी सारी बातों का चिन्तन कर रहा है, जो एक सकारात्मक कार्य है। आज की नई पीढ़ी का आदिवासी युवक, हाथ में लेखनी लेकर आज तक के साहित्य ने उन्हें जो नहीं दिया अथवा जो उनका सही तरीके से चित्रण नहीं हुआ, उन सारी बातों का चित्रण कर रहा है। वह अपने बारे में, अपने समाज के सुख-दुख के बारे में लिख रहा है। यह इस बात का प्रतीक है कि समाज परिवर्तन की ओर अग्रसर हो रहा है।

आज डॉ. गोविन्द गारे, भुजंग मेश्राम, नेताजी राजगडकर, कुंडलीक केदारा, चामुलाल राठवा, वीरसिंग पाडवी जैसे अनेक आदिवासी साहित्यिक कलाकार, आलोचक आदिवासी संगठन में बड़े विश्वास से उतरे हैं।

आज तक आदिवासी समाज के सन्दर्भ में बहुत सारा साहित्य प्रकाशित हुआ है। इन साहित्यकारों में दुर्गा भागवत, नागगौंड, सुदाम जाधव, इन्दूताई परुलेकर, अनुताई वाघ, दिनानाथ मनोहर, जगदीश गोड़बोले, कॉ. शरद पाटील, डॉ. गेल ऑमव्हेट आदि साहित्यकार मुख्य रूप से हैं जो आदिवासी समाज के न होते हुए भी उन्होंने आदिवासियों पर लेखन किया है।

प्रस्थापितों का साहित्य कौन से समाज का चित्रण करता है ? ये लोग यहाँ पर कौन सी संस्कृति लाना चाहते हैं ? यह सवाल हम बार-बार उठा रहे हैं। मराठी ग्रंथागार सभा

का निमंत्रण जब न्यायमूर्ति रानडे जी ने म. ज्योतिबा फुले को भेजा था तब फुले जी ने यही सवाल उनसे पूछे थे।

आपने रणजीत देसाई जी का 'स्वामी' उपन्यास पढ़ा होगा। यह उपन्यास जब मैंने पढ़ा, तब मैं बहुत बेचैन हो उठा क्योंकि लेखक ने इस उपन्यास में सती-प्रथा का उदात्तीकरण किया है। स्त्री-मुक्ति के आज के जमाने में स्त्रियों की दासता का चित्रण करना, मनुवादी मानसिकता का प्रमाण है। इसी प्रकार का चित्रण, समर्थन ना.सी. इनामदार ने दूसरे बाजीराव के स्त्री संगठनों के सन्दर्भ में किया है। स्त्री-पुरुष समानता के युग में स्त्री-पुरुष विषमता का अपने उपन्यास में वर्णन और समर्थन करना यह बामनी साहित्य की निशानी है। इसे बामनी (उच्चवर्गीय) साहित्य कहना नहीं तो और क्या कहना चाहिए ? सर्वहारा समाज को "तुम महार हो, भील हो, लंगोटीवाले हो," ऐसा कहकर दुत्कारते हैं, उनकी भर्त्सना करते हैं और महिलाओं को "तुम स्त्री हो, अबला हो, पुरुष की दासी हो, तुम्हारा क्षेत्र केवल चूल्हे-चौके और बाल-बच्चों तक सीमित है", कहते हैं इससे जब उनके आत्मसम्मान को ठेस पहुँचती है तो वे अन्याय और शोषण के विरोध में विद्रोह करती हैं। जब महिलाएँ संगठित रूप में प्रतिकार करती हैं, तब इन महिलाओं के आत्मसम्मान की रक्षा की लड़ाई में कितने पुरुष उनका साथ देते हैं ? इस पुरुष प्रधान व्यवस्था में पानी भरना, चूल्हा-चौका करना, कचरा निकालना इत्यादि काम स्त्रियों के माने गए हैं लेकिन यहाँ पुरुष इस बात को जानता है कि स्त्री होने के नाते केवल 'गर्भधारण' करना ही स्त्रियों का काम है, बाकी सारे काम पुरुष ने स्त्रियों पर थोपे हैं, लादे हैं।

ऐतिहासिक उपन्यास हो या इतिहास लेखन हो, यहाँ के मजदूर वर्ग पर हमेशा अन्याय होता रहा है। भारतीय स्वतन्त्रता संग्राम का इतिहास भी तिलक, आगरकर और गांधी तक ही सीमित है। क्रान्तिसिंह नाना पाटील के नेतृत्व में सरकार के अन्याय के विरोध में जो लड़ाई चली, उसे अब तक न्याय प्राप्त नहीं हुआ है, यह बात आप सब जानते हैं। हमारे आदिवासी क्रान्तिवीरों के बारे में भी ऐसा ही हुआ है। तिलक और आगरकर जब स्वतन्त्रता संग्राम में जुटे थे तब हमारे आदिवासी क्या गोली खेल रहे थे ? इतिहास की पुस्तकों में इन स्वतन्त्रता-संग्राम के वीरों का उल्लेख क्यों नहीं है ? तांट्या भील, खाज्या नाईक, बिरसा मुंडा, रुमाल्या नाईक, इन स्वातंत्र्य वीरों ने जो सराहनीय काम किया, उसका जिक्र कहीं भी नहीं किया ? यह कौन-सी मानसिकता का लक्षण है ?

हमेशा उपेक्षा एवं उल्लेख न करके सर्वहारा वर्ग को मारना या उन पर टीका-टिप्पणी करना यह प्रस्थापितों का विशेष गुण रहा है। इनका हास्य-व्यंग्य लेखन देखिए। ग्रामीण जीवन के किसानों की और अशिक्षितों की मशखरी करने में ये स्वयं को धन्य मानते हैं किन्तु ऐसी बात इनके मन में कभी नहीं आती कि इन्हें बहुजन और सर्वहारा वर्ग के प्रति सहानुभूति और उनके उत्थान के लिए कोशिश करनी है, उल्टे ग्रामीण बहुजन सर्वहारा लोगों को ये अपने मनोरंजन का विषय बनाते हैं।

ना.सी. फड़के से लेकर द.मा. मिराजदार तक सभी ने साहित्य में मनोरंजनवाद और

कलावाद का सृजन किया है। कला को जीवन से तोड़नेवाले लोगों से हमें सावधानी बरतनी चाहिए। इन लेखकों ने साहित्य द्वारा ब्राह्मणी, आडम्बरवादी और पुरुष प्रधान मूल्यों की वृद्धि करनेवाली संस्कृति का समर्थन किया है। ऐसा साहित्य हमारा (पिछड़े लोगों का) साहित्य नहीं हो सकता। अपने भी कुछ साहित्यकार ऐसे प्रस्थापितों के खेमे में रहते हैं। महात्मा फुले जी से प्रेरणा लेकर शुरू किए गए सत्य शोधक जलसे और इससे निर्मित हुए अम्बेडकर जलसे आदि ने बहुजनों की मौखिक परम्परा में वृद्धि की है। अम्बेडकरवादी कवि वामनदादा कर्डक, राजानन्द गडपायली आदि इस परम्परा में प्रमुख सूत्रधार रहे। अण्णाभाऊ साठे, अमर शेख और गद्याणकर जैसे तीन कम्युनिस्ट कवियों ने सम्पूर्ण महाराष्ट्र के लिए संघर्ष किया और उसी समय शाही कवि परम्परा का क्रान्तिकारी आविष्कार जनता के सम्मुख रखा।

1980 के दशक में ग्रामीण साहित्य संगठन का आरम्भ हुआ। इस आन्दोलन ने किसान और खेत-मजदूरों के दुख-दर्द और शोषण को जनता के सम्मुख रखा लेकिन इनमें, जो अग्रसर लोग थे, वे इतने मजबूत नहीं थे, इसी कारण यह तितर-बितर हो गया। फिर भी रार बोराडे से लेकर गुंदेकर होलकर जैसे नई पीढ़ी के लेखकों तक ग्रामीण आन्दोलन चलता रहा। इसी समय आदिवासी लेखकों ने लिखना आरम्भ किया। मौखिक वाङ्मय को शब्दरूप देने का काम शुरू हुआ। ऐसा करके आदिवासी साहित्यकारों ने मराठी साहित्य को एक नया आयाम दिया। आदिवासी साहित्यकारों की पहली पीढ़ी में भुजंग मेश्राम, विनायक तुमराम जैसे कवि और नजुबाई गावित जैसे उपन्यासकार मेरे साथ हैं। दिन पर दिन विकसित होनेवाले, इस प्रभावी साहित्य को व्यासपीठ उपलब्ध करा देने का प्रयास कॉ. शरद पाटील, बाबूराव बागूल, राव साहेब कसबे आदि साहित्यकारों ने किया। दलित ग्रामीण और आदिवासी साहित्य की विचारधारा में ऐक्य होने के कारण, इन तीनों प्रवाहों में आपस में वैचारिक आदान-प्रदान हुआ, जिससे साहित्य में नवीनता आ गई। इसी के चलते शरद पाटील के 'अब्राह्मणी साहित्य का सौन्दर्यशास्त्र' यशवन्त मनोहर के 'अम्बेडकरवादी प्रेरणाओं का सौन्दर्यशास्त्र', डॉ. भारत पाटणकर के 'श्रमिक जाति और जमाती का सौन्दर्यशास्त्र' और मेरे 'अब्राह्मणी साहित्य' विषय पर लिखे गए निबन्ध से मराठी साहित्य में सौन्दर्यशास्त्र की चिकित्सा और विश्लेषण करनेवाली सभी महत्त्वपूर्ण और नवीनतम पुस्तकों की चर्चा शुरू हो पाई।

मुस्लिम मराठी साहित्य, विविध जाति और जमात की स्त्रियों द्वारा लिखित स्त्रीवादी साहित्य, ईसाइयों का लिखा हुआ मराठी साहित्य आदि वर्ग के साहित्य ने मराठी साहित्य को समर्थ बनाया और उसे उर्जितावस्था में पहुँचाया। अब स्थिति ऐसी है कि इन साहित्य प्रवाहों और बोली-भाषा में उपरोक्त मौखिक साहित्य परम्परा के मिलाप होकर विद्रोही साहित्य का महाप्रवाह तैयार करने की सम्भावना बनी है।

इस बीच भारतीय संविधान पर पुनर्विचार करने के लिए भाजपा सरकार एक आयोग का गठन कर रही है। इस सरकार में डॉ. बाबासाहेब अम्बेडकर पर दोषारोपण करनेवाले अरुण शौरी जैसे कुछ तथाकथित मनीषी हैं। उनसे हमें सावधान रहना

चाहिए। जिन लोगों ने, कभी ब्रिटिश शासन के विरुद्ध संग्राम में हिस्सा नहीं लिया, ऐसे राष्ट्रीय स्वयं सेवक संघ के लोग भाजपा का दिशा-निर्देशन कर रहे हैं। वस्तुतः भारतीय संविधान समता, स्वातंत्र्य, बन्धुत्व, धर्मनिरपेक्षता और सामाजिक न्याय, के मूल्यों पर आधारित है। संविधान को कुछ लोगों ने समाजवाद का आधार देने की भी चेष्टा की है।

स्वतन्त्रता संग्राम की पार्श्वभूमि पर, डॉ. बाबासाहेब अम्बेडकर ने जो संविधान लिखा उसका मूलभूत ढाँचा बदलने का षड्यन्त्र, भाजपा कर रही है। भारतीय जनता द्वारा इसका विरोध होना जरूरी है। भारतीय संविधान के पुनर्विचार का कारण देकर असामाजिक तत्त्व जातिवाद, और मनुवादी विषम रचना फिर से प्रस्थापित करना चाहते हैं। उनके, इस षड्यन्त्र का विरोध करना अत्यन्त आवश्यक है।

'वॉटर' सिनेमा में वाराणसी के आस-पास रहनेवाली विधवा स्त्रियों की समस्या, शोषण को समाज के सम्मुख लाने का, दिग्दर्शन का, इरादा था। लेकिन मनुवादी वैचारिकता ने इसका विरोध किया। 19वीं सदी में फुले, अम्बेडकर, आगरकर, रानाडे जैसे समाज सुधारकों ने स्त्रियों के इन्हीं प्रश्नों को दुनिया के सामने रखा था और इन कुप्रथाओं के उन्मूलन के लिए अभियान भी छेड़ा था। लेकिन 'वॉटर' सिनेमा के लिए जो विरोध हो रहा है, उसे देखकर, ऐसा लगता है कि आज भी यह प्रश्न वैसा ही है। विधवाओं का शोषण मनुवादी विचार के लोग छिपाकर रखना चाहते हैं और धर्म का मुद्दा खड़ा करके वे 'वॉटर' का चित्रण स्थगित करने को बाध्य करते हैं। इस घटना का सभी संवेदनशील नागरिकों द्वारा विरोध होना जरूरी है। स्वतन्त्रता प्राप्त हुए अब, 50 साल पूरे हो गए हैं। लेकिन इन 50-52 वर्षों में आरक्षण का पालन सही-सही नहीं हुआ। अभी इस योजना का लाभ पिछड़े लोगों तक शत-प्रतिशत नहीं पहुँचा है। फिर भी आरक्षण नीति के विरोध में उल्टी-सीधी बातें की जा रही हैं। भाजपा की सरकार जब से केन्द्र में आई है तब से ऐसी विचारधारा को पुष्ट किया जा रहा है। हाल ही में उच्च न्यायालय ने मेडिकल और इंजीनियरिंग की शिक्षा में और नौकरी में आरक्षण को रोकने का आदेश दे दिया है। यह लोकशाही तत्त्व और भारतीय संविधान के विरोध में किया गया कृत्य है। इसका विरोध होना चाहिए। सर्वहारा वर्ग के अधिकार के बारे में हमें जागरूक रहना चाहिए। 'विकास' शब्द का अर्थ, अगर आदिवासी मजदूर, छोटे किसान आदि की 'बलि' लेना है, तो ऐसे विकास को रोककर हमें एक ऐसी पर्यायी व्यवस्था करनी चाहिए, जो आदिवासियों के हित में हो। इस सम्मेलन के मंच से, मैं मुस्लिम बोहरा समाज सुधारक और ज्येष्ठ कार्यकर्ता डॉ. असगर अली इंजीनियर पर, बोहरा धर्मगुरु द्वारा हमले का विरोध करता हूँ। शिक्षा के क्षेत्र में राष्ट्रीय स्वयं-सेवक संघ, जो तानाशाही कर रही है, हमें उसे रोकना है। प्रसिद्ध इतिहासकार डॉ. के.एन. पन्नीकर के नेतृत्व में भारत के स्वतन्त्रता संग्राम के लेखन का जो प्रकल्प (Project) कार्यरत था, जिसे भाजपा के केन्द्रीय शिक्षामंत्री मुरली मनोहर जोशी ने स्थगित करने के आदेश दिए हैं। इस आदेश का भी मैं इस मंच से विरोध करता हूँ और आप सभी को इसके

विरुद्ध आवाज़ उठाने का आह्वान करता हूँ।

जातिवादी लोगों के हमले केवल सिनेमा, नाटक के क्षेत्र तक ही सीमित नहीं हैं। ये लोग दलितों की हत्या करने और विभिन्न धर्मों के लोगों में वैमनस्य फैलाने का काम भी कर रहे हैं। रमाबाई अम्बेडकर नगर में 17 दलितों की हत्या की गई, यह इनकी मनुवादी नीति का ज्वलन्त उदाहरण है। ऐसे समय में उर्दू शायर साहिर लुधियानवी का एक गीत मुझे याद आता है–

आज अगर खामोश रहे/तो कल सन्नाटा छाएगा/हर बस्ती को आग लगेगी हर बस्ती जल जाएगी/सन्नाटे के पीछे से एक सदा/ यह आएगी/कोई नहीं है, कोई नहीं है !...

(द्वितीय विद्रोही साहित्य सम्मेलन में वाहरू सोनवणे का अध्यक्षीय भाषण)

अनुवाद : कंचन जटकर

आदिवासी साहित्य क्यों ?

भुजंग मेश्राम

आज, हम जिस जगह इकट्ठे हुए हैं, वह प्राचीन काल में दंडकारण्य का भाग था, ऐसा इतिहास में लिखा गया है। इस दंडकारण्य में जैसे जंगली श्वापद थे, वैसे ही वन्य जाति-जमाती तथा जिप्सी भी थे। यहाँ जीने के लिए, हर किसी को संघर्ष करना पड़ता था। आज भी करना पड़ता है। शायद उन दिनों तीर-कमान, पत्थर, गहुचा आदि शस्त्र रहे होंगे। आज मौखिक परम्परा को सँभालकर, हम जैसे लिखित वाङ्मय निर्माण करनेवालों के पास हितसम्बन्ध तथा कलम के शस्त्र हैं। पहले का दंडकारण्य, अब औद्योगिक अभयारण्य बना है और इस अभयारण्य से साहित्य का राजमार्ग जाता है। आज इस राजपथ पर टोली समूहों के आदिवासी साहित्य सम्मेलन का आयोजन कर, देश तथा संसार की आदिवासी भावनाओं को समझने तथा पुनः उनसे सम्बन्ध जोड़कर, इन समूहों का साहित्य दूर-दूर तक ले जाने के सृजन-कार्यक्रम के लिए, हम यहाँ इकट्ठे हुए हैं।

संसार भर के आदिवासियों के सम्बन्ध में लिखा गया है कि इनके ग्रंथ की प्राप्ति दुर्लभ है। आदिवासी यानी आदिम, जंगली, असंस्कृत, वन्यजन से सम्बन्धित परिभाषाओं के बारे में आदिवासी से इतर समूहों में सामान्यतः एकमता दिखाई देती है।

मानव वंश वैज्ञानिकों ने आदिवासियों से सम्बन्धित, जो परिभाषाएँ दीं, वह अँधेरे में ही रहीं और आदिवासी संस्कृति के सम्बन्ध में, लोकजीवन के व्यवहार में पूर्वाग्रहों में वृद्धि होती रही। उस समय रिश्तों पर आधारित विवाह संस्था पूर्णतः विकसित नहीं हो पाई थी। जिस प्रकार, यह सर्वमान्य है कि वानर मनुष्यों का पूर्वज था, उसी प्रकार, यह भी सत्य है कि मानव समूह भी 'आदिम' अवस्था से ही आया है। इन मानव समूहों ने उत्पादन के साधन खोज निकाले, जिससे संचय-वृत्ति बढ़ी तथा भटकना खत्म होकर विवाह-संस्था प्रस्थापित हुई। फलतः उन्हें विकसित सु-संस्कृत समझा जाने लगा। जो लोग पहले के स्थानों पर ही स्थिर रहे यानी आदिम अवस्था में ही रहे, उनको जंगली तथा असंस्कृत समझा जाने लगा। आदिवासियों को आदिम नहीं कहा जाता। आदिवासियों की स्थिति आदिम अवस्था के अन्तिम छोर के आगे तथा विकसित समाज के प्रारम्भिक किनारे पर थी, इसीलिए बहुत से लोग आदिवासियों को आदिम कहते हैं।

वास्तव में 'आदिम' और 'आदिवासी' यह दोनों बातें भिन्न हैं। इस भूमि पर पहले आदमी या मूलवासी के अर्थ में आदिवासी (इंडिजीनस) शब्द आता है। आदिवासियों में आदिम अवस्था की मातृसत्ता के प्रभावी अवशेष मिलते हैं। यह अच्छी बात है। आदिवासियों की विवाह संस्था, जीवन-पद्धति, संस्कृति, रीति-रिवाज आदि सन्तुलित एवं प्रासंगिक हैं, बस व्यवसाय, उत्पादन-पद्धति तथा वस्तु विनिमयता जैसी महत्त्वपूर्ण बातों में स्थिरता न रहने से आदिवासी अविकसित रहे।

यह मानकर कि इन अविकसित समूहों में विकसित-संस्कृति का अभाव है, इन समूहों के संगीत, कला, मौखिक साहित्य आदि सृजनशीलता की श्रेणी में नहीं माने गए अर्थात् उसे स्वीकारा ही नहीं गया। प्राचीन सुरों के ब्योरे की तफ़्तीश करते समय, उन्हें लोक-साहित्य मान कर ही रेखांकित किया गया। प्राचीन काल से ही विदेशियों ने, जो भारत पर आक्रमण किए, वे नियोजित तथा उपनिवेशवादी स्वरूप के थे। इस उपनिवेशवाद को बरकरार रखने के लिए, जिस नव-शिक्षित नौकरशाही की ईस्ट इंडिया कम्पनी तथा अंग्रेजों को जरूरत थी, बड़ी ही ईमानदारी तथा वफादारी से उन्होंने उसकी आपूर्ति कर दी। उपनिवेशवाद के साथ-साथ जिन-जिन विचारों या चर्चाओं का भारतीयों पर प्रभाव पड़ा, वे भी पाश्चात्य संस्कृति, पाश्चात्य साहित्य व पाश्चात्यवादी ही थे। इसलिए आज, जिसे सच्चा साहित्य कहा जाता है, उस पर पश्चिम का या पश्चिमी-संस्कृति में पले भारतीय अभिजन वर्ग की जमात का प्रभाव अधिक है। भारतीय समाज की विषम-स्तर पर निर्मित संरचना, विदेशी भाषा का प्रभाव, अनेक जातियों की प्रतिज्ञात्मक एकात्मकता का आग्रह, मुट्ठीभर अभिजनों की सांस्कृतिक पैतृक अधिकारों का गुणगान करनेवाली अभिजात्य संस्कृति का हाथी-दाँती चित्रण करनेवाले लेखक, जब सामने आए तो वास्तव में ऐसा लगने लगा, जैसे साहित्य या वाङमय एक विशिष्ट वर्ग या समूह के खेल का मैदान है। परिणामस्वरूप, जिन्हें ग्रामीण, अछूत व असभ्य माना गया, उनका चित्रण केवल कहने के लिए ही किया गया और वह भी नकारात्मक। इस प्रकार, साहित्य में भी उन्हें अछूत रखा गया।

उपनिवेशवाद के संक्रमण से ही ज्योतिबा फुले, बाबासाहेब अम्बेडकर, बिरसा मुंडा जैसे महत्त्वपूर्ण विचारक पैदा होने के कारण, इन अविकसित समूहों के हितार्थ साहित्य रचा जाने लगा और समूहों की प्रगति का मार्ग मानव की मुक्ति का मार्ग बन गया। दलित-आदिवासियों के अनगिनत आन्दोलनों से अनेक सृजनशील लेखक एवं विचारक पैदा हुए। साहित्य, आन्दोलन का बॉय-प्रॉडक्ट बन गया। दलित लेखकों ने जो लिखा, उसे लोगों ने दलित-साहित्य का नाम दिया। दूसरी ओर यह मत भी तैयार होने लगा—'साहित्य की कोई जाति नहीं होती।' विश्व स्तर पर अश्वेत साहित्य का उद्‌गम हुआ और ये समझा जाने लगा कि दलित-साहित्य भी प्रतिक्रियास्वरूप जन्मा साहित्य है। हालाँकि, आज दलित-साहित्य का सच्चे तथा तीव्र तेवर का साहित्य देखकर प्रमाणित हो जाता है कि ये समझ कितनी बचकानी थी। ये सोच कि मराठी दलित-साहित्य विश्व-स्तर पर पहुँचेगा, वास्तव में सही होने पर भी, मराठी साहित्यकारों ने दलित-साहित्य

का संस्कृतिकरण करके, उसे समाप्त करने की चेष्टा की।

एक प्रश्न और उठाया जाने लगा—'दलित-साहित्य के होते हुए आदिवासी साहित्य क्यों ?' इस प्रश्न को लेकर बोगस आदिवासी लोगों को इकट्ठा कर 'लेखक-मेला' भी लगाया गया और इस प्रकार, कुछ लोगों ने अपनी इच्छा को लादने की चेष्टा की, जिससे भीतर का लावा भीतर ही दबा रह जाए और वह समाज की भूमि को तोड़कर बाहर नहीं आ पाए। अगर किसी की ये अधिकारपूर्ण अपेक्षा हो कि आदिवासी-साहित्य डॉ. कन्ना मडावी जैसा बन जाएगा तो वह आधुनिक एकलव्य के समान होगा।

'आदिवासी'—विकास के नाम पर फाँसी पर चढ़ाया गया 'राजा बली' है। उपनिवेशवादी मूल्यों के प्रभाव से पूँजीवादी लोकशाही के मध्य-वर्गीय मध्यम मार्ग के माध्यम से भारत में, जो बुद्धिजीवी मानव-समूह का मुट्ठी भर अभिजन (Elite) वर्ग पनपा है, वह अपना वैचारिक जोश शान्त करने के लिए देश तथा सर्वहारा-समूह के विकास का रुख तय करता है। प्राचीन संस्कृति का अभिजात भी यह जताता रहा है कि—'आदिवासी समूह म्यूजियम की वस्तु बने रहने की परम्परा को कायम रखना जरूरी मानता है।' यह पहले से ही मान लिया जाता रहा है कि आदिवासी जंगली हैं। उनकी अभिव्यक्ति तथा उनके हितार्थ साहित्य स्वीकार करने की जरूरत किसी को महसूस नहीं हुई, जिसके कारण भारत के राष्ट्रीय उपप्रान्तों का आदिवासी बागी बन गया। मुझे ऐसा लगता है कि आदिवासी साहित्य का लक्ष्य इसी में निहित है। भारत के स्वातंत्र्योत्तर काल में मराठी साहित्य ने 45 वर्षों में पश्चिम के कालबाह्य वाङ्मयी वादों की सहायता से मराठी साहित्य को प्रगल्भ तथा सर्वसमावेशक बनाने के काफी प्रयत्न किए हैं। अंग्रेजी का दूध पीकर, उच्चवर्गीय मराठी लेखक व विचारकों ने मराठी को बाजीगर का खेल बनाया है, जिसमें उसे रस्सी पर अपना सन्तुलन सँभालना पड़ता है—रसिकों का मनोरंजन करना पड़ता है। ऐसा भ्रम पालने से कि—आधुनिक कहलानेवाले नवीनता के ऊँचे पेड़ों पर मराठी कविता की मूल (सच्ची) देशज परम्परा में 'कलम' लगाने का प्रयत्न से अत्याधुनिक बनकर मराठी साहित्य बहुत प्रगतिशील एवं ऊर्ध्वगामी हो जाएगा—मराठी साहित्य जटिल हो गया। मराठी साहित्य में नई-नई संकल्पनाओं के जाल डालकर मच्छीमारी शुरू हो गई है। इसमें जमीन के दर्शन की अपेक्षा आयातित सौन्दर्यशास्त्र अनिवार्य हो गया। अकादमिक क्षेत्र के समीक्षक लोग धर्म प्रचार की तरह पश्चिम के काल-बाह्य हुए वाद एवं सिद्धान्तों को मराठी में अनुमोदन करने लगे। प्रेरणा तथा आधार के बहाने, विदेशी कलाकृतियों का मराठी संस्कार कर अपने नाम पर प्रकाशित करने में जुट गए। उपर्युक्त बात उस समय के युवा मराठी लेखकों तथा आन्दोलन के लेखक-कार्यकर्ताओं के ध्यान में आई तो उन्होंने इन बेगाने छोटे-मोटे, आगन्तुक प्रस्थापित लेखकों के खिलाफ आन्दोलन शुरू कर दिया। इसका उद्देश्य था—'प्रस्थापितों की तात्त्विकता को तबाह कर पत्रिकाओं का प्रकाशन शुरू करना।' यह आन्दोलन काफी सफल रहा तथा मराठी को लगभग दर्जन भर नए लेखक मिले। हालाँकि प्रस्थापित लेखकों के शास्त्रों द्वारा वर्ग-शत्रुओं के खिलाफ लड़ाई करने एवं लघु-पत्रिका आन्दोलन

की प्रेरणा पश्चिम के विद्रोही व्यक्तित्ववाद पर आधारित होने के चलते 1857 के स्वतन्त्रता संग्राम की तरह ही यह विद्रोह भी विफल हुआ। इस विफल साहित्यिक-विद्रोह के बाद इसके लेखक अपने-अपने रास्ते चल दिए। राजा ढाले, नामदेव ढसाल, केशव मेश्राम, तुलसी परब, दिलीप चित्रे मराठी साहित्य का प्रदूषण दूर करने के लिए पर्यावरण आन्दोलन चलाने लगे। लघु-पत्रिकाओं के आत्मजीवी तथा जोरदार आन्दोलन के बाद मराठी साहित्य के अभयारण्य में साहित्य की बड़वाग्नि जली। इतिहास में खांडव वन के जंगल जलने का उदाहरण देकर दलित लेखक दुश्मनों के मराठी साहित्य का 'राब' जलाने निकले। तुकाराम के बाद मराठी के पक्के मठ को धक्का देनेवाली नामदेव ढसाल की कविता आई। मराठी कविता का पानी गतिमान हुआ। उपनिवेश काल से स्वातंत्र्योत्तर-काल तक के मराठी साहित्य में सूचना, ज्ञान-विस्तार, अनुवाद, छन्द, मनोरंजन, गतकाल, स्मृति-गौरव, मध्यम वर्ग, मध्यम मार्ग, अतीत कालीन वृत्ति आदि का एकछत्री अमल होने से दलित-साहित्य ने इस सत्ता का विकेन्द्रीकरण किया। लेकिन दलित-साहित्य द्वारा अम्बेडकरवाद को आकाश विहीन बनाने के कारण तथा आत्मचरित्रों की भूतकालीन वर्षा के चलते दलित-साहित्य की सीमाएँ दिखाई देने लगीं। कविता, आत्मचरित्र और एकांकी के बाहर न निकल पाने के कारण, दलित-साहित्य अभिनिवेशी हो गया। दलित-साहित्य की परिभाषा जितनी पुष्ट, गम्भीर और साहसिक थी, उतनी ही वह जाति-परक भी थी। दलित-साहित्य की ऐसी शुरुआत के चलते मराठी सारस्वतों ने दुश्मन को भरे घड़े के समान सिर पर लेकर नृत्य करना शुरू कर दिया। छात्रवृत्तियाँ शुरू हो गईं। आवृत्तियाँ बढ़ने लगीं। एक दिवसीय-क्रिकेट के समान फटाफट तन्त्र शुरू हो गया। जैसे चरित्रों की माँग की गई, दलित साहित्य द्वारा वैसे ही चरित्रों की आपूर्ति की जाने लगी। मराठी का सफेदपोश-वर्ग दलित चरित्रों में लैंगिक वर्णन खोजने लगा। दलित-साहित्य ही मराठी साहित्य की प्रमुख धारा होती है, ऐसी सुखद शंका उपजते ही प्रस्थापित सारस्वतों ने 25 सालों बाद भरे घड़ों के नीचे से अपना सिर सही सलामती से दूर कर लिया और दलित-साहित्य से भरा हुआ घड़ा जमीन पर गिर गया। दलित लेखकों को प्रतियोगितात्मक सृजन के ताने मिलने लगे और उनकी क्षमता तथा योग्यता की कमियाँ दिखाई जाने लगीं।

फिर सच्ची, देशज तथा मराठी को समृद्ध बनानेवाली कृतियों की माँग होने लगी तथा अल्पसंख्यक अभिजन वर्ग मराठी साहित्य को कैद करने लगा। दलित-साहित्य के कंधे पर बन्दूक रखकर मराठी साहित्य ने वैश्विक साहित्य की सुहागिनों से आरती उतरवा लेने के बाद, दलित-साहित्य का संस्कृतिकरण करने का प्रयत्न शुरू किया पर मराठी साहित्य-महामंडल के परिवार में आज तक किसी भी दलित-साहित्य संख्या को समाहित नहीं किया गया।

आदिवासी, विमुक्त, घुमक्कड़ तथा दलित लेखकों ने विद्रोही तथा वेदना का साहित्य लिखते हुए बीच में ही, आत्ममंथन करते हुए यह महसूस किया कि–

(अ) आदिवासी साहित्य के नाम से आज तक, जो लिखा गया, वह क्रमिक पुस्तक

के समान था।

(आ) आदिवासी साहित्य आदिवासियों की बजाय आदिवासीतर उच्चवर्गीय-रसिकों के लिए लिखा जा रहा था।

(इ) आदिवासी साहित्य को अनेक भाषाओं की निधि उपलब्ध होने के बावजूद भी, यह साहित्य संस्कृत-प्रचुर भाषाओं तथा मराठी में लिखा गया।

(ई) प्रस्थापितों के शस्त्रों से लड़ने की बजाय आदिवासी लेखकों ने नई साधन-सम्पत्ति तथा शस्त्रों की तलाश कर ली है। ऐसा मानने के कारण आदिवासी भावनाओं में साहित्य का स्थान होना आवश्यक है।

(उ) हमारी मान्यता और समझ यह है कि हमें आदिवासी हित सम्बन्धों का अहसास यानी आदिवासी होने का अभिनिवेश न पालकर, इस मानव समाज को अविकसित जीवन-शैली से बाहर निकालकर, उनके उत्पादन-साधनों तथा संस्कृति का विकास करना है।

यह मैं पहले ही बता चुका हूँ कि संसार भर के आदिवासी, उपनिवेशवाद तथा तथाकथित विकास के सिद्धान्तों के शिकार हैं।

भारत की खोज में निकले कोलंबस को अमेरिका नहीं मिला बल्कि रेड इंडियंस की भूमि प्राप्त हुई। संस्कृति का माया बाजार खड़ा करना हो तो असंस्कृत कैसे बर्दाश्त किए जाएँगे ? 'सव भूमि गोपाल की' की सोच के सिवा, उन दिनों किसी अन्य सोच का विकास नहीं हो पाया था। इतिहास में हिटलर तथा उसके सिपाहियों ने यहूदियों का, जो क़त्लेआम किया, उसको तो लिखा गया है पर कोलंबस तथा अमेरिगो व्हेस्पिसी जैसे व्यापारियों ने रेड इंडियन आदिवासियों का, जो क़त्ल किया, उसे नहीं लिखा गया। लिखी गई तो कोलंबस तथा अमेरिगो के दरियाई साहसों की कथा। जैसे हमारे यहाँ 'भरत' नाम के आक्रमणकारी आर्य राजा के कारण, अपने देश का नाम 'भारत' हो गया, वैसे ही अमेरिगो व्हेस्पिसी से 'अमरीका' नाम हो गया। हम यह पढ़ते हैं और धन्य होते हैं। मराठी में 'लक्ष्मणशास्त्री' से लेकर गोविन्द तलवरकर तक 'संस्कृति के पूर्वाग्रह से ग्रसित होकर उसकी व्याख्या करते हैं।' अन्धश्रद्धा निर्मूलक श्रीराम लागू के अनुसार–"जो असंस्कृतों के विरुद्ध लड़ाई लड़ने का संकल्प लेते हैं, वे संस्कृति में दुर्बलों को नष्ट कर–उन्हें म्यूजियम की वस्तु बनाकर और उनका गटनुमा इतिहास लिखकर, जो मानदंड तैयार करते हैं–वही दरअसल धीरे-धीरे संस्कृति का अर्थ लगने लगता है।"

शेष लाखों रेड इंडियंस को घेट्टों में भेजकर प्रशान्त महासागर में स्वातंत्र्य देवी की प्रतिमा खड़ी करके तो संस्कृति तैयार होती है।

''स्वतन्त्रता की कीमत आदिवासियों ने अपने खून से चुकाई है। वि.का. राजवाडे जी ने कहा है जैसी संस्कृति वैसे हथियार होते हैं। इस कारण असावधान एकलव्य को अर्जुन का मारना समर्थनीय होता है, तो तक्षक का भौंरा बनकर प्रतिशोध लेना निन्दनीय लगता है। यह् एकमात्र सत्यमेव संस्कृति के संघर्ष का भाग है।'' केनिया के न्युगि

अथवा ध्योंगो ने इन आदिवासी लोगों का 'ऐ फॉल्स, हीरो ऑफ इंडिपेंडंस' कहानी में वर्णन किया है। 'डी कॉलोनायाजिंग' और 'द मांइड' जैसे साहित्यिक ग्रंथों में आदिवासी साहित्य के एहसासों की पुष्टि की गई है। उनके मतानुसार विदेशी इतिहासकारों ने अफ्रीका के इतिहास को कबीलाई झगड़ों का नाम देकर आदिवासियों के विरुद्ध षड्यन्त्र रचा। अतिक्रमणवादी-साम्राज्यवादी विरोध में आदिवासियों का प्रतिरोध एक वास्तविकता थी, जिसे उन्होंने साहित्य में प्रतिबिम्बित किया है, जिसे हमारे यहाँ बिरसा मुंडा ने 125 वर्ष पहले रखा। कलाहरी से कलाहंडी, ये दो स्थान ग्लोबल संस्कृति से नहीं तो आदिवासी साहित्य से अपने लगते हैं। हमारे यहाँ कुपोषण के सम्बन्ध में मेलघाट तथा 'मोखाड़ा' सुप्रसिद्ध है। यह कुपोषण, जितना भयानक है उतना ही भयंकर भी है। अगर वैचारिक कुपोषण रोकना है तो आदिवासी आन्दोलन में साहित्य जरूरी है। हमारी बड़ी बहन नजुबाई गावित जी ने 'आदोर' की मशाल से मराठी ही नहीं बल्कि भारतीय साहित्य का 'राब' (भूनी हुई भूमि) जलाकर नई बुआई शुरू की है। काले गीत गाने वाली मरीअम मकेबा बड़ी बहन होगी, पर सीता के बाद भूमि से साहित्य निर्माण करनेवाली नजुबाई 'सत्यशोधक' आदिवासी विचारक हैं। इस कारण आदिवासी साहित्य के 'सत्यशोधक' होने की सम्भावना बनी है।

महाराष्ट्र की आदिवासी कविता, अपनी भाषा के लिए अभी भी संघर्ष कर रही है। शहरी भाषा में बोलकर उच्चवर्गीय बनने का प्रयत्न करते समय उसका खालीपन जान लेने से, कवि अब अपनी बोली में लिख रहा है। सोनवणे की 'भिल्लारी', लक्ष्मण टोपले की 'वारली', रवी कुरसंगे की 'परधानी', उषा किरण की 'आमची गोंडी', डाहयाभाई बाठू की 'डांगी' ऐसे कितने नाम बताएँ ? सूची लम्बी है। कविता केवल अपनी बोली में ही नहीं बोलती, वह तो अपना दुख वैश्विक होने की प्रतीति दिलाती है।

आदिवासी कविता रोजमर्रा जीवन जीने के साथ-साथ प्रकृति की गोद में पलने वाली प्रेम-कविता सी होती है। वैसे, वह व्यवस्था के विरोध में आक्रमण भी करती है। प्रस्थापितों के विरुद्ध, उनके मठ, पीठ तथा विद्यापीठों के विरुद्ध आवाज भी उठाती है। वाहरू सोनवणे की कविता–

हमारे लिए बनाए मंच पर हमें बुलाया नहीं/हम भी गए वहीं/प्रेक्षागार में बैठे हम.../वे हमारा दुख हमें ही बता रहे थे,/जो उनका कभी था ही नहीं।

यह भाषा जैसे विद्रोह की है वैसे ही उपहास की भी है। इसीलिए नाइजेरियन आदिवासी कवि 'चिन्वेजू' उपहास से अपनी कविता में कहता है–

धिस नेटिव और अनहॉरेतिजंट.../वी कांट अंडरस्टैंड देअर लैंग्वेज।

दक्षिण अफ्रीका के आदिवासी लेखकों की भाषा मातृभाषा है तो अमरीकन-अफ्रीकी लेखकों की भाषा अकादमिक तथा अंग्रेजी है। अंग्रेजी से वैश्विक स्तर पर पहुँचने की अपेक्षा क्या अपना अनुभव वैश्विक होना महत्त्वपूर्ण नहीं ? विदेशी यूरोपियन भाषा के बारे में 'इवे ओर्चर' आदिवासी कवि की धारणा यही है–

वह तो यूरोपियन बच्चा/अपना 'अन्न' उसे कैसे चलेगा ?/उसका अपना थर्मस, डिब्बा/वह तो यूरोपियन बच्चा/हमारी भाषा कैसे बोलेगा ?

मातृभाषा के आकलन की परेशानी—

वह तो यूरोपियन बच्चा/उसे किसी का न लेना न देना/सड़कों पर उसका बापजाद अधिकार/वह तो यूरोपियन बच्चा/हमेशा कर्फ्यू, शहर सा संवेदनशील/सादी खरोंच भी अनर्थ लाएगी।

उपनिवेशी भाषा के जो लाड़-प्यार किए जाते हैं, उसका प्रत्ययकारी वर्णन उपर्युक्त कविता में हुआ है। इंडीजीनस लोगों की सिर्फ जमीन पर ही नहीं, उन्होंने अपनी संस्कृति, शरीर तथा उपनिवेश पर, विचारों का कब्जा कर लेने के लिए सिर उठाया है। इस कारण अझानिया का पिटीका नटली अपनी पीढ़ी को कैसे खबरदार करता है, एक उदाहरण देखें—

इन माय कंट्री दे जैल यू	मेरे देश में वे तुम्हें जेल में ठूँस देते हैं
फॉर व्हट दे थिंक यू थिंक	क्योंकि उन्हें लगता है तुम उन्हीं की तरह सोचते हो
माय अंकल वन्स सेड टू मी	मेरे चाचा ने एक बार मुझसे कहा
दे विल इम्पलांट अ माईक्रोचिप	वे माइक्रोचिप लगाएँगे
इन आवर माइंड	हमारे दिमाग में
टू फ्लैश अवर थॉट्स अंड ड्रीम्स	ताकि वे हमारी सोच और सपनों को उजागर करने के लिए
ऑन टू अ स्क्रीन	दिखा पाएँ
ॲट जॉन वोर्स्ट स्केवेअर	जॉन वोर्स्ट स्केवेयर के परदे पर
आई वॉज स्केअर्ड	मैं बेहद डर गया था
बाई डे, आई गार्ड माई टंग	दिन में मैं अपनी जबान पर लगाम लगाने लगा
बाई नाईट माई ड्रीम्स	रात को अपने सपनों पर

यह सतर्कता संसार भर के आदिवासियों को रखनी होगी। इसका कारण है कि इसके पहले हमने प्रकृति पर जितना विश्वास रखना था, रखा और पूँजीवादी टोलियों ने हमारी संस्कृति की, जितनी फसल काट लेनी थी, काट ली। उन्होंने अपने विकसित शस्त्रों से हमें कैसे गुलाम बनाया, यह बताते हुए कवि डेव्हीट डिओप अपनी कविता में कहते हैं—

बाई नाईट माई ड्रीम्स	रात को
द व्हाईट मैन किल्ड माई फादर	गोरे आदमी ने मेरे बाप की हत्या की
माई फादर वॉज प्राउड	मेरा बाप अभिमानी था
द व्हाईट मैन सेड्यूस्ड मदर	गोरा आदमी मेरी माँ को बहकाकर ले गया
मदर वॉज ब्यूटीफुल	मेरी माँ सुन्दर थी

द व्हाईट मैन बर्न्ड माई ब्रदर	गोरे आदमी ने मेरे भाई को जला दिया
विनीथ द नुनडे सन	दिन दहाड़े सूरज तले
माई ब्रदर वॉज स्ट्रांग	मेरा भाई बलवान था
हिज हॅडस रेड विथ ब्लैक ब्लड	काले खून से रंगे अपने हाथों के साथ
द व्हाईट मैन टर्न्ड टू मी	गोरा आदमी मेरी तरफ मुड़ा
इन द कान्करर्स व्हाईस सेड	विजेता के स्वर में बोला
बॉय अ चेअर,	'खरीदो—एक कुर्सी,
अ नैपकीन, अ ड्रिंक	एक नैपकिन और शराब का एक पैग !'

बन्धक बने नायक ने अपना हृदय साहित्य में जीवित रखकर हम तक पहुँचाया, हम अपने लोगों तक पहुँचाएँगे। 'व्हेरीअर एल्वीन' को 'सिंगभूमि का ठीका' ऐसा ही एक लोकगीत मिला। उन्होंने 'सांग्ज़ ऑफ फॉरिस्ट' में लिखा है—

उन्होंने मेरी भरी फसल ले ली/उन्होंने मेरी जमीन पर कब्जा किया/उन्होंने मेरे शरीर पर नियन्त्रण रखा/अब मेरे मन को दबाना चाहते हैं/भाई, उन्हें क्यों नहीं मिलेगा यश ?

गत कुछ सालों पहले 'इंडिजीनस इयर' सम्पन्न हुआ—'इंडिजीनस यानी मूल निवासी।' अब यह रहस्य नहीं रहा कि भारत सरकार ने यू.एन.ओ. को सीधे लिख दिया कि भारत में 'इंडिजीनस' लोग न होने के कारण ऐसा कोई वर्ष मनाया नहीं जाएगा। किन्तु कुछ व्यावसायिक संगठनों ने विदेशी निधि से 'इंडिजीनस वर्ष' मनाया। शैड्यूल ट्राइब्ज यानी इंडिजीनस नहीं। इस प्रकार, सरकारी लोगों का रुख सच में आदिवासियों को ठगनेवाला है। इस साहित्य सम्मेलन में 'इंडिजीनस आइडेंटिटी' का प्रस्ताव पारित कर, सरकार तथा यू.एन.ओ. को भेजा जाए। आज, अपने देश में आदिवासियों के नाम पर, उनकी जमीनों, भाषा, आदिवासी हित-सम्बन्धों पर देशी तथा विदेशी हित-शत्रुओं से, जो हमला शुरू है, उसका सभी स्तरों पर प्रतिकार कर, आदिवासियों के अस्तित्व पर, जो सवाल निर्मित हो रहा है—उससे भी अन्य प्रश्न अधिक महत्त्वपूर्ण हैं—ऐसा कहा जा रहा है।

लेकिन विषयान्तर हो रहा है, अतः आदिवासी साहित्य को दृढ़ होना आवश्यक है। प्रसिद्ध रेड इंडियन कवि 'जॉय हार्जी' इसी भाषा में लिखते हैं—

स्मरण करो कि तुम ही हो प्रकृति/ याद करो, अपनी टोली, अपनी भूमि/इतिहास को साक्षी रख/वर्तमान का साथ लो, भविष्य से करो संवाद/जो है प्रकृति-सा गतिमान, याद करो सबका सब।

हमारे साहित्य का यह काम है कि—वह इस याद को ध्यान में रखकर किसी भी प्रभाव या आक्रमण से हमें मुक्त करे और ऐसे साहित्य का निर्माण करे जो आदिवासी आन्दोलन का नेतृत्व करे। साहित्य हमारे जीने का एक हिस्सा है और जीना साहित्य का। वह आदिवासी खून की खुली जाग्रत-यात्रा है। रेड इंडियन कवि 'वर्नी बुश' लिखता है—

हम देखते है सब कुछ बाँहों में लेनेवाले / सपनों के क्षितिज/हमारे खून से खत्म नहीं होती हमारी भटकन

आज एक तरफ राष्ट्रीय स्तर पर निजीकरण और दूसरी तरफ वैश्विक स्तर पर भूमंडलीकरण की तलवार लटक रही है। हम, एक भयंकर विरोधाभास में फँस गए हैं। पहले, जैसे–मैंने कहा था, इंडिजीनस भारत पर इतने आक्रमण हुए कि आधा इतिहास हमलों का ही लगता है। यह हमले जैसे युद्ध के थे वैसे ही सांस्कृतिक, वांशिक और भाषिक थे। इतने आक्रमणों के बाद भी, हमने अपना आदिवासीपन बनाए रखा, दूसरी तरफ अपनी जमीन, संस्कृति, प्रगति और अभिव्यक्ति हमने खोई है, जिसे अब हम साहित्य के माध्यम से प्राप्त कर रहे हैं। यह इक्कीसवीं सदी का हिसाब है। बीसवीं सदी का अन्तिम दशक यानी जैसा कि मैंने अपनी कविता में कहा ढेर सारी दाल में मूतने वाला शतक है। क्योंकि मानवाधिकार का मैग्नाकार्टा, फ्रेंच राज्य क्रान्ति, स्वतन्त्रता की लड़ाई, परिवर्तनों का संघर्ष, अक्तूबर क्रान्ति–यह सब इस दशक में बह गया है और इक्कीसवाँ शतक बेताल की तरह सूचना-युग की पहेली लेकर आया है। संगणक या सूचना युग का आदिवासियों को भय नहीं है और वह रहना भी नहीं चाहिए।

सच कहें तो यह बात मनुष्य को सहन नहीं होती कि मनुष्य एक यंत्र से हार गया। उसके लिए अब बहाने खोजे जा रहे हैं। इक्कीसवीं सदी में या उसके बाद, जब मनुष्य का गर्वहरण हुआ तो वह बताने लगा कि वह कितने अच्छे अर्थों में आदिम है। अब वह आदिवासियों की ही तरह आगन्तुक भी बनने लगा है। यह अच्छी बात है। उन्हें अब एक और अच्छी बात भी बतानी होगी। हाल ही में मध्य भारत अर्थात् नागपुर में वैश्विक स्तर पर आदिवासियों का उच्चस्तरीय सम्मेलन सम्पन्न हुआ। इस सम्मेलन का हमारे जीवनमान तथा आचार-विचारों पर बड़ा प्रभाव पड़ा है–'यह बात समाचार पत्रों से ज्ञात हुई।' इस सम्मेलन में लाखों रुपया खर्च होने की बात की जानकारी भी हमें मिली। ये बात, अब हमारी समझ में आ गई है कि केवल आँकड़ों में ही आदिवासियों का विकास हो रहा है। अब लेखक इतने अन्धे नहीं रहे ! तभी तो आदिवासियों के स्वतन्त्र बजट की व्यवस्था की गई। यह वैधानिक स्वतन्त्रता देखकर साहित्य अकादमी भी लज्जित होगी और आदिवासी साहित्य को स्वीकृति प्रदान करेगी, ऐसी अपेक्षा बीसवीं सदी में करने में क्या हर्ज है ? कोंकणी बोली (भाषा) को, लिपि के बगैर स्वतन्त्र स्थान प्राप्त हो सकता है। फिर हमारे यहाँ तो आदिवासियों की हर बोली का व्याकरण, ध्वनिशास्त्र तथा शब्द-कोश हैं। हमारी हर बोली को व्यक्तिगत न सही, कम से कम आदिवासी साहित्य का संघर्ष ही समझ लिया जाए, तो भी काफी है।

आदिवासी साहित्य को समझ लेने के लिए, जो साहित्य ने पहल की है और जो सबके सामने आई है, उसे आपको भी समझाना जरूरी है। मैं अब 'दयाल' नामक आदिवासी कवि की कविता से अपना भाषण खत्म करता हूँ।

अजी दादा/मैं सद्य जन्मा आदिवासी बच्चा हूँ/मेरी माँ के गर्भ में जब उदित होता था सूरज/तब मैं खेलता था खेल दादा, मैं गले पर फाँसी के घाव और

छाती पर/गोलियों के निशान लेकर जन्मा हूँ/मैं जन्मा, तब माँ बोली/'तुम बार-बार क्यों पैदा होते हो बेटे?'/अजी दादा, गत साल जब मैं पैदा हुआ/लिखा था खत/तुम्हारे नाम से/उसके पहले और उसके भी पहले/इस साल भी पैदा होकर लिखता हूँ/तुम्हें खत/'खत का जवाब देना, मैं जैसे चाहता हूँ'/'गले में फाँसी की डोर के सिवा और/छाती पर बिना घाव के'/'कैसा होता है जन्म लेना ?/कैसा होता है साँस लेना?'/'खुली हवा में, स्वतन्त्र पृथ्वी पर जीना/कैसा होता है ?'/'दादा, मुझे विश्वास है/इस साल तुम्हारा जरूर आएगा जवाब।'/आपकी जिन्दगी में से/गीतों से/समस्त विश्व के आदिवासियोंको/आह्वान कर/अगली मुलाकात के लिए यहीं रुकता हूँ।

(छठवें आदिवासी साहित्य सम्मेलन नासिक में दिया गया अध्यक्षीय भाषण)

अनुवाद : डॉ. प्रतिभा मुदलियार

आदिवासी कविता : एक आकलन

डॉ. राजेन्द्र ठाकरे

स्वातंत्र्योत्तर मराठी कविता के पीछे लगभग सात सौ वर्षों की परम्परा होते हुए भी प्रस्थापित लोगों ने आदिवासियों को साहित्य में कोई स्थान नहीं दिया। आदिवासियों को महज़ एक ही तरह से देखा गया है, इसलिए प्रस्थापित व्यक्तियों के साहित्य में आदिवासियों के जीवन और दुख की अपेक्षा करना मूलतः गलत है। स्वातंत्र्योत्तर काल खंड में विभिन्न प्रकार के वाङ्मय प्रवाहों का निर्माण हुआ। उनमें दलित-साहित्य का निर्माण हुआ। शोषण आधारित समाज व्यवस्था और प्रस्थापित तबकों की अन्यायमूलक संस्कृति को नकारकर, समता आधारित संस्कृति के स्वप्न को साकार करने हेतु स्वतन्त्रता, समता और बन्धुता के मूल्यों का स्वीकार, दलित साहित्य के माध्यम से उभरा और गाँव के हाशिए पर बसे दलितों का दारुण दुख कविता के माध्यम से बाहर आया लेकिन आदिवासियों के जीवन का दुख दलित साहित्यकार भी उभार नहीं पाए। इसे दलित साहित्यकारों की सीमा ही कहा जा सकता है। आदियासी युवकों की पहली पीढ़ी ने शिक्षित होकर साहित्य में अपने जीवन और अपने स्थान को स्थापित किया। इसके माध्यम से आदिवासी कवि वेदना और विद्रोह का साहित्य बड़े पैमाने पर व्यक्त करने लगे। इनमें भुजंग मेश्राम, वाहरू सोनवणे, डॉ. विनायक तुमराम, वामन शेलमाके, नेताजी राजगडकर इत्यादि अनेक कवि विद्रोह के अंगार बरसाने लगे हैं।

आदिवासी कविता–विद्रोही कवि भुजंग मेश्राम ने गोंडी भाषा में 'आदिवासी कविता' नामक काव्य-संग्रह प्रकाशित किया। भुजंग मेश्राम आदिवासियों में स्वत्व की भावना निर्मित करने और काव्य के माध्यम से आनेवाले कल के निर्णायक युद्ध के लिए, आदिवासियों का मन तैयार करनेवाले कवि हैं। स्वतन्त्रता, समता और बन्धुता के मूल्यों को स्वीकार करने वाली उनकी कविता क्रान्तिदर्शी है। उन्होंने अन्धविश्वासों का विरोध किया। भुजंग मेश्राम के कविता संग्रह 'आदिवासी कविता' के बारे में अपने विचार व्यक्त करते हुए डॉ. विनायक तुमराम कहते हैं–"भुजंग मेश्राम की कविताएँ आदिवासियों के वर्तमान जीवन की व्यथा-वेदना व्यक्त करनेवाली हैं। परिवर्तन इन कविताओं का स्वप्न है इसीलिए आदिवासियों के सांस्कृतिक और सामाजिक दोषों के प्रति वह क्षमाशील नहीं है। रूढ़ि, परम्परा और अन्धविश्वास में बहनेवाली आदिम मानसिकता को नए वातावरण

की तरफ ले जानेवाली कविता है। आदिवासियों के 'स्वत्व' को अन्दर तक हिलाकर छोड़ देनेवाली और उन्हें क्रान्तिकारी बनानेवाली एक सामाजिक आशय की कविता के रूप में ही उसे देखना चाहिए।"

मोहोल

'मोहोल' को आदिवासी कवियों के पहले प्रतिनिधि काव्य-संग्रह के रूप में ही देखना चाहिए। इस कविता का निर्माण आनेवाले समय में समता के लिए होनेवाले निर्णायक युद्ध के लिए आह्वान और परिवर्तनोन्मुख बनाने के लिए ही हुआ है। 'प्रभु राजगडकर' की 'महाकाय शहर' शीर्षक कविता सिर्फ आदिवासियों का चित्रण ही नहीं करती बल्कि इस देश के शोषित, दलित और पीड़ित मनुष्य इस कविता के विषय हैं। थोड़ा पेट भरने के लिए गाँव के लोग शहर की तरफ दौड़ लगाते हैं। शहर में रहने की समस्या पैदा होती है। कहीं भी सो जाने पर पुलिस उन्हें सोने नहीं देती। क्रान्तिकारी मन कुछ कर नहीं सकता। इसीलिए दुखी मन से इस 'महाकाय शहर' का नायक कहता है—

बोलता येते, क्रान्तिचीभाषा	मैं बोलना जानता हूँ क्रांति की भाषा
पण येते	पर यहाँ तो
भकास सुकून डबक झालेल्या	सूखकर डबरा बने वीरान पेट में
पोटात काहीचनव्हते	कुछ भी नहीं था
म्हणूण भाक्ष्या क्रांतीच्या भाषेचाच	इसलिए मेरी क्रान्ति की भाषा का
गर्भपात झाला।	हो गया है गर्भपात

यानी 'सूर्य उगने के पहले ही अस्त हो गया' ऐसा एहसास कवि को होता है। राहों में भटकते हुए झाड़ूवाले, खोमचेवाले, ब्रशवाले और हाथों में साहित्य लेकर फेरी लगाने वाले लोग क्रान्ति के नेता प्रतीत होते हैं। स्वतन्त्र भारत में मनुष्य को पेटभर अन्न न मिलना, यह कवि का बहुत बड़ा दर्द है।

'मोहोल' की प्रस्तावना में नेताजी राजगड़कर कहते हैं—"इस देश की पहाड़ जैसी छाती पर हल चलानेवाले आदिम समाज के विकास के कदम के रूप में आज की आदिवासी कविता खड़ी है। समस्त शोषित, पीड़ित, दलित और मेहनतकशों की लड़ाई में यही कविता आनेवाले समय के निर्णायक युद्ध की ललकार साबित होगी।"

आज का तथाकथित प्रगतिशील प्रस्थापित समाज आदिवासियों को 'म्यूजियम' के दालान को सजाने-धजाने वाला सामान समझता है। 'मुक्तिचा सन्दर्भ' (मुक्ति का सन्दभ) शीर्षक कविता में वामन शेलमाके कहते हैं—'हे वनवासी पुत्र, तुम्हें गुलामी के जूए में सम्भ्रान्त लोगों ने बन्दी बनाकर रखा है। एक अर्थ में कटीले पिंजरे की तरह यह जीवन घुट जानेवाला है।'

ये आदिवासी सहस्त्रों वेदनाएँ सहन कर रहे हैं। इन आदिवासियों में ज्ञानरूपी शिक्षा का प्रकाश जाने के कारण वामन शेलमाके 'मुक्तिचा सन्दर्भ' (मुक्ति का सन्दभ)

शीर्षक कविता में कहते हैं–

जन्मलास तू कटेरी पिंजऱ्याता?	पैदा हुआ तू काँटेदार पिंजरे में
वाढलास गुलामीच्या का ळोखात	बड़ा हुआ गुलामी के अँधेरे में
पण तुला शपथ घेऊन सांगतो आहे	पर सौगन्ध खाकर कहता हूँ मैं
मरू देणार ना ही तुला	तुम्हें मरने नहीं दूँगा
या वणव्याच्या पसाऱ्यात	इस बड़वाग्नि के फैलाव में
येत आहोत आम्ही	आ रहे हैं हम
तुझ्या मुक्तिचा सन्दर्भ होऊन	तुम्हारी मुक्ति का सन्दर्भ लेकर

समाज के प्रस्थापित तबकों की महज दया दृष्टि ही आदिवासियों का उत्थान नहीं कर सकती इसका आत्मानुभव शेलमाके को है। वे भूल-भुलैय्यावाली राह ही दिखाएँगे और फसाएँगे। स्वतन्त्रता मिलने पर स्वतन्त्रता का प्रकाश आदिवासियों तक नहीं जा सकता इसकी आशंका कवि को है। इसलिए वे कहते हैं–

अरे इथलया प्रस्थापितांची	अजी, यहाँ के स्थापितों की
भूमिका इतकी टाकाऊ आहे	भूमिका इतनी बेकार है
की, इथ माणूस म्हणून जगता	जिया नहीं जा सकता यहाँ
येत नाही	इनसान बनकर!

अपना उत्थान अपने आपको ही करना होगा ऐसा कवि को लगता है। वे कहते हैं–

इथं मागून काही मिळत नसते	माँगने से कुछ नहीं मिलता यहाँ
सर्व मिळावून ध्यांव लागतं,	छीन लेना पड़ता है सब
आयुष्याला मूटधर माती देऊन	आयु को मुट्ठीभर मिट्टी देकर

अपने अधिकार की अभिव्यक्ति कवि कविता के माध्यम से करता है। उसे तथाकथित प्रस्थापितों की संस्कृति से चिढ़ होती है। आर्य संस्कृतियों ने आदिवासियों को द्वेष के सिवाय दूसरा कुछ दिया ही नहीं है।

द्वेष करती ते, ओम् मुखी घेऊन	मुख में 'ओम्' मन में द्वेष

इस प्रकार आदिवासी ठगे जाते हैं। इस देश के भूमिपुत्र होने के बावजूद वे अन्धकार में हैं। इसलिए उन्हें प्रकाश का मार्ग खुद ही खोजना होगा।

स्वातंत्र्योत्तर कालखंड में आदिवासियों की व्यथा को विजय कुमार मडावी अत्यन्त ही वास्तविक रूप में व्यक्त करते हैं। स्वतन्त्रता के सूरज की रोशनी आदिवासियों तक आने के पहले ही लुप्त हो गयी। आदिवासियों की दरिद्रता नष्ट करने के लिए विकास की विभिन्न योजनाएँ शुरू की गईं, परन्तु–

पण कुणी पळविली पोळी सवलतींची	न जाने किसने चुरा ली सुविधाओं की मिठाई
जंगलचा राजा	जंगल में रहा जंगल का राज
त्याच्या नावाने केली दुसऱ्याने मजा	उनके नाम पर लेकिन उड़ाए दूसरों ने मजे

विकास योजनाओं की लकीरें कागज पर ही रहीं। आदिवासियों का दुख सिर्फ उन्हीं

का रहा। भारत देश में आदिवासी विभिन्न जमातों और हिस्सों में बँटे हुए हैं। उनमें एकता नहीं है, इसीलिए वे गरीबी में जीते हैं। एकता की ताकत से सदियों की व्यथा समाप्त हो सकती है।

आदिवासियों को आह्वान करते हुए दामोदर इलपाते कहते हैं–"आदिवासियो, तुम जागो! आलस्य मत करो! अपना हक पाना है तो कोली, भील, गवारी, नागा गोंड, वारली सभी जातियों को एक साथ होकर अंखण्ड एकता बनाए रखनी होगी। सामाजिक, सांस्कृतिक पृष्ठभूमि के रहने के बावजूद आज कमजोर पड़ गए हैं। सिर्फ शिक्षा के माध्यम से अज्ञान दूर नहीं किया जा सकता। उनमें वैज्ञानिक दृष्टिकोण भी भरना होगा।"

वनवासी–उत्तमराव ढोगड़े के काव्य संग्रह 'वनवासी' के विषय में डॉ. विनायक तुमराम लिखते हैं–"स्वत्व जागरण की प्रक्रिया कहीं न कहीं से, किसी न किसी के द्वारा शुरू करनी ही होगी।" कवि को ऐसा महसूस होता है, इसीलिए उन्होंने दूसरे आगमन की राह न देखकर, वनपुत्रों की मुक्ति की रणभेरी खुद ही फूँकी है।

गोंधड़–वाहरू सोनवणे के चरित्र से पता चलता है कि उनका इन कविताओं से कितना करीबी रिश्ता था। उनकी अभिव्यक्ति आन्दोलनों की देन है। मार्क्सवाद, फुले-अम्बेडकरवाद के विचारों को माननेवाले संगठनों के ये सक्रिय कार्यकर्त्ता रहे हैं। स्वतन्त्रता, समता, बन्धुता और न्याय के आन्दोलनों के माध्यम से ये लड़ाई लड़ रहे थे। संघर्ष की भी सीमाएँ थीं। वैचारिक मंथन के बाद अपने सकारात्मक विचार उपेक्षित लोगों के अलावा बुद्धिजीवी वर्गों तक पहुँचे, इसीलिए उन्होंने अपने विचार कविताओं में व्यक्त किए। वाहरू सोनवणे का व्यक्तित्व संवेदनशील होने के कारण तथा काव्य के एक सहज सुलभ विधा होने के कारण संसार की सभी विधाओं की शुरुआत काव्य से ही हुई है, इसलिए भिलोरी बोली में लिखित इनका काव्य-संग्रह कविता के माध्यम से पहले अंकुर के रूप में ही फूटा। उनके जीवन से कविता का इतना सम्बन्ध है कि उनके जीवन को 'काव्यात्मक आत्मचरित्र' कहना उचित होगा। स्वचिन्तन, स्वानुभव, स्वजीवन और वाचन से वैचारिकता परिपक्व होती है। कवि दीन-हीन, दलित, आदिवासी, मज़दूर, कर्मचारी आदि में स्वत्व की भावना जागृत करता है, यहाँ की शोषण आधारित समाज-व्यवस्था को नेस्तनाबूद करके, पहाड़ जैसे बोझ से दबे हुए दलित, आदिवासी और मज़दूरों की शक्ति का उपयोग कर, वह वर्ण-रहित और वर्ग-रहित समाज-व्यवस्था का निर्माण करने हेतु अपनी कविता में परिवर्तन की दिशा देता है। काव्य संग्रह का गोंधड़ नाम देना उचित ही है। यह 'गोंधड़' आदिवासियों के मन को सावधान करती है। यह उनमें चेतना परिवर्तन की जननी है। वाहरू सोनवणे कहते हैं–

" 'गोधड़' काव्य-संग्रह के जानकार गलत अर्थ लगाते हैं। यह गोधड़ आदिवासियों की वेदना-व्यथा की गोधड़ (खलबली) नहीं है बल्कि सड़ी और फटी हुई समाज व्यवस्था की गोंधड़ है। उसे बदलने का समय भी आ गया है।"

प्रस्थापित कवियों की कविताओं में स्त्रियों का रूप 'शरीरिणी' (महज देहधारी) के

रूप में ही प्रयुक्त होता है। वासना की भूख के रूप में स्त्री का स्वरूप आकार लेता है। लेकिन वाहरू सोनवणे के गोधड़ में स्त्री को 'पेट के लिए पेट आया' तो भी परदा लगाना ही पड़ता है। 'पालमांडी बस्ती' में स्त्री की भूख वासना की न होकर पेट की है। वासना की अपेक्षा उसे पेट की खुराक महत्त्वपूर्ण महसूस होती है। इसी मूलभूत बात में फर्क है। युवा आदिवासी स्त्री प्रस्थापित लोगों की वासना की बलि चढ़ती है। परम्परा से स्वीकार किया गया उनका पहनावा, परिस्थितिवश कम वस्त्रों का प्रयोग, इन सब के प्रति प्रस्थापितों का दृष्टिकोण विकृत होता है। इसलिए कवि स्त्री स्वतन्त्रता का आदर करता है। सिर्फ आदिवासी स्त्री ही नहीं बल्कि विश्व के सभी स्त्री-पुरुषों में समानता होनी चाहिए। भारतीय पुरुष-प्रधान संस्कृति पर भी कवि आक्रमण करता है। मातृ सत्तात्मक पद्धति भी उसे नहीं जँचती। 'समता प्रधान संस्कृति' ही उसका उद्देश्य है। मनुष्य सर्वश्रेष्ठ मूल्य है, इसका कुशल ज्ञान कवि को है।

आदिवासी संस्कृति में अतिथ्य के मूल्य का पोषण हुआ है। अपने बच्चों को भूखे रखकर आनेवाले अतिथि को "भर पेट खाइए न ! बच्चों का क्या है ? ये तो रोज खाते ही हैं"—ऐसा कहनेवाली यह संस्कृति है। यह सिर्फ वाहरू सोनवणे की कविता में दिखेगा। असह्य कष्ट भोगनेवाला स्त्री-संसार 'गोधड़' में व्यक्त होता हुआ दिखता है। आदिवासी स्त्री सही अर्थों में मुक्त है क्या ? पूरे अर्थों में वह मुक्त नहीं है। प्रस्थापित स्त्री की अपेक्षा वह कुछ हद तक ज्यादा मुक्त है, इसकी झलक 'गोधड़' में दिखती है।

वेदना, विद्रोह है, लेकिन इस विद्रोह को सकारात्मक विचारों की आवश्यकता है। इस काव्य-संग्रह से महसूस होता है कि आदिवासी कविताओं का ही अनुसरण किया जाए। इसकी शैली अंग्रेजी शब्दों के फैशनेबल रूप लेकर नहीं आती, बल्कि आदिवासी संस्कृति की मिट्टी का रूप लेकर आती है। वाहरू सोनवणे की विलक्षणता यह है कि उन्होंने आक्रामकता के साथ संयम को जोड़ा है। यह 'गोधड़' नामक काव्य-संग्रह सम्यक परिवर्तन की दृष्टि देनेवाला है।

इस काव्य-संग्रह में बाल-विश्व रोटी का मूलभूत प्रश्न लेकर आता है जिसे रोटी के अभाव में भूखे सोना पड़ता है। त्यौहार के दिन बच्चों में खाने की स्पर्धा होती है। सात दिन के बच्चे को घर में छोड़कर माँ को काम पर जाना पड़ता है। रोटी का ज्वलन्त प्रश्न होने के बावजूद शिक्षा रूपी प्रकाश पड़ने की शुरुआत हो चुकी है, इसका चित्रण 'चढूढी' (चड्ढी) शीर्षक कविता में होता है।

यहाँ की न्याय व्यवस्था आदिवासियों को न्याय नहीं दे सकती। यहाँ का कानून बराबरी पर आधारित होने के बावजूद भी, न्याय देनेवाले व्यक्ति की संकुचित मानसिकता के कारण जलकर कोयले के समान हो चुके दुर्बल व्यक्तियों को मकड़ी के जाले के समान फँसाने में इस्तेमाल होता है। इसका कारण यहाँ की गैर-बराबरी आधारित व्यवस्था है। इसीलिए इस सन्दर्भ में बराबरी के लिए वे (आदिवासी) रक्त-रंजित क्रान्ति को ही पसन्द करते हैं। कारण—

जखमानी जगतोय मी	जख्मों से जागता हूँ मैं,

जखमाच जगवतात मला — ज़ख्म ही जगाते हैं मुझे
माणुस कीची वाटचाल — मानवता की राह पर चलना
जखमाच दाखवितात मला — ज़ख्म ही दिखाते हैं मुझे

आन्दोलनों के सन्दर्भ में वाहरू सोनवणे की भूमिका महत्त्वपूर्ण है। उनकी दृष्टि में 'आन्दोलन' का अर्थ है 'मानवता की नई कोंपलें! सतत् विकसित होने वाला प्रवाह।'

इस प्रकार एक बहुआयामी स्वरूप लेकर आया है यह काव्य-संग्रह।

ग़ोंडवन के पेटले आहे

अपने इस काव्य-संग्रह के बारे में विनायक तुमराम लिखते है—"मेरी कविता ही मेरी मानसिकता है, यही मेरी अनुभूति है। वनजीवन का जैसा दर्शन हुआ, वैसी ही अभिव्यक्ति हुई है। इस अभिव्यक्ति को कोई क्रन्दन कहेगा, कोई अन्तर्मन की छटपटाहट; कोई भावना का अतिरेक कहेगा तो कोई छटपटाहट तो कोई पैदा हुए क्रोध के कारण जानबूझकर शुरू किया गया प्रतिशोध कहेगा। कोई कुछ भी कहता कहे लेकिन जो जैसा है, उसे वैसा ही प्रस्तुत किए जाने की आवश्यकता भी थी। घने जंगलों में जिन्दगी जीना सही अर्थों में जीना नहीं है, इसका ज्ञान उन जीने वालों को करा देना आवश्यक था, सिर्फ यही समझकर मैंने इस काव्य रूप से उन्हें जगाने का प्रयास किया है।"

विनायक तुमराम का आशावादी दृष्टिकोण यह अपेक्षा रखता है कि—''उनकी कविता से परिवर्तन की समझ बने और उनकी लेखनी से अन्याय के विरुद्ध बुलन्द आवाज़ उठाने के लिए आदिवासियों के मन को क्रान्ति के अनुरूप बनाया जाए।'' वे यह दावा करते हैं कि मानवता के मूल्य के लिए आदिवासी भव्य-संस्कृति के वारिस हैं, वे मानते हैं कि आदिवासी साहित्य की जाति और कुल तो अलग होंगे ही। तुमराम की दृष्टि में दलित-साहित्य आदिवासी साहित्य का मित्र हो सकता है। 'आदिवासियों का साहित्य अलिखित रूप में भरपूर है' की धारणा के अनुसार उनके साहित्य को समझने की भी जरूरत है।

वर्ण-व्यवस्था मानवीय मूल्यों और समता को महत्त्व नहीं देती इस कारण इसने अनेक पर अत्याचार किया है। इस असमान समाज-व्यवस्था ने मनुष्यों का मनुष्य के रूप में जीना हराम कर दिया। प्राचीन युग में इस व्यवस्था पर बलि चढ़े एकलव्य और कर्ण से वे अपना सूत्र जोड़ते हैं। वन्य-जीवन के पेट से जन्मे एकलव्य के धनुर्धारी जीवन का क्रूर वध उन्हें अपने विद्रोह का आरम्भ बिन्दु महसूस होता है। जुल्मी वर्णव्यवस्था का क्रियाकर्म अभी नहीं हुआ है, इसका एहसास कवि को है। उनके अन्तःकरण में वेदना की टीस उठी है। ऐसे असंख्य एकलव्यों की अंगुलियाँ इस व्यवस्था ने छाँटी हैं।" इसीलिए कवि कहते हैं—

एकलव्य, तुम्हारे सपनों के सूर्यास्त के लिए मैं रक्तिम क्षितिज नहीं बन

सका/एकलव्य, तुम्हारे बहिष्कृत नेत्रों के तप्त आँसुओं को ठंडा करनेवाला सागर नहीं बन सका/जिस समय कपट करके गुरु ने दक्षिणा ली होगी/उस समय—गुरु दक्षिणा का निष्ठा शास्त्र जलाने की इच्छा हुई होगी/वनपुत्र! उस समय वेदना का ढेर बन गया होगा तू।

इस प्रकार से कवि काव्य के माध्यम से एकलव्य संवाद करता है। एकलव्य पर हुआ अन्याय कवि को अपने हृदय और समस्त आदिवासियों पर हुए आघात की तरह महसूस होता है। आदिवासियों में परिवर्तन की समझ जरूर बनेगी, एकलव्य का त्याग व्यर्थ नहीं जाएगा, कवि का ऐसा आशावादी दृष्टिकोण है—

मित्रवर, तुझ्या भात्यातील	मित्रवर तुम्हारे
मित्रवर तुम्हारे तरकश में	मित्रवर तुम्हारे तरकश में
तळपणान्या तीक्ष्ण वीरांना	तड़पने वाले तीक्ष्ण तीर से
करणार आहे मी क्रांतीच्या	करूँगा मैं क्रान्ति, बनाऊँगा
मशाली अन्	की मशाल/और
तुझ्या अंगठ्यातून सांडलेल्या	तुम्हारे अँगूठे से बहे हुए
रक्ताने मृत्युलेख	रक्त से मृत्युलेख
लिहिणार आहे मी इथल्या	लिखनेवाला हूँ मैं यहाँ
सवर्णशाहीचा मृत्युलेख	सवर्णशाही का मृत्युलेख
कारण वेदनांनी भरलेले	क्योंकि वेदना से भरा हुआ
तुझे वनवासी जीवन	तुम्हारा वनवासी जीवन
मीही वर्णबळी म्हणून जगतो आहे	मैं वर्णबली बनकर जी रहा हूँ

बिरसा मुंडा आदिवासियों का पक्ष लेनेवाला बिहार की भूमि से पैदा होनेवाला नेता इस देश के आदिवासियों को मुक्ति दिलाने के लिए प्रयत्नशील था। इस धरती के लोगों को समता की दृष्टि से देखने वाले बिरसा को दुख भरा जीवन जीना पड़ा। उस समय विषम समाज व्यवस्था को ध्वस्त करने का विचार उसके मन में भी आया होगा। दूसरों और अपनों, दोनों से टक्कर लेनी पड़ी। इसीलिए कवि को बिरसा, भगवान जैसा लगता है। गोंडवन की अस्मिता की रक्षा करनेवाली गडा मंडल की महारानी दुर्गावती का भी स्मरण कवि करते हैं। गोंडवन के क्रान्तिकारी बाबूराव शेलमाके ने क्रान्तिकारी की मशाल से दूसरों की गुलामी के जीवन को नकारा क्योंकि मृत्यु का बाहुपाश झटकने वाला मृत्युंजय सबको प्रेरणा देता है। वह स्वतन्त्रता प्रिय प्रवृत्ति के विद्रोह हैं उसने गुलामी का दंश महसूस किया है, इसीलिए कवि अपने को क्रान्तिपुत्र कहलवाता है। विषमता की व्यवस्था को नष्ट करने के लिए उनकी कविता तलवार की धार की तरह धारदार होती थी। कवि क्रान्तिवीर नारायण सिंह को भी स्मरण करता है।

'गोंडवन पेटल आहे' काव्य-संग्रह में व्यक्त होनेवाली विचारधारा यही है कि हजारों वर्षों से पहाड़ों और दरों में अन्धकारमय जीवन जीनेवाले आदिवासियों को शोषण से मुक्ति मिले। इस कविता-संग्रह में 'मी' (मैं) प्रातिनिधिक स्वरूप में आता है। 'मी' (मैं)

का दुख कवि कहता है तो 'समूह के मन का' दुख व्यक्त होता है। कवि द्वारा अनुभव किए गए और देखे गए दुख से विद्रोह का निर्माण होता है। कवि कहता है कि–

मी जाळून टाकतो प्रस्थापितांची	मैं जला डालूँगा प्रस्थापितों के
निर्लज्ज तत्त्वज्ञाने,	निर्लज्ज दर्शन को
जे तत्त्वज्ञांन माझ्या आयुष्याची	जो दर्शन मेरी आयु की
जात विचारतात	जात पूछता है

कवि ऐसी बाँझ संस्कृति का दहन करता है। प्रस्थापितों की संस्कृति ने आदिवासियों के जीवन को प्रकाशमान नहीं किया, उनका उत्थान नहीं किया, इसीलिए उन्होंने इस संस्कृति को धिक्कारा है। अपने अस्तित्व की समझ कवि को होने के कारण रणभूमि में खौलते हुए खूनवाले योद्धा की तरह कवि व्यग्र हो गया दिखता है। अपनी आयु उन्हें रणभूमि जैसी महसूस होती है।

प्रस्थापितों की वर्ण-जाति के घनघोर बादलों में शब्दों की चाँदनी चमकती हुई दिखती है। क्रियाशीलता का अभाव दिखता है। कवि को आदिवासियों की संस्कृति का गुणगान करके उन्हें अँधेरे में ढकेलनेवाली प्रस्थापितों की चाल समझ में आ गई है इसीलिए कवि कहता है–

मुक्तीच्या वाटाच कशा साऱ्या	मुक्ति की सारी राह कैसी है
अंधारून आल्या आहेत	अँधेरे आई है
आपलाच आपण हात धरून	खुद अपना हाथ पकड़कर
मार्ग शोधायची आता	मार्ग ढूढ़ने का
वेळ आली आहे	समय आ गया है

पेट के ज्वलन्त प्रश्नों के समाधान हेतु योजना के लिए जंगल-आश्रित धरती के पुत्रों को स्थापित ने कभी पूछा ही नहीं। गाँव के भीतर रहनेवाली आबादी निष्ठुर रही। आदिवासी भी मनुष्य है, यह समझ समाज के स्थापित तबको को कभी हुई ही नहीं। इसीलिए आदिवासियों को उम्र भर के लिए वंचनाओं से जकड़ दिया। उसी से विद्रोह का जन्म हुआ दिखता है। रक्तरंजित घाव घावों में समाता जा रहा है। इस देश के आदिवासियों की दासता का अन्धकार जला डाला जाए, ऐसा महसूस होने लगा है। विषमता के विरुद्ध लड़ने की ताकत इस वेदना से निर्मित है। इन भूमिपुत्रों के हिस्से में सदियों-सदियों तक का वनवासी जीवन क्यों आया, इसकी खोज जब कवि करता है तो उस समय कवि कह उठता है–

> *हा बनवास गतजन्मीचे भोग म्हणून मी का मानावे/विषमतेच्या चक्र व्यूही तुम्हीच मला गोवले हे कसे विसरोव/'इस बनवास को गतजन्म का फल हम क्यों मानें/विषमता के इस चक्रव्यूह में तुमने ही तो हमें फँसाया–हम कैसे भूलें ?'*

'गोंडवन पेटले आहे' कविता-संग्रह लिखने का कारण बताते हुए कवि कहता है– "वेदना को शब्द देने का यह मेरा प्रयत्न है। जिनके लिए मेरे शब्द इकट्ठे हुए हैं,

उन्हें यह सदियों का क्रन्दन समझ में आना चाहिए, उनकी सामाजिक भूमिका निभाने में आड़े आनेवाली शिथिलता दूर होनी चाहिए, यही इस काव्य रचना के पीछे प्रामाणिक भावना है।" क्रान्ति का फूल उगानेवाले कवियों और कार्यकर्त्ताओं का निर्माण हो, आदिवासियों को वनवास से मुक्ति मिले, यह आशावादी दृष्टिकोण इस काव्य-संग्रह में व्यक्त हुआ है।

'उलगुलान' यह भुजंग मेश्राम का एक विद्रोही काव्य-संग्रह है। उसके बारे में वे लिखते हैं–

"'उलगुलान' का अर्थ है सभी क्षेत्रों में एक समय ही जन-उभार पैदा करना। बिरसा मुंडा के आन्दोलन के कार्यक्रम का यह नारा था। बिरसा मुंडा ने सभी स्तरों पर इसका इस्तेमाल किया। 'उलगुलान' मेरी कविता का शीर्षक है क्योंकि मेरी कविता सभी स्तरों पर पहुँचती है। संवाद करती है। जिन डॉ. बाबासाहेब अम्बेडकर और महात्मा फुले के विचारों से प्रेरणा लेकर लिखने लगा हूँ, यह वर्ष क्रमशः इनका जन्म शताब्दी-वर्ष और स्मृति शताब्दी-वर्ष है। इन दोनों महानुभावों का मैं विनम्र अभिवादन करता हूँ।"

आर्थिक, सामाजिक समता स्थापित करने के लिए उनकी कविता अत्यन्त आक्रामक थी। 'मनुष्य' चिरन्तन का मूल्य होना चाहिए इसीलिए क्रान्ति को सामने रखते हुए भुजंग मेश्राम की कविताओं का निर्माण होता है। परिवर्तन के लिए ही उनका जन्म हुआ है। इसीलिए ही नेताजी राजगडकर भुजंग मेश्राम की कविता के बारे में लिखते हैं–

"'उलगुलान' आदिवासी साहित्य का प्रकटीकरण है। आदिवासी साहित्य किसी मराठी साहित्य की प्रतिक्रिया नहीं है। उसी तरह भुजंग मेश्राम की कविता यहाँ की तथाकथित व्यवस्था का निवेदन या अभिप्राय नहीं है। यह कविता मुख्यरूप से अन्दर और बाहर से संघर्ष का आह्वान करनेवाली और एक ही साथ सभी स्तरों पर खड़ी रहनेवाली है। यह कविता मराठी और दलित कविता में रूढ़ होकर दृष्टि डालने वाले मठों में भय पैदा करनेवाली है। यह कविता एक जंगल से दूसरे जंगल की तरफ स्थानान्तरित होने वाले मनुष्यों के लिए एक हथियार है। उसमें सेटलमेंट की बाड़ी है। आश्रम-शालाओं का बाल-विश्व है। आर्ट-गैलरी की आदिवासी कला है। यह कविता अभ्यारण्य का म्यूजियम है।"

डॉ. बाबासाहेब अम्बेडकर कविता की प्रेरणा हैं। गौतम बुद्ध का विचार जीवन का मार्ग बन गया है। पेट के उस पार और जाति के इस पार चले जाने के बाद टोली या समूह की और संस्कृति की यह कविता खबर रखती है। यह कविता शल्य क्रिया है ! इस कविता की नाल आन्दोलन से जुड़ी हुई है। भुजंग मेश्राम ने कविता में विभिन्न प्रयोग करके क्रान्तिकारी आशय व्यक्त किया है।

'जागवामने पेटवा मशाली' यह प्रो. वामन शेलमाके का काव्य-संग्रह है। अपनी कविता के बारे में वे कहते है–

"जिन आदिवासी बस्तियों में साधारण रॉकेल (किरासन तेल) का दीया भी नहीं

जल पाता है, जिन्हें दो जून पेट-भर रोटी मिलने की सम्भावना नहीं—ऐसे मनुष्यों को संसार का कोई भी दर्शन और धर्म पचने लायक नहीं है—यह किसी को समझाने की जरूरत नहीं है। ऐसे लोगों को हम दुरदुराते हैं। जिनकी उनके साथ समरस होने की कूवत नहीं, जो उनकी बस्ती के अँधेरी झोपड़ी में एक रात गुजारने को तैयार नहीं। आज उनके द्वारा लिखे गए साहित्य को ही आदिवासी साहित्य का खिताब मिलता है। लेकिन मैं तो आदिवासी हूँ। उनका जीवन मैं जी चुका हूँ। उनके साथ खेला और पला हूँ। आज भी उनसे दूर नहीं हूँ।"

इस प्रकार से प्रो. वामन शेलमाके की कविता वास्तविकता का आधार है। सत्य का स्पर्श है। उन्होंने काव्यरूपी अग्निपुष्प अर्पण करते हुए मनुष्य के मूल्य के प्रति आशा व्यक्त की है। पंखे के नीचे बैठकर स्वान्तः सुखाय साहित्य लिखनेवाले, अनुभवों की अभिव्यक्ति की अपेक्षा भूल-भूलैया वाली कल्पना को साहित्य में अभिव्यक्ति देने वालों को प्रसिद्धि मिलती है, इसकी चिन्ता कवि को सताती है।

देश के सच्चे भूमिपुत्र घने जंगलों और पहाड़ की कन्दराओं में संघर्षशील जीवन जीते हैं। समाज के प्रस्थापित लोग अत्यन्त धूर्तता से आदिवासियों को काँटेदार पिंजरे में बन्दी बनाकर, आदिवासी संस्कृति का गुणगान करके धंधा कर रहे हैं। आदिपुत्रों को गुलामी के जूए से बाहर निकालने के लिए, वनपुत्रों की मुक्ति के लिए ही वामन शेलमाके की कविता अवतरित हुई है। "रक्तरंजित इस भूमि के सूर्यपुत्रों की मुक्ति सूर्य के तेजस्वी वाणों से दिलाऊँगा"—ऐसा कहते हुए उनका क्रान्तिकारी मन उद्वेलित हो उठा है।

देश को आजाद हुए पचास वर्ष पूरे हो गए फिर भी आजादी के सूरज की किरणें आदिवासियों की झोपड़ी और दलितों के छप्पर तक नहीं पहुँची। जीने के लिए उन्हें संघर्ष करना ही पड़ता है। समाज के ठेकेदार अपने फायदे के लिए स्वार्थांध होकर उनकी तरफ देखते हैं। वामन शेलमाके की कविता प्रत्यक्ष अनुभव की अभिव्यक्ति का पर्याय है।

हे वनपुत्रा, येथे आयुष्य	हे वनपुत्रो, यहाँ जीवन
सजवावं लागतं,	सजाना पड़ता है
डोळयाना मरणाच्या दिशा	आँख को मृत्यु की दिशा
दारववून	दिखाकर

इसलिए सारे बन्धन तोड़कर वनपुत्रो, उत्थान का मार्ग तुम्हें खोजना चाहिए क्योंकि इस देश में माँगने से कुछ नहीं मिलता, सब कुछ हासिल करना पड़ता है।

इस प्रकार कवि वैयक्तिक स्तर पर लिखने के बावजूद भी सामूहिक आह्वान करते हैं। आदिवासियों की कला और नृत्य के नाम पर तथाकथित सभ्य लोगों की टोली जब अपने स्वार्थ की गठरी भंजाते हैं, तो कवि को बहुत बुरा लगता है, चिढ़ होती है। वे कह उठते हैं—''अँधेरा और मृत्यु लेकर ही मेरा जन्म हुआ है। आदिवासियों के दुख और व्यथा को मैं रिश्तेदार मानता हूँ।'' कवि के हृदय को अपने अस्तित्व की चिन्ता लगी

है, इसलिए वे बेचैन होते हैं। उनकी कविता स्वमुक्ति का सन्दर्भ लेकर नहीं आती बल्कि उस कविता का उद्देश्य है सामूहिक मुक्ति। वर्णवादी व्यवस्था से कवि को चिढ़ है।

ज्यांनी समस्त आदि पुत्रांचे	जिन्होंने समस्त आदिपुत्रों का
केले शोषण	किया शोषण
त्यांच्या रक्ताने लिहिणार आहे	उनके रक्त से ही लिखना होगा
रक्तरंजित इतिहास	रक्त-रंजित इतिहास

भ्रष्टाचार के भस्मासुर ने आदिवासियों का जीवन ध्वस्त कर दिया है। प्रशासन में काम करनेवालों की टोली आदिवासियों की अज्ञानता का फायदा उठाकर उन्हें मूर्ख बनाती है। इसीलिए कवि जागरण चाहता है। वर्ण-व्यवस्था बड़ी घातक है। इसी व्यवस्था ने आदिवासियों और दलितों का जीवन ध्वस्त किया है। इसीलिए इस वर्ण-व्यवस्था की खोखली मानवता का तत्त्वज्ञान उनको नहीं चाहिए। उन्हें अपना उद्धार खुद करना चाहिए। उनका मानना है कि मन के जागने पर मशाल जलाए बिना नहीं रहा जा सकता।

म्होरकी—उषा किरण आत्राम का यह काव्य-संग्रह व्यापक आयाम लेकर आया है यानी संसार के तमाम शोषित, पीड़ित, अन्यायग्रस्त, महात्यागी, जगनिर्मात्री, जागृत माता-बहनों और ईमानदार आदिवासी शोषित समाज को यह काव्य-संग्रह अर्पित किया गया है। अपने काव्य-निर्माण के विषय में उषा किरण आन्नाम लिखती हैं—

"1977 में ग्राम सेविका की नौकरी मिली। आगे पढ़ने की महत्ती इच्छा को मारकर नौकरी करनी पड़ी और ऊँची उड़ान भरनेवाला मन नीचे खिंचता चला गया। दुख बहुत होता है। एटापल्ली, भामरागड, तुव्वाकोडी, तुमरगुंडा, जरावन्ती के सभी लोग मेरे आदमी हैं। सुख-दुख के साथ समरस होकर वेदना की अनुभूति होने लगी तो मेरी लेखनी धारदार बनती गई। टोले पर रेले में पाँव थिरकने लगे। गोटूल की ढोल पर वेदना का गीत गाता हुआ मन उत्तेजित होने लगा। शब्द में निखार आते-आते मेरी कविता आकार लेने लगी।"

उषा किरण आत्राम कार्यकर्ता कवयित्री हैं। अपने को फुले/अम्बेडकर के विचारों की वारिस मानने के कारण आदिवासियों की व्यथा-वेदना देखकर उनका मन उद्वेलित हो उठता है। उषा किरण भले एक कार्यकर्ता हैं पर उनमें प्रतिभा है, इसलिए अंगार बरसानेवाली, जुल्म पर आग उगलनेवाली विचारधारा उनके शब्दों के माध्यम से व्यक्त होती हुई दिखती है। 'शब्द शास्त्र' शीर्षक कविता में कवयित्री के शब्दों का सामर्थ्य मार्मिक रूप से व्यक्त हुआ है। ''मेरे भवितव्य का स्वप्न तुम्हीं हो/मेरे सूर्योदय के स्वामी भी तुम्हीं हो। भूतकाल के इतिहास को व्यक्त करनेवाले मित्र/इस पृथ्वी के आईना तुम हो।'' और आगे भी—

गड्या ! शख आता तूच हो	साथी! तुम्हीं बनो अब शस्त्र
अस्त्र आता तूच हो।	तुम्हीं बनो अब अस्त्र
फुटू दे शब्दानां शस्त्राचे पाते	शब्दों से फूटने दो शस्त्र के पत्ते

पटू दे शब्दांच्या वाती | जलने दो शब्दों की बाती
उजळू दे मनामनारूया नाती | होने दो उद्वेलित मन-मन के नाते
शब्दच अस्त्र, शब्दच शस्त्र | शब्द ही अस्त्र, शब्द ही शस्त्र
शब्दच युद्ध, शब्दच बुद्ध | शब्द ही युद्ध, शब्द ही बुद्ध

कवयित्री के मन में एक दृढ़ विश्वास है कि सूर्य को अपने सम्मुख समझकर निर्माण करने के लिए, शब्दों के सामर्थ्य को समझकर शब्दों का उपयोग, अस्त्र-शस्त्र के समान करना होगा–तभी इन शब्दों से मन उद्वेलित होगा, उनके शब्दों में आक्रामकता की धार है। विद्रोह का बाण वेदना से निर्मित हुआ है। क्रान्ति के लिए कवयित्री का मन तैयार है। इसलिए 'तैयार' कविता में वे कहती हैं–

दगडी देवाच्या देवालयात | पत्थर के देवता के मन्दिर में
वाजलेली घंटा | बजते घंटे को
ऐकून गाव धावतो | सुनकर दौड़ पड़ता है गाँव
हाडामालाचा मी माणूस रान | पर मैं हाड़-मांस का आदमी
कपरीत आक्रोश तो | आक्रोश से भर उठता हूँ
माझा आक्रोश ऐकून | देख कर मेरा गुस्सा
गाव दूर पळतो | भाग उठता है गाँव मुझसे दूर
अनादिकालापासूनचा हा | अनादिकाल से ही है जारी
प्रवास सुरू आहे | यह प्रवास

इस देश में पत्थरों की कीमत है। लेकिन मानवता के मूल्य की कोई कीमत नहीं। आदिवासियों का आक्रोश इस देश के प्रस्थापित लोग कभी समझ ही नहीं सके। मानवेत्तर प्राणियों का ही इस देश में सम्मानजनक स्थान है। लेकिन इसी देश के भूमि पुत्र आदिवासी, दलित, बहुजन समाज अत्यन्त भयानक जीवन जी रहे हैं। ऐसा लगता है कि उन्हीं दबे-कुचले दर्रों और पहाड़ों में रहनेवाले आदिवासियों के हाथ में शस्त्र देकर परिवर्तन के लिए–क्रान्ति के लिए तैयार करना होगा।

आदिम जीवन जीनेवाले आदिवासियों को युगों-युगों से न्याय नहीं मिल सका। आशीर्वाद देनेवाले हाथ उनका गला दबाते हैं। मीठा बोलनेवाले होंठ गर्म खून के लिए बेहयाई से लपकते हैं और हौले से धँसते हैं। बेचैन होकर कवयित्री कहती हैं–

तुम्हीं असे कसे दुसऱ्याच्या | तुम ऐसे कैसे दूसरे की
ओंजळीने पाणी पिता ? | अंजुलि से पीते हो पानी ?
त्याच ओंजळी एकलव्याच्या | वह अंजुलि तो एकलव्य के
अंगठ्याने रक्त पितातै | अँगूठे का रक्त पीती है

इस प्रकार ऐसी कपटी व्यवस्था करनेवाले मनुष्यों पर कभी विश्वास मत करना। उनके तन्त्र-मंत्र तथा देशवाणी पर भ्रमित मत होना क्योंकि यही मंडली आज 'आदिवासियों' का 'वनवासीकरण' करने का जबरदस्त प्रयत्न कर रही है। इसीलिए खुद ही अपने जीने-मरने का निर्णय लेना होगा, खुद ही 'अत्त दीपोभव' बनना होगा। खुद

ही अपना प्रकाश खोजकर अपने उत्थान का शिल्पकार बनना होगा।

'झेप' शीर्षक कविता में कवयित्री खुद को और आदिवासियों को सूर्य-पक्षी समझती हैं। आदिवासियों में अब आत्म-स्वाभिमान आ रहा है इसलिए काले-कलूटे अँधेरे के पर कतरते हुए, नई आशा की किरण लेकर बड़े तेजस्वी रूप में वह तेजमान सूर्य-पक्षी एक ध्येय के लिए निकल पड़ा है—

पृथ्वी आकाश डोळयात घालून	पृथ्वी आकाश आँखों में लिए
सार्वभौम सूयांचे स्वातंत्र्य	सार्वभौम सूरज की स्वतन्त्रता
उपभोगणास हा सूर्यपक्षी	उपभोग करनेवाला यह सूर्यपक्षी

स्वतन्त्रता, समता और बन्धुता के मूल्यों को स्वीकार करनेवाली यह समझदारी है कि अन्याय का प्रतिकार करना ही चाहिए। अब तक बहुत जुल्म सहन किए, इन जुल्मों के भीतर से ही विद्रोह जन्मा है। कवयित्री आह्वान करती हैं—

मुक्या प्राण्यांची शिकार सोडून	मूक पशुओं का शिकार छोड़
अन्यायी षंढावर नेम धरला पाहिजे	अन्यायी सेठों पर निशाना लगा
जंग चढलेल्या तलवारींना धार देउन	जंग चढ़ी तलवारों को तेज करके
वेळ पाहून चालविणे ही	समय देख कर चलना भी
शिकले पाहिजे	सीख

आक्रोश करके, हाथ जोड़कर न्याय नहीं मिलता यह एहसास कवयित्री को है। इसलिए प्रस्थापितों को ललकारते हुए वे कहती हैं—दो-दो हाथ करने के लिए मैं आ रही हूँ। विद्रोही वाणी और क्रान्ति उन्मुखता कवयित्री के प्राण हैं। अँधेरे की दल-दल में कमल के फूल की पंखुडियाँ खिलाने वाले डॉ. अम्बेडकर के विचारों से उनका मन क्रान्ति उन्मुख होने के कारण वे नत-मस्तक हो उठती हैं—

तुझ्यापुडे सदैव झुकवीन	तुम्हारे सामने सदैव झुकाऊँगी
मी माझा माथा	मैं अपना माथा
सूर्यनगरीच्या हे भीम रावा	सूर्यनगरी के हे भीमराव
गाईन तव गाथा	गाऊँगी, तुम्हारी गाथा
अंधारातीत धलिकणांचे	अँधेरे के धूल-कणों को
सूवर्ण तू केले	सोना बनाया तूने
मुक्या आंधळया पंगूनाही	गूँगे, अन्धे लँगड़ों को
जीवन तूच दिले	जीवन दिया तूने

डॉ. बाबासाहेब अम्बेडकर की विचारधारा मानव-मूल्यों को महत्त्व देनेवाली होने के कारण उनके लिए कवयित्री के मन में आदर की भावना है। 'म्होरकी' काव्य-संग्रह रोटी का ज्वलन्त प्रश्न लिए है। काल-अँधेरे जंगलों में लावे में भूँजते समय ज्वार की रोटी 'भाकर जिसे कहते हैं वह कैसी होती है ?'—प्रश्न छोटा बालक माँ से करता है तब वह माँ कभी अर्धचन्द्र तो कभी माथे की बिन्दी दिखाती है। उस बच्चे का दुख अत्यन्त हृदयस्पर्शी शब्दों में कवयित्री ने व्यक्त किया है—

पोरगा पुन्हा-पुन्हा आभाळ साठवून	बच्चा बार-बार बिन्दी साटकर
भाकरीची भूक आभाळावर	'भाकरी' (रोटी) की भूख माथे की
निभावत होता	बिन्दी से मिटा रहा था

विषमता की काराओं को जबरदस्त धक्का देकर उन्हें गिराकर 'मानवीय मन्दिर' खड़ा करने की उनकी आशावादी दृष्टि है। उनका ऐसा विश्वास है कि सूर्य-पक्षियों का नया राज अवतरित होगा—जहाँ के पखेरुओं की बन्द चोंचों से 'शील-प्रज्ञा-करुणा' का स्वर निकलेगा !

अत्यन्त उत्कृष्ट पद्धति से कवयित्री ने 'म्होरकी' में स्त्री-जीवन के दर्शन की अभिव्यक्ति की है। 'म्होरकी' के विषय में अपनी भावना व्यक्त करते हुए कवयित्री कहती हैं—

"म्होरकी गोटूल की होशियार, जिद्दी और निर्भीक स्त्री है। नेतृत्व करनेवाली नायिका है। वह 'माट्यारीन' के गोंडी नाम से जानी जाती है। उसी का नाम 'म्होरकी' रखकर घने जंगलों की सखी-सहेलियाँ इकट्ठी होकर समाज को विशेषतः स्त्रियों को जागृत करके, शोषण, अन्याय, अत्याचार, दमन आदि सभी का प्रतिकार करने को उद्यत हैं। दलित, मेहनतकश आदिवासी, श्रमिक, शोषित पीड़ित महिलाओं का दुख समाप्त करने हेतु, यहाँ की समाज व्यवस्था पर प्रहार करने तथा स्त्री-जाति पर अन्याय करने वाले सामाजिक रूढ़ि एवं बन्धनों पर जोरदार चोट करने से भी मेरी 'म्होरकी' जरा भी नहीं डरती।"

'म्होरकी' शीर्षक कविता-संग्रह में व्यक्त होनेवाला नारी दर्शन जागृति की तरफ उद्धृत करने और क्रान्ति की मशाल हाथ में लेकर अन्याय के विरुद्ध जल उठनेवाला दर्शन है। आदिवासी स्त्री का नायक उससे कहता है कि प्रस्थापितों की दृष्टि विकृत है, इसलिए उसका उनके इर्द-गिर्द घूमने की बजाय अंगार बरसानेवाली लाल आग की भट्टी बनना श्रेयस्कर होगा। उद्योन्मुख (प्रगतिशील) पीढ़ी का निर्माण करनेवाली स्त्री को कवयित्री कहती हैं कि—आनेवाली बच्ची को सतेज बुद्धि, विवेकी हाथ और अँधेरे को चीरनेवाला सूर्यनेत्र प्रदान करो। इस प्रकार संस्कार के माध्यम से अन्धकार को प्रकाशमय करनेवाली यह कवयित्री आशावादी भविष्य का सुस्वप्न देखती है।

पूरे शरीर में गोदना गोदकर आनन्द की अनुभूति करनेवाली स्त्री को सम्बोधित करते हुए वह कहती है कि "गजरा लगाने, गोदना गोदाने की अपेक्षा—

रानफुलासारखी डवर	रान फूलों से खिल उठो
हो सूर्यसळी...	बनो सूर्य की कली
हो नागकमळी...	बनो नाग कमलनी
हो सूर्यफूल...	बनो सूर्य पुष्प

इस प्रकार स्त्री-अस्मिता का भान करानेवाली नायिका को कवयित्री ने चित्रित किया है। कवयित्री ने अपनी कविता में अनोखे बिम्ब और प्रतीकों का उपयोग किया है—

—अरे लाल तांबडी ती	अरे लाल ताँबे-से
गुलमोहर फुलं नाहीत,	वे गुलमोहर फूल नहीं,
सूर्यपक्ष्यांच्या पेटविलेल्या	वे सूर्य-पक्षियों के जलते
घरयांच्या त्या ज्वाला आहेत	घरौदों की ज्वाला हैं
—नवा सूर्य पडदा फाडून	—हम परदा फाड़कर
आम्ही आणणार आहोत	नया सूर्य लानेवाले हैं,
सावधान, पंख भाजलेले	सावधान ! पंख जले
करूड येत आहेत.	बाज आ रहे हैं
—हे आभाळच भाजलेल्या	—मस्तक तक जले
पंखांडी पिऊन टाक.	हुए हैं पक्षीराज
—आदिम गावकुसांचे सूर्यविहार	—आदिम गाँव का सूर्य देखकर
गोटूल चमकणार आहे,	गोटूल चमकनेवाला है,
सूर्य पक्ष्यांचे नवे राज्य	सूर्य पक्षियों का नया राज्य
अवतरणार आहे.	अवतरित होनेवाला है

'रानआवांचे तळे'—इस काव्य संग्रह की भूमिका में कवयित्री कुसुम अलाम लिखती हैं—

"...यह समाज भूख-मुक्त हो। जुल्म-मुक्त हो। सामाजिक सुसंगति बने। इस विश्व में समता आवे—वह आर्थिक हो, सामाजिक हो या राजनैतिक हो। यहाँ की मानवता समृद्ध हो, इस आधार पर मानवता का नंदन वन फले-फुले, सारा जीवन सुगन्धित हो ऐसी मंगलमय स्वप्न दृष्टि के साथ मेरा यह लेखन है... हमारे नकारे जाने को, हमारे दुख को, हमारे विद्रोह को उपेक्षित करनेवालों को कहने की इच्छा होती है कि यह विद्रोह, यह नकार और यह दुख तब तक फूलता रहेगा जब तक इस असमानता की अमानवीय और पाशविक दीवार जमीनदोज़ नहीं हो जातीं... दलित साहित्य आन्दोलन ने साहित्य में वेदना का जैसा अंगार भरा, वैसा हमें भी आदिवासी साहित्य में भरना होगा।"

भूमिका पढ़ने पर मन आश्वस्त होता है कि परिवर्तन के धधकते अंगार बरसाने के लिए ही उनकी कविता निर्मित हुई है। इधर स्वतन्त्रता की स्वर्ण-जयन्ती के जश्न! उधर इन भूमिपुत्रों की अत्यन्त विकट होती अवस्था! सरकार द्वारा आदिवासियों के विकास के लिए दी गई सहूलियतों को बीच में ही लूट लेनेवाले अधिकारियों की खा-खा कर अघायी टोली के बरक्स। पेट के ज्वलन्त प्रश्नों का हजूम मुंह बाए खड़ा है।

कंदमुळे, अजुनही खातो आम्ही	हम खाते हैं आज भी कन्दमूल
किड्यामुंग्याही भक्षितो अजुनी	खाते हैं अभी भी कीड़े और चींटियाँ
अमेच जगणे का आम्हा नशिबी?	ऐसे ही जीना क्या हमारा नसीब?

इस स्वतन्त्र देश में अन्न-वस्त्र- आहार की जरूरतें भी आदिवासी पूरी नहीं कर सकते। स्त्रियों की स्थिति तो अत्यन्त दयनीय है। शरीर ढकने के लिए वस्त्र नहीं हैं। इसीलिए इस शोषण-तन्त्र के विरुद्ध सभी आदिवासियों को एक साथ संघर्ष करना

चाहिए। विकास योजनाओं का लाभ लेने के लिए आदिवासियों में जागृति की जरूरत है। भ्रष्टाचारी प्रवृत्ति स्वातंत्र्योत्तर काल-खंड की घटना नहीं। यह प्राचीन काल से चली आ रही परम्परा है। इस विषय में कुसुम अलाम कहती हैं—

एकलव्याचा कोणता अपराध होता	क्या अपराध था एकलव्य का
की त्याचा अंगढा हिसकावून	कि उसका अँगूठा काटकर
भ्रष्टाचाराची शुरूवात करावी कुरुवे ?	करनी पड़ी गुरु को भ्रष्टाचार की शुरुआत?

ऐसे कपटी गुरु को कवयित्री धिक्कारती हैं। कपटियों का यहाँ बाजार लगा है। वेदनामय जीवन जीते हुए भी आदिवासी चाँदनी रात को साक्षी रखकर बेसुध होकर नाचते हैं। दुख भुलाने के लिए संगीत महत्त्वपूर्ण भूमिका निभाता है। कुपोषण के कारण आदिवासी बच्चों की मृत्यु हो तो कवयित्री को बहुत कष्ट और दुख होता है। आदिवासियों का सेवक ही जब दलाली करने लगता है तो कवयित्री पूछती हैं—

तुझा एवढा असा हा छळवाद चालला रे	इतना छला जा रहा है तू
अन्याय आदिमा तू का सोचतोस रे ?	ओ आदमी क्यों सहते हो अन्याय?

आदिवासियों को अब परम्पराओं का प्रतिकार कर, समता का स्वप्न साकार करना चाहिए। इस प्रकार का आशावादी दृष्टिकोण उनकी कविता में व्यक्त होता है। जब प्रस्थापित लोग बड़े धूर्ततापूर्ण ढंग से कहने लगते हैं कि विषमता समाप्त हो गई है, समानता आ गई है, आरक्षण की जरूरत नहीं है, तब कवयित्री के हृदय का लावा सन्तप्त होकर बाहर आने लगता है। बित्ते भर पेट के लिए आदिवासियों को घने जंगलों में भटकना पड़ता है। चेरी, फूल, गोंद आदि बेचकर वे नमक खरीदते हैं। अनाज खरीदते समय साहूकार आदिवासियों की अज्ञानता का फायदा उठाता है। ऐसे समय भी आदिवासियों की तरफ देखने की प्रस्थापितों की दृष्टि विकृत होती है। इसलिए—

कुत्सित नजरांनी घायळ तो होतो	कुत्सित नजरों से होता है वह घायल
काल तर चूल थंडूच होती	ठंडा ही था कल भी चूल्हा
आज ही पोटात भुकेचा गोळा	आज भी है पेट में भूख की आग
तरी आरक्षणावर इतरांचा डोळा	फिर भी लगी है नजर दूसरों की आरक्षण पर

21वीं सदी की दहलीज पर भी आदिवासी नंगे घूमते हैं, इस वस्तुस्थिति को देखकर कवयित्री के विद्रोह का लावा भड़कने से रुक नहीं पाता। चाँदनी रात को साक्षी मानकर आदिवासी युवती जब बेसुध होकर स्वानन्द में डूब जाती है तब कवयित्री उसे समझाती हैं—

हे कमल नयनी	हे कमलनयनी
तुला तारुण्यासोबतच	तरुणाई के साथ साथ तुम्हें
आगही फुलवायची आहे वेदनाची	खिलानी है आग वेदना की भी
त्या रसाळ वाणीतून गयचे आहे	उसी रसीली वाणी में गाना है

विद्रोहाचे मंगलगीत	विद्रोह का मंगलगीत
तुक्ष्या शोषणासाठी बसलेल्या	तुम्हारे शोषण को तैयार बैठे हैं
सर्व चिलट्यांना	सभी शोषकों
भस्म कर जळजळीत नेत्रकटाक्षाने	जलते हुए नेत्रों के कटाक्ष से भस्म कर दे उन्हें
तर्व्य तुक्षे नाचणे	तभी तुम्हारा नृत्य उत्सव
खऱ्या अर्थाने	सही मायने में होगा
आनन्दपर्व होइल	आनन्दपर्व

स्त्रियों को शोषण के विरुद्ध आवाज़ उठानी होगी। उन्हें प्रस्थापितों के झूठ पर बलि नहीं चढ़ना है। कवयित्री ने अनेक कविताओं में दुख, दरिद्रता की भीषणता और आदिवासी संस्कृति का दर्शन कराया है।

'गोटूल' आदिवासियों की संस्कृति का केन्द्र है। माडिया जमात जाति में इसका असाधारण महत्त्व है। वे प्रकृति और चाँदनी रात को साक्षी मानकर बेसुध होकर नाचते-गाते हैं। दिनभर अपार मेहनत करके लौटा हुआ प्राणी यहाँ आराम पाता है। प्रेमी-प्रेमिका, यहीं अपने जीवन साथी का चुनाव करते हैं परन्तु आदिवासी जीवन और संस्कृति का अध्ययन करने वालों ने 'गोटूल' को विकृत ढंग से दर्शाया है। इस पर कवयित्री पूछती हैं—"प्रस्थापितों की विकसित समझी जानेवाली संस्कृति में भडुवागिरी, बलात्कार, छेड़छाड़ कितना कुछ तो होता रहता है, फिर भी तुम ऐसी संस्कृति को श्रेष्ठ मानते हो?" परन्तु—

आम्ही मात्र	हम मात्र
चाँदण्याना साक्षीता ठेवून	चाँदनी को साक्षी मान
जीवन साथी निवडण्यास	चयन करने जीवनसाथी का
गोटूलमध्ये ये तो	आते हैं गोटूल में
त्यावैळी तुम्हीं म्हणता	तब तुम कहते हो
गोटूल म्हणजेकाय हो ?	गोटूल? यानी क्या?
व्यभिचाराचे, स्वैराचाराचे केन्द्र का ?	व्यभिचार और स्वेच्छाचार का केन्द्र है क्या?
तो भड़वेगिरी कधी करणार नाही	वह भड़वागिरी (वेश्यावृत्ति) नहीं करता
हवे तर हजारो वर्षांचा इतिहास	चाहे तो हजारों वर्षों का इतिहास
उलटून-पुलटून पहा जरा !	उलट-पुलटकर देख लो ज़रा!

मानव जीवन के माधुर्य से उत्कृष्ट प्रेम की सीख देनेवाली जीवन्त विचारधारा के प्रवक्ता ज्योतिबा फुले और सावित्रीबाई फुले के प्रति कवयित्री के मन में कृतज्ञता की भावना है। कवयित्री कहती हैं—

तू स्त्री-शिक्षणाचे बीज रुजवले नसतेस	तूने अगर स्त्री-शिक्षा का बीज न बोया होता

तर आज माझे प्रकाशाशी	तो आज प्रकाश से जुड़ा
जुड़लेले नाते	मेरा रिश्ता
अंधोरातच चाचपड़त असते	अँधेरे में ही छटपटाता रहता

सन्त मुंगशुजी : एक कर्मठ तपस्वी—डॉ. विनायक तुमराम ने आदिवासी साहित्य में बहुमूल्य योगदान किया है। सर्वसाधारण में एकरूप हो चुकी समतावादी विचारधारा के लोककवि सन्त मुंगशुजी के जीवन का आधार लेकर उनकी सुधारवादी विचारधारा काव्य में किस प्रकार व्यक्त हुई है, इसे उनकी भजनावली के आधार पर डॉ. तुमराम ने स्पष्ट किया है। 'सन्त आन्दोलन और आदिवासी' के सन्दर्भ में तुमराम कहते हैं—

"सन्त और आदिवासी विषय पर विचार करने पर यही कहा जा सकता है कि आदिवासियों के उत्थान में सन्तों का योगदान शून्य ही रहा है। सन्त आन्दोलन का सामाजिक परिणाम आदिवासियों के सन्दर्भ में निराशाजनक रहा है...सन्त सम्प्रदाय ने अपनी परमार्थी दृष्टि अगर पहाड़ों की कन्दराओं की तरफ डालकर वहाँ के आदि मानवसमूहों के उद्धार का कार्य तत्परता और मानवीय संवेदना के साथ किया होता तो उन्हें भी मनुष्य की तरह सम्मान के साथ जीना आ गया होता...परन्तु अठारहवीं सदी तक के सन्त वाङ्मय का अध्ययन करने पर स्पष्ट होगा कि सन्तों की काव्यप्रतिभा और कृतियों में आदिवासी और उनका सन्ताप निरन्तर छूटता चला गया है। सन्तों की सामाजिक भूमिका में यह उपेक्षा नजरअन्दाज नहीं की जा सकती।"

उपर्युक्त वस्तुस्थिति को नकारा नहीं जा सकता। सन्तों की सामाजिक समता का आन्दोलन नहीं हो सका, इस विषय पर कुसुमाग्रज का कहना है—

तुमचं आकाशच नेगळं होतं	अजब निराला था तुम्हारा आकाश
तेच मातृहृदयी आकाश संतवरा	संतवर वही मातृहृदयी आकाश
आज भयानक हिंस्र झालं आहे	भयानक हिंस्र हो गया है आज
तेच मेघ आता गर्जत आहे	वही मेघ अब कर रहा है गर्जन
पृथ्वी नामशेष करण्याच्या प्रतिज्ञेने	प्रतिज्ञारत मिटाने को पृथ्वी का नामो-निशान
अमृतकणांचं सिंचन करणाऱ्या चन्द्रकले	अमृतकणों का सिंचन करनेवाली चन्द्रकला से
तुन उसळत आहे जहराचे प्रयात	फूट रहा है विष-प्रपात
साखळदंड तोडून पिसाट धावणारी	तोड़कर जंजीरें तीव्र गति से दौड़ने वाले
व्याघ्रमुखी वादळं	व्याघ्रमुखी बादल
तुमचं विश्वात्मक पसायदान	तुम्हारी विश्वसनीय अंजुरी
रक्तबंबाळ करीत आहे	कर रही है रक्त की वर्षा

सन्तों की सामाजिक समता का विचार सफल नहीं हो सका। सन्त सचमुच क्या

सामाजिक समता के प्रवक्ता थे ? इस विषय पर शंका करते हुए महात्मा फुले कहते हैं–

"...उस भुवुंदराज, ज्ञानेश्वर, रामदास जैसे अनेक ब्राह्मण ग्रंथकारों ने व्यर्थ की मनोकामना की (कम से कम पन्द्रह और अधिक से अधिक सोलह) परन्तु उनमें से एक ने भी अपने शूद्रों के गले में पड़ी हुई दासता की पट्टी को ऊँगली लगाकर भी नहीं दिखाया।...उन्होंने अनेक भारी-भरकम खोखले प्राकृत ग्रंथ रचकर अपने मतलब की जातियों को शूद्रों से लूटने-खाने दिया।"

उपर्युक्त परिच्छेद से यह ज्ञात होता है कि किसी एक भी ब्राह्मण सन्त ने शूद्रों की गुलामी नष्ट करने का विचार भी मन में नहीं आने दिया। ऐसा महात्मा फुले के अनुसार शूद्र का अर्थ अस्पृश्य नहीं बहुजन समाज होता है–ओ.बी.सी. (अन्य पिछड़ी जातियाँ) होता है।

'सन्त मुंगशुजी : एक कृतिशील तपस्वी' शीर्षक जीवनी में काव्य के माध्यम से व्यक्त होनेवाले उनके विचार सिर्फ आदिवासियों के अथवा बहुजन समाज के उत्थान के विषय में ही नहीं हैं बल्कि उनका काव्य बहुजन समाज के उत्थान की मूलभूत परिवर्तन हेतु दृष्टि देता है। उनका जन्मकाल 1915 से 1918 के बीच रहा होगा। मनुष्य ही मनुष्य के लिए विषैला साँप है, इसकी समझ उन्हें थी। अस्पृश्यता, भेदभाव, जातीयता और उस अवधि की जोर-जबरदस्ती से वे दुखी थे।

दुखांचे दुख टळो	दुखितों का दुख टले
समसमता सकळांस कळो	समानता सबको मिले
द्वेषभाव समूळ जळोनी, राख होऊ दे।	द्वेषभाव समूल जलकर राख होने दो

सन्त मुंगशुजी की वाणी प्रसंगवश आक्रामक रूप धारण करती है। दुखितों का दुख टले, समानता प्रस्थापित हो, स्पृश्य-अस्पृश्य का भेद परमेश्वर ने नहीं बनाया, विशिष्ट वर्गों ने अपनी स्वार्थ सिद्धि के लिए बना दिया है। व्यसन, अज्ञान, अन्धविश्वास आदि पर भी वे अपने भजनों से प्रहार करते हैं। एकता का महत्त्व बताते हुए वे कहते हैं–

करा समाजाची एकी लवलाही रे	करो समाज को शीघ्र एक ही
आजा बघण्याची वेळ उरली नाही रे	अब देखते रहने का भी नहीं बचा है समय

इस प्रकार समस्त शोषित मनुष्य जाति उनके भजनों का विषय था। उनका उत्थान हो ऐसी दृष्टि देनेवाले सन्त मुंगशुजी एक अलग-थलग प्रकार के तपस्वी हैं।

उपर्युक्त कविता के साथ-साथ ही माधव सरकंडे का 'मनोगत' काव्य-संग्रह प्रकाशित हुआ है।

इसी के साथ अनेक नियतकालीन पत्रिकाओं में आदिवासी कवियों की कविता प्रकाशित हो रही हैं। कुल मिलाकर आदिवासी कविता से स्वतन्त्रता, समता, बन्धुता, विज्ञाननिष्ठा, भूख, वर्ण, जाति, वर्ग का अन्त, मानवता आदि मूल्यों का विकास धीरे-धीरे होता हुआ दिख रहा है।

संस्कृति के दायरे से बाहर आदिवासियों के जीवन को व्यक्त करनेवाले साहित्य का निर्माण हो रहा है। उस साहित्य की तरफ मन की संकीर्णता से ऊपर उठकर व्यापक दृष्टि से देखना होगा क्योंकि ये साहित्य आदिम जीवन जीनेवाले आदिवासियों की बोलियों, जीवन और संस्कृति के कुछ 'रूपक' लेकर आता है। ऐसे रूपकों का महत्त्व असाधारण है। महज अंकुर की तरह फूटकर निकलनेवाले साहित्य की तरफ सहानुभूतिपूर्वक दृष्टि डालनी पड़ेगी। उसके समक्ष प्रश्न उपस्थित करना (विवाद पैदा करना) उस साहित्यरूपी बीज के अंकुर को कुम्हला देने जैसा होगा। इससे आदिवासी साहित्य में बौनापन आ जाएगा। इसीलिए आदिवासियों के जीवन की तरफ ध्यान देनेवाले कवि–साहित्यकारों को प्रोत्साहन देने की जरूरत है। उन साहित्यकारों को प्रेरणा देनी पड़ेगी। आदिवासी कविता ने कुछ मूलभूत प्रश्न पैदा किए हैं। वे इस प्रकार हैं—

1. 'आदिवासी' एक समूहवाचक शब्द है। आदिवासियों में भील, पावरा, गोंड, परधान इत्यादि अनेक जातियों का समावेश होता है। प्रत्येक की विशिष्ट 'बोली' है। उनके कवियों ने भिलोरी, गोंडी, पावरी, परधानी बोलियों में काव्य लेखन किया है। 'बोली' समझने के लिए कविता में आनेवाले खास-खास 'शब्दों' का शाब्दिक अनुवाद करने से काम चलनेवाला नहीं है। अगर विशिष्ट शब्दों का अनुवाद फिर भी हो जाए तो भी उससे कवि की अपेक्षित बोली का आशय व्यक्त नहीं हो सकता। पर्याय से कविता का मूल अर्थ अभिव्यक्त नहीं हो सकता।

   उदाहरण—वाहरू सोनवणे के 'गोंधड' काव्य-संग्रह के चिबता, हांडी, चाटू, मिटीमिटी, पतरा आदि शब्दों का अनुवाद अगर कर दिया जाए तो भी मुख्य आशय व्यक्त नहीं हो सकता। इसीलिए साहित्य के माध्यम से आदिवासियों का जीवन समझने के लिए 'जमातों' (विभिन्न जातियों) के अलग शब्द-कोशों की आवश्यकता उनके काव्य-संग्रहों से जन्मी है।

2. आदिम जीवन जीने, जंगलों के बीच यातनामय जीवन बिताने, कन्दमूल समाप्त हो जाने के कारण पूँजीपति वर्गों के अधीन गुलामी का जीवन काटने और आदिवासी संस्कृति में स्त्री-जीवन की समझ रखनेवाले, जातीय उन्मादवाली प्रस्थापितों की संस्कृति से आदिवासियों का सम्बन्ध होने के कारण दुखमय जीवन जीनेवाले तथा वहाँ की प्रादेशिकता को समझनेवाले पर्यावरण का अध्ययन करनेवाले समीक्षक, आदिवासियों की कविता और साहित्यिक रचनाओं को न्याय दे सकते हैं। ऐसे विद्वान, अध्ययन करनेवाले और सहानुभूतिपूर्ण समीक्षकों का प्रश्न, इस कलाकृति ने निर्मित किया है। 'फैन' (पंखे) के नीचे बैठकर कलाकृति की समीक्षा करनेवाले समीक्षकों के लिए यह एक आह्वान है।

3. शंकर राव ठीक ही कहते हैं—"खुद में ही अपने द्वारा निर्मित संसार की कठिनाइयों को दूर करने का सामर्थ्य लेखकों में होना चाहिए। जिस लेखक में यह सामर्थ्य होता है, वह उच्च दर्जे का लेखक सिद्ध होता है। अपनी साहित्यिक कलाकृति से निर्माण किए गए दुष्चक्र को स्वतः तोड़ना चाहिए। इसके लिए उन्हें अनुभव के संसार को समृद्ध करना चाहिए, सतत् चिन्तन करना चाहिए। अपनी संवेदनशीलता टिकाए बनाए रखना आना चाहिए।"

चिन्तनशीलता और संवेदनशीलता इन दोनों का मेल भुजंग मेश्राम, वाहरू सोनवणे, विनायक तुमराम, उषा किरण आन्नाम, माधव सरकुंडे, वामन शेलमाके, कुसुम अल्पम आदि अनेक साहित्यकारों एवं कलाबंतों में हुआ है। परन्तु यह संवेदनशीलता कुछ लोग बरकरार नहीं रख पाए। भुजंग मेश्राम, उषा किरण आन्नाम जोश से लिख रहे हैं। वाहरू सोनवणे को भी यह स्नंवेदनशीलता आगे टिकाए रखनी नहीं आई। वीरसिंह पाड़वी, चामुलाल राठवा जैसे असंख्य कवियों के पास प्रतिभा होते हुए भी उनका साहित्य और काव्य-संग्रह प्रकाशित नहीं हो सकते। संवेदनशीलता को बरकरार रखने के लिए स्वतन्त्र प्रकाशन संस्थान की आवश्यकता है क्योंकि 'आदिवासी लढ्यानील दिवस' (आदिवासी लड़ाई के दिन) नामक वाहरू सोनवणे का आत्मकथन परक 'लेखन-प्रकाशन संस्थान' के अभाव में अभी तक प्रकाशित नहीं हो सका है। आदिवासियों में अनेक युवकों की काव्य-प्रतिभा का विकास होते हुए भी उनकी कविताएँ प्रकाशित नहीं हो सकतीं, यह एक बड़ी चिन्ता का विषय है।

4. भिलोरी, परधानी, गोंडी और पावरी आदि बोली न बोलनेवाले लोगों को कविता समझने और उनकी रसिकता बढ़ाने के लिए उपर्युक्त बोलियों के शब्दकोशों के निर्माण की आवश्यकता अनेक काव्य-संग्रहों के कारण पैदा हुई है।
5. बहुत से काव्यसंग्रहों में आदिवासी कवियों ने प्रस्थापितों को नकार दिया है। "हमारी समस्या को हमें ही कहने दें। आदिवासियों में नेतृत्व का गुण विकसित होने दें। नेतृत्व का गुण सीखने में गलतियाँ होंगी। गलती करने पर हम सीखेंगे। अपने जीवन के मूलभूत प्रश्नों को हम ही कहेंगे।" ये विचार अनेक कवियों की कविताओं में व्यक्त हुए हैं। उदाहरण के लिए 'गोंधड' काव्य-संग्रह की 'स्टेज' शीर्षक कविता।
6. जीवनमूल्य और काव्यमूल्य के गर्भित कोपलों की खोज की आवश्यकता आदिवासी कविता से बनी है। आकृतिवादी संरचनावादी दृष्टिकोण यहाँ पर्याप्त न्याय नहीं दे सकता।

गंगाधर गाडगिल कहते हैं—"कलाकृति का अनुभव लेने के पहले कोई हेतु रखे बिना पाठक को उसके प्रति सहानुभूतिपूर्वक देखना होगा, तभी वह सारे सौन्दर्य और रहस्य खोल सकेगी।"

उनकी ऐसी विचारधारा शारीरिक सौन्दर्यवाद का ही साक्ष्य देती है। आदिवासी कविता के प्रति यह दृष्टिकोण नहीं रखा जा सकता। इस देश के भूमिपुत्रों के हिस्से में आई वेदना, विषमता का जहरीला प्रपात, प्रस्थापितों की अन्याय करनेवाली जुल्मी व्यवस्था, जर्जर समाज व्यवस्था एवं आदिवासियों, खेत मज़दूरों और दलितों का वास्तविक चित्रण आदिवासी कविताओं में होता हुआ दिखता है। इसलिए सामाजिक-मानवशास्त्रीय दृष्टिकोण (Socio-Anthropological Approach) ही आदिवासी कविता को न्याय दे सकता है क्योंकि आदिवासी कवि के जीवन और उनके बाह्य का आपस में अटूट सम्बन्ध है।

7. जंगल कटाई के कारण जंगलों के कन्दमूल नष्ट हो गए। भयंकर भूख की समस्या खड़ी हो गई है। दरिद्रता के कारण पेट भरने के लिए आदिवासियों को कीड़े और चीटियाँ खानी पड़ती हैं। आदिवासियों के इस दुख का काव्य प्रेमियों और समीक्षकों द्वारा व्यावसायिक उपयोग नहीं होना चाहिए। कवियों ने अप्रत्यक्ष रूप से सरकार का भी आह्वान किया है। हमारी प्राथमिक आवश्यकताओं की पूर्ति की योजना सिर्फ कागज पर नहीं बननी चाहिए, अमल में लाने की जरूरत है।

   मेहनत और श्रम के लिए तैयार रहने के बावजूद स्वतन्त्र देश में रोजगार नहीं मिल सकता। रोजगार का महत्त्वपूर्ण प्रश्न भी कविता ने खड़ा किया है।

8. आदिवासी स्त्री मुक्त है, इस बात का ढिंढोरा पीटा जाता है लेकिन क्या वह सचमुच मुक्त है ? इस सम्बन्ध में खोज करने का अहम् प्रश्न कविता ने पैदा किया है।

अनुवाद : *सुशील कुमार*

सन्दर्भ पुस्तकों की सूची

1. आदिवासी साहित्य : स्वरूप और समीक्षा—डॉ. विनायक तुमराम।
2. मोहोळ (कविता-संग्रह)—सम्पादक, भुंजग मेश्राम, प्रभु राजगडकर।
3. दैनिक 'आपला', महाराष्ट्र, 11.10.1988।
4. गोधड़ (कविता-संग्रह)—वाहरू सोनवणे।
5. गोंडवन पेटले आहे (कविता-संग्रह)—विनायक तुमराम।
6. जागवामने पेटवा मशाली (कविता-संग्रह)—प्रो. वामन शेलमाके।
7. म्होरकी (कविता-संग्रह)—उषा किरण आन्नाम।
8. रानआसवांचे तळे (कविता-संग्रह)—सौ. कुसुम अलाम।
9. सन्त मुंगशुजी : एक कर्मठशील तपस्वी—डॉ. विनायक तुमराम।
10. महावृच्छ (कविता-संग्रह)—कुसुमाग्रज।
11. समाज आणि साहित्य समीक्षा—डॉ. यशवन्त मनोहर।

मराठी कविता में आदिवासी चेतना

दामोदर मोरे

1960 के मराठी साहित्य में क्रान्तिकारी परिवर्तन आया। यह परिवर्तन फुले-अम्बेडकर के आन्दोलन की देन थी। सन् 1956 में डॉ. बाबासाहेब अम्बेडकर ने हिन्दू धर्म का त्याग किया और बुद्ध के धम्म को अपनाया। इस धर्म-परिवर्तन से दलितों के दिल और दिमाग में परिवर्तन आया। जो समाज देवीवादी तथा देववादी था, पोथी और परम्परा की शरण में जाता था, उस समाज की मनोभूमि में डॉ. बाबासाहेब अम्बेडकर ने विज्ञान, विवेक और विश्वात्मकता के बीज बोए। समता, स्वतन्त्रता, न्याय, धर्म-निरपेक्षता एवं भाईचारे के बीज बोए। सन् 1960 के बाद मराठी साहित्य के खेतों में दलित साहित्य के अनोखे हरे-भरे पौधे दिखाई देने लगे, जिनका अपना रूप था, रंग था। अपनी एक चमक-धमक थी। स्वयंतेज था। इन पौधों को पुरानी मानसिकता के चुभनेवाले काँटे भी थे और मराठी साहित्य को तेजोयुग की तरफ ले जानेवाले महकते फूल भी थे। उसमें शृंगार के बजाय पलाश के फूलों जैसा अंगार था जिसने मराठी साहित्य में खलबली मचा दी।

फुले-अम्बेडकर की प्रेरणा से केवल दलित ही नहीं आदिवासी, घुमन्तू, विमुक्त सभी जाग उठे। अनुसूचित जाति एवं जनजातियों को अपने अन्दर की आवाज़ सुनाई देने लगी। उसमें से कुछ अपनी ज्वालामुखी कलम से अग्निधर्मी कविता लिखने लगे। देखते-ही-देखते दलित चेतना की खुशबू भारत की सीमा पार करके विश्व मे फैल गई। दलित साहित्य के साथ उसी से प्रेरणा लेकर अब आदिवासी लिख रहे हैं। फुले-अम्बेडकर के वर्तमान आन्दोलन में सम्मिलित होकर वह आगे बढ़ रहे हैं। अब केवल दलित साहित्य के ही नहीं बल्कि आदिवासी साहित्य सम्मेलनों के भी आयोजन हो रहे हैं। यह तो परिवर्तन की रोशनी के संकेत हैं।

आदिवासी कवियों की काव्य-सम्पदा

मराठी आदिवासी कवि के जो काव्य-संकलन अभी तक प्रकाशित हुए हैं वे इस प्रकार हैं : 'आदिवासी कविता' (भुजंग मेश्राम), 'उलगुलान' (भुजंग मेश्राम), 'मोहोक' प्रतिनिधिक काव्य-संकलन (संपा-भुजंग मेश्राम, नेताजी राजगडकर), 'वनवासी' दीर्घकाव्य

(डॉ. उत्तमराव धोंगड़े) 'गोधड' (वाहरू सोनवणे), 'गोंडवन पेहलेआहे' (विनायक तुमराम), 'इंद्रियारण्य' (रवि कुलसंगे), 'वर्णसूर्य' (पुरुषोत्तम झेलमाके), 'जागवा मेव-पेटवा मझाली' (वामन झेलमाके), 'अरण्याचे महानगर' (प्रभु राजगडकर), 'मोहर की' (उषाकिरण आत्राम), 'रानआसवांचे तके' (कुसुम आलाम)। मराठी आदिवासी कविता में इन आदिवासी कवियों ने अपना योगदान दिया है।

आदमियता की खोज

आदिवासी कविता आर्य संस्कृति और आदिम संस्कृति के संघर्ष की पहचान है। पूँजीपति, साहूकार और जमींदारों ने आज तक आदिवासियों का शोषण ही किया। आर्य-संस्कृति वर्णवाद के पैर तले उन्हें रौंदती आई। इसी कारण आदिवासी चेतना आर्य-संस्कृति की तीखी आलोचना करती है। वर्ण-व्यवस्थापक प्रहार करती है। आदिवासी चेतना समय की सजग प्रहरी है। 'रणकन्दन' कविता में अपने दोस्तों को जाग्रत करने के लिए कवि भुजंग मेश्राम कहते हैं–

प्रजातन्त्र के समन्दर में दीपस्तम्भ खोजते हुए बहुत से सुसंस्कृत द्रोणाचार्य मिलेंगे। लेकिन अपने अँगूठे को सलामत रहने दो।

आजकल आदिवासी पर होते हुए अन्याय, अत्याचार की खबरों से ही सुबह हो जाती है। 'सकाकच्या चहा सोबत' कविता में मेश्राम कहते हैं–

> *सुबह की चाय के साथ/अब प्रतिदिन आदिवासी के उत्पीड़न की खबरें/वरुड... कोउपाखिंडी...कोउंचा की वाडी और अब इंदरवल्ली...कितने/सस्ते हो रहे हैं हम?*

आदिवासी के लिए जिन्दगी महँगी हो गई है। आदिवासी का दर्द इस व्यवस्था की उपज है। यह सोचकर कवि कविता को हथियार की तरह इस्तेमाल करता है। अन्याय और अत्याचार पर यह कविता क्षेपणास्त्र की तरह टूट पड़ती है। काव्यकुंज को परिभाषित करते हुए मैंने कहा है–

> *Poetry is a missile of revolutionary thought, which attacks intellectual criminals and their products such as concept of God, rebirth, casteism and class.*

('अंगारलेणी'–दामोदर मोरे-मराठी काव्य संकलन)

निरीश्वरवाद

ईश्वरवाद के खिलाफ संघर्ष करना आदिवासी चेतना की एक विशेषता है। ईश्वर की संकल्पना ने समाज को अंधा बना दिया था। ईश्वर ही प्रगति की राह में गतिरोधक बन गया था। इसीलिए दलित और आदिवासी चेतना ईश्वर से नफरत करती है। भुजंग

मेश्राम 'लहान्या झिंगउया' नाम की कविता में निरीश्वरवादी भाव प्रकट करते हैं। जब विश्व हिन्दू परिषद के नेता अनाथाश्रम के लड़कों को गणेश की मूर्ति देते हैं, तब एक बच्चा इतना खुश हो जाता है कि जैसा उसे 'मेडल' मिला हो। उसी खुशी में मूर्ति को लेकर घर आता है। तब माँ बोलती है–"पहले ही झोंपड़ी में दस-बारा हैं। यह नया देव किस कार्य के लिए लाया ? पहले जो देव घर में हैं, उनके लिए कर्ज लेना पड़ता है, तो भी 'स्वर्ग' नहीं मिलता।" वह बेटे को कहती है–

गुरुजी को कहना–/ऐसी कोई चीज़ देना/जिसे हम बिठाएँगे कलेजे में ईश्वर के लिए अब/कोई भी जगह खाली नहीं है घर में

अस्तित्व और अस्मिता की खोज

अपने अस्तित्व और अस्मिता की खोज आदिवासी चेतना की एक महत्त्वपूर्ण विशेषता है। आदिवासियों के लिए 'वनवासी' शब्द का प्रयोग अभी ज्यादा पैमाने पर और जान-बूझकर किया जा रहा है। लेकिन फुले-अम्बेडकर की चेतना की आग जिनमें धधक रही है, वे 'वनवासी' शब्द से अत्यन्त नफरत करते हैं। उनकी ये मान्यता है कि आदिवासी यहाँ का 'मूल निवासी' है। जिसका एहसास आदिवासी शब्द से ही होता है। वनवासी कहकर आदिवासी की आदिम-ऐतिहासिक पहचान को ही पैर तले रौंदने की साजिश चल रही है। 'गाँवबांधनी' कविता में भुजंग मेश्राम कहते हैं–

"वे हमें सौटक्का सबसीडी इसलिए दे रहे हैं/ताकि उसके बदले में/आदिवासियों का नामकरण/'वनवासी' किया जाए।"

आदिवासी चेतना एक तरफ 'वनवासी' शब्द के खिलाफ आवाज उठाती है तो दूसरी तरफ उनको जबरन क्रिश्चयन बनाना भी नापसन्द है। 'उलगुलान' काव्य-संकलन में 'ग्रांडफादर' कविता में भुजंग मेश्राम कहते हैं–

वे आए तब/उनके हाथ में था बायबल/और हमारे हाथों में जमीन/वे बोले ईश्वर के पास भेद नहीं/कोई काला या गोरा, करो प्रार्थना/बन्द करो आँखें, हमने बन्द की आँखें/जब आशा से आँखें खोली तो देखा उनके हाथ में जमीन थी/और हमारे हाथ में बायबल

आदिवासी कविता में बिरसा मुंडा, बलिराजा, खांडववन, गोंडवन, नागवंश, तक्षक आदि मिथ आते हैं, जो हमें आदिवासी संस्कृति के अस्तित्व एवं अस्मिता की खोज का एहसास दिलाते हैं।

समय का शिलालेख

एक अच्छी और सच्ची कविता वक्त की पहचान होती है। वह समय के साथ चलने से समय का शिलालेख बनती है। शोषण के खिलाफ संघर्ष का ऐलान करना

आदिवासी चेतना की विशेषता है। इस कविता की संवेदना और शिल्प दोनों सुन्दर हैं। 'गोधड' काव्य-संकलन में 'आणि' नाम की वाहरू सोनवणे की यह छोटी कविता देखिए—

गन्ने का रस चूसनेवाला मानव/और/मानव का रस चूसनेवाला गन्ना

अल्पाक्षर रमणीयत्व इस कविता की विशेषता है और व्यंगात्मकता इसका सौन्दर्य है। गन्ने के माध्यम से कवि ने शोषक व्यवस्था का पर्दाफाश किया है। 'कम दाम और ज्यादा काम' यही इस व्यवस्था की सही पहचान है। यथार्थ का बोध आदिवासी चेतना की विशेषता है जिसके विरुद्ध यह कविता अंगार उगलती है। 'जागवामने-पेटवा मझाली' इस काव्य-संकलन में कवि वामन शेलमाके लिखते हैं—

जिन्होंने किया है आदिपुत्रों का शोषण/उनके लहू से लिखनेवाला हूँ मैं/रक्तरंजित इतिहास...

युग की पीड़ा को रेखांकित करना इन कवियों का रचनाधर्म है। व्यंगात्मकता का सहारा लेते वामन शेलमाके अपनी कविता में लिखते हैं—

सच्चा आदिवासी/कटी पतंग की तरह भटक रहा है.../कहते है हमारा देश/इक्कीसवी सदी की ओर बढ़ रहा है.../

बौद्ध दर्शन के पक्षधर

भगवान बुद्ध स्वतंत्रता, सत्य, अहिंसा, मैत्री तथा मानवता की विचारधारा के पक्षधर थे। आदिवासी कविता बौद्ध दर्शन की पक्षधर है। कालातीत जीवन-मूल्यों के प्रति लगन आदिवासी चेतना की विशेषता है। बुद्ध की क्रान्तिकारी विचारधारा को समाप्त करने की साजिश का यह कवि भंडाफोड़ करते हैं। डॉ. बाबासाहेब अम्बेडकर पर लिखी 'समुद्रपुत्र' शीर्षक कविता में भुजंग मेश्राम लिखते हैं—

वे चारों दिशाओं को/सहजता से बिठा सकते हैं/चातुर्वर्ण्य की चौखट में अथवा/तथागत को दशावतार के गजरे में.../

जो बुद्ध ईश्वर को नहीं मानते, स्वयं को ईश्वर नहीं समझते, जो अनात्मवादी है, उन्हीं को ईश्वर बनाकर अवतारों में ढकेल दिया। उनके क्रान्तिकारी दर्शन को विकलांग कर दिया। परिवर्तनगामी विचारों को गाड़ दिया। क्योंकि ईश्वर की पूजा की जाती है, उनके विचारों को अपनाया नहीं जाता। 'जुगलबन्दी' कविता में भुजंग मेश्राम ने मार्क्स और बुद्ध दर्शन की तुलना करते हुए बुद्ध विचारों को अपनाया है। बन्दूक के जरिए हिंसा को अपनाना उन्हें नापसन्द है। उन्हें बुद्ध की अहिंसा प्रिय है। इन कवियों की ये मान्यता है, बुद्ध विचार ही मानवी दर्द की दवा है। इन कवियों में वाहरू सोनवणे पर मार्क्स के विचारों का प्रभाव है।

अभिव्यक्ति का अभिनव रूप

भुजंग मेश्राम की 'पुल' कविता में अभिव्यक्ति का नया ढंग दिखाई देता है। व्यंग्यात्मक स्वर में कवि कहता है–

कब आएगा मनमोहना/देखने भारत अपना पुराना/जलाराम-अलाराम/ तुकाराम-थुकाराम/साईंबाबा-झाईंबाबा/कृष्णा-कृष्णा–अइना...अइना.../हरे...हरे...अरे...अरे...

कवि इस कविता से अन्धविश्वास की मानसिकता पर प्रकाश डालता है। कवि सूचित करता है कि यह भजन हमें भुलाते (बरगलाते) हैं। इससे यथार्थ का एहसास हमें नहीं होता। हम भक्ति में ही डूबे रहते हैं। 'थुकाराम' शब्द से कवि ईश्वरी भावना को त्याग देने के लिए कहता है। कृष्णा-कृष्णा करने से तुम्हारे जीवन की वर्तमान समस्या हल नहीं होती। तो भी लोग 'अरे...हरे...' करते हैं। अज्ञान और अन्धश्रृद्धा में डूबते लोगों को देखकर कवि 'अरे...अरे...' कहता है।

आदिवासी कवि अपनी कविता में देहाती बोली का प्रयोग करते हैं। इससे हमें आदिवासी की आंचलिक संस्कृति का एहसास होता है। वाहरू सोनवणे, चामूलाल राठवा जैसे कवि भिलोरी बोली के माध्यम से अपनी संवेदना प्रकट करते हैं। भुजंग मेश्राम गोंडबोली एवं आदिवासी तबके की अलग-अलग ग्राम बोली का प्रयोग करते हैं। इससे आदिवासी कविता बहते झरने जैसी चैतन्यदारी तथा सुन्दर लगती है।

इंसानियत का पहरूवा

इंसानियत की हिफाजत करना आदिवासी चेतना की एक विशेषता है। आदिवासी के वर्तमान 'हाल' और 'हालात' पर रोशनी डालते हुए कवि वाहरू सोनवणे 'पहाड़ हलू लगला आहे' कविता में लिखते हैं–

उन इंसानों की इंसानियत/जिन्होंने खाए हैं छिलके/वे अभी भी जिन्दा हैं/और इंसानियत के लहू पर/जल रही है/जातिवाद की ज्योत/पहाड़ हिल रहा है।

पहाड़ का हिलना आदिवासी के जागृति की पहचान है। यह जागृति इंसानियत की रक्षा के लिए जंग का ऐलान करती है। 'माँ, पहिली लड़ाई आपलीच' इस कविता में वाहरू सोनवणे लिखते हैं–

मौत के डर से/मैं कब तक छिपता फिरूँ ?/जब तक है जान/जंग करनी ही होगी/इंसानियत के लिए

उषाकिरण आत्राम आदिवासी कवयित्री स्त्री केन्द्रों एवं आदिवासी संवेदना का सशक्त स्वर हैं। आत्राम अपनी कविता में लिखती हैं–

पीते-पीते जहर/आदत पड़ गई है हम आदिमों को/पर अब क्यों पिएँगे हम जहर ?/क्यों करेंगे अपना ही कंठ कसैला ?/मुझे खोलनी है अब/जंगल की तीसरी आँख.../

तीसरी आँख के प्रतीक में विद्रोह के तेवर नज़र आते हैं। बाबासाहेब डॉ. अम्बेडकर ने कहा था–"शिक्षित बनो ! संगठित बनो ! संघर्ष करो !" आदिवासी की जुझारू जीवन-दृष्टि यहाँ दिखाई देती है। जिसमें से बाबासाहेब अम्बेडकर के सन्देश का एहसास हमें होता है। मराठी आदिवासी कविता का नया स्वर है कुसुम आलाम, स्वाभिमान की रक्षा करना कवयित्री अपना धर्म मानती है। अपनी कविता में वह लिखती हैं–

स्वाभिमान की आग सुलग रही है यहाँ/आप पेट की ही व्यवस्था लेकर क्यों बैठे हो ?/हमारे देह का नहीं है, उन्हें एहसास/आप मामूली भूख के बारे में क्या बोल रहे हो ?

डॉ. बाबासाहेब अम्बेडकर ने समाज को शील, स्वाभिमान की दीक्षा दी थी। यही स्वाभिमान इस कविता में बह रहा है।

जुझारू कविता

जुझारू वृत्ति आदिवासी चेतना की एक विशेषता है। अन्याय के खिलाफ संघर्ष करने की यह कविता गर्जना करती है। उषाकिरण आत्राम लिखती हैं–

सखी.../हम कब तक ऐसे शरमाते रहेंगे ?/हर एक चौराहे पर/व्यवस्था के रखवाले चुपके से/हाथ में रस्से लेकर हैं खड़े, हमारी प्रतीक्षा में/उनके ही शस्त्र हम छीन लेंगे।

आदिवासी आन्दोलन से प्रत्यक्ष जुड़े हुए वाहरू सोनवणे संघर्ष का ऐलान करते हुए कहते हैं–

बन्दूकों के खिलाफ उठेंगी जब बन्दूकें/पूरब में फूटेंगी तब किरणें।

डॉ. विनायक तुमराम आदिवासी कवि एवं लेखक हैं। वे एकलव्य को अपनी कविता में कहते हैं–

मित्रवर/तेरे माथे में चमक रहे तीक्ष्ण तीरों से ही/बनाने वाला हूँ मैं, क्रान्ति की मशालें/तेरे अँगूठे से टकपते लहू से/लिखने वाला हूँ मैं/यहाँ की वर्ण-व्यवस्था का मृत्युलेख/क्योंकि/तेरे जैसी ही दर्द भरी वनवासी जिन्दगी/मैं भी जी रहा हूँ।

यह है मराठी कविता में आदिवासी चेतना की छोटी-सी झलक जिसमें हमें एहसास होता है कि युग-संवेदना को वाणी देनेवाले यह आदिवासी कवि अपनी आंचलिक संस्कृति के प्रबुद्ध शिल्पी हैं !

खड़िया जाति का इतिहास-बोध और साहित्य

डॉ. रोज केरकेट्टा

सन् 1984 ई. के 15 से 21 अक्तूबर तक राँची विश्वविद्यालय के जनजातीय एवं क्षेत्रीय भाषा विभाग के छात्र-छात्राओं का फील्ड वर्क था। इस दौरान डॉ. बी.पी. केशरी और डॉ. रामदयाल मुंडा ने हरेक भाषा क्षेत्र का दौरा किया था। पाँच दिनों के इस दौरे का यात्रा-विवरण डॉ.. बी.पी. केशरी ने 'मैं झारखंड में हूँ' नाम से प्रकाशित किया है। इसी दौरान जब बिसुनपुर कुड़ुख भाषी छात्रों के पास से मेरोमडेगा खड़िया भाषी छात्रों के पास उन्हें जाना है, रास्ते में पिंजराडीह एक गाँव मिलता है। कुछ लोग भी मिलते हैं। उनके बारे उन्हीं की भाषा में पढ़ें—'बच्चे की आकृति उराँव जैसी लग रही थी और महिला हमारे अन्दाज से खड़िया प्रतीत हो रही थी। लेकिन बच्चों से पूछने पर पता चला कि बच्चे तेली जाति के थे। एक उराँव बालक था और महिला थी लोहारिन।' इस तरह से आज के झारखंड को जातीयता के आधार पर एक ही नजर में पहचानना कठिन है।

लेकिन आगे बढ़ने पर दोनों को जाति विशेष की विशेषताओं का अहसास होता है। केशरी जी अपने पुराने अनुभवों को कुरेदते हैं। वे स्मरण करते हैं किस तरह कुछ वर्षों पहले चुनाव-अभियान में उन्होंने इस क्षेत्र की यात्रा की थी, तब उन्हें दो भोजपुरी युवकों की वीभत्स टिप्पणी इस क्षेत्र के बारे सुनने को मिली थी। खैर यात्रा आगे बढ़ती है। डॉ. मुंडा प्रश्न करते हैं—'बीरू राजा कर कइसन इतिहास हय हो ? नागवंशी मन से लड़ाइए रहे। स्थानीय आबादी भी ऊमन के नइ पतियाय सांइत। कइसे कहाँ से आय होबयं ईमन ?

खड़िया जाति की ऐतिहासिक अवधारणा

अब तक खड़िया जाति का अलग से कोई प्रामाणिक इतिहास नहीं लिखा गया है। इस कारण शरतचन्द्र राय और अन्य ने इनके भारत आगमन के बारे में खड़िया लोगों के बीच प्राप्त मिथकों के अनुसार ही लिखा है। खड़िया स्वयं को दिल्ली (डेलडाःपुर), अयोध्या (अजोडडाःपुर), पाटलीपुत्र (पाःटोपुर), रूइदासपुर (रोहतास) होते हुए अन्त में

हीरानागपुर (छोटानागपुर) में बस गए मानते हैं। फादर अन्तोनी डुंगडुम ने अपनी पुस्तक 'द खड़ियाज ऑफ छोटानागपुर' में इनका आगमन भारत के पूर्वी भाग से दिखाया है। खड़िया मूल शब्दों की निरूक्ति का अध्ययन करते हुए डॉ. वीरभारत तलवार ने खड़िया, मुंडारी और वियतनामी कबीलों की भाषाओं के आलोक में माना है कि इनका सम्पर्क चार की संख्या के विकसित होने तक था।

खड़िया के बहुत सारे विद्वानों यथा जूलियस बाः, पौलुस कुल्लू, नुअस केरकेट्टा आदि ने खड़िया व्याकरण पर ही काम किया है। बिलिगिरी, जी.सी. बनर्जी, फ्लोर आदि ने भी भाषा पर ही काम किया है।

खड़िया लोक साहित्य

'मैन इन इंडिया' सीरीज में खड़िया लोक कथाओं का यदा-कदा प्रकाशन होता रहा है। एस.सी. राय ने दो भागों में 'द खड़ियाज' प्रकाशित किया। यह कृति मानवशास्त्रीय अध्ययन ही है, परन्तु इसमें खड़ियाओं द्वारा प्रयुक्त पूजा-पाठ के मंत्र, बच्चों के खेल गीत, लोकगीतों और लोक कथाओं को भी बड़ी मात्रा में संकलित किया गया है। इसी पुस्तक में खड़िया जाति का निवास स्थल बांकुड़ा से छत्तीसगढ़ तक उन्होंने बताया है। खड़िया लोग भी इसे मानते हैं।

सर्वप्रथम विलियम जार्ज ग्रियर्सन ने खड़िया लोकगीतों का संग्रह प्रकाशित किया जिसके अन्तिम भाग में पहेलियों का भी संकलन है। 'खड़िया अलोङ' नाम से प्रकाशित इस पुस्तक में वैसे गीत भी संकलित हैं जो इतिहास से जुड़े हैं। जैसे अनेक नागवंशी राजाओं के नाम जिनमें गोविन्दासाय, श्यामसुन्दर साय के बारे कहा गया है—'किसने तुम्हें मटुरा (विष) दिया राजा, पोथी पढ़ते-पढ़ते राजा तुमने विषपान किया।' इस तरह नागवंशियों के बीच का अन्तर्कलह अथवा गद्दी के या धन के लिए हुए विवादों की ओर इशारा मिलता है। लेकिन जनजातीय लोकगीतों की प्रकृति के अनुसार सिर्फ चार या छह पंक्तियों के गीतों के कारण कोई स्पष्ट बात नहीं उभरकर आती है।

खड़िया शिष्ट साहित्य

इतिहास को लेकर मात्र एक नाटक लिखा गया है। प्यारा केरकेट्टा ने 'जुझइर डांड़' नामक नाटक लिखा है। जुझइर डांड़ का अर्थ है वह डांड़ याने विस्तृत समतल भूमि जहाँ पर लोग जूझे थे। बीसवीं सदी के अस्सी के दशक तक इस स्थल का अस्तित्व था। यह पालामाड़ा नदी के तट पर तमड़ा गाँव के निकट था। यह स्थल 'बीरू गढ़' के सीधे पश्चिम में स्थित था।

नाटक की कथावस्तु है कि खड़िया लोग अगहन से पहले कार्तिक पूर्णिमा के दिन बन्दई पर्व मना रहे होते हैं। हेमन्त ऋतु की चाँदनी रात में गाँव के लोग नाच-गा रहे

हैं तभी दूर में एक घोड़ा और तीन आदमी दिखाई देते हैं। रात होने के कारण दूर से देखने पर पहचानना कठिन था। लेकिन घुड़सवार को समझ जाते हैं कि वह बीरू का राजा ही होगा। उसके साथ उसके दीवान और भंडारी ही हो सकते हैं, यह अनुमान लगाते हैं। आनन्द में खलल पड़ना किसी को नहीं सुहाता। दूसरे राजा-रजवाड़ा अत्याचार के सिवा और क्या कर सकते हैं–इसे सोच वे भयभीत होते हैं। भोगने को तत्पर युवक-युवतियों को तभी निकट पहुँचे राजा रोक लेते हैं। लोग ठिठककर खड़े हो जाते हैं।

राजा बोलना शुरू करते हैं कि वे दक्षिणा लेने आए हैं और लेकर ही जाएँगे। वे यह कहना नहीं भूलते कि–'तुम लोगों को पर्व-त्योहार में राजा को बुलाना चाहिए, दक्षिणा देना चाहिए। राजा प्रजापालक होता है। वही तुम्हारा पालन-पोषण करता है।' उनका साथी इंगित करने से नहीं चूकता कि वह इन्हें हरदम याद दिलाता रहता है लेकिन ये असभ्य लोग उसकी बात नहीं सुनते हैं।

राजा अपनी दक्षिणावाली बात स्पष्ट करता है कि–'आज केशरी उस पर चढ़ाई कर रहे हैं। मैं प्रजापालक तुम्हारे सामने यही दक्षिणा माँगता हूँ कि तुम युद्ध में मेरा साथ दो। मैंने तुम्हारा पालन-पोषण इसीलिए किया है कि विपत्ति आने पर तुम राजा का साथ दो। यह मेरा अधिकार है। यही मेरी दक्षिणा है।' महतो राजा के पक्ष में लोगों को स्वीकार कराता है कि वे राजा के पक्ष में लड़ने को तैयार हैं। यह आश्वासन पाने के बाद वे तीनों वापस चले जाते हैं।

इधर युद्ध की तैयारी शुरू होती है। डेले, सोमरा आदि युवकों की अगुवाई में पुरुष युद्ध के लिए तैयार होते हैं। वे अन्त में बीरू राजा का साथ देते हैं इस उम्मीद पर कि यह युद्ध जीतने के बाद सौहार्द्र कायम करने के लिए उन्हें उनका बीरू राज्य वापस कर दिया जाएगा।

ऐतिहासिक खड़िया पृष्ठभूमि

डॉ. बी.पी. केशरी अपनी पुस्तक में कहते हैं कि जब वे खड़िया गाँव पहुँचते हैं–'परिवेश में खड़ियापन का अनुभव होता है।' यह प्राचीन काल से चला आ रहा खड़िया स्वभाव है कि दूसरे पर शीघ्र विश्वास कर लेना और उन्हें अति महत्त्वपूर्ण मान कर उनसे अपेक्षा करना। इसी का उदाहरण देते हुए मेरोमडेगा गाँव के बारे आगे कहते हैं–'खड़िया लोगों का यह गाँव प्राचीन आत्मनिर्भर गाँव का एक उदाहरण है। क्योंकि एक मौजे में कोस्टा (बुनकर), चीक बड़ाईक, तुरी, लोहरा और खड़िया रहते हैं। नौ सीटवाले गाँव में चेन्ज सिर्फ इतना कि पूरे गाँव में एक बड़ा-सा पक्का मकान है जो पढ़े-लिखे रजिस्ट्रार बने मोतीराम बड़ाईक का घर है। खड़िया लोगों में परिवर्तन बहुत धीरे-धीरे आता है। इसलिए इतना बड़ा गाँव आज भी वैसा ही है। मेरोमडेगा खड़िया पुरखैती गाँव माना जाता है।'

यह खड़ियापन समय के निर्मम थपेड़ों को झेलने के बाद भी नहीं बदला, बल्कि

ज्यों का त्यों जिन्दा है। पचास वर्ष पहले लिखे गए नाटक 'जुझइर डांड़' में और बीस वर्ष पहले लिखे गए 'मैं झारखंड हूँ' के खड़िया जाति के स्वभाव और आन्तरिक चरित्र में कोई परिवर्तन नहीं आया है।

बीरू राज्य का वर्तमान इतिहास

बीरू परगने के पश्चिम में उड़ीसा से आए केसरी (केशरी) वंश के लोगों ने प्राचीन काल में राज्य स्थापित किया था। अपने वंश को जीवित रखने के लिए केसेलपुर (केशलपुर) गाँव बसाया था। केशलपुर के जमींदार भैरव केशरी थे। उनके दीवान बावन प्रधान थे। बावन प्रधान के भाई सावन प्रधान थे। बावन प्रधान भेलवाडीह गाँव में रहते थे। बावन प्रधान ने बीरू परगने का इतिहास लिखा था। अब इस पांडुलिपि किसके पास है यह पता नहीं है।

उड़ीसा के रियासतों की अमीरी अपने समय में विख्यात रही है। राजघरानों के लड़के विदेशों में पढ़ने के लिए जाते रहे हैं। इनकी दूसरी विशेषता रही है कि ये अपने प्रियजनों के नाम पर 'नगर' बसाते रहे हैं। गंगवंशी राजा ने जब अपनी राजधानी कुम्मरकेला में बसाई तो उसका नाम राजगांगपुर कर दिया। 'कुम्मरकेला' का हाट क्षेत्र झरझरा कहलाता था। पचास वर्ष पहले तक कुम्मरकेला और झरझरा जीवित थे। नई पीढ़ी इन नामों को नहीं जानती। राजगांगपुर से राजधानी सुवाडी (सुवाडीह) ले जाई गई। ईब नदी के सुन्दर तट पर महल बनाने के बाद इसका नाम सुन्दरगढ़ कर दिया गया। बीरमित्रापुर और रौरकेला में उदितनगर नामकरण इसी परम्परा के अन्तर्गत आते हैं।

बीरू राज्य में प्रवेश

बीरू परगने की तरफ हठम्बरदेव ने सबसे पहले प्रस्थान किया। तब से लेकर धनुर्जय सिंहदेव तक कुल बीस राजे गद्दी पर बैठे। पर हठम्बरदेव जमींदार की हैसियत से नहीं आए थे। ये जाति के झोरा थे जो आगे चलकर क्षत्रिय हुए। उड़ीसा में समुद्र पर और नदियों पर इस जाति का एकाधिकार जैसा था। नाव खेने में ये आज भी बेजोड़ माने जाते हैं। हठम्बरदेव की चौथी पीढ़ी के कालभंजन देव ने शंख नदी के हीरादह से हीरा प्राप्त किया था। यह उस वक्त बीरू परगने के बीजाडीह गाँव में निवास करते थे। इन्होंने हीरा डोंयसागढ़ के तत्कालीन राजा दुर्जनसाल को देकर उसके बदले उनसे बीरू परगना प्राप्त कर लिया था। दुर्जनसाल को हीरा दिए जाने की घटना डोंयसागढ़ की यादगार घटना है। इसे लोग 'ले माटी ले, ले माटी दे' कहकर दीवाली के दिन आज भी याद करते हैं। तब से गंगवंशी बीरू के स्थायी परगनैत हो गए। बीरू निवासियों ने उन्हें कैसे स्वीकार किया, यह तो पता नहीं चल पाया, लेकिन गीतों में युद्धों की चर्चा मिलती है।

नामकरण का इतिहास

बीरू खड़िया शब्द है जिसका अर्थ होता है पहाड़। कालभंजन देव के बीरू हथियाने से पहले यहाँ कोरंगा राजा का राज्य था। इसी कोरंगा राजा को खड़िया जाति के लोग बीरू गढ़ का अपना अन्तिम राजा मानते हैं। राजीत सेनापति इन्हें कदम्ब वंश का आखिरी राजा बताते हैं। इससे पहले और बाद में कहीं भी कदम्ब वंश की चर्चा नहीं मिलती कि वे कौन थे और किधर से आए थे। बीरू का बीरू माने पहाड़ के ऊपर गढ़! ये उस गढ़ में रहते थे जिसे 'सतघरवा' कहा जाता था। सतघरवा का अवशेष बीसवीं सदी के सातवें दशक तक अस्तित्व में था। पहाड़ की चोटी में बसना, पहाड़ों की ओट में बसना खड़िया लोगों को पसन्द है। उनके गाँवों में कोई न क़ोई टोला बीरू टोला या पहाड़ टोली होता ही है। अतः बीरू नाम अपनी संरचना के अनुरूप है और यह खड़िया नाम ही है।

कोरंगा राजा की कथा

बीरू गढ़ में कोरंगा अपने परिवार के साथ रहता था। कहा जाता है कि वह बाघ रूप धारण कर जंगल में फिरता और मनुष्य का मांस भक्षण करता था। पेट भरने के बाद पुनः कोरंगा रूप धारण कर महल में वापस आ जाता था। इसे 'उलटबघा' बनना कहा जाता था। जब इस रहस्य का खुलासा महल में हुआ तो परिवार के सारे लोग भय से जिधर सींग समाया उधर ही भागे, लेकिन वे जिधर भी गए उधर ही पाषाण में परिवर्तित हो गए। उन स्थानों को कोरंगा के उन्हीं परिजनों के नाम से आज भी जाना जाता है, जैसे बुढ़ीकुटइन, रानी मुड़ी आदि। पहाड़ के दक्षिणी छोर पर सड़क के किनारे 'रानी मुड़ी' है। कहा जाता है कि रानी दक्षिण की ओर भागी थी। राजा ने पीछा किया। जब वह पकड़ में आनेवाली थी तभी वह सत्यक्रिया द्वारा भूमि में समा गई। लेकिन समाते-समाते भी कोरंगा ने रानी के सिर को पकड़ लिया। रानी का सिर बाहर ही रह गया। यही स्थान रानी मुड़ी कहलाता है।

जब महल ही खाली हो गया तब कोरंगा बाघ बनकर वन में समा गया। कोरंगा निस्सन्तान था अतः उसके वंश का अन्त हो गया और, बीरू गढ़ गंगवंशियों के हाथ चला गया। रामजीत सेनापति के अनुसार राज्य हस्तान्तरण संवत् 1610 के आसपास हुआ जब बीरू परगना कालभंजन देव को दुर्जनसाल से प्राप्त हुआ।

विश्लेषण

सत्ता के हस्तान्तरण में जिस कथा को आधार बनाया गया वह कोई नई बात नहीं है। किसी व्यक्ति का सर्वनाश करना हो तो ऐसे मिथक गढ़कर उसके चरित्र का हनन कर दो और तस लोकहित का हवाला देते हुए सत्ता छीन लेना कठिन नहीं होता। कोरंगा

और उसके पूर्वजों के इतिहास को विलुप्त करने के लिए सिर्फ राजा का निर्वंश होना काफी नहीं था। अभी भी लोक विश्वास में यह व्याप्त है कि कोरंगा के अवसान के बाद उसके खानदान के लोगों ने रामरेखा की ओर कमरबेड़ा ग्राम के निकट झखरा गाँव बसाया। झखरा गाँव के निवासी अपने को कोरंगा के खानदान का बताते हैं। वे झखरा पूजा भी करते हैं।

सत्ता हस्तान्तरण के बाद पराजित राजा को जनता न याद करे इसलिए अवशेषों को नष्ट करने या त्यागने की प्रवृत्ति सदा से रही है। परन्तु कोरंगा के सतघरवा को नष्ट नहीं किया गया। बल्कि उसके नीचे गंगवंशियों ने अपना महल बनाया जो ठीक गढ़ पूजा स्थल के बगल में है। दशहरे में दुर्गापूजा के साथ-साथ झखरा या वनदुर्गा की भी पूजा होती है। पूजा समाप्ति के बाद सोनबिरा निकाला जाता है। सोनबिरा निकालना डोंयसागढ़ और बीरू में ही प्रचलित है। दुर्गा देवी के विसर्जन के बाद राजा-प्रजा मिलकर वन में महिषासुर की खोज में निकलते हैं।

किसी भी विवाह में और गढ़ पूजा के बाद आज भी 'रानी मुड़ी' की पूजा करने का रिवाज बीरू में है। इसके पीछे असामयिक मृत्यु प्राप्त व्यक्तियों की आत्माओं का अनिष्टकारी बन जाने का आदिम विश्वास ही है। दरअसल अनिष्ट से भयभीत होने के कारणों को ढूँढ़ने का प्रयास कभी नहीं किया गया। पूजा या धर्म को नजदीक से देखने पर आदिवासी और आर्य धर्म और संस्कृति का परस्पर सम्मिलिन दिखाई देता है।

खड़िया जाति के स्वभाव और सामाजिक जीवन में उसकी हैसियत का भी पता चलता है। आखिर वह कौन-सा कारण हो सकता है कि केशरियों और गंगवंशियों ने बीरू को बीरू ही रहने दिया। यह इतिहास में बीरू परगने के रूप में ही देखा गया। इसका नाम नहीं बदला गया। जब 1952 ई. में जमीन्दारी समाप्त हो रही थी। उस समय बीरू में धनुर्जय सिंहदेव ही गद्दी पर थे। इनके भाइयों के हिस्से में गरजा और टैंसेर मिला। गंगवंशियों की परम्परा के विपरीत ऐसा कैसे हुआ यह प्रश्न आज तक अनुत्तरित है ?

निष्कर्ष

बीरू खड़िया लोगों का ही गाँव था। अभी खड़िया यहाँ रहते हैं। 'जुझइर डांड़' नाटक का उद्देश्य इतना ही है कि खड़िया एकजुट होकर अपनी सामाजिक हैसियत को सम्मान दिलाएँ। उनकी क्षमता प्राचीन काल में यदि गढ़ स्थापित करने तक की थी तो आज कम से कम दूसरों की नजर में भी क्षमतावान दिखें। यही नाटक का उद्देश्य है।

खड़िया लोगों के अलग-थलग रहने की प्रवृत्ति को भी नाटक के माध्यम से परिवर्तित करने की चेष्टा की गई है। खड़िया जीवन शैली में अलग-अलग रहने की जो प्रवृत्ति है उसे डाल्टन ने उद्धृत करते हुए कहा है कि खड़िया और उराँव, ब्राह्मणों की

छत्रछाया में रहते हैं। इस कहावत को भी वे उद्धृत करते हैं कि स्वजै खड़िया तय (तै) हंडिया। हर खड़िया अपना मिट्टी का बरतन भोजन बनाने के लिए रखता है। कहीं-कहीं तो वे अपनी पत्नी को भी भोजन बनानेवाले बरतन को नहीं छूने देते। यदि कोई बाहरी आदमी उनके भोजन बनाने और पानी के बरतन को छू ले तो वे उन सारे बरतनों को दूषित मानकर फेंक देते है और नया बरतन लेते हैं। यह गजेटियर 1917 ई. में प्रकाशित हुआ है। तब से लगभग सौ वर्ष पूरे होने को आ रहे हैं, पूरी दुनिया में बहुत अधिक परिवर्तन आया है। खड़िया जीवन भी परिवर्तन से अछूता नहीं रहा है। इनकी जीवन शैली में कितना परिवर्तन आया है, इसे जाँचना अलग विषय है। फिर भी जब खड़िया जाति के जीवन को देखेंगे तो उनमें राजनीतिक पिछड़ापन बरकरार है। कठोर सामाजिक जीवन को कुछ लोगों के हाथों में सौंप दिया गया है। वे अपनी सुविधा के अनुसार समाज को चलाते हैं। सामाजिक कार्यकर्ता इनकी संस्कृति को Crab Culture कहते हैं। अब समय आ गया है कि खड़िया लोग Crab Culture को त्यागें। मिथकीय जीवन से बाहर निकलें।

जाति, समुदाय या व्यक्ति जितनी प्रगति करता है वह उनके द्वारा अपनाए गए व्यवहार और अपनाई गई संस्कृति में दिखाई देता है। इतिहास सच्चाई को सामने रखता है। साहित्य इतिहास को, सच्चाई को रंग-रोगन कर लेप चढ़ाता है कि वह दूसरों को आकर्षित करे। समाज का विकास साहित्य के विकास में निहित है। साहित्यिक कृतियों के माध्यम से जो आदर्श स्थापित किया जाता है, उसे पहचानें और क्षमतानुसार आत्मसात करें। साहित्य को इसीलिए दर्पण और मार्गदर्शक कहा गया है।

खड़िया साहित्य को ऐसे ही ऐतिहासिक और प्रगतिशील कृतियों की जरूरत है जिसके आलोक में वे स्वयं का और समुदाय का मूल्यांकन कर सकें।

(सम्पर्क : चेशायर होम रोड, बरियातु, राँची-834009, झारखंड)

सन्दर्भ पुस्तकों की सूची

1. मैं झारखंड में हूँ—डॉ. बी.पी. केशरी (1993)।
2. आज का भारत—रजनी पाम दत्त (1991)।
3. छोटानागपुर का इतिहास : कुछ सूत्र, कुछ सन्दर्भ—डॉ. बी.पी. केशरी (1979)।
4. बुल्के स्मृति ग्रंथ : प्रकाशक—डॉ. बुल्के स्मृति ग्रंथ समिति (1987)।
5. जुझइर डांड़—प्यारा केरकेट्टा।
6. छोटानागपुर और बीरू प्रगने की ऐतिहासिक कहानियाँ—रामजीत सेनापति (1972)।
7. खड़िया नंदनी—नुअस केरकेट्टा (1995)।
8. खड़िया जीवन और परम्पराएँ—जोवाकिम डुंगडुंग ये. स. (1999)।
9. The Kharias-vol-I &II- S.C. Roy (1942)।
10. Bihar and Orissa District Gazetteers-1917।

खड़िया भाषा का रचना-संसार

डॉ. रोज केरकेट्टा

खड़िया भाषा की कविताओं पर जाने से पहले खड़िया जाति का संक्षिप्त परिचय जानना उचित होगा। खड़िया जनजाति भाषिक दृष्टि से आग्नेय परिवार की मध्यवर्ती मुंडा शाखा की भाषा है। खड़िया जनजाति बिहार, बंगाल, उड़ीसा और मध्य प्रदेश के समीपवर्ती इलाकों में निवास करती है पर आजीविका के लिए ये देश के विभिन्न भागों में भी जाकर बस गए हैं। असम, बंगाल, त्रिपुरा, भूटान, नागालैंड आदि प्रदेशों में भी इनकी संख्या काफी है। इन प्रदेशों में बसनेवाले लोग अंग्रेजों के जमाने में चाय के बागानों में मजदूरी करने के लिए ले जाए गए थे। इसी तरह अंडमान-निकोबार द्वीप समूह को आबाद करने के लिए अन्य जनजातियों के साथ ये भी वहाँ गए थे जो वहीं बस गए। पूरे देश में नौकरी के लिए गए लोगों की संख्या भी काफी है। इस तरह पूरे देश में इनकी आबादी लगभग चार लाख है।

प्राचीन काल में खड़िया जनजाति भी मध्य देश की अन्य जनजातियों की तरह वनों पर आधारित जीवन निर्वाह करती थी। धीरे-धीरे परिस्थितियों में बदलाव आया। तब इन्होंने वनोत्पादन के साथ-साथ खेती करना और मवेशी पालना आरम्भ किया। अब जंगलों की समाप्ति, सरकार की वन-नीति के कारण वनों से बेदखल होने के बाद, इनके जीवन में पूर्णतः परिवर्तन आ गया है। अब ये लोग गाँवों में कृषि-कर्म के साथ-साथ मज़दूरी और नौकरी करने लगे हैं। वनों में रहनेवाली, शिक्षा से दूर इस खड़िया अधिसंख्य जाति की दशा दयनीय है। सरकार ने इन्हें अत्यन्त पिछड़ी जनजातियों में गिना है। कबीलाई जीवन से स्थिर जीवन ग्रहण करने के लम्बे अन्तराल में इनकी जीवन-शैली और सोच में अनेक प्रकार के उतार-चढ़ाव आए हैं। सोच के अनुरूप जीवन को ढालने और उसे अगली पीढ़ी को हस्तान्तरित करने के क्रम में, अनेक कहानियाँ गढ़ी गईं जिसे लोक कथा कहा गया। भावना-प्रधान पक्ष जिसमें समुदाय और व्यक्ति के सुख-दुख अंकित हुए, उन्हें गाकर सँजोया गया। ये लोकगीत कहलाए। इन लोककथाओं और लोकगीतों का संग्रह और अध्ययन जारी है।

खड़िया जाति का अध्ययन 'एशियाटिक सोसायटी ऑफ इंडिया' की स्थापना और कई अंग्रेज शासकों के प्रशासन काल में व्यवस्थित रूप से होना आरम्भ हुआ। इसमें

बिहार के शरतचन्द्र राय, उड़ीसा के हीरालाल आदि और प्रशासकों में जार्ज ग्रियर्सन और डब्ल्यू. जी. आर्चर का नाम सर्वप्रथम लिया जाता है।

खड़िया जाति की उत्पत्ति से सम्बन्धित मिथ का अध्ययन सर्वप्रथम श्री आर. डी. बनर्जी ने वर्ष 1917 ई. में किया था। उन्होंने अपने विचार जर्नल ऑफ दि एशियाटिक सोसायटी ऑफ बंगाल, भाग-II, में व्यक्त किये। उनकी अध्ययन रिपोर्ट बिहार एंड ओड़िसा रिसर्च सोसायटी, भाग-IV, में प्रकाशित हुई। उन्होंने रिवजिंगा मंडल के ताम्र पत्रों में अद्भुत घटनाओं के अनुसार आदिभंज राजा का समय निर्धारित करने की चेष्टा की तथा मिथ को लेकर खड़िया और भंज राजाओं के सम्बन्ध को जानने की चेष्टा की।

भारतीय पुरातत्त्व विभाग ने सन् 1922-23 ई. की अपनी रिपोर्ट में तथा घनश्याम मिश्र ने सन् 1934 ई. में तालचर के इतिहास में बोनोईगढ़ के ताम्रपत्र में उदय बाराह के माध्यम से उसी मिथ की चर्चा की। इस ताम्रपत्र के अध्ययन में ग्वालियर के मौर्यों से भंजराजाओं का सम्बन्ध जोड़ा गया है। हरे कृष्ण मेहताब ने 'उड़ीसा का इतिहास' में जगन्नाथपुरी सम्बन्धी आख्यानों को लेकर अनेक सांस्कृतिक प्रश्न उठाए हैं। क्योंकि नाम भेद के अतिरिक्त शेष कथा सिंहभूम में भी मिली है। शरतचन्द्र राय ने भी इस मिथ को खड़िया लोगों से प्राप्त किया। वेणीमाधव पाढ़ी ने 'दारू देवता' में रथयात्रा और पीपल पूजा की चर्चा करते हुए सांस्कृतिक भाग्नावशेषों के माध्यम से सांस्कृतिक आदान-प्रदान की बात स्पष्ट की है। श्री शरतचन्द्र राय ने 'दि खड़ियाज' में मानव-शास्त्रीय अध्ययन प्रस्तुत किया है। 'मैन इन इंडिया' में भी खड़िया जाति पर सामग्री दी। इन अध्ययनों में लोकगीत, लोककथा और पहेलियाँ उदाहरणस्वरूप प्रस्तुत की गई हैं।

गगनचन्द्र बनर्जी ने 'इंट्रोडक्शन टू खड़िया लैंग्वेज' (1894 ई.) और एच.एस. विलिगिरि ने खड़िया ध्वनि व्याकरण और शब्द भंडार पर काम किया। सत्तर के दशक में फिर एल.पी. विद्यार्थी और महाश्वेता देवी ने खड़िया लोगों के बीच काम कर अध्ययन किया। चालीस के दशक के बाद शिष्ट साहित्य का प्रादुर्भाव होता है। आरम्भ में खड़िया भाषा में ईसाई भक्ति गीतों की रचना हुई। सबसे पहले असम के गोलाघाट से 'हिम्स इन खड़िया दुरङ' (1935 ई.) में प्रकाशित हुई। यह बंगला लिपि में है। राँची के सिन्हा प्रेस में 'प्रभुआ-पतार' (1948 ई.) और जी ईएल प्रेस में खड़िया आलोङ के नाम से ईसाई भक्ति गीत छपे।

ईसाई भक्ति गीतों को काव्य की श्रेणी में रखा जा सकता है, परन्तु सबको नहीं। कुछ गीतों में अलंकारों का प्रयोग हुआ है, इसलिए वे अच्छे गीतों की श्रेणी में आ सकते हैं। 1946 ई. के वोट के समय हाबील टेटे ने वोट पर कविता लिखी। स्वतन्त्रता प्राप्ति के बाद कई पत्रिकाओं और आकाशवाणी केन्द्र राँची से खड़िया की कविताएँ प्रसारित हुईं। इन कवियों में प्यारा केरकेट्टा, सरोज केरकेट्टा, गोपाल महतो (खड़िया), जुएल सोरेङ, पतरस बाअ, केरोलिना मिंज, मेरी स्कोलस्टिका सोरेङ आदि का नाम आता है। खड़िया पत्रिका 'तारदी' में रोपना खड़िया, टेलेस्फोर किड़ो, भगवान खड़िया आदि की कविताएँ छपीं।

सन् 1980 राँची विश्वविद्यालय में जनजातीय एवं क्षेत्रीय भाषाओं की पढ़ाई आरम्भ

हुई। इसमें पाँच प्रमुख जनजातीय भाषाएँ, संथाली, मुंडारी, खड़िया हो और कुडुख की पढ़ाई आरम्भ हुई। क्षेत्रीय भाषाओं में नागपुरी, कुर्माली, पंचपरगनिया और खोरठा की पढ़ाई आरम्भ हुई।

पढ़ाई के सिलसिले में खड़िया कविताओं को संग्रहीत किया गया। वर्तमान खड़िया कविताओं का संकलन खड़िया 'गद्य-पद्य संग्रह', हेपड़ अवकड़िञ बेर खंड काव्य और 'सिंकोय सुलोओ' के नाम से प्रकाशित हुई। खंड काव्य के साथ इनमें छोटी, लम्बी कविताएँ तो हैं ही, हेपड़ अवकड़िञ बेर (कौन मेरे निकट) एक खंडकाव्य है। खंडकाव्य की विषयवस्तु बाइबिल की कहानी 'भला सोमरोनी' है। आरम्भ यरीहो नगर के नाम से ही होता है। परन्तु आगे चलकर काव्य का परिवेश खड़िया परिवेश में ढल गया है। इन्हीं संग्रहों में और प्यारा केरकेट्टा, नुअस केरकेट्टा और मेरी चुनी हुई कविताओं का हिन्दी अनुवाद भी हुआ है जो रमणिका गुप्ता द्वारा सम्पादित 'आदिवासी स्वर और नई शताब्दी' में छपा है। इन कविताओं से कवियों का व्यक्तित्व प्रकट होता है।

प्यारा केरकेट्टा मूलतः गद्यकार हैं। उनके निबन्ध, कहानी और नाटक ओजगुण सम्पन्न हैं। उनकी कविताएँ सामयिक माँग के अनुसार लिखी गई हैं। जैसे 'झाड़ी धरम मोइञ' (सब एक हैं), 'महाजियोम', 'गांधी', 'गांधी जी', 'राइजअ रेमअ' (राष्ट्र की पुकार)। खड़िया जीवन से सम्बन्धित कविताएँ लमलम (शिकार) अच्छी बन गई हैं। भावना प्रधान कविताएँ मन मोहने में समर्थ हैं। नुअस केरकेट्टा उड़ीसा के सुन्दरगढ़ राज उच्च विद्यालय में हिन्दी के शिक्षक रहे हैं। वह स्काऊट शिक्षक भी रहे। इस कारण उनकी कविताओं में मात्रा छन्द पर ध्यान दिया गया है। अलंकारों का प्रयोग उन्होंने किया है। नुअस केरकेट्टा धार्मिक प्रवृत्ति के रहे हैं, इसलिए उनकी कविताओं में भक्ति भाव प्रकट हुआ है। अपने खंडकाव्य के अन्त में वे लिखते हैं—

'धइन अपा कियतुङ अम अंटा उघय ओलतेम/बयगोड़ेम मोञ मोन बयगोड मे।'

प्रेम करेंगे कह कर रचा था प्रेमपूर्ण संसार,/पर गढ़ दी आदमी ने, जाति और ऊँच-नीच/देखते ही गरीब—रौंदते अमीर/छोड़ा प्रेम—रौंदा धान की मानिंद/मनुष्य वही, जो मनुष्य से करे प्यार/मनुज नहीं वह, करे न जो प्यार।

नव सदी में वे मनुष्य और मनुष्य के बीच की एकता और भिन्नता की चर्चा करते हैं। वे कहते हैं—

''लेबुई भोरे बयोओ लेबुइनाकी गमकोन,/लेबु बयोओ जाइत ते महा ओडोओ कोनोन।/बेतोड-जलङ योकोन महाकी तेनतेकी,/लेबुइना मेलयकोन बअ लेखुड एनतेकी। हिनकड लेबु हेके, लेबु ते लेबुइता, अंडिज हिनकड लेबु बेरकोन उम लेबुइता।

मनुष्य को प्रेमी हृदय बनाया ताकि वे आपस में प्रेम करें परन्तु मनुष्यों ने जाति को कड़ा और छोटा बनाया। भूखा और गरीब देखकर बड़े लोग पैरों से दबाते हैं। वे प्रेम करने के बदले मनुष्य को धान की तरह रोंदते हैं (एकता-एड़ी से रोंदना।) वही मनुष्य है जो मनुष्य से प्रेम करता है। वह मनुष्य नहीं है जो दूसरे से प्रेम नहीं करता।

संताली साहित्य : मौखिक अभिव्यक्ति का स्वर

डॉ. कृष्ण चन्द्र टुडू

किसी भी जाति या समुदाय का समुचित विकास उसकी भाषा, साहित्य एवं संस्कृति पर निर्भर करता है। संताली भाषा भारत के पूर्वी क्षेत्र में रहनेवाले संताल आदिवासियों की मातृभाषा है। इसे बोलनेवालों की संख्या एक करोड़ से भी अधिक है। संताली भाषा-भाषी लोग मुख्यतः झारखंड, बिहार, उड़ीसा, पश्चिमी बंगाल और असम राज्यों में रहते हैं। इस भाषा को भारतीय संविधान की 22वीं भाषा के रूप में मान्यता मिली है। संताली साहित्य को सामान्यतः दो भागों में बाँटा जा सकता है।

क. लोक साहित्य

ख. शिष्ट साहित्य

लोक साहित्य के अन्तर्गत लोक कथा, लोकगाथा और लोकगीत आते हैं। लोक साहित्य में पौराणिक मिथक, तत्त्व शास्त्रीय मिथक, आनुष्ठानिक, सामाजिक और आख्यानपरक मिथक आते हैं। संताल प्रकृति पुत्र माने जाते हैं। जो हमेशा से ही प्रकृति की गोद में पले-बढ़े हैं। प्रकृति को ही पूजते आए हैं और उसी से ही प्रेरणा ग्रहण की है। संताल सरना धर्मावलम्बी हैं। इनके धर्म सम्बन्धी, समाज सम्बन्धी तथा जाति सम्बन्धी जो कहानी, गीत मिलते हैं, वे अधिकांशतः मौखिक रूप में ही हैं। यही लोक साहित्य है।

शिष्ट साहित्य लिखित रूप में मिलता है। इसके भी दो भाग हैं।

क. पद्य साहित्य

ख. गद्य साहित्य

संताली पद्य साहित्य के अन्तर्गत महाकाव्य, खंड काव्य और मुक्तक लिखे गए हैं और गद्य भाग के अन्तर्गत कहानी, नाटक, एकांकी, उपन्यास, ललित निबन्ध, यात्रावृत्तान्त, संस्मरण, जीवनी, आत्मकथा, आलेख, समीक्षा और रिपोतार्ज आदि गद्य की विधाएँ उसे समृद्ध बनाती हैं।

संताली साहित्य की दो मुख्य धाराएँ हैं–

क. प्राचीनतावादी

ख. नवीनतावादी

प्राचीनतावादी कवि महाकाव्य, खंडकाव्य, परम्परा गीत काव्य के रचयिता हैं। इनमें महाकवि रामदास टुडू (रसिका), चुनकूराम टुडू, साधू रामचांद मुरमू, पंडित रघुनाथ मुरमू, पद्मश्री भागवत मुरमू (ठाकुर), डॉ. रामचन्द्र मुरमू, नायके मंगलचन्द्र सोरेन और केबल राम सोरेन आते हैं। प्राचीनतावादी साहित्य में संताली गाथा एवं गीतिकाव्य आदि सम्मिलित हैं और इन गाथाओं और गीतों से संतालों का ऐतिहासिक, सामाजिक एवं सांस्कृतिक परिचय मिलता है।

नवीनतावादी कवि या लेखकों ने वर्तमान सामाजिक दिशाबोध अर्थात् धर्म व संस्कृति की रक्षा, शोषण और अत्याचार-मुक्त समाज, विस्थापन की समस्या और जल-जंगल-जमीन पर अपने अधिकार के सवालों को अपनी रचना का केन्द्र बनाया है। इनमें चंपाई मुरमू, डोमेन हांसदा, पाऊल जुझार सोरेन, गोरचन्द्र टुडू, रघुनाथ टुडू, नारायण सोरेन, शारदा प्रसाद किस्कू, लुदाई सोरेन, श्यामसुन्दर हेम्ब्रम, कालीराम सोरेन, बलराम टुडू, ठाकुर प्रसाद मुरमू, आदित्य मित्र संताली, बाबूलाल मुरमू, हरिहर हांसदा, साकिला सोरेन, कृष्णचन्द्र टुडू और दिगम्बर हांसदा आदि के नाम प्रमुख हैं।

संताली साहित्य को तीन कालों में विभाजित किया गया है।

क. आदिकाल—1854 ई. पूर्व का साहित्य जिसे 'लोकसाहित्य' कहते हैं।

ख. मध्यकाल—1854 ई. से 1946 ई. तक का साहित्य जिसे 'खेरवाड़ साहित्य' कहते हैं।

ग. आधुनिक काल—1947 ई. से अब तक का साहित्य जिसे 'संताली साहित्य' कहते हैं।

समकालीन संताली साहित्यिक विधाओं में संताली साहित्यकारों के स्वर मूलतः तीन स्तरों के हैं—

क. विकास का स्वर

ख. देश-भक्ति का स्वर

ग. नव-सृष्टि का स्वर

डॉ. माँझी रामदास टुडू (रसिका—1954-1951)—संताली भाषा साहित्य के महाकवि डॉ. माँझी रामदास टुडू (रसिका) को डी.लिट् की उपाधि मिली है। इनका महाकाव्य (खेरवाड़ बोंशा धोरोम पुथी) संताली साहित्य की प्रथम कृति है। यह महाकाव्य 1882 ई. में बांग्ला लिपि के माध्यम से पूर्वी सिंहभूम झारखंड से प्रकाशित हुआ। रामदास टुडू एक संवेदनशील और चेतन-सम्पन्न व्यक्ति थे। उनका मानना था कि मानव प्रेम, ईश्वर-प्रेम तुल्य है। इनके महाकाव्य में ईश्वर के विभिन्न अवतारों और पौराणिक कथाओं का चित्रण मिलता है। इन्होंने धर्म, दर्शन और समाज के विभिन्न पहलुओं का वर्णन किया है।

साधू रामचांद मुरमू (1897-1954)—ये संताली साहित्य के दूसरे महाकवि माने जाते हैं। रामचांद मुरमू की 'लिटागोडेत्', 1940 तथा 'जोममसिम बिनती', 1969 में प्रकाशित हुईं। गृहस्थ होते हुए भी योगी की तरह जीवन व्यतीत करने के कारण रामचांद मुरमू

को *साधू* की उपाधि मिली। इन्होंने अपने समय के धर्म, दर्शन, समाज व संस्कृति का गहन अध्ययन किया है। ये प्रबुद्ध समाज सुधारक, जननेता और लिपि-आविष्कारक थे। इनकी अप्रकाशित रचनाओं को उनकी शिष्य मंडली ने प्रकाशित कराया। यद्यपि इनके खंडकाव्य में इनका विद्रोही रूप देखने को मिलता है तथापि ये श्रद्धालु हैं।

''दे देला दाई दादा दाड़ाबो दिड़ी-दिड़ी
दिल दाड़े दोड़ते देस दोबोन दोखोल।''

पाऊल जुझार सोरेन (1892-1954)–झारखंड के साहिबगंज जिला के मुक्तक कवि हैं। पाऊल जुझार सोरेन की पहली रचना 'ओनडहे बाहा डालवा', 1936 में प्रकाशित हुई। सोरेन एक शिक्षक होने के साथ-साथ कर्मठ समाजसेवी और राजनीतिज्ञ भी थे। मूलतः ईसाई धर्म के पक्षपाती होते हुए भी इन्होंने मानवीय समाज को नई दिशा देने का प्रयास किया है।

कुकुडुचुत। देसे बेरेत् पे
मानवा हो आपे, चेकाते बुजबापे,
लाहा सेच् मोहडाः रे देसे बेरेत् पे॥

पंडित रघुनाथ मुरमू (1905-1982)–ये उड़ीसा के मयूरभंज जिले से हैं। रघुनाथ मुरमू संताली भाषा साहित्य के सबल स्तम्भ और समर्पित कार्यकर्ता माने जाते हैं। इन्होंने परम्परागत विचारधारा को तोड़कर संताली समाज को नई विचारधारा दी है। प्राचीन लिपि के स्थान पर नई लिपि *ओलचिकि* को स्थापित किया। युग परिवर्तन के साथ संताली साहित्य को गीत, कविता, नाटक, कहानी से समृद्ध किया। इनकी कृतियाँ–'होर सेरेञ', 1936 ई., 'चांदान', 1942 ई., 'खेरवाड़ बिर', 1952 ई. में प्रकाशित हुईं। उनका मानना था कि किसी मानव का विकास उसकी भाषा से जुड़ा है।

जानाम आयोय रेगेंच रेहों उनीगे हारा आ।
जानाम रोड़ दो निधान रेहों ओना तेगे सेःड़ा आ।

चुनकू राम टुडू (1923-2001)–पूर्वी सिंहभूम झारखंड के थे। 1941 में प्रकाशित हुई *मारसाल* नामक पत्रिका में संताली साहित्य के प्रथम कहानीकार चुनकू राम टुडू की *उल चाकती* प्रकाशित हुई। इनकी रचनाओं ने संताली समाज को गहराई से प्रभावित किया है। वे कहते हैं–"रचना व्यक्ति चेतना है। साहित्य द्वारा ही हम अपनी संस्कृति का विकास कर सकते हैं।" इसी साहित्य के माध्यम से उन्होंने संताली संस्कृति को विकास की दिशा देने का प्रयास किया है।

नारायण सोरेन तोड़े (**सुताम-1989-1992**)–झारखंड के साहिबगंज में जन्मे सोरेन एक साहित्यकार होने के साथ-साथ एक समाज सेवक के रूप में भी प्रख्यात थे। इनकी कृतियाँ 1954 में 'धरमगिरा' में प्रकाशित हुईं हैं। इनका काव्य 'किरतानकाली' गीत शैली में है, जिसकी विषय वस्तु है काली माँ की आराधना एवं भक्ति। इन्होंने बांग्ला भाषा के कई शब्दों का संतालीकरण करके अपने काव्य में उनका प्रयोग किया है।

रघुनाथ टुडू (1939-2001)–रघुनाथ टुडू 'एभेन चेड़े' रसिक और कलाकार व्यक्ति

थे। इनकी रचनाओं में भोगविलास, रसिकता और शृंगार पद को महत्त्व मिला है। ये अन्तर्जातीय विवाह के प्रबल विरोधी थे।

रामचन्द्र मुरमू (1984-1996)–झारखंड के पूर्वी सिंहभूम जिले के रामचन्द्र मुरमू कविता, कहानी लिखते थे। इनके शोधालेख विभिन्न पत्रिकाओं में बांग्ला एवं संताली भाषा में प्रकाशित हुए हैं। इनका मानना था कि "साहित्य द्वारा ही हम अपनी संस्कृति और रीतिरिवाज़ को नया रूप दे सकते हैं।"

मंगल चन्द्र सोरेन (1906-1992)–ये पश्चिमी बंगाल के शिलदा परगना के साहित्यकार थे जो कि समाजसेवी होने के साथ-साथ पुरोहित थे। इसलिए इनको 'नायके' की उपाधि मिली है। राजनीतिज्ञ होने के नाते आप तीन बार विधान सभा सदस्य रह चुके हैं। इनकी रचना 'जोमसिम बिनती लिटा' 1943 में प्रकाशित हुई जिसमें सरना धर्म की उत्पत्ति तथा विनती का सफल चित्रण किया गया है।

शारदा प्रसाद किस्कू (1929-1986)–पश्चिमी बंगाल के पुरूलिया जिले में जन्मे कवि शारदा प्रसाद किस्कू एक शिक्षक के रूप में राष्ट्रपति पुरस्कार से भी सम्मानित हो चुके हैं। इनकी कृतियाँ 'भूरकाः इपिल' (1953), 'कुहुबाऊ' (1960) और 'गांम गोदार' (1967) में प्रकाशित हुईं। इन्होंने अपने काव्य में बांग्ला भाषा के विभिन्न शब्दों का भी प्रयोग किया है।

ओका जियोन खेमावा, ओना गे मानवा जीयोन दो काना।

डमन हांसदा (1930-1992)–डमन हांसदा एक शिक्षक थे। इन्होंने संताली में कई कविताएँ, नाटक, निबन्ध और उपन्यास लिखे हैं। डमन हांसदा ने अपने 'आतूओड़ा' उपन्यास में समाज की विसंगतियों का यथार्थ चित्रण किया है।

भागवत मुरमू ठाकुर (1930-1998)–भागवत मुरमू ठाकुर समाजसेवी होने साथ-साथ एक राजनीतिज्ञ भी थे। इन्हें राष्ट्रपति द्वारा पद्मश्री से विभूषित किया गया है। इन्होंने राजेन्द्र प्रसाद और सन्त विनोवा भावे की जीवनी को अत्यन्त सरल भाषा में लिखा है। इनका मानना था कि अच्छे आदर्श बनाकर ही बच्चों को अच्छा भविष्य दिया जा सकता है।

बलराम टुडू (1951-2004)–बलराम टुडू संताली प्राध्यापक थे। संताली पत्र-पत्रिकाओं में इनकी अनेक रचनाएँ प्रकाशित हुईं। इन्होंने 'कर्मगीत' या 'रिजांगीत' में कृष्ण और राधा के वियोग शृंगार का मार्मिक वर्णन किया है। इसके साथ ही कृष्ण की विविध लीलाओं और नृत्य भंगिमाओं के माध्यम से भी प्रेम को चित्रित किया है।

ती रेताम तरयो, जांगा रेमा लिपुर/बाहोः रेमा, माराः फिचाल।/गुपी
कानहाई गायेम गुपी,/बुरू बुरू, हारा हारा, लोदोम लोदोम ते।

ठाकुर प्रसाद मुर्मू (1931)–पूर्वी सिंहभूम के ठाकुर प्रसाद मुरमू की कृति 'एभेन आड़ाङ' अर्थात् *जागरण गीत* 1951 में प्रकाशित हुई। इनकी रचनाओं में स्वतन्त्रता प्राप्ति को विशेष महत्त्व दिया गया है, साथ ही अपने अधिकार और कर्तव्य की लड़ाई पर भी जोर दिया गया है।

कृष्णचन्द्र टुडू (1952)–पूर्वी सिंहभूम के साहित्यकार कृष्णचन्द्र टुडू ने काव्य ग्रन्थ 'जिवी झारना' में राष्ट्रीय विचारधारा को नई दिशा देकर युग चेतना को व्यक्त किया है। इनकी 'मुचात बिनिङ' एवं 'मितृबिता हासा' अर्थात् 'अन्तिम परीक्षा' एवं 'एक बित्ता जमीन' कहानी में असमानता को चित्रित किया गया है।

हरिहर हांसदा (1959)–हरिहर हांसदा के काव्य ग्रंथ 'तिरयो तेताङ' 1979 में और 'तिरी' भाग-1 व भाग-2 1988 में प्रकाशित हुईं। इनकी कविताओं में क्रान्तिभावना, सामाजिक चेतना पर सशक्त विचारों की अभिव्यक्ति हुई है। हरिहर हांसदा वनस्पति विज्ञान के प्राध्यापक हैं। यही कारण है कि उनके काव्य में प्रकृति के विविध रूप भी चित्रित हुए हैं।

दिगम्बर हांसदा (1939)–दिगम्बर हांसदा राजनीति विज्ञान के प्राध्यापक होने के साथ-साथ एक कहानीकार भी हैं। इनकी कहानियों में सामाजिक चेतना और जीवन मूल्यों का सशक्त चित्रण हुआ है। 'माड़घाटी' कहानी इसका प्रमाण है।

संताली साहित्य में लगभग दस हजार पुस्तकें प्रकाशित हुईं हैं। जिसमें देशप्रेम, सामाजिक व्यवस्था और आर्थिक समस्या का गम्भीरतापूर्वक चित्रण किया गया है। शोषण, विस्थापन, अत्याचार को लेकर अनेक संताली कवियों, गीतकारों और लेखकों ने रचनाएँ लिखी हैं जिनमें से कुछ प्रकाशित हैं तो कुछ अप्रकाशित। संताली साहित्य को परिपुष्ट और परिसंपोषित करने में सौ से भी अधिक साहित्यकार लगे हुए हैं।

(सम्पर्क : विभागाध्यक्ष, संताली भाषा विभाग, राँची विश्वविद्यालय, राँची, झारखंड-834008)

कुड़ुख़

आदिवासी महिलाएँ और साहित्य

रेमिस कंडुलना

आदिवासी समाज का यह दुर्भाग्य ही माना जाएगा कि अब तक इस समाज में आदिवासी महिला साहित्यकार बहुत कम हुई हैं। झारखंड में जनजातियों के बीच से कुछ पुरुष और कुछ महिला साहित्यकार उदित हुए हैं। लोक-साहित्य पर भी कुछ काम हो रहा है। भाषा और संस्कृति की रक्षा के लिए साहित्यकार नींव के पत्थर होते हैं। जनजातीय समाज में इस अभाव को गम्भीरता से महसूस नहीं किया जा सका है, इसीलिए यह स्पष्ट दिखाई दे रहा है कि जनजातीय संस्कृति और भाषा लुप्त होने के कगार पर पहुँच गई है।

आदिवासी समाज वन और कृषि पर आधारित है। इसे आधार मान कर इन्होंने अपने समाज में सामूहिकता और सामुदायिक्र समानता विकसित की। झारखंड में तीन प्रकार की भाषाएँ प्रमुख रूप से उभरकर आईं। आर्य भाषा परिवार से सदानी, द्रविड़ भाषा परिवार से कुड़ुख़ और आस्ट्रिक भाषा परिवार से मुंडा, हो, संथाल, खड़िया, बिरजिया, असुर, और बिरहोर जनजातियों की भाषा। इन सभी आदिवासियों की भाषा या बोली प्राचीन काल से ही अति समृद्ध रही है। इन तीनों भाषा-परिवार को मिलाने पर झारखंड में एक वृहत शब्द भंडार बन सकता है।

1953 ई. में झारखंड की आदिवासी भाषाओं को प्राथमिक स्कूलों में पढ़ाई की मान्यता मिलने के बाद भी इसे लागू नहीं करना, दुर्भाग्यपूर्ण कहा जा सकता है। आदिवासी भाषाओं की उपेक्षा के बाद भी संथाली साहित्यकारों ने अपने बलबूते पर साहित्य का सृजन किया। संथाली भाषा के विकास के लिए आन्दोलन हुए और पंडित रघुनाथ मुर्मू ने 'ओलचिकि लिपि' का सृजन किया।

1952 ई. में संथाली भाषा में एक महिला कहानीकार चैवत दई ने अपनी कहानियों के माध्यम से संथाली समाज को चित्रित किया। इसके बाद धीरे-धीरे संथाली भाषा में अनेक महिला कहानीकार एवं कवयित्रियों ने जन्म लिया। जिसमें प्रमुख हैं—जीरा दई, ऐलिजाबेथ टूडु, विभा हंसदा, शीला मॉंर्डी, परतो मांर्डी, प्रीति मुर्मू, निर्मला पुतुल और बिटिया मुर्मू इत्यादि।

'हो' साहित्य में अनेक पुस्तकों का लेखन एवं संग्रह किया जा चुका है। लेकिन

महिला साहित्यकारों का लेखन बाजार में नहीं पहुँच पाया है। सभी कविता, कहानी एवं उपन्यास अप्रकाशित हैं।

'मुंडारी' भाषा में महिलाएँ कविताएँ और कहानियाँ लिख रहीं हैं। इनमें प्यारी टूटी, नलिनी मुंडा, अनिता मुंडा, दियानी हंस, रोसा टोपनो और सिनी मुंडा की कहानियाँ प्रकाशित हुई हैं।

खड़िया भाषा में कई महिला साहित्यकारों ने जन्म लिया है। राँची विश्वविद्यालय के जनजातीय भाषा विभाग में रोज केरकेट्टा ने प्रेमचन्द की 10 कहानियों का अनुवाद खड़िया भाषा में किया। इसके अतिरिक्त बिबियाना डुंगडुंग, स्कॉलिस्टिका सोरेड, करोलिना मिंज, पुष्पा कुल्लू, पुष्पा टेटे आदि भी लिख रही हैं।

आस्ट्रिक भाषा परिवार में अपनी संस्कृति एवं बोली को विकसित करने की जो स्थिति है, वैसी स्थिति द्रविड़ भाषा परिवार से निकलनेवाली कुड़ुख़ भाषा की भी है। इस भाषा में भी महिलाओं का कोई विशेष योगदान नहीं है। कुड़ुख़ पुरुषों द्वारा लिखित कई पुस्तकें देखने, सुनने और पढ़ने को मिल जाएँगी पर महिलाओं द्वारा लिखित लेख, कविता, कहानी नहीं के बराबर हैं। आकाशवाणी राँची और पटना में निदेशक तथा कुडुख़ भाषा को आगे बढ़ाने में सहायता दे रहीं 'ग्रेस कुजूर' ने काफी कुछ काम किया है। इनकी कविता, नाटक, कहानी, लघुकथा पटना-राँची आकाशवाणी से प्रसारित होती रहती हैं। वे 'आदिवासी स्वर और इक्कीसवीं सदी' खण्ड एक में भी प्रकाशित हुई हैं। कुडुख़ में सुषमा कुजूर ने भी कविता और नाटक लिखे हैं, पर अप्रकाशित हैं। इसके अलावा कुड़ुख़ को आगे बढ़ानेवाली महिलाओं में मनोहरी तिर्की, रोजलिन कुजूर, शान्ति खलको आदि हैं। मनोहरी तिर्की की कविताएँ और नाटक राँची विश्वविद्यालय के जनजातीय विभाग (कुड़ुख़) में पढ़ाए जाते हैं।

8 नवम्बर 2000 को राँची में संथाली राज्य भाषा रैली निकाली गई। झारखंड में जनजातीय भाषा के विकास हेतु निरन्तर प्रयास जारी हैं। इससे आशा की जाती है कि आदिवासी महिला साहित्यकारों को उभरने का मौका मिलेगा जिससे झारखंड आदिवासी महिलाएँ अपनी पीड़ा को भाषा के माध्यम से अभिव्यक्त कर पाएंगी तथा समाज में सम्मानजनक स्थान प्राप्त करेंगी।

(साभार : नारी संवाद का झारखंड महिला विशेषांक)

कुड़ुख़ लोकगीतों में युद्ध-वर्णन

अजय तिर्की

अपने मूल स्थान सप्त सैंधव प्रदेश से छोटा नागपुर तक की कुड़ुख़ (उराँव) लोगों की यात्रा प्रकृति एवं मानव से संघर्ष की यात्रा थी। छोटानागपुर प्रवास के दौरान भी इन्होंने कई उतार-चढ़ाव देखे। कुड़ुख़ों का चार हजार साल का लम्बा इतिहास आर्यों, तुर्कों, अंग्रेजों और जमींदारों से युद्ध, संघर्ष और विद्रोह का इतिहास है। पलायन, प्रवास और पुनः पलायन के कारण पता नहीं इतिहास के किस मोड़ पर इनकी लिपि खो गई। यही वजह है कि कुड़ुख़ समुदाय का लिखित इतिहास नहीं है बल्कि विरासत में मिली वाचिक परम्परा ही पीढ़ी-दर-पीढ़ी चली आ रही है। लोक परम्पराओं में गीत एवं कथा के माध्यम से इनका इतिहास आज भी उनके समाज में जीवित है। कई अच्छे और बुरे अनुभव इनके गीतों में झलकते हैं। लम्बे प्रवास के दौरान बाहरी लोगों के साथ दोस्ताना सम्बन्ध अच्छा नहीं रहा। किन्तु छोटानागपुर में दूसरे लोगों के साथ इनका सम्बन्ध अत्यन्त सौहार्दपूर्ण रहा है। इसलिए इनके गीतों में क्षेत्रीय प्रभाव सदानी भाषा का पुट मिलता है। कुड़ुख़ लोक-गीतों में युद्ध-संघर्ष के गीत हैं, जो विभिन्न अवसरों पर गाए जाते हैं। तुर्ककाल के संघर्ष के एक गीत का टुकड़ा है—

"हरे तुड़कर बरचर, हरे तुड़कर बरचर/गंगा हेद्ये-हेद्ये तुड़कर बरचर/जमुना हेद्ये-हेद्ये तुड़कर बरचर। कला तो को छोटे एरके की बरके/हंथी-घोड़ो रःई का मल्ला/ओरे हूँ गंगा, पारे हूँ जमुना/धारे-धारे तुड़कर बरचर।"

खेक्खा नू तलवइर खांधे बंदुका लेले/धारे-धारे नू तुड़कर बरचर/डाडंता मैना लिरो-झरो मनी/खाड़ कूटी-कूटी घोड़ो बुंगी।

अर्थात्—

"तुर्क (सेना) आए। तुर्क आए।/गंगा किनारे-किनारे तुर्क आए/जमुना किनारे-किनारे तुर्क आए।/जाओ तो छोटे भाई, देख आओ/हाथी-घोड़े हैं कि नहीं/ गंगा-जमुना दोनों नदी के रास्ते से तुर्क आए।"

"हाथ में तलवार, कंधे में बन्दूक लिए/नदी रास्ते से तुर्क आ रहे हैं।/नदी किनारे-किनारे घोड़े दौड़ा रहे हैं।/नदी किनारे-किनारे हाथी दौड़ा रहे हैं।"

चौदहवीं सदी में रोहतास गढ़ में कुड़ुख (उराँव) लोगों का एक कबीला अपने

इतिहास के स्वर्णकाल में था। मजबूत किला-बन्दी होते हुए भी तुर्कों (पठान : सम्भवतः शेरशाह सूरी) से हार कर इन्हें कैमूर पठार, सोन नदी और कोयल नदी के रास्ते भागना पड़ा। वे छोटा नागपुर की तरफ आए, जहाँ पहले से ही कुछ कुड़ुख़ भाषी उराँव कबीले चौथी सदी ई. पूर्व के लगभग आ बसे थे।

रोहतास गढ़ में कुड़ुख़ लोग अपनी गलती एवं लुन्दरी ग्वालिन द्वारा तुर्कों को किले की विजय का भेद बता दिए जाने के कारण हार गए। सरहुल त्योहार में पुरुष मदमस्त थे किन्तु स्त्रियाँ चौकस थीं। बारह वर्ष के अन्तराल में सिनगी, चम्पू और कइली दई ने तीन बार शत्रुओं से पुरुष वेश में लड़कर गढ़ की रक्षा की थी। वे स्त्री हैं, यह भेद खुलने के बाद ही उनकी हार हुई। इसलिए आज भी महिलाएँ ललाट और कनपटी में विजय का प्रतीक चिह्न तीन लकीर (111) गोदना गुदवाती हैं और प्रत्येक बारह वर्ष में 'जनी शिकार' उत्सव मनाती हैं। जनी शिकार के गीत का एक अंश है–

"रोहिदास गढ़े नू सिनगी दई रहचा/तुड़कारिन लवआ कुदावाचा।
कुक्क मइंया पगड़ी खेक्खा नू तलवइर तुड़कारिन लवआ कूदाबाचा।"

अर्थात–"जशपुर के राजकुमार को गुरुंद घाटी में हराया था। चटकपुर का गौंझू (सम्भवतः पेटे कुजूर) शक्ति से सम्पन्न था। उसने अकेले जशपुर के राजकुमार की सेना को हराया था।"

"गीत–कुरुंद घाटे अयो कुरुंद घाटे/फौद आलै, करुंद घाटे अयो रकती बहे/भौंरा पहार के कुरुंद घाटे अयो रकती बहे/सुटाला तलवाइर मारलैं, कुरुंद घाटे रकती बहै/भौंरा जे चलल रे आँखी के दागे जे लागै/कुरुंद घाटे अयो सुटाला तलवाइर मारे जे लागै/कुरुंद घाटे अयो कुमनी भइर रकती बहे।"

इस प्रकार से कुड़ुख़ लोग अपने वीरतापूर्ण अतीत को लोक गीतों में आज भी सँजोए हुए हैं। ये 'पाइका' युद्ध नृत्य में ढाल-तलवार लेकर सैनिक वेश में नृत्य करते हैं, तो लगता है, सचमुच युद्ध हो रहा है। आज भी अपनी परम्परागत स्वशासन व्यवस्था की स्थापना एवं विस्थापन के ख़िलाफ़ इनकी लड़ाई जारी है। उनके संघर्ष का गीत उन्हें आज भी सचेत करता है–

"पटन चलाबअके, बछाबअके/जिमींदारी पटन हटाबअके, बछाबअके/पहिलेता पटन चलाबअके, बछाबअके"

पहिलेता (गीत)

अर्थात–"पूर्वजों की पड़हा व्यवस्था को चलाओ और उसे बचाओ, जमींदारी व्यवस्था को उखाड़ फेंको।"

अंग्रेज़ों का जुल्म और शोषण आज भी उनके गीतों में हैं। अंग्रेज़ों के चमचे जमींदारों ने किस तरह उनसे बेगारी कराई। इसकी व्यथा उनके गीतों में है।
ये लोग जर्मन-आंगल युद्ध के गीत भी गाते हैं–

"हरे बिलायस राजी, हरे बिलायस राजी/दिनों, दिनों दिनों लड़ाई मनी/रातो, राते, राते लड़ाई मनी।"

'आगे-आगे जर्मन सेकर पीछे बिलायस हरे जर्मन हारइयो गेला।''

''गोरा रे गोरा पलटन मणिपुरे लड़ाई करे/राइज महतो राइज लगिन दौड़े, पलटन जिवा लगिन दौड़े।''

अर्थात–

''कहते हैं 'बिलायत' (विलायती) शासन में कभी सूर्य नहीं डूबता था/वाह रे बिलायत राज दिन-रात लड़ाई चलता है।''

''आगे-आगे जर्मन सेना, उसके पीछे बिलायती/बिलायती सेना से हारी जर्मन सेना।''

''गोरी सेना मणिपुर में लड़ाई कर रही थी/राज बढ़ाये खातिर दौड़ता था राजा/ और सेना दौड़ी प्राणों की रक्षा खातिर।''

कहते हैं, जतरा भगत (चिंगरी विशुनपुर) का टाना आन्दोलन गांधी से पहले स्वदेशी अहिंसात्मक आन्दोलन था, जो अपने जल-जंगल-ज़मीन की रक्षा के लिए छेड़ा गया था। पश्चिम की ओर जाते-जाते पश्चिम पाठ का नगेसिया बहुल इलाका, सुरगुजा बोर्डर इलाका, सामरी पाठ में टाना पंथी जीतू किसान, बिगू और लाबुड़ किसान के नेतृत्व में उठे अंग्रेजों के चमचे सुरगुजा राज के खिलाफ सशस्त्र विद्रोह को–दबा दिया गया। बिगू को उबलते तेल में झोंक दिया और लाबुड़ किसान को सिर में लोहे की कील ठोककर पेड़ पर लटका दिया गया। यह लगभग 1917-18 की घटना है। इनकी वीरता की गाथा आज भी इन क्षेत्रों में गाई जाती है।

''ओंगहोन यःअनुम-बःअनुम मूंद खेपा हरा बाचा/रोहिदास नू नमन बछाबाचा।''

अर्थात–''रोहतास गढ़ में सिनगी दीदी थी, तुर्कों को मार भगाई। सिर पर पगड़ी हाथ में तलवार लिए तुर्कों को मार भगाई। एक बार नहीं, तीन बार हराई, रोहतास गढ़ में हमें बचाई।''

''बारहो बछारे जनी शिकार/बइनी का मुड़े राजा पगरी बांधय/चल नायो जनी शिकार/बइनी का मुड़े राजा पगरी बांधय।''

अर्थात–''बारह वर्ष में जनी शिकार आया, रानी के सिर पर राजा पगड़ी बाँध रहे हैं। चलो सखी जनी शिकार, रानी के सिर पर राजा पगड़ी बाँध रहे हैं।''

अंग्रेज काल 1781 ई. में विजयगढ़ (उ.प्र.) में वहाँ की कुड़ुख़ रानी ने अंग्रेजों की सुसंगठित सेना–जिसका नेतृत्व वारेन हेस्टिंग्स और मेजर मोम्फाम कर रहे थे को हराया था।[1] ब्रिटिश काल में छोटानागपुर में भी कई विद्रोह हुए जैसे तमाड़ विद्रोह, कोल विद्रोह, टाना आन्दोलन, बिरसा उलगुलान। इनके अलावा भी अंग्रेजों और जमींदारों के खिलाफ यहाँ कई छिटपुट विद्रोह हुए। विद्रोह के समय के गीतों की बानगी देखिए–

''घुमरी-घुमरी तेलेंगा बरछी घुमरी/बरोइया राजा धीरे भागल जाला/नाव जगाले तेलेंगा, बरछी घुमरी/भगजोगनी लेखे तेलेंगा लौके/बरोइया राजा धीरे भागल जाला।''

---

1. मिर्ज़ापुर गजेटियर, उत्तर प्रदेश प्रान्त, 1911, वाल्यूम 27, पृष्ठ 236-237।

अर्थात–

"तेलेंगा खड़िया ने बरछी घुमाया/बरवे का जमींदार (राजा) भाग गया/नाम ऊँचा किया तेलेंगा, बरछी घुमाया/बरवे का जमींदार भाग गया/जुगनू की तरह तेलेंगा दिखता था (लड़ाई में)/बरवे का राजा भाग गया।"

बुधु भगत कोल विद्रोह का गीत है–

"बुधु बीरस बरआ लगदस, घोड़ो मइयां बिलिचा लगदस/टिको टोंका नू लड़ाई नना, चियारी धनु लेले भइया/घोड़ो मइयां बिलिचा लगदस।"

अर्थात–

"बीर बुधु आ रहा है, घोड़े पर चमक रहा है/टिको टांड में लड़ाई करने तीर-धनुष लेकर/घोड़े पर चमक रहा है।"

बिरसा उलगुलान से सम्बन्धित एक गीत--

गीत–"बिरसा से बिरसा बाबा–बिरसा बाबा तीर से लड़े। बड़े-बड़े सिपाही बन्दूक से लड़े–बिरसा बाबा तीर से लड़े।"

नीलाम्बर-पीताम्बर पर रचा गया गीत–

"कैसे राजा हो पलामू उजाड़ भेला/चेरो-खेरवार (नीलाम्बर-पीताम्बर) हार गए/इसलिए पलामू उजाड़ हो गया।"

कुडुख गानों में सम्बलपुर (उड़ीसा) के स्वर्णिम इतिहास के बहुत से गाने हैं। छोटानागपुर में मुख्यतः कुड़ुख़ क्षेत्र छेछाड़ी, बरवे, नगपुर, (पुराने राँची जिला) जशपुर, सुरगुजा, गंगपुर, सम्बलपुर, पलामू हैं। ब्रिटिश एवं जमींदारी काल में समूचा छोटानागपुर विद्रोह की आग में झुलस रहा था। उस समय सम्बलपुर क्षेत्र शान्त था। कुड़ुख़ गीतों में उपमा का प्रयोग होता है जैसा इस गाने में है।

"काहे रे कौआ सम्बलपुरे निन्दा आवे/भइर नगपुर धुरी उड़ी गेला/काहे रे कौआ सम्बलपुर निन्दा आवे।"

अर्थात–

"काहे ओ कौए सम्बलपुर सोता रहा/जब समूचे नागपुर में धूल उड़ रही थी?/काहे रे कौए सम्बलपुर चैन की नींद सो रहा था?"

बोडो साहित्य सभा : मूल्यांकन

सोभा ब्रह्मा

'16 नवम्बर 1952 को अस्तित्व में आई 'बोडो साहित्य सभा' के 49वें स्थापना-दिवस समारोह में, इस सभा को सम्बोधित करते हुए मेरा मन निराशा, क्षोभ तथा आशंका से विह्वल हो उठा है। मैं स्वयं से प्रश्न करता हूँ कि क्या 'बोडो साहित्य सभा', जिन सतत् संघर्षों के निमित्त स्थापित हुई, उसके लिए यह सही मंच है या नहीं? आज बोडो साहित्य सभा त्रासद स्थितियों से दो चार है। यह सभा एक साहित्यिक संस्था है, जिसका उद्देश्य बोडो लोगों की प्रतिभा, उनकी रचनात्मक अभिरुचियों तथा प्रयासों को प्रोत्साहित करना है। मैं यह भी प्रश्न करता हूँ कि बोडो लोगों के साथ ऐसी व्यूह रचना क्यों की गई है कि उनके प्रयास के रास्ते में असंख्य हतोत्साहित करने वाले कारक विद्यमान हैं, जो उन्हें अपना लक्ष्य पाने से रोकते हैं। यह सर्वविदित है कि अपनी मातृभाषा में शिक्षा के अधिकार की प्राप्ति के लिए 'बोडो साहित्य सभा' को एक लम्बी लड़ाई लड़नी पड़ी है। लिपि के प्रश्न को नजरअन्दाज करना ही बेहतर है। यह समस्या जटिल हो गई है और इसके साथ कड़वी कसैली स्मृतियों की शृंखलाएँ जुड़ गई हैं।

उन शहीदों की याद से ही मैं थर्रा उठता हूँ जिन्होंने बोडो साहित्य के संघर्ष में अपना सर्वस्य त्याग दिया। उन शहीदों और अन्य लोगों की याद में, जिनके पूरे जीवन के प्रयास, त्याग और पीड़ा, मनोयोग से बोडो साहित्य सभा और बोडो साहित्य का अस्तित्व बचा रह पाया और जिसके सहारे आज, वे उन्नति के मार्ग पर अग्रसर हैं तथा भविष्य में भी रहेंगे।

केवल बोडो साहित्य ही नहीं, प्राचीन भारतीय साहित्य--वेद तथा उपनिषद, महाकाव्य तथा क्लासिकी साहित्य, यूनानी भाषा जैसे प्राचीन उच्च साहित्य की मौखिक परम्परा रही है। बोडो जनसाधारण में अलिखित साहित्य, क्लासिकी तथा अनुश्रूत कहानियों के रूप में प्रचलित रहा है। इन कहानियों में मौरिया श्रवण ज्वह्बलाओ, अलसियाश्रवण ज्वह्बलाओ, घिलाश्रवण ज्वह्वलाओ, गम्बरी/मुलाटी गबुर सिखला, जओलिया देवान, दायमलू ज्वह्वलाओ आदि की कहानियाँ उल्लेखनीय हैं। ये कहानियाँ सेरजा संगीत की संगत में सौ वर्षों से भी कम समय पहले तक चारण गायकों द्वारा गाई तथा बयान की जाती रही हैं। ये परामानवीय या वास्तविक सी प्रतीत होनेवाली

कहानियाँ तथा भूत-प्रेत की कथाएँ जंगल, नदियों, खेतों और गाँवों के जीवन अनुभवों से उत्पन्न हुई हैं। इनका बयान चरवाहे, लकड़हारे, मछुआरे और, बडरी के नाम से प्रसिद्ध जंगलों के समूह में रहने वाले लोग करते रहे हैं। आज भी, ये कहानियाँ एकदम ताज़ा और सजीव मालूम होती हैं और आज की कहानियों से इनकी तुलना की जा सकती है।

विवाह, बैसागू, शिशु-जन्म सम्बन्धी आनन्द समारोह, विभिन्न मौसमों से जुड़े उत्सव के गीत, वसन्त के गीत तथा नृत्य, आम जीवन के नाना प्रकार के कार्यकलापों जैसे कि कपड़ा बुनाई, हस्त-शिल्प, पुरुष तथा स्त्रियों द्वारा मछली पकड़ना, प्रेम, घृणा, ईर्ष्या, हर्षोल्लास, दुख, रोग तथा मृत्यु से सम्बन्धित रीति-रिवाज, बथोऊ और अन्य देवी देवताओं की पूजा, जो खेराई उत्सव में की जाती है—बोडो लोक साहित्य, लोकगीत, नृत्य तथा अन्य कलाओं में पूरे तौर से मौजूद हैं। इनके अतिरिक्त, अधोलोक जन्तु, वनस्पति तथा मनुष्य के अन्तर्सम्बन्ध से एक अलग विधा का सृजन हुआ है, जिससे सौ वर्ष पूर्व जन्मे लिखित बोडो साहित्य की समृद्धि बढ़ी है।

यह अलिखित और मौखिक साहित्य संसार अभी तक प्रच्छन्न तथा अप्रयुक्त पड़ा है और मुझे नहीं लगता कि लिखित बोडो साहित्य के पिछले सौ वर्षों के जीवन में इस विपुल स्रोत का आंशिक रूप से भी इस्तेमाल हो पाया है।

मिशनरी साहित्य

तेजपुर के चैपलेन तथा कचारी मिशन के प्रभारी माननीय 'सिडनी एन्डल' ने 19वीं शताब्दी के आरम्भ में 'द कचारीज़' नामक पुस्तक लिखी, जिसमें उन्होंने कचरी लोगों के सामाजिक, आर्थिक, धार्मिक तथा सांस्कृतिक जीवन का विस्तृत विवरण प्रस्तुत किया तथा बोडो भाषा के व्याकरण की रूपरेखा तथा 'बोडो लोक साहित्य' पर परिशिष्ट भी उस कृति के साथ संलग्न किया। उन्होंने ऐसा ऊपरी असम क्षेत्र के चाय उत्पादकों के हितों को बढ़ावा देने तथा ईसाई धर्म के प्रचार के उद्देश्य से नहीं किया। उन्हें कचारी लोगों, उनकी संस्कृति तथा सभ्यता से सच्चा प्रेम था। वे इस सच्चाई से पूरी तरह अवगत थे कि हिन्दू किस प्रकार बोडो लोगों को हेय और नीच समझते हैं। माननीय एन्डल की दृष्टि में बोडो वस्तुतः अध्यवसाय, निष्ठा, सरलता, ईमानदारी तथा संस्कृति और सभ्यता की समृद्ध विरासत की दृष्टि से श्रेष्ठतर हैं। इसके अलावा, एक व्यापक तथा शक्तिशाली राज्य पर लम्बे समय तक शासन का उनका इतिहास भी है। उन्होंने जिन लोककथाओं को संग्रहीत किया, वे ईसा की कथाओं तथा तोल्सतोय की कहानियों की तरह है, जिनमें शिक्षा का पहलू निहित है और ये निस्सन्देह हमारे आश्चर्य और उत्सुकता को बढ़ाती है। इस प्रकार, माननीय सिडनी एन्डल को बोडो लिखित साहित्य का प्रवर्तक कहा जा सकता है।

गुरुदेव कालीचरण ब्रह्म (1842-1940)

बृहत् गोआलपाड़ा जिले के दुबरी अनुमंडल के काजीगाँव में सन् 1842 में गुरुदेव कालीचरण का जन्म बोडो जीवन की प्रथम महत्त्वपूर्ण तथा निर्णायक घटना थी। उन्हें ब्रह्म धर्म की दीक्षा दी गई थी, जिसका प्रचार कलकत्ता की श्रीमती शिवनारायण परमहंस कर रही थीं। यह एकेश्वरवादी धर्म है, जिसके आराध्य ब्रह्मा हैं–एकमात्र भगवान। वस्तुतः यह आधुनिक भारत के जनक राजा राममोहन राय द्वारा प्रवर्तित धर्म है, जिसे एक संगठित धर्म का रूप देने का श्रेय महर्षि देवेन्द्रनाथ टैगोर को जाता है। बहरहाल, यह महत्त्वपूर्ण घटना, बोडो लोगों के इतिहास को एक नई दिशा देते हुए उन्हें बहुईश्वरवादी बथोऊ पूजा आराधना से एकेश्वरवादी ब्रह्म धर्म में खींच लाई। पर श्रीमती स्वामी शिवनारायण परमहंस द्वारा प्रचारित यह धर्म राजा राममोहन राय और देवेन्द्रनाथ टैगोर द्वारा शुरू किए गए मूल 'ब्रह्म पंथ' से किंचित भिन्न था, पर मुख्य सिद्धान्त दोनों के एक ही हैं। ये निम्न प्रकार है–(1) आत्म सुधार (2) समाज सुधार (3) दृष्टिकोण में आमूलचूल परिवर्तन (4) शिक्षा का प्रसार (5) एक कौम के रूप में समुदाय के अधिकार, सुविधा तथा मर्यादा की स्थापना (6) व्यक्ति तथा समाज की जागृति (7) सर्वशक्तिमान एवं सर्वव्यापी एक ईश्वर की पूजा के अलावा किसी अन्य की पूजा न करना।

बिर्तानी शासन काल में बंगाल के सामाजिक, धार्मिक तथा सांस्कृतिक जीवन में इस धर्म ने क्रान्तिकारी परिवर्तन ला दिया। बंगाल के पुनर्जागरण का श्रेय बड़ी हद तक इसे ही जाता है। हालाँकि बोडो कई पीढ़ियों से बथोऊ पूजा करते आ रहे थे और उनके धर्म, संस्कृति, कला, संगीत और दर्शन का आदि-काल से मुख्य स्रोत यही धर्म था, पर शिक्षा और राष्ट्रीय तथा सामाजिक चेतना के अभाव तथा हिन्दुओं की सत्ता प्रभाव और कपट-योजना से बोडो लोग दिशाहीन हो गए और बथोऊ पूजा और खेराई उत्सव के नाम पर शराब और शूकरमांस भक्षण, नाच-गान तथा भोग-विलास में डूब गए। इस प्रकार, समूचा बोडो समाज अपने कर्तव्य और लक्ष्य को भूल गया।

ऐसे महत्त्वूपर्ण बिन्दु पर गुरुदेव कालीचरण ब्रह्मा को ब्रह्म धर्म के सिद्धान्तों का प्रकाश मिला, जिससे धार्मिक रीति-रिवाज में क्रान्तिकारी परिवर्तन आया तथा सुधार एवं शिक्षा पर मुख्य जोर पड़ा। इससे समाज में चेतना तथा जागृति आई।

गुरुदेव कालीचरण ब्रह्म की मिशनरी गतिविधियों का उद्देश्य भी यही था। 1906 से लेकर अपने जीवन की अन्तिम साँस तक वे (1940) इसी दिशा में सक्रिय रहे। उनका लक्ष्य केवल ब्रह्म धर्म का प्रसार ही नहीं था। स्कूलों की स्थापना, सामाजिक सुधार, बोडो लोगों के लिए शहरों में विश्राम-गृह का निर्माण, बोडो समाज में सुधार हेतु कानून बनवाना, छात्र संघों की स्थापना, बोडो संस्कृति तथा भाषा का पुनर्जीवन, बोडो क्षेत्रों के स्कूलों में बढ़ईगिरी के प्रशिक्षण की व्यवस्था, बोडो हस्तकला तथा कपड़ा बुनाई कला का पुनरुत्थान आदि जैसे कई अन्य क्षेत्रों में भी उन्होंने सक्रिय भूमिका निभाई। उन्होंने

राजनीति तथा आर्थिक क्षेत्रों में भी हस्तक्षेप किया क्योंकि वे जानते थे कि सत्ता में भागीदारी कर, अपने अधिकारों तथा सुविधाओं को सुरक्षित बनाए बिना तथा आर्थिक सुरक्षा सुनिश्चित किए बिना बोडो समाज की उन्नति असम्भव थी।

तत्कालीन शिक्षित तथा प्रबुद्ध लोगों ने गुरुदेव के प्रयासों को सफल बनाया। यह आज के बोडो समाज के लिए सौभाग्य की बात रही। इस सम्बन्ध में कुछ नाम विशेष रूप से उल्लेखनीय हैं। जैसे कि चरण मंडल, जमादार ब्रह्मा, बीर नारायण ब्रह्मा, करण मंडल, मालसिंग ब्रह्म चौधरी, श्रवन बरू ब्रह्मा (कनिष्ठ), बंटी कुमार ब्रह्म, सनन ब्रह्मा बाबाजी, सोभाराम ब्रह्मा, बीरचरण ब्रह्मा, बहादुर चन्द्र ब्रह्मा, रूपनाथ ब्रह्मा, मदा राम ब्रह्मा, सतीशचन्द बसुमातारी, सूर्य नारायण ब्रह्म आदि।

गुरु कालीचरण ब्रह्म द्वारा 1906 में ब्रह्म पंथ के प्रचार का मिशन आरम्भ किए जाने के बाद दक्षिण गोआलपाड़ा के कुछ सुशिक्षित तथा उत्साही युवकों ने उनके पदचिन्हों पर चलने का निश्चय किया और समाज सुधार के अपने कार्यक्रमों द्वारा बोडो समाज को पुनर्गठित करने का बीड़ा उठाया। ऐसे लोगों में प्रसन्न कुमार खखलारी, नरपति बसुमातारी, गंगाचरण पतगिरी, कमकांत तहसीलदार, घमारू पतगिरी, सोना राम चौधुरी के नाम उल्लेखनीय हैं।

दक्षिण गोआलपाड़ा का योगदान

'ब्रह्म पंथ' के प्रचार-प्रसार के उद्देश्य से गुरुदेव कालीचरण ब्रह्मा दक्षिण गोआलपाड़ा में सन् 1913-14 में आए थे। इस बात के लिखित प्रमाण हैं कि अपने लक्ष्य की प्राप्ति के लिए उनके प्रयासों में नरपति बसुमातारी नामक एक उत्साही युवक ने उनको सहयोग दिया था। इस बात का भी उल्लेख मिलता है कि 1918 में 'दक्षिणकुल बोडो साहित्य सम्मेलन' की स्थापना हुई थी, जो पहला साहित्यिक संगठन था। उसके अतिरिक्त, गंगाचरण पतगिरी द्वारा लिखित पांडुलिपि में 'हाउराघाट बोडो सेम्मलन' के 1912 में गठन की चर्चा भी मिलती है। 'बोरोनी फिसा ओ अयेन' 1915 में प्रकाशित पहली बोडो पुस्तिका थी। दक्षिणी गोआलपाड़ा के लेखकों तथा सामाजिक कार्यकर्ताओं के मार्ग प्रशस्त करने वाले उत्साह को 'बोडो साहित्य सभा' को खुलकर स्वीकार करना चाहिए। यहाँ उनकी कुछ रचनात्मक कृतियों की चर्चा करना उचित होगा।

प्रसन्न कुमार खखलारी (1879-1926)

उन्होंने 1914-16 से नाटक लिखने शुरू किए। उनके कुछ प्रसिद्ध नाटक हैं—'*दा ओखा राजानिजान*', '*हिरोमदवी*', '*बोरोनी-राजाकफवर*', '*बरदवी सिखिला*' और '*अहोय बोरोनी दाओहा*'। उनकी गीत रचना की एक बानगी प्रस्तुत है—

हमेशा हो ईश्वर का नाम अपने होंठों पर/क्या आनंद के दिन हैं अंग्रेजों के!/भर

लो अपने मस्तिष्क में अंग्रेजों की बुद्धि/आसमान में उड़ान भरते जहाज़/लौह-तारों से आते सन्देश/अरे! क्षण भर में तय होगा दिन भर का रास्ता/समुद्र पर फिसलते पोत/विस्तृत नद पर लटकता सेतु/खड़े बंगले जगह जगह/नव-स्थापित न्याय के घर/पहाड़ियों के कदम चूमती सड़कें/रेल गाड़ियाँ सरपट दौड़ती लाइनों पर/किरासन तेल के कुएँ/मेधा के धरातल पर चलती रेलें/दुर्द्धर्ष हुआ युद्ध जर्मनों के संग/धराशायी जर्मन अंग्रेजों से/कितने उल्लास का दिन है/भाइयो, खुशी हमें अपनी बाहों में भर रही है

ओंगखा दरिया (आनन्द ब्रह्मा) (1887-1947)

उनकी प्रकाशित कृतियों के नाम हैं—*हिरण्यकशा, मधुम, रहा दओहा* और गीत संकलन *बोरोनी गिड्डू*।

एक बानगी प्रस्तुत है—

ओ 'अधिकारी', तुम्हें लाज नहीं आई !/क्या तुम भूले गए?/शायद तुम्हारा भुलक्कड़ मन भूल चुका है/कि नफ़रत, बहिष्कार भरा होता है तुम पर पड़ने वाली निगाहों में/क्या महसूस किया है तुम कभी इस नफ़रत को?/लोग, तुम्हारे छूने भर से दूषित होने के भय से/भाग जाते हैं दूर/चूंकि तुम एक तुच्छ घृणित वस्तु/क्या तुम्हें याद है/अपना बैठने का वह तख़्ता जिस पर छिड़का हुआ था पानी/तुम्हें पिलाया जाता है, काले बरतन में पानी?/इस जुगुप्सा को महसूसते हो न तुम ?/लाज से सिमट जाते हो न तुम/जब परोसा जाता है सड़क किनारे तुम्हें भोजन ?

दक्षिण गोआलपाड़ा के लेखक तथा सामाजिक कार्यकर्ताओं में सुधारवाद तथा साहित्य के प्रति तगड़ा उछाह था और इसका ही परिणाम था कि वे 'पहला बोडो सम्मेलन' (हडिराघाट बोडो सम्मेलन), 'प्रथम छात्र सम्मेलन', 'प्रथम बोडो साहित्य सभा' का आयोजन तथा प्रथम पुस्तिका का प्रकाशन क्रमशः 1912; 1915, 1918 तथा 1919 में करने में सफल हो सके। यह सर्वविदित है कि ब्रह्मो धर्म ने दक्षिण गोआलपाड़ा के क्षेत्र में गहरी पैठ बना ली थी तथा गुरुदेव कालीचरण का उस क्षेत्र के लोगों में जोरदार प्रभाव था। यहाँ मैं दक्षिण गोआलपाड़ा के एक समीक्षक के उस कथन की ओर आपका ध्यान आकृष्ट कराना चाहता हूँ जिसके अनुसार 1912 में 'हाउराघाट बोडो सम्मेलन' के आयोजन से पूर्व गुरुदेव कोई संगठन स्थापित नहीं कर पाए थे। यह कथन वैसा ही है, जैसे कोई कहे कि असीसी के सन्त फ्रांसिस ने ईसाई धर्म में मानवीयता का रूप लाया था, जिसे यीशू भी नहीं कर पाए थे। एक विशेष चेतना ही सभी भौतिक निर्मितियों को गढ़ती है। पूरे संसार में फैले बौद्ध कला स्मारकों और शिक्षा के विस्तृत साम्राज्य का मूल कारण बुद्ध की

---

1. हिन्दू धर्म अपनाने पर बोडो को अधिकारी कहा जाता है।

चेतना ही है। यही बात यीशू के साथ भी लागू होती है और संसार के अन्य आध्यात्मिक तथा रचनात्मक नेतृत्व के साथ भी।

1952 से पूर्व का बोडो साहित्य (दक्षिणी गोआलपाड़ा के योगदान को छोड़कर)

1998 में प्रकाशित 'बोडो' के 23 वें अंक में 'बोडो साहित्य और उसका विकास' विषय पर प्रो. मनोरंजन लाहिरी ने एक विस्तृत लेख लिखा है। बोडो पत्रिकाओं के विकास पर उनकी टिप्पणी से नए तथ्य उद्घाटित होते हैं :

"सन् 1923 में 'बोडो छात्र सम्मेलन' द्वारा प्रकाशित तथा सतीश चन्द्र बसुमातारी द्वारा सम्पादित प्रथम बोडो पत्रिका 'बिबर' के प्रकाशन ने बोडो साहित्य के विकास में एक नई गति ला दी। गद्य रचना और आलोचनात्मक निबन्धों की दृष्टि, आकार तथा विषय वस्तु में एक नया तेवर आया। 'बिबर' के प्रकाशन के पश्चात् कई बोडो पत्रिका साहित्याकाश पर उभरीं, जिनमें 'जेन्थोखा' (1925), 'बिथोराय' (1932), 'मौस्री अर्वसंश्री' (1937), 'ओलोंगबर' (1938), 'हाथोर्खि-हाला' (1942) तथा 'नायक' (1941) के नाम उल्लेखनीय हैं। नायक का प्रकाशन 'अखिल असम प्रगतिशील कचारी सम्मेलन' ने किया था तथा इसके मुख्य सम्पादक थे—मोहिनी मोहन ब्रह्मा। बोडो साहित्य का पुरातन काल 1951 में समाप्त हुआ। उस काल खंड में 1950 में प्रकाशित तथा सुखराम बसुमातारी द्वारा सम्पादित पत्रिका 'बोडो लिरथम बिलय' श्रेष्ठतम पत्रिका थी।"

एक ऐसे युग में जब रेडियो, टीवी, सिनेमा और समाचार पत्र गाँवों में बसे आम शिक्षित या अल्पशिक्षित बोडो जनसाधारण को उपलब्ध नहीं थे या उनकी पहुँच से बाहर थे, 'जात्रा गान' या 'लोक-नाटक' उनके मनोरंजन का एकमात्र साधन थे। ये लोक-नाटक लोगों के लिए मुँह माँगे वरदान थे। लोग अधीरतापूर्वक किसी गाँव में शादी-ब्याह या अन्य किसी अवसर पर 'जात्रा गान' के आयोजन की प्रतीक्षा करते और मंचन के समय तो एकदम सम्मोहित से दिखते। 'जात्रा गान' के 'उस्तादों' (यानी विशेषज्ञ प्रशिक्षक) में द्वारेन्द्रनाथ बसुमातारी (1902-1972) का नाम अग्रणी है। उन्होंने अपने जीवन में ही एक असाधारण ख्याति अर्जित की। वे 'बोडो जात्रा गान के जनक' सतीश चन्द्र बसुमातारी के प्रमुख शिष्य माने जाते हैं। सतीशचन्द्र बसुमातारी का 1919 में मंचित नाटक 'नल-बुहा' बोडो जात्रा नाटकों में सबसे पहला नाटक माना जाता है। वनेस्वर बसुमातारी के अनुसार द्वारेन्द्रनाथ बसुमातारी ने 25 जात्रा नाटक लिखे हैं, जिनमें से सुखारू-दुखारू, राजा नीलाम्बर, लयमुथी कमतापुर, रंगाल-ज्वहव्लाओं, सोनानी मायबोंग तथा दूसरे नाटकों ने अपने समय के दर्शकों पर गहरा प्रभाव छोड़ा तथा वे आज भी याद किए जाते हैं। कालिका कुमार दूसरे उल्लेखनीय उस्ताद हैं, जो द्वारेन्द्रनाथ बसुमातारी के प्रमुख शिष्य तथा उनके जात्रा नाटकों के संग्रहकर्ता हैं।

खगेन लाहिरी ने बोडो उस्तादों की एक विस्तृत सूची दी है, जो द्वारेन्द्रनाथ बसुमातारी के नाटक 'सुखारू-दुखारू' के प्रभाव से इस क्षेत्र में आए और जो 16 नवम्बर,

1999 में 'बोडो साहित्य सभा' के स्थापना दिवस के अवसर पर प्रकाशित 'गंगा' नामक बोडो स्मारिका में छपे लेख 'बोडो थुन फा ओ थयनी जरीमिल' में शामिल हैं। उनमें प्रमुख है : (1) रून बोडो, बिश्नू बोडो, (2) सहीराम बोडो, मेघना बोरा, (3) उमाकान्ता बोडो, (4) मोंगोल ब्रह्मा, (5) कमलाकांत बोडो, उपेन ब्रह्मा, (6) आनन्द बोडो, (7) भाबेन स्वर्गियारी, (8) मेन्डा दफादार, (9) बलि बसुमातारी (10) हरि कमल मुशाहारी आदि।

खगेन लाहिरी ने बिबर तथा आलोंगबर युग से लेकर रजत जयन्ती समारोह तक के जात्रा नाटकों की जो सूची दी है, वह निम्नलिखित हैं--(1) उमेश चन्द्र मुशाहारी का गंडा राम फरला (2) सतीश चन्द्र बसुमातारी का डोरसन ज्वह्वलाओ, रानी लाय मुथी, नयफिन जवी, बिखानी ओर, नल बुहा (3) मणिराम इसलारी का हम्फे फरला, बिमा बथुल, मेपरी कुमरीह, नियोती, फुलमुथी, बाश फुजा (4) मोदा राम ब्रह्मा का रायमली, दिमापुर न्वग्वर बयनाय, सदंग बैरागी (5) नबीन नरजरी का धनस्त्री राजा (6) अमरेन्द्र ब्रह्मा का म्वीना कबारी गंगामयलू रविसुम्वी (7) सुन्दर सिग्नी का अनारी मययनाओ (8) लाल मोहन ब्रह्मा का दुमशु गुडियाओ, बिसर ह्वनंगनाय (9) आनन्दराम मुशाहारी का लेखा ग्वरवंग होउआ अर्व लेखा रवन्गवी हिंजाओ (10) मोती लाल ब्रह्मा के नाटक (11) प्रसन्ना कुमार खखलारी और गुणेन्द्र बसुमातारी का अहोम बोरोनी दाओहा (12) आनन्द चन्द्र ब्रह्मा का भक्त प्रह्लाद, संथुम, रोहादाओहा, हिरिमदूवी, समाज क्षेत्रा हिरालक्षा (13) जुधिष्ठिर हजोआरी का दस्यु रत्नाकर (14) कमलेश्वर बसुमातारी का बेहुला लखिन्दर (15) असिलाल धिमन का भक्त ध्रुव आदि।

यहाँ यह स्पष्ट कर देना उचित होगा कि इस चर्चा में कई बड़े व्यक्तित्व जैसे कि रूपनाथ ब्रह्मा सतीश चन्द्र बसुमातारी, मोदा राम ब्रह्मा, आनन्द मुशाहारी, ईशान मुशाहारी, प्रोमोद चन्द ब्रह्मा, मोहिनी मोहन ब्रह्मा और जैसे अनेक लोग छूट गए हैं क्योंकि वे तो बोडो साहित्य के सेवकों के लिए स्थायी प्रेरणास्रोत बन गए हैं। स्थानाभाव या समयाभाव के कारण भी, उनका नाम बार-बार यहाँ लाना समीचीन नहीं मालूम होता। इन विभूतियों ने हालाँकि बंगाली माध्यम से शिक्षा पाई थी या उच्च शिक्षा बंगाल के विश्वविद्यालयों में पाई थी, पर उन पर सिवाए गुरुदेव कालीचरण ब्रह्मा और रूपनाथ ब्रह्मा के, बंगाल के पुनर्जागरण का प्रभाव लेश मात्र भी नहीं पड़ा था।

बोडो साहित्य सभा और बोडो साहित्य (1952 से लेकर अब तक)

इस व्याख्यान के आरम्भ में, इस शुभ अवसर के सम्बन्ध में मैंने अनिष्टा-शंका व्यक्त की थी कि 'बोडो साहित्य सभा' चिरस्थायी कलह का मंच बन गया है और इसे एक के बाद एक त्रासद स्थिति से गुजरना पड़ा है। इसके भाग्य में ही रचनात्मक तथा अन्य प्रकार के साहित्य के अतिरिक्त शिक्षा के प्राथमिक, उच्च सेकेन्डरी, कॉलेज तथा स्नातकोत्तर स्तर तक के लिए माध्यम के मुद्दे पर लड़ाई लड़ना लिखा है। परिस्थितियों

ने भी इसे कई अन्य प्रकार के दायित्वों का बोझ उठाने को विवश किया है जैसे कि बोडो भाषा माध्यम वाले स्कूलों तथा कॉलेजों के प्रबन्ध का काम, शिक्षकों की नियुक्ति, बोडो विषयों से सम्बद्ध समस्याएँ, स्नातकोत्तर स्तर के पाठ्यक्रम का प्रबन्ध, विभिन्न कोर्स के लिए पाठ्यपुस्तकों की व्यवस्था और ऐसे ही अन्य कार्य। वस्तुतः यह बोडो लोगों की सामाजिक, बौद्धिक और उनके साक्षरता से सम्बन्धित सामग्रियों की उपलब्धता सुनिश्चित करनेवाली संस्था बन गई है। लिपि के प्रश्न पर कुछ न कहना ही उचित होगा। मेरी व्यक्तिगत राय है कि बोडो साहित्य सभा इस प्रश्न को ताक पर रखकर अरुचिकर झंझटों से स्वयं को मुक्त ही रखे।

'बोडो साहित्य सभा' की सबसे गौरवमयी उपलब्धि है कि इसने बोडो लोगों के लिए प्राथमिक स्तर से स्नातकोत्तर तक की अपनी मातृभाषा में शिक्षा उपलब्ध कराने का असम्भव कार्य सम्भव बना दिया है। दूसरी, इसने हगजेर भवन की बहुमंजिला इमारत के निर्माण का मार्ग प्रशस्त कर दिया है। 'हगजेर भवन' बोडो साहित्य सभा का कार्यालय तथा कर्मशाला होगा। इस समय इसकी निचली मंजिल का निर्माण कार्य सम्पन्न हो चुका है। तीसरा महत्त्वपूर्ण कार्य इसने 'बोडो-हिन्दी-अंग्रेजी शब्दकोष' तैयार करने और प्रकाशित करने का किया है। चौथा कार्य, जो इसकी महती उपलब्धि है, सभा का वार्षिक सम्मेलन का आयोजन, उसकी स्मारिका तथा 'बोडो पत्रिका' का प्रकाशन, जो कि वर्षों से सभा का मुख्यपत्र रहा है। पाँचवा काम इसने बोडो हितों के लिए सभी शिक्षाविदों, बुद्धिजीवियों, साहित्यकारों, सामाजिक कार्यकर्ताओं, संस्कृतिकर्मियों को सामर्थ्यानुसार योगदान करने को प्रेरित किया है।

किन्तु 'बोडो साहित्य सभा' की सबसे बड़ी असफलता यह रही है कि 'बोडो भाषा परिवार' के सभी भाषाई उप-समूहों ने मूल संस्था से बिखरकर अपनी अलग साहित्य सभाएँ स्थापित कर ली हैं, जो अपनी-अपनी भाषाओं में शिक्षण की व्यवस्था करने तथा अलग प्रशासन परिषद चलाने में व्यस्त हैं तथा इस बात की धज्जियाँ उड़ा रहे हैं कि रभा, गारो दिमासा, तिवा, चुटिया, बोडो टिप्पेरा आदि सभी उपभाषाएँ एक बृहतर बोडो परिवार से सम्बद्ध है और सब एक ही तिब्बती-बर्मी मूल की हैं। इसलिए 'बोडो साहित्य सभा' के कार्यालय तथा कर्मशाला का नामकरण महान दिमासा नेता तथा सांस्कृतिक पुरोधा जॉयभ्रद हजगेर के नाम पर किया गया तो वर्तमान पीढ़ी के दिमासा लोगों ने इसकी मूल भावना को समझने की बजाय यह प्रचार करना शुरू कर दिया कि जॉयभद्र हग्जेर बोडो नहीं, बल्कि दिमासा थे।

इस प्रकार, बोडो समूह की जनजातियों द्वारा अलगाव की नीति से एक मिलीजुली बोडो भाषा और उसके साहित्य के निर्माण तथा विकास का सपना बिखर गया है। परिणामस्वरूप इसके दर्शन और दृष्टिकोण में परिस्थितिजन्य गुटबन्दी का प्रभाव घर कर गया है। 'बोडो साहित्य सभा' की इस असफलता पर हमें शोकाकुल होना ही चाहिए और इस दुःस्थिति से इसे निकालने के रास्ते खोजने चाहिए, जो कि इस समय असम्भव प्रतीत होता है।

बोडो लोगों के पिछले पाँच दशकों के साहित्यिक सम्पदा के मूल्यांकन का प्रयास निरर्थक तथा मूर्खतापूर्ण होगा। अभी तक इसके परिमाण की चिन्ता की गई है–गुण या विचार की नहीं। बोडो साहित्य का जन्म हो, इसका परिपोषण भली-भाँति हो, यही मुख्य उद्देश्य रहा है। अब यह पूरी तरह व्यस्त हो गया है। अब परख और आलोचना झेलने की शक्ति इसमें होनी ही चाहिए। मैं यहाँ निस्संकोच बोडो भाषा के सबसे प्रख्यात साहित्यकारों में से एक ब्रजेन्द्र कुमार ब्रह्मा का इस सम्बन्ध में एक कथन उद्धृत करना चाहूँगा–मनोरंजन लाहिरी के मतानुसार, "1954 में बोडो कौट्टोनियन द्वारा प्रकाशित पत्रिका ने 'ओखाफवर' ने एक नए युग का सूत्रपात किया। इसका सम्पादन रणेन्द्र नारायण बसुमातारी ने किया था। ज्वहलाओ नीलेश्वर ब्रह्मा तथा कलि कुमार बह्म की 'बलबगन्वी' और 'कोन्याय-बिहुँग' नाम की चयनिकाएँ 1952 में प्रकाशित हुईं। प्रसेनजित ब्रह्मा कृत 'अंगथ्विया' ने पाठकों में विशेषकर युवाओं में एक हलचल पैदा कर दी, जिसकी कविताएँ उस काल का प्रतिबिम्ब हैं, जब बोडो समाज अपनी जड़ों की तलाश तथा उत्तरजीविता की भीषण समस्या से जूझ रहा था। समर ब्रह्मा चौधरी कृत 'रदब' में रूमानी कविताएँ थीं। इन दोनों ने 'बोरोनी ओनसाय' नामक सांस्कृतिक संगठन की 1951 के आसपास नींव रखी। कहानीकारों में, मैं मनोरंजन लाहिरी, धरनीधरवारी, नंदेश्वर द्विमरी, नीलकमल ब्रह्मा, हरिभूषण ब्रह्मा, कतिन्द्र स्वर्गियारी, जगदीश ब्रह्मा, सचिन बसुमातारी आदि नामों का उल्लेख करना चाहूँगा। मैंने, जो थोड़े उपन्यास पढ़े हैं, उनमें वृहत चौधरी बोडो के उपन्यासों को बेहद रोचक तथा उत्तम पाया है।"

गद्य कृतियों में, मैं मनोरंजन लाहिरी के निबन्ध–'बोडो साहित्य और उसका विकास' से कुछ उद्धरण देना चाहूँगा–रायथाय-विदंग (1974), थुनलाय अर्व गोहेना (1979), दौरिलाय (1980), खदन बोडो (1982), न्वूज्वर (1992), थुनलाय अर्द संसरी (1986), थुनलाय अर्द स्वद्कमसरी (1992), बोरोनी ढारेमू तथा अन्य कई कृतियाँ।

इनके अलावा निम्न रचनाएँ उल्लेखनीय हैं : रामदास बसुमातारी कृत 'बथोऊ', प्रबन बरगोयरी कृत 'न्वज्वर अर्द बिबुंथी', सोनातन ब्रह्मा पतगिरी कृत 'दिखुंग खुलानी मखासे अगू भुनलायगिरी फवर', मनोरंजन लारिही लिखित 'अर्ली हिस्ट्री ऑफ बोडो लिट्रेचर एंड इट्स डेवलपमेंट', बनेश्वर बसुमतारी लिखित 'द्वारेन्द्र नाथ बसुमतारी, रूपनाथ ब्रह्मा का खोन्थाय मेथाय', मंगल सिंग हजोआरी लिखित 'सेर सेर', आदि, खगेन लाहिरी लिखित 'थुन फाओ थयनी जरीमिन', सोनातन ब्रह्म पतगिरी लिखित 'बोडो हरिनी सिम द्विरजेंग खुलानी गिवि बिहव्मा', दीनानाथ बसुमतारी लिखित 'फ़ाओथारा अर्द जात्रा गा़न', मथुरा मोहन ब्रह्मा लिखित 'मेच गांधी', एच.सी. नागिनरी लिखित 'सैन्स क्रिटाइजेशन एंड दि सैन्स क्रिटाइजेशन ऑफ ते मेचेस ओर बोडोज़', इन्दिरा बोडो लिखित 'बोडोनी हबा मिथाय', अनिल बोरो लिखित 'मिथ्स एक्सटैन्ट अमंग बोडोज़', मंगल सिंह हजोआरी लिखित 'खेराय म्वसनयनी खन्ती', 'अखुथाय अर्द म्वन्से बिजिरनाय', गिरीन्द्र ब्रह्मा द्विमारी लिखित 'जारेमिन्निन्व ज्वराओ बेरो मेथरानी

गुब्वी मोहोरअर्द रिफिनय।'

सम्भवतः बोडो साहित्यकार पद्य लेखन ज्यादा आसानी से कर लेते हैं क्योंकि इसमें शिक्षा और ज्ञान की आवश्यकता कम तथा भावना तथा भाषा पर अधिकार की ज्यादा जरूरत होती है। इसीलिए बोडो पत्रिकाओं में बड़ा भाग कविताओं ने घेर लिया है। पर यह सच है कि कविता लेखन एक कठिन कार्य भी है। यह भी नहीं भूलना चाहिए कि कविता साहित्य की उत्कृष्टतम विद्या है।

कई दशकों के फलकों पर फैले बोडो काव्य संसार का मूल्यांकन प्रस्तुत करना असम्भव कार्य है। अधिक से अधिक बोडो पद्य के विस्तीर्ण जंगल से रसास्वादन हेतु कुछ कविताएँ प्रस्तुत की जा सकती हैं–

इतर जातियों के छल ने/तुम्हें जंगलों में छिपने को कर दिया विवश/लुटकर बाहरी लोगों के हाथों/अपनी ही जमीन पर मेहमान हो गए हो तुम/और जमींदार हो गए हैं मेहमान

अननाय

तुम जैसे हो वैसे ही रहो/तुम्हें सोने या चाँदी की नहीं है जरूरत/हीरे और मोती भी नहीं चाहिए/और यदि ऐसा न हो तो/फसलों वाले खाद भरे खेत

धर्म के लिए/कैसे खोजूँ मैं/उस रास्ते पर जिस पर चलते हैं लोग

कैसे मिटा सकता हूँ मैं/वहशी जानवरों के पाँव के निशान

(ब्रजेन्द्र कुमार ब्रह्मा)

ओ ! कठिन समय/इन नासमझों के अन्तस को कर दो चेतन/छिड़को इनके माथे पर लज्जा की राख/कब बनेंगे हम अजेय और अविजित/कब कुचलेंगे पत्थर पर हम भय और अवसाद अपना/कब स्नेह और प्यार को हम/सँजो पाएंगे?

(भूपेन्द्र नारायण बसुमातारी)

गुफाओं-घाटियों में भागते हैं जब बोरोजन/बन जाते हैं उनके घर नगर शहर/लेने आते वे लाभ-अलाभ के हित धर्म-दीक्षा/ठगते और करते इकट्ठा भोले-भाले जन से धन/कर लिया है पास मिस आबारी ने पी. यू./पानी की तरह बह गया है पैसा नौकरी की तलाश में/बन गया है सम्पन्न पिता–अब दीन-हीन, गरीब भिखारी

(समद देउरी)

1952 में बोडो साहित्य सभा के अस्तित्व में आने से पूर्व के समय का विपुल पद्य साहित्य तथा जात्रा गान नाटक अल्प शिक्षित ग्रामीण बोडो जनसाधारण द्वारा रचित हैं।

बोडो लोग बांग्ला भाषा तथा साहित्य के विशेष रूप से ऋणी हैं। उनके पूर्वजों ने बंग्ला माध्यम से शिक्षा पाई थी। एक शताब्दी से भी अधिक समय तक यंत्रणापूर्ण स्थितियों में, जो उनके वश में नहीं है, वे भूले जा रहे थे कि उन्होंने इस भूभाग पर शासन भी किया है, वे अपनी समृद्ध विरासत, समृद्ध पर अलिखित साहित्य तथा सरल सामाजिक व्यवस्था और दर्शन को भूलते जा रहे थे। बोडो साहित्य सभा इस समय पूरी तरह स्थापित हो चुकी है। अब अपनी मजबूत बुनियाद के सहारे रचनात्मक साहित्य पर प्राचीन से लेकर अर्वाचीन और निरन्तर बदल रहे भविष्य के साहित्य पर लगातार अपना ध्यान केन्द्रित कर सकती है।

अनुवाद : *अकील कैस*

बोडो साहित्य का काल विभाजन

मधुराम बोडो

बोडो साहित्य आम जनजातीय साहित्य से परे नहीं है, जो मुख्य रूप से लिखित साहित्य और अलिखित साहित्य के रूप में विद्यमान है। इसमें अलिखित साहित्य ही लोक साहित्य कहलाता है। यह लोक साहित्य अति प्राचीन है, जो एक पीढ़ी से दूसरी पीढ़ी को निरन्तर क्रमवत हस्तान्तरित होता रहा है। यह लोक साहित्य कुछ और नहीं बल्कि लोकगीत हैं, जो यत्र-तत्र-सर्वत्र बोडो जनजातीय समाज द्वारा गाये जाते रहे हैं। देखा जाए तो इसके चार प्रमुख पक्ष हैं—(1) अलिखित साहित्य (2) भौतिक सांस्कृतिक कार्य (3) लोक रीति-रिवाज और (4) विविध कलाएँ। यही लोकगीत जब, साहित्यिक प्रक्रियाओं से गुजरते हैं तो इन्हें लोक साहित्य नाम से याद किया जाता है। यही लोक साहित्य निर्मिति की प्रमुख विधा है। बोडो साहित्य भी ऐसा ही कुछ है।

लोक साहित्य, साहित्य की सम्पूर्ण इकाई होता है, जिसे साहित्य की प्राचीन विधा की मान्यता प्राप्त है। इसकी प्रमुख उल्लेखनीय विशेषता है कि इसमें सामान्यतया लेखक/रचनाकार का नाम अज्ञात होता है, यहाँ तक कि उसके रचना काल और स्थान का पता लगना तक प्रायः असम्भव होता है। इसका कारण संभवतः यही है कि इसके रचनाकार नाम के भूखे नहीं थे। वे सिर्फ अपनी अभिव्यक्ति के माध्यम से जन-सामान्य को जगाना चाहते थे क्योंकि उन्हें लिपि का ज्ञान नहीं था। यही प्राचीन साहित्य संकलन की प्रमुख बाधा रही है। इस आधार पर यह कहा जा सकता है कि प्राचीन साहित्य या लोक साहित्य स्मृति ज्ञानान्तरण के सिवा कुछ नहीं, जबकि साहित्य लिपि—ज्ञान और लिपिबद्धता से प्रचलन में रहता है। इस तथ्य से इनकार नहीं किया जा सकता कि लोक साहित्य (प्राचीन साहित्य) लिखित साहित्य की अपेक्षा प्राचीन है। ऐसा इसलिए कि लोक साहित्य में इतिहास की झलक मिलती है...'ओमला सिबा' लोकगीत ही है, जो ऐतिहासिक शहादत का प्रतीक है। ऐसे ही दो और शहीदों के शहादत को संकलित कर बोडो साहित्य सशक्त बनाया जा रहा है।

लोक साहित्य की भाषा (बोली), जिसमें लोकगीत, मुहावरे, पहेलियाँ और प्रहसन (हास्य/विनोद) प्रमुख हैं, अति प्राचीन हैं। लेकिन बोडो लोकगीत और उनके विविध रूप तो बोडो लोक कहानियों से भी पुरातन हैं। यद्यपि कहानियों में वर्णनात्मक विवरण मिलते

हैं तो लोकगीतों में तथ्यगत विवरण होता है। हाँ, इस हकीकत से इनकार नहीं किया जा सकता कि लोकगीतों और लोक प्रचलित कहानियों में स्थानिकता और क्षेत्रीयता की सुस्पष्ट झलक मिलती है। बोडो लोक साहित्य में बोडो समाज के आचार-विचार-व्यवहार का ओजस्वी वर्णन मिलता है। यह जीवन-पद्धति प्रक्रिया के व्यवहारिक स्वरूप का खजाना है क्योंकि इसमें आचार-विचार-व्यवहार के साथ-साथ नैतिक मूल्यों, मान्यताओं और प्रचलित स्वरूपों का विशद् विवरण है। धार्मिक गीत तो मानो नैतिकता का पाठ पढ़ाते हैं, इनमें कलात्मक धुन भी है, जिससे वाद्य संगीतों की कला और धुन का स्वतः निर्धारण हो जाता है। बोडो लोगों में देवी-देवताओं के प्रति गहरी आस्था है। वे इसके लिए धार्मिक अनुष्ठान करते हैं। खेराय में देवी पूजा के लिए 'डौडिनी' कला के जरिए अनुष्ठान सम्पन्न होता है, जो धार्मिक त्योहार के रूप में मनाया जाता है।

बोडो साहित्य की सृजन प्रक्रिया में साहित्य के कई स्वरूप सामने आ रहे हैं। लोक साहित्य के जरिए कई लेखक बोडो साहित्य को नया स्वरूप देने में जुट गए हैं। गाथा-गीत (Ballad) और अतिशय व्यंग्य (Parody) के रूप में कई कविताएँ और गीत तैयार किए जा चुके हैं। यह कहा जा सकता है कि प्राचीन साहित्य के आधार पर नवीन लोक साहित्य भी तैयार किया जा चुका है।

लोक साहित्य की अनेकानेक विशेषताएँ हैं। ये रचनाएँ आकार-प्रकार में तो पुरातन हैं, लेकिन इनकी प्रकृति काव्यमय है। जहाँ तक बोडो लोक साहित्य में गीत और कहानियाँ आद्यकालीन है, वहीं उनकी प्रकृति को काव्यमय कहा जा सकता है। प्रायः सभी कौमों/राष्ट्रों का अपना-अपना लोक साहित्य होता है क्योंकि इस ब्रह्मांड में लोक जीवन सदैव एक-दूसरे से मिलता-जुलता रहा है, बोड़ो जीवन और लोक साहित्य इससे भिन्न नहीं है।

बोड़ो साहित्य का विषय वस्तुओं और सांसारिक सामग्रियों के मामले में समृद्ध है। लोकमत, रीति-रिवाजों, परम्पराओं के मामले में इसमें सर्वव्याप्तता है क्योंकि वैश्विक जनजातीय परिवेश में जीवन (जन्म) और मरण, दुख और सुख प्रकृति से प्रभावित हुए बिना नहीं रह सकता। बोड़ो लोक साहित्य भी इन्हीं सब प्रकरणों/प्रसंगों पर आधारित है। प्रत्येक कौम/राष्ट्र अपने लोक साहित्य द्वारा ही गौरवान्वित होती है। इसी आधार पर कहा जा सकता है कि बोड़ो साहित्य के पास एक विपुल क्षेत्र है, जिसमें वह फलता-फूलता रहा है और सुनने व समझने वालों में कौमी चेतना भरने में सफल रहा है। बोडो लोगों के पास ऐसे-ऐसे वीरोचित लोकगीत रहे हैं जो उन्हें युद्ध के मैदान में मुस्लिम अथवा भूटानी आक्रमणकारियों के खिलाफ लड़ने के लिए उकसाते रहे हैं। इन लोक-गीतों और कहानियों में ऐसी उत्तेजना पाई जाती है, जो लोगों में जीतने की उमंग भर देती थी। इनके बारे में इतिहास प्रायः मौन प्रतीत होता है। अनेकानेक कालों में बोड़ो लोकगीतों में बोड़ो जनजातियों की सांस्कृतिक विरासत, मान्यताएँ और परम्पराएँ, जो युद्ध काल के समय घटित हुई, साफ झलकती हैं, जो उन दिनों में मार्गदर्शक बनी थीं।

सर्वविदित है कि सम्पूर्ण दुनिया में सभी राष्ट्रों के लिए लोक साहित्य ही आनुभविक ज्ञान-विज्ञानों का प्रमुखतम स्रोत संसाधन रहा है। यही लोक जीवन, जीवन-पद्धति, सोचने-विचारने के तरीके और हर प्रकार के कार्यकलापों को जानने का जरिया सिद्ध हुए हैं। इस आधार पर यह स्वीकार किया जाना चाहिए कि पूर्वोत्तर राज्यों में बोडो जनजाति के समूची प्राचीन और अर्वाचीन जीवन-पद्धति को जानने के लिए बोडो लोक साहित्य ही एक राष्ट्रीय स्रोत है।

साहित्यिक कला के रूप में लोकसाहित्य ही किसी भी जाति/जनजाति/प्रजाति अथवा वंशों की वंशानुगत सम्पत्ति है। इस विरासत को दुनिया का कोई भी राष्ट्र/कौम झुठला नहीं सकता। इसीलिए, दुनिया के सभी राष्ट्र इसकी खोज, संकलन, संग्रहण और संरक्षण के लिए सदैव ही तत्पर रहते हैं। बोडो लोक साहित्य के मामले में ऐसा माना जाता है कि सर्वप्रथम ईसाई मिशनरियों ने ही इसे संकलित और प्रकाशित करने का प्रयास किया था। दूसरा प्रयास गोहाटी विश्वविद्यालय द्वारा किया गया। उसने बोडो लोकगीत और लोक कहानियों को कुछ पुस्तकों के रूप में प्रकाशित करने का कार्य किया। तीसरा प्रयास जिज्ञासु युवा बोडो युवकों द्वारा अपने स्तर पर किया गया, जिन्हें कोई शासकीय सहायता नहीं मिली थी।

19वीं सदी के अन्त में ईसाई मिशनरियों ने बोडो लोक साहित्य को लिखित बोडो साहित्य का स्वरूप देना शुरू किया। हालाँकि, उन्होंने लिखित बोडो साहित्य में साहित्य पक्ष को कम पर उसके व्याकरण पक्ष को सामने लाने का अधिक कार्य किया। बैपटिस्ट मिशन के पादरी पूज्य सिडनी इन्डले ने बोडो व्याकरण पर वर्ष 1884 में एक पुस्तक प्रकाशित की जिसका नाम था—'कचरी (बारा) भाषा की व्याकरणी रूपेरखा' जो एक बोली है। यह असम के दारंग जिले में बोली जाती है। यह बोडो भाषा में तैयार की गई ईसाई मिशनरी द्वारा प्रकाशित प्रथम पुस्तक थी। इसके बाद मिशनरियों ने स्कूलों में प्राथमिक कक्षाओं में पढ़ाने के लिए एक-एक सन्दर्भ पाठ्य पुस्तक प्रकाशित की। उन्होंने कुछ धार्मिक पुस्तकों को अंग्रेजी भाषा से बोडो भाषा में अनुवादित किया। उन्होंने कुछ दूसरे बोडो लोक साहित्य का संकलन और संग्रहण कर बोडो भाषा में भी प्रकाशित किया। इस प्रकार उन्होंने, वर्ष 1920 तक बोडो भाषा में कई पुस्तकें प्रकाशित कीं। इसके पश्चात् बोडो समाज के लोगों ने ब्रह्म धर्म की शुरुआत की और उनके प्रचार के लिए गोआलपाड़ा जिले (वर्तमान में कोकराझार जिला) को चुना ताकि वह धर्म वहाँ के लोगों की जीवनचर्या बने। इन धर्म प्रचारकों ने कुछ समाज सुधारकों की मदद से कुछ एक धार्मिक पुस्तकें (बोडो भाषा में) प्रकाशित की थीं। इसी से बोडो भाषा के क्रमिक विकास का द्वार खुला। कोकराझार नगर के निवासी 'पद्‌श्री मादाराम ब्रह्मा' ने स्वप्रयास से संकलित सामग्री को एक पुस्तक के रूप में वर्ष 1926 में प्रकाशित किया, जिसका नाम था—'बोरोनी गुडी सिबसा अरो अरोज।' सामाजिक-धार्मिक सुधारों का यह साहित्यिक दौर वर्ष 1952 तक लगातार चलता रहा। उन्हीं दिनों राष्ट्रीय स्तर पर 'अखिल बोडो साहित्य सभा' और 'बोडो साहित्य संगठन' की शुरुआत हुई।

'बोडो साहित्यिक संगठन' यह मानकर साहित्य तैयारी में जुट गया कि बोडो जनता को क्रान्ति के लिए तैयार करना है, जिससे कि वे बोडो साहित्य, बोडो भाषा को स्वीकार कर एक प्रजाति (Race) के रूप में संगठित हों। इस प्रकार, कम से कम समय में आधुनिक साहित्यिक प्रवृत्ति के प्रभाव के कारण आम बोडो जनता में पुनर्जागरण का आन्दोलन चलाया जा सकेगा। वर्ष 1963 आते-आते बोडो भाषा को अध्ययन-अध्यापन के लिए शिक्षा की भाषा (माध्यम) मान लिया गया। इसके बाद बोडो भाषा में अनेकानेक पाठ्य-पुस्तकों का प्रकाशन हुआ, जो एक रिकार्ड बन गया। पाठ्य-पुस्तकों के साथ-साथ अन्य पुस्तकें भी रिकार्ड तौर पर तैयार की गईं। ऐसा माना जा सकता है कि इतने कम समय में दुनिया में शायद ही किसी जनजातीय भाषा ने प्रगति की होगी।

इस बोडो साहित्य पुनर्जागरण काल में अनेकानेक कविताएँ, उपन्यास, लघु कथाएँ, नाटक, धार्मिक पुस्तकें, जीवनवृत्त (आत्मकथाएँ), साहित्यिक आलोचनाएँ और यहाँ तक कि बाल कथाएँ, कहानियाँ और सामान्य ज्ञान की अनेकानेक पुस्तकें प्रकाशित हुईं। यद्यपि इनमें से बहुत-सी प्रकाशित पुस्तकें कम मात्रा में भले ही छापी गईं, मगर इनकी गुणवत्ता ने साहित्यिक क्षेत्र में विकास के कई आयाम प्रस्तुत किए। बोडो कौम को विशेषकर अपनी कविताओं, लघु कथाओं, उपन्यासों और एकांकी नाटकों पर गौरवान्वित होने से कोई रोक नहीं सकता, अर्थात् स्वसाहित्य निर्मिति पर उनको गौरवान्वित होना जायज है।

उपरोक्त पंक्तियों में बोडो साहित्य विकास के विविध पक्षों और प्रवृतियों पर सविस्तार चर्चा की गई है। इस आधार पर बोडो साहित्य की विकास प्रक्रिया के काल खंडों को निम्नानुसार विभाजित किया गया है–

1. लोक साहित्य का काल
2. मिशनरी साहित्य का काल
3. प्राचीन साहित्य का काल
4. पुनर्जागरण सहित अर्वाचीन साहित्य का काल

1. लोक साहित्य काल

लोक साहित्य के बारे में कोई ऐतिहासिक साक्ष्य प्राप्त नहीं है, जिससे कि लेखक/रचनाकार के बारे में अथवा उसके रचना-काल और स्थान विशेष के बारे में समुचित जानकारी प्राप्त हो सके। यही कारण रहा कि 'साहित्यिक इतिहास विमर्श' के दौरान लोक साहित्य रचना पर उल्लेखनीय विमर्श नहीं हो पाया। इसमें ऐसा कोई तत्त्व भी नहीं मिलता है, जिससे कि उसके काल या लेखक के बारे में अनुमान लगाया जा सके। लेकिन जब हम आधुनिक लोकगीतों पर–विशेषकर ऐतिहासिक लोकगीतों पर नज़र डालते हैं तो ऐसा प्रतीत होता है कि ये राष्ट्रीयता अथवा कौमी एकता की

भावना से ओत-प्रोत हैं। इस आधार पर ऐतिहासिक लोकगीतों के बारे में अनुमान लगाया जा सकता है कि वे लोकगीत भी तत्कालीन दौर में बोडो कौम की एकता और उनमें चेतना जागृति के बारे में ही प्रचलित रहे होंगे। 1974-75 के दौर में बोडो लोगों द्वारा चालित लिपि आन्दोलन के दौरान 'ओमला-सिबा' नाम से कुछ लोकगीत रचे गए। ये लोकगीत ही आधुनिक लोकगीतों के उदाहरण हैं। उसके पश्चात् अनेकानेक पुस्तकें बोडो लोक साहित्य के नाम से प्रकाशित हुईं, जिनकी मान्यता है और जो बोडो भाषा में ही हैं।

2. मिशनरी साहित्य काल

'आउट लाइन ग्रामर ऑफ दी कचारी (बारा) लैंगुएजेज' वर्ष 1881 में पादरी 'सिडनी इण्डलेस' द्वारा प्रकाशित की गई थी। इसी प्रकाशन से बोडो साहित्य का मिशनरी साहित्य काल प्रारम्भ हुआ--ऐसा माना जाता है। ज्ञातव्य है कि इस प्रकाशन के एक वर्ष पूर्व ही ईसाई मिशनरी भारत आए थे। आगमन के पश्चात् ही उन्होंने स्थानीय भाषा सीखनी शुरू की। जहाँ भी वे प्रवास किए उन्होंने वहाँ की भाषा का व्याकरण एवं उससे सम्बन्धित प्राथमिक सामग्रियाँ, उसके साहित्यिक नमूने आदि तन्मयता से संग्रहीत की, जिनमें लोक जीवन झलकता था अथवा लोक साहित्य तैयार हो सकता था। इतना ही नहीं, उन्होंने धार्मिक पुस्तकों का अनुवाद कर उसे स्थानीय यानी बोडो भाषा में भी प्रकाशित किया। इसमें, जहाँ उन्हें प्रासंगिक लगा यत्र-तत्र अंग्रेजी भाषा का भी प्रयोग किया। कुछ विद्वान चाहते हैं कि बोडो साहित्य के मिशनरी काल को 'सिडनी इण्डले काल' का नाम दिया जाए क्योंकि वे बोडो साहित्य रचना के प्रथम व्यक्ति थे। उनके द्वारा 'कछारी' नाम से लिखी गई दूसरी पुस्तक उनके देहावसान के बाद वर्ष 1911 में प्रकाशित हुई।

3. पुरातन/प्राचीन साहित्य काल

20 वीं सदी के प्रथम दो दशकों को प्राचीन अथवा पुरातन बोडो साहित्य का काल माना जा सकता है। यह वही काल है, जब कुछ बोडो विद्वानों ने बोडो लिपि में बोडो पत्रिकाएँ निकालना प्रारम्भ किया। 'झेन्थोखा' (Zhenthokha) इस प्रकार की पहली बोडो पत्रिका थी। इसके तुरन्त बाद वर्ष 1924 में 'बिबर' नाम से पहली बोडो पत्रिका प्रकाशित हुई। तदन्तर 'बोरोनीगुडी सिबसा अरो अरोज' नाम से पहली बोडो पुस्तक वर्ष 1926 में प्रकाशित हुई। इसके बाद से बोडो साहित्य प्रकाशनों का दौर शुरू हुआ। इस काल में 'ओलोंगबर' (Olongbar) और 'हाथोर्खि हाला' (Hathorkhi Hala) नामक प्रकाशित पत्रिकाएँ प्राचीन बोडो साहित्य के उल्लेखनीय प्रकाशन माने जाते हैं। इन्हीं दिनों वर्ष 1952 में गोआलपाडा जिला के वासुगाँव में सम्पन्न हुए एक सम्मेलन में 'ऑल बोडो साहित्य सभा' का गठन हुआ, तभी से बोडो साहित्य का प्रारम्भिक इतिहास शुरू

हुआ, ऐसा माना जाने लगा। इसलिए, बोडो साहित्य के परिप्रेक्ष्य में वर्ष 1952 को 'मील का पत्थर' कहा जा सकता है।

4. पुनर्जागरण सहित अर्वाचीन साहित्य काल

बोडो साहित्य का आधुनिक काल वर्ष 1963 से प्रारम्भ माना जा सकता है, क्योंकि बोडो भाषा को इसी वर्ष मान्यता मिली थी। इसी वर्ष में बोडो भाषा और साहित्य के परिप्रेक्ष्य में कई सेमिनारों का आयोजन किया गया, जिसमें बोडो भाषा विज्ञान के विद्वान एवं शिक्षकगण ने हिस्सा लिया। बोडो भाषा के लेखन में समरूपता आए और इसके व्याकरण में नूतन शब्दावलियों का प्रवेश हो, इस विषय पर विस्तार से चर्चा हुई। बोडो भाषा की समृद्धि में बोडो व्याकरण की नूतन शब्दावलियों के प्रयोग पर विचार किया गया। इन्हीं दिनों बोडो भाषा को शिक्षा का माध्यम बनाया गया। पाठ्य पुस्तकों के लिए असमी व अन्य भाषाओं के भावों को अनुवादित कर बोडो भाषा में जोड़ा गया।

बोडो समाज की शैक्षणिक पाठ्यक्रम को पूरा करने के लिए अन्य समानार्थी भाषाओं के कुछ सहायक शब्दों को बोडो भाषा में समाहित किया गया। बोडो साहित्यकार, जो राष्ट्रीय भावना से ओत-प्रोत थे, उन्होंने धड़ल्ले से बोडो भाषा-लिपि में लिखना शुरू किया। परिणामतः बोडो भाषा में विभिन्न साहित्यिक विधाओं का प्रचलन शुरू हुआ और बोडो साहित्य पुनर्जागरण काल का प्रारम्भ हुआ। इसलिए यह माना जा सकता है कि बोडो साहित्य का आधुनिक काल, वर्ष 1963 से प्रारम्भ हुआ और इसके बाद से ही प्रचुर मात्रा में बोडो साहित्य तैयार हुआ है।

इस आधार पर, हम समझ और देख सकते हैं कि बोडो साहित्य का अलिखित साहित्यिक काल मात्र एक ही काल (युग) तक सीमित है, जबकि लिखित साहित्यिक काल को कई उप-भागों में बाँटा जा सकता है—(1) मिशनरी काल, (2) अर्वाचीन काल, (3) आधुनिक काल और (4) पुनर्जागरण काल।

मिशनरी काल सन् 1884 ई. से प्रारम्भ होता है, जिनके प्रणेता—'पादरी सिडनी इण्डले महोदय', जिन्होंने कछारी या भाषा व्याकरण की रचना की। यह अपने लिखित बोडो साहित्य का सर्वोत्कृष्ट उदाहरण पेश करता है। यद्यपि ऐसा कहा जाता है कि बोडो राजाओं के शासन काल में 'देवधाय' (Deodhai) लिपि प्रचलन में थी, जिसके अनुसार उनके शासकीय रिकार्ड व्यवस्थित किए जाते थे। इस लिपि के नमूने दिमापुर के शाही द्वार और अन्य ऐतिहासिक धरोहरों के पत्थरों पर उत्कीर्ण लिपियों से प्राप्त किए जा सकते हैं। विष्णु प्रसाद राभा के अनुसार—ऊपरी आसाम में अवस्थित सदिया के तामरेस्वामी मन्दिर के पत्थरों पर उत्कीर्ण लिपियों से बोडो प्रार्थनाएँ संग्रहीत की जा सकती हैं अथवा देखी जा सकती हैं। अहोम (Ahom) राजा के साम्राज्य में 'देवधाय-लिपि' में लेखन होता था लेकिन दुर्भाग्य कि इतिहास को बिगाड़ने वाले लोगों और उपद्रवी लोगों ने 'देवधाय-लिपि' के साक्ष्यों को मिटा दिया।

संयोगवश अगर 'देवधाय-लिपि' में लिखित बोडो साहित्य के नमूनों को तलाश किया जाए, तो मिशनरी काल के पूर्व लिखित बोडो साहित्य लेखन, लिपि और भाषा का पता चल सकता है और इस पर बोडो समाज गर्व कर सकेगा। फिलहाल बोडो साहित्य का विधिवत लेखन सर सिडनी द्वारा लिखित और प्रकाशित कछारी भाषा ग्रामर की पुस्तक से ही माना जा सकता है। सर सिडनी और उनके अनुवर्ती मिशनरी लेखकों के लेखन और प्रकाशन से बोडो साहित्य समृद्धि का पथ स्वमेव खुल गया। 'बिबर' नामक बोडो पत्रिका में अनेकानेक लेख/शोध लेख और रचनाएँ प्रकाशित हुईं थी। इसी आधार पर मिशनरी युग को 'सिडनी युग' कहा जा सकता है। यह भी प्रमाणित सत्य है कि 'मिशनरी काल' अथवा 'सिडनो इण्डले काल', जो लिखित बोडो साहित्य का स्वर्णकाल (युग) है, जो वर्ष 1984 से शुरू होकर वर्ष 1924 में समाप्त होता है। ठीक उसी के बाद दूसरा काल वर्ष 1924 से शुरू होकर वर्ष 1952 तक चलता है और इसे बोडो साहित्य के परिप्रेक्ष्य में पुरातन काल कहा जाता है।

सन् 1924 से 1940 का काल 'बिबर काल' माना जाता है, जिस दौरान 'बिबर' नाम की पत्रिका का निरन्तर प्रकाशन हुआ था, जिसमें बहुत सारे लेख/रचनाएँ प्रकाशित हुई थीं। इस पत्रिका ने अनेक लेखकों और उनकी रचनाओं से आम बोडो जनता का परिचय कराया था। अन्य दो पत्रिकाएँ 'ओलोंगबर' और 'हाथोर्खि हाला' भी क्रमशः सन् 1938 से 1940 तक प्रकाशित हो, आम जनता के बीच पहुँचती रहीं। इस प्रकार, बोडो साहित्य का प्राचीन काल धीमी गति से वर्ष 1952 तक चलता रहा। बोडो साहित्य का आधुनिक काल और या यूँ कहें कि पुनर्जागरण का काल, अत्याधुनिक बोडो साहित्य का इतिहास 1963 से शुरू होता है। पुनर्जागरण काल, इस अर्थ में कि अनेकानेक अन्य भाषाओं और लिपियों में लिखित बोडो इतिहास का बोडो भाषा में अनुवाद हुआ। इससे बोडो साहित्य समृद्ध हुआ। सभी भाषा में प्रकाशित पाठ्य पुस्तकों का बोडो भाषा में अनुवाद हुआ, जिसे 'असम शासन शिक्षा-विभाग' ने अनुमोदित और स्वीकृत किया था। तदन्तर बोडो विद्वानों ने स्कूल/कॉलेजों की मूल पाठ्य-पुस्तकें बोडो भाषा में तैयार कीं। बोडो भाषा के लिए अन्य भाषाओं के समानार्थी शब्दानुवादों को समय-समय पर शासकी मानदंडों के आवश्यकतानुसार संशोधित किया गया। बोडो लोगों और असम राज्य अथवा पूर्वोत्तर राज्यों में निर्वासित लोगों के बीच आपसी समझ और तालमेल की भावना निर्मिति अथवा समुचित विषय पर संगोष्ठियाँ और अनुवाद कार्यशाला भी आयोजित की गईं। बोडो भाषा में त्वरित गति से विकास के लिए अनेकानेक स्वैच्छिक संस्थाएँ आगे आईं, जिनमें 'सी.आई.आई.एल. मैसूर' (कर्नाटक), 'असम साहित्य सभा' और असम राज्य प्रकाश बोर्ड उल्लेखनीय रही हैं।

अनुवाद : *डॉ. राम अवतार गौतम*

बोडो लिखित-साहित्य का परिचय

स्वर्ण प्रभा चैनारी

बोडो भाषा की अपनी लिपि नहीं है। इसलिए लिखने के लिए उसे दूसरी लिपियाँ उधार लेनी पड़ी थी। आजकल बोडो भाषा के लिए देवनागरी लिपि प्रयुक्त होती है। अपनी लिपि न होने के कारण यहाँ भाषा की लिखित परम्परा ब्रिटिश और अमरीकी बैपटिस्ट मिशनरियों के आगमन के बाद ही शुरू हुई। निस्सन्देह, बोडो भाषा का लोक-साहित्य अत्यन्त समृद्ध है। यह उसे पीढ़ी दर पीढ़ी विरासत में प्राप्त हुआ है। इस भाषा में लोकगीत, कथाओं, कहावतों, पहेलियों, मंत्रों तथा लोक-साहित्य की दूसरी विधाओं को लिखित रूप में लाकर उन्हें संरक्षित करने का काम बहुत कुछ हुआ है लेकिन अभी बहुत काम बाकी है। यह एक दिलचस्प तथ्य है कि इस भाषा में लोक-साहित्य गद्य तथा पद्य दोनों रूपों में उपलब्ध है।

जहाँ गारो भाषा की लिखित परम्परा 18वीं शताब्दी के अन्तिम दशक में गारो शब्द-भंडार के संचयन के साथ शुरू हुई, वहीं बोडो भाषा में लिखित रूप 19वीं शताब्दी के आठवें दशक में जाकर आरम्भ हो पाया। इन भाषाओं में लिखित रूप की शुरुआत होने में लगभग सौ वर्षों का अन्तराल है। इसके बावजूद इन भाषाओं में उक्त समय में उपलब्ध लिखित सामग्री को लेखन की शुरुआत का आधार नहीं माना जाता। इसका मुख्य कारण यह है कि ये पूरी की पूरी अनुवादित सामग्री ईसाई धर्म प्रचार से सम्बद्ध थी। इसी उद्देश्य से ईसाई मिशनरियों ने दोनों भाषाओं में अनुवाद कार्य किया था। दरअसल दोनों भाषाओं में लेखन की वास्तविक शुरुआत 20वीं शताब्दी के आरम्भिक काल में हुई, जब साहित्य की रचना शुरू हुई। प्रस्तुत लेख में बोडो भाषा के लिखित साहित्य का संक्षिप्त जायज़ा लिया जा रहा है।

बोडो लिखित-साहित्य

बोडो भाषा में लिखित परम्परा की शुरुआत पहले के अविभाजित गोआलपाड़ा जिले में ब्रह्मपुत्र नदी की दक्षिणी घाटी में हुई। इसका बीजारोपण तो गंगा चरण कछारी ने 1915 में किया। इस वर्ष गद्य में उनकी कृति 'बोरोनि फिसा ओ आयेन' (बोडो बच्चे

और सम्बद्ध कानून) प्रकाशित हुई। यह कृति बोडो लिखित-साहित्य में 'मील का पत्थर' मानी जाती है। 1923 में रूपनाथ ब्रह्म और मदाराम ब्रह्म के संयुक्त सम्पादकत्व में बोडो काव्य की प्रथम पुस्तक 'खोन्थाइ-मेथाइ' प्रकाशित हुई। देशभक्ति, नैतिकता तथा बोडो समुदाय को सलाह, इस पुस्तक के मुख्य विषय हैं।

काव्य

1924 में 'बिबार' (फूल) नामक त्रैमासिक पत्रिका का प्रकाशन सतीश चन्द्र बसुमतारी ने किया। पत्रिका में गद्य तथा पद्य दोनों प्रकार की रचनाएँ शामिल थीं। उस काल के उल्लेखनीय कवियों में सतीश चन्द्र बसुमतारी, जलधर ब्रह्म, परसुराम ब्रह्म, रूपनाथ ब्रह्म, मदाराम ब्रह्म और कुछ अन्य थे। 'बाथौनाम बैसागूनी गिदु' (बाथौ, बैसागू के त्यौहार के गीत) जो प्रसन्न लाल खख्लारी द्वारा संकलित था, प्रकाशित हुआ। 1926 में मदाराम ब्रह्म द्वारा रचित काव्य-कृति 'बोरोनि गुदि सिबसा आरो आरोज्' (बोरो जनों के प्रथम भक्ति एवं प्रार्थना गीत) प्रकाशित हुई। 1930 में 'हाथोर्खि हाला' (तारक-समूह) नामक पत्रिका प्रमोदचन्द्र ब्रह्म के सम्पादकीय में छपी। इस पत्रिका में दो छायावादी कवियों–इसान चन्द्र मुसाहारी तथा प्रमोद चन्द्र ब्रह्म की कविताएँ छपीं। मुसाहारी बोडो साहित्य के इतिहास में प्रथम और महानतम छायावादी कवि माने जाते हैं। उनके दो कविता संग्रह 'सोनानि माला' (सोने की जंजीर) तथा 'फामी' (कमल) उल्लेखनीय है। महान् कवि काली कुमार लाहारी भी 'हाथोर्खि हाला' पत्रिका की ही उपज थे। वे मुसाहारी तथा ब्रह्म के समकालीन थे। मूलतः वे कवि थे और उनकी कविताओं में क्लासिसिज्म, रोमान्टिसिज्म तथा व्यंग चरित्र प्रचुरता से मिलते हैं। 'खोन्थाई बिजाब' नामक उनकी काव्य पुस्तक 1951 में प्रकाश में आई। कवि तथा गायक नीलेश्वर ब्रह्म की कृति 'बालाबगनई' प्रकाशित हुई। उल्लेखनीय है, उपरोक्त सभी कवि तथा उनकी रचनाएँ, बोडो साहित्य सभा की स्थापना से पहले की हैं।

बोडो जनों का महान् साहित्यिक संगठन बोडो साहित्य सभा 1952 में स्थापित हुआ। इसके अस्तित्व में आते ही बोडो साहित्य के इतिहास में तीव्र परिवर्तन की शुरुआत हुई और कई विधाओं में लेखन की नींव पड़ी। इस दौर में कविता अपने चरम उत्कर्ष पर पहुँची। इसमें बड़ी तेजी से गुणात्मक तथा मात्रात्मक विकास हुआ। इस काल के कुछ प्रमुख कवियों के नाम हैं–मनोरंजन लाहारी, समर ब्रह्म चौधुरी, ब्रजेन्द्र कुमार ब्रह्म, गुणेश्वर मुसाहारी, नंदेश्वर बोरा, धरणीधर वारी, सरोज बैस्यमुथियारी और अन्य। आधुनिक काल के उदीयमान तथा प्रखरतम् मेधा वाले कवियों में कतीन्द्र स्वर्गियारी, अंजलि नार्जारी उर्फ अंजू, औरोबिन्दो उजिर, बिजोय बागलारी, भूपेन्द्र नारायण बसुमतारी तथा कुछ अन्य हैं। बोडो काव्य साहित्य की आधुनिक शैली के ये प्रवर्त्तक माने जाते हैं।

बोडो साहित्य सभा की स्थापना से पूर्व बोडो भाषा में काव्य, नाटक तथा कहानी

आदि कुछ ही विधाओं में लेखन होता था। कहानियों की संख्या तो बहुत ही कम थी और लेखों के नाम पर वस्तुनिष्ठ लेख उपलब्ध थे। इसीलिए कहा जाता है कि बोडो साहित्य-सभा की स्थापना से ही बोडो भाषा का पुनर्जागरण युग आरम्भ होता है। अतः इस सभा के स्थापना वर्ष 1952 ई. को बोडो भाषा एवं साहित्य दोनों के विकास में मील का पत्थर माना जाता है।

कथा-साहित्य

काव्य साहित्य के बाद कहानी विधा का उल्लेख ज़रूरी है। बोडो साहित्य में प्रथम कहानी का स्थान 'अबारी' (एक लड़की का नाम) नामक रचना को प्राप्त है। इसके रचनाकार थे इसान चन्द्र मुसाहारी, जिन्होंने केवल एक ही कहानी लिखी। एक युवती के उल्लासमय तरुण भावों को चित्रित करनेवाली इस कहानी को समाज के हर हिस्से से सराहना और प्रशंसा मिली। यह कहानी प्रमोद चन्द्र ब्रह्म द्वारा सम्पादित पत्रिका 'हाथोर्खि हाला' (1930) के प्रथम अंक में छपी थी। हालांकि बोडो भाषा की प्रथम पत्रिका बिबार में इससे पहले ही प्रमोद चन्द्र ब्रह्म की कहानी 'रोंगदासि फाग्लि' छप चुकी थी। इस प्रकार 'ओलोंगबर' (ध्रुव तारा), 'आलारी' (ज्योति) तथा 'मुशरी आरो सानस्रि' (आकार और विचार) आदि पत्रिकाओं में जितेन ब्रह्म, सतीश चन्द्र बसुमतारी, प्रसेनजित ब्रह्म तथा अन्य कहानीकार लेखन कर रहे थे।

बोडो कथा साहित्य का वास्तविक पुनर्जागरण काल तो 'बोडो साहित्य सभा' के मुखपत्र 'बोडो' के प्रकाशन से आरम्भ हुआ। 1953 में इस पत्रिका में 'लीला ब्रह्म' कृत बोडो साहित्य की प्रथम आधुनिक कहानी 'गशनी दाहा' (हृदय की पीड़ा) छपी। उस समय से बोड़ो कहानी ने द्रुत गति से विकास किया। पुस्तकाकार प्रथम कहानी संग्रह 1970 में 'फईमाल मीजिंग' (असफल महत्त्वाकांक्षा) छपा जिसके रचनाकार थे चितरंजन मुसाहारी। उनका दूसरा कहानी संग्रह 'थालिम' (रिहर्सल) 1974 में प्रकाशित हुआ।

कथा-साहित्य के सबसे उल्लेखनीय हस्ताक्षरों में नीलकमल ब्रह्म का नाम आता है। वे बोडो साहित्य के महान्तम कथाकार माने जाते हैं। उनके कथा-संग्रह इस प्रका हैं—'हाग्रा गुदुनि मई' (गहन जंगल का हिरन) 1972, 'सिलिङखर' (विनाश) 1985, 'सिरीनाय मंदर' (मंदर फूल की शाखाएँ) 1983 और 'मेम दाऊदई' (एग लेडी) 1985। इस विधा के अन्य रचनाकार हैं मनोरंजन लाहारी, समर ब्रह्म चौधरी, ब्रजेन्द्र कुमार ब्रह्म, गणेश्वर मुसाहारी, नंदेश्वर बोरो, धरणीधर वारी, जनिल कुमार ब्रह्म, हरिभूषण ब्रह्म, नन्देश्वर दयमारी, नबीन मल्ला बोडो, कतीन्द्र स्वरगियारि और अन्य।

नाटक

नाटक साहित्य में पहली कृति सतीश चन्द्र बसुमतारी की 'नालाबुहा' है। यह एकांकी

नाटक है। पहला पूर्ण बोडो नाटक मनिराम इसलारी कृत *हाम्फे फारला* था। *बोडो साहित्य सभा* के जन्म से पूर्व के अधिकांश नाटक अनूदित थे। स्वरचित नाटक कम थे। उस काल के नाटक तथा उनके प्रमुख रचनाकारों के नाम निम्न प्रकार हैं–उमेश चन्द्र मुसाहारी कृत 'गन्दाराम फारला', सतीश चंद्र बसुमतारी कृत 'दर्शन झलाओ'ए 'रानी लाइमुथी'ए 'नायफीन जायई', 'बिखानी' अथवा 'नालाबुहा'। द्वारेन्द्रनाथ बसुमतारी कृत 'राजा नीलाम्बर', 'सुखारु-दुखारु', 'बिमा बाथुल', 'जूली बिजुली', 'चित्रांगदा', 'रंगालु झलाओ', 'अनासोन-कलासोन', 'निहारी', 'दानेक राजा' और 'सोनानी मायबांग'। मणिराम इसलारी, भाबेन फरंगिरी, मदाराम ब्रह्म, अमरेन्द्र ब्रह्म, सुन्दर सिंह वारी तथा लाल मोहन ब्रह्म का भी इस काल में महत योगदान रहा।

बोडो साहित्य सभा के जन्म के बाद उभरे अन्य महत्त्वपूर्ण नाटककार हैं–मोनरंजन लाहारी, कमल कुमार ब्रह्म, सुरथ नार्जारी, मंगल सिंह हाजोवरी तथा कतीन्द्र स्वर्गियारी। इस काल के महानतम नाटककार कमल कुमार ब्रह्म हैं। उन्होंने सामाजिक और ऐतिहासिक दोनों प्रकार के नाटक रचे, जिनमें प्रमुख हैं–'गरन्थी' (1954-55), 'गंदान फईसाली' (1957), 'गरन्थिनी ऊनाओ' (1964), 'मंदारनी मदई' (1964), 'होरबादी खमसी' (1986) अथवा 'जिउनी सिमांङ' (1986)। ये सभी सामाजिक नाटक हैं। 1962 में प्रकाशित उनका एकमात्र ऐतिहासिक नाटक 'राजा इरागदाओ' है। मंगल सिंह हजोवारी ने ऐतिहासिक तथा अनुश्रुतियों पर आधारित नाटक लिखे। उनके ऐतिहासिक नाटक हैं 'समदन' (1984) और 'झलाओ दैमालु' (1991)। 'जाओलिया दिवान' (1991) अनुश्रुतियों पर आधारित नाटक है। 'हांङमा हांङसा' (1959), 'आनारी' (1963), मनोरंजन लाहारी द्वारा लिखित दो सामाजिक नाटक हैं। 'सान्दो बाओदिया' (1988) एक पौराणिक नाटक है और 'हादानाओ बईसागो' (2001), एक सामाजिक नाटक है। सन् 2003 में प्रकाशित 'चिन्तावती' प्रतीकात्मक नाटक है। उसी वर्ष में प्रकाशित हुआ 'मुगानी थान्डई'। इन नाटकों के रचयिता हैं, क्रमशः सुरथ नार्जारी, कतीन्द्र स्वर्गियारी, अनिल ब्रह्म तथा मधुराम बोरो।

उपन्यास

कहानी तथा नाटक की तुलना में उपन्यास बोडो साहित्य में बहुत हाल में शुरू हुई विधा है। 1962 में जाकर कहीं पहला बोडो उपन्यास 'जुजाइनी' (भूसे की आग) प्रकाशित हुआ जिसे चित्तरंजन मुसाहारी ने लिखा था। उल्लेखनीय है कि मुसाहारी बोडो साहित्य के प्रथम उपन्यासकार हैं। उन्होंने इस विधा में सबसे अधिक योगदान किया। उनके उपन्यासों के नाम हैं–'गर्ल्स हॉस्टल, खंड-1', (1981) तथा 'गर्ल्स हॉस्टल, खंड-2' (1982) और 'बिलगऽ', 'कॉलगर्ल', 'सुजाता', 'मदई'ए 'हाबानी आस्थाम' तथा अन्य। एक अन्य उपन्यासकार मनोरंजन लाहारी के चार उपन्यास प्रकाशित हुए, जिनके नाम हैं–'खारलुंग' (1976), 'हायना मुली' (1985), 'गाओदाङ' (1986) तथा 'रेबेका'

(1991)। इसी प्रकार धरनीधर द्वारा कृत 'मईहुर' (1980) में प्रकाशित हुआ तब नंदेश्वर दयमारी कृत 'मंजूबाला देवी' (1980), में कतीन्द्र स्वर्गियारी कृत 'जारवुली' (Zarwuli) (1999) में और 'खमसीनीफ्राई सराङ थिङ' (2002) में। 'सान मखाङगिरी लामाजङ' (2002) तथा 'तिरेन बोडो' कृत 'बिग्राई आरो दईस्राई' भी उल्लेखनीय कृतियाँ हैं।

जीवनी

जीवनी-लेखन की विधा में बोडो भाषा में बहुत ज़्यादा काम नहीं हो पाया है। एक तो इस विधा में लेखन बहुत देर से हुआ। काली चरण ब्रह्म (जूनियर) की पुस्तक 'सरनाई गुरु देवनी बसन' इस विधा की प्रथम पुस्तक है। उन्होंने अपने गुरु काली चरण ब्रह्म (वरिष्ठ) के जीवन तथा उपदेशों को इसमें शामिल किया है। उसके पश्चात महान् बोडो व्यक्तियों तथा अन्य राष्ट्रीय तथा अन्तर्राष्ट्रीय स्तर पर जाने-माने लोगों की जीवनी लिखी गई या अनूदित की गई। इनमें प्रमुख नाम हैं—पद्मश्री मदाराम ब्रह्म, बिहुराम बोडो, महामानव महात्मा गांधी, मैक्सिम गोर्की, भीमराव अम्बेडकर, अलबर्ट आइंसटीन, बेंजामिन फ्रैंकलिन।

यात्रा-वृत्तान्त

बोडो साहित्य में यात्रा-वृत्तान्त भी बहुत कम संख्या में हैं। मोहिनी मोहन राभा ने इस विधा में अग्रणी कार्य किया। अपने दो यात्रा-वृत्तान्तों क्रमशः 'अमेरिकायाओ दावबाईनाई' (अमेरिका में सफ़र) तथा 'चीन हादराओ दान्दिसे' (चीन में कुछ महीने) में उन्होंने सन् 1994 में अमेरिका तथा चीन में अपनी यात्रा के अनुभवों का वर्णन किया है। इस विधा में हस्तक्षेप रखनेवाले दूसरे लेखक हैं नवीन मल्ला बोरो। उन्होंने दो सफरनामे लिखे हैं—'लईथऽ रुगुङ सोमनाथ दारोकानी मजमसे बिसम्बी' (सोमनाथ द्वारका में समुद्र तट की कुछ स्मृतियाँ, 1996) तथा 'चित्रकुटनी फ्राई माऊट आबू' (चित्रकूट से माउंट आबू तक, 1998)। इस विषय में यू.जी.ब्रह्म का नाम भी उल्लेखनीय है। उनका यात्रा-वृत्तान्त है 'हेलवेनसियानी जेनेवायाओ जिसे सान' (हेलवेनेसिया के जेनेवा में ग्यारह दिन)।

बाल-साहित्य

बोडो बाल-साहित्य भी अपर्याप्त तथा अविकसित है। हालाँकि इसमें गद्य तथा पद्य दोनों में काम हुआ है किन्तु गद्य लेखन का हिस्सा अधिक है। बाल-साहित्य में सामान्यतः शिशु-गीत, खेल-गीत, कहानियाँ, साहसिक कारनामे, ऐतिहासिक नायक तथा नायिकाएँ, नैतिक पाठ में कुछ महान् व्यक्तियों की जीवनियाँ हैं। इनमें भी अधिकांश इतर भाषाओं

के अनुवाद अथवा उनके संक्षिप्त रूप हैं। नवीन तथा परिवर्तनकारी रचनाएँ जिनसे बाल मानसिकता का विकास हो सके, इस भाषा में विरल हैं। आलोचनात्मक साहित्य का इतिहास भी बोडोभाषा में बहुत पुराना नहीं है। इस विधा में अधिकांश महत्त्वपूर्ण कार्य करने का श्रेय मनोरंजन लाहारी, ब्रजेन्द्र कुमार ब्रह्म, गणेश्वर मुसाहारी, राखाओ बसुमतारी, मधुराम बोडो तथा डॉ. अनिल बोडो, फूकन चन्द्र बसुमतारी, बिजोय बागलारी तथा अन्य को जाता है। इस सम्बन्ध में ब्रजेन्द्र कुमार ब्रह्म कृत 'थुनलाइ आरो सानस्त्रि'ए अनिल बोडो कृत 'बोरोथुनलाइनि मोहोर आरो मुस्त्रि' (1996), मनोरंजन लाहारी कृत 'नज़र' (1992), फूकन चन्द्र बसुमतारी कृत 'नईजी जऊथाईनी बोडोखोथाई' (2002), बिजय बागलारी कृत 'सुङ्दोयई थुन्लाई बिजिर्नाई' (2003) और कुछ अन्य का उल्लेख किया जा सकता है। पर सच्चाई यही है कि बोडो आलोचना साहित्य को विकास के शिखर को छूने के लिए अभी लम्बी यात्रा करनी होगी।

अनुवाद : *अकील कैस*

राभा भाषा में साहित्य-लेखन

फुकन चन्द्र बसुमतारी

राभा साहित्य में लेखन की परम्परा की शुरुआत बीसवीं शताब्दी के प्रारम्भ में सन् 1909 में 'मार्कनी नीमः साइकाइ' नामक एक धार्मिक पुस्तक के प्रकाशन से हुई। यह मूल बाइबिल में शामिल 'गोस्पेल आफ मार्क' का रोंगदनिया बोली में अनुवाद है। सम्भवतः यह राभा भाषा में लिखित साहित्य का प्राचीनतम नमूना है। सन् 1926 में पूर्ण चन्द्र कोच (Koch) ने एक धार्मिक पुस्तक 'पेनम् लामउ डेम' की रचना की। इसके अतिरिक्त राजेन रंगखो (Rajen Rongkho) और अधर बान्थो (Adhar Bantho) ने भी राभा साहित्य में कुछ उत्कृष्ट रचनाएँ लिखीं। इन कृतियों में ईश्वर चन्द्र हातो (Ishwar Chandra Hato) द्वारा प्रकाशित तथा राजेन रंगखो द्वारा (राभा भाषा पर) लिखित दो पुस्तकें 'राभा जिवराओ ओर्गी' (Rabha Zibrao Orgi) और 'भाग टेक्कन' (Bhag Tekkan-1948) तथा सन् 1950 में अधर बान्थो कृत 'राभा भाषा' (राभा भाषा में लिखित) उल्लेखनीय हैं। इस काल में, कई सामाजिक एवं सांस्कृतिक संगठन अस्तित्व में आए। उदाहरणार्थ 'राभा कृष्टी सनमिलन' (1955) ने राभाओं के उत्थान के लिए बहुत-सी प्रभावकारी योजनाओं की शुरुआत की। स्वर्गीय राजेन पॉम तथा राजेन राभा ने इस दिशा में अग्रणी योगदान दिया।

सन् 1957 में प्रसन्ना कुमार पॉम ने 'दोदान बीर' नाम का एक ऐतिहासिक नाटक लिखा जो कि सम्भवतः राभा भाषा का प्रथम नाटक था। उसके पश्चात् आहिस्ता-आहिस्ता ही सही सामाजिक एवं सांस्कृतिक विषयों पर कई और उत्कृष्ट राभा नाटक लिखे गए। इसी प्रकार बिनेश्वर कुमार सन्टोक ने 'जाबेद बीर' नाम का एक ऐतिहासिक नाटक लिखा तथा राजेन पॉम ने 'सीरीगीनी रीसी' एवं 'रंगसारी' नामक नाटकों की रचना की। राजेन पॉम ने कई मूल बंगाली नाटकों का असमिया भाषा में अनुवाद भी किया। सन् 1988 में डॉ. उपेन राभा हाकासम ने 'सती दूमकचि' नामक एक द्वि-भाषी (राभा-असमिया) नाटक लिखा। इसके अलावा उन्होंने 1988 में एक ऐतिहासिक नाटक भी लिखा जिसका नाम 'रंगीर परसुराम' था। राभा नाट्य साहित्य के क्षेत्र में जिन नाटककारों का विपुल योगदान रहा है उनमें प्रकाश राभा, नरेन राभा हाकासम, खानिन राभा, अनिल हाड्डू, अनिल राभा, उदय राभा आदि उल्लेखनीय हैं।

सन् 1973 में प्रथम राभा पत्रिका 'जातीनी खुरन'(जाति सन्देश) छपनी शुरू हुई। इसका सम्पादन प्रकाश राभा ने किया। इसी दशक में, सन् 1978 में 'चामपाइ' (मधुकोष) नामक एक उत्कृष्ट पत्रिका भी प्रकाशित हुई जिसका सम्पादन लिस्ती राभा रंगखो ने किया था। उल्लेखनीय है कि इन दोनों पत्रिकाओं ने राभा में काव्य, गद्य, कहानी, लघु उपन्यास जैसी साहित्य विधाओं के उत्थान में प्रभावशाली भूमिका अदा की है। सन् 73 में 'जातीनी खुरन' में प्रकाशित लिस्ती राभा रंगखो द्वारा लिखित 'फेसेक तोरानकायतो' राभा भाषा का पहला लघु उपन्यास था। बीसवीं शताब्दी के अन्तिम दशक में राजेन पॉम ने सामाजिक लोक-परम्पराओं एवं सांस्कृतिक पहलुओं पर केन्द्रित 'जानोन जिनोन' 1990 (नदी एवं नाले) तथा 'दाइदि' नामक उपन्यास लिखे। उल्लेखनीय है कि समकालीन राभा साहित्य में प्रकाशित उपन्यास एवं लघु उपन्यासों की संख्या बहुत बड़ी नहीं है।

राभा लेखकों एवं कवियों द्वारा लिखित अधिकांश कविताओं तथा लघु कथाओं को छापने का श्रेय 'चामपाइ' पत्रिका को जाता है। इन कविताओं व कहानियों के विषय थे—धर्म, संस्कृति, नीति-शास्त्र तथा सामाजिक उन्नति के लिए राभाओं को प्रेरित करना। राभा साहित्य के 'चामपाइ-युग' यानी 1978 से 1982 के दौरान के कुछ प्रसिद्ध कवियों में चारूमोहन राभा, प्रकाश राभा, भाबेन राभा, भूपेन राभा, सुरनजीब बकसक तथा माला राम राभा आदि के नाम शुमार हैं। 'चामपाइ-युग' के दौरान कुछ उत्साही राभा कवियों ने कुछ असमिया कविताओं का राभा में अनुवाद भी किया गया। लिस्ती राभा ने उमर खय्याम की कुछ प्रसिद्ध रुबाइयों का राभा में अनुवाद किया। इसी प्रकार राभा जिन्हें हातो मामा भी कहा जाता है ने मित्रा देवी माहन्ता द्वारा रचित असमिया कविता 'भानी झूले' को अनूदित किया। इसके अलावा चारू दाबांग असमिया भाषा के प्रसिद्ध कवि नीलामणि फुकनकी कविता 'झुसि' (Xusi) का राभा में 'पिठार' (Pithar) शीर्षक (जिसका अर्थ है—पवित्र) से अनुवाद किया। आनन्द चन्द्रा अग्रवाल की कविता 'आई' (अर्थात् माँ) का अनुवाद चारूमोहन राभा ने राभा में 'ऐया' (Aia) नाम से किया। एक अन्य कवि सामेश्वर राभा ने चन्द्र धर बरूआ की असमिया कविता 'धुलीकाना माई' का राभा में अनुवाद किया, जिसका शीर्षक राभा में उन्होंने रखा— 'गोसा धुरी अन' (मैं धूल हूँ)। राभा में 'हान्दार नाय' शीर्षक से उपेन चन्द्र राभा द्वारा लिखित कविताएँ एवं गद्य रचनाएँ 'चामपाइ' पत्रिका में प्रकाशित हुईं। यहाँ यह बताना आवश्यक है कि इस पत्रिका के प्रकाशन से पूर्व भी राभा में दो काव्य ग्रन्थ लिखे गए थे, जिसमें से एक था सन् 1963 में लक्ष्मी फेनेन द्वारा लिखित 'रानदाना चन्दाना' तथा दूसरा सन् 1966 में खगेन हातो का 'हाचुइनी खुरन' जो कि रूमानी शायरी का एक संकलन था। इन दोनों काव्य ग्रंथों के बाद, इसी युग में चन्द्र मोहन राभा ने एक काव्य-ग्रंथ 'खुसोमब्रिप्पर' की रचना की। 1987 में एस. एम. सन्टोक ने रूमानी विचारोंवाली सत्रह कविताओं के एक काव्य-संग्रह 'टोकरानी खुरन' की रचना की। बीसवीं सदी के अन्त तक धर्म, संस्कृति एवं विरासत जैसी राष्ट्रीय भावनाओं से ओत-प्रोत कुछ काव्य रचनाएँ भी राभा में प्रकाशित हुईं। अधिकतर कविताएँ तुकबन्द दोहों के रूप में लिखी गईं। इस काल में बहुत सी रूमानी कविताएँ भी लिखी गईं। जगत

कामा नामक एक कवि द्वारा सामाजिक एवं सांस्कृतिक विषयों पर रचित बहुत सी कविताएँ 'दोंचनाबें' नामक काव्य संग्रह में प्रकाशित की गईं। बीसवीं सदी के अन्त में इकतालीस रोमानी कविताओं का काव्य संकलन 'मदपकाय गन्थीनी खुरन' (हृदय रूदन) प्रकाशित हुआ, जिसमें परीक्षित राभा ने मुख्यतः राष्ट्र-प्रेम एवं प्रकृति-प्रेम जैसे विषयों पर कविताएँ लिखीं।

इक्कीसवीं शताब्दी के प्रारम्भ में हीमा राभा एवं रिनीकी चुरचुंग पॉम जैसे कुछ उदीयमान युवा कवियों ने राभा साहित्य की काव्य-विधा के क्षेत्र में अग्रणी भूमिका अदा की। सन् 2000 में हिमा राभा (Hima Rabha) का रूमानी कविताओं का एक संग्रह 'चरपक' प्रकाशित हुआ जबकि सन् 2001 में रिनीकी चुरचंग पॉम का 'मुकाचारी' शीर्षक से एक रूमानी काव्य-संग्रह छपा। इन दोनों काव्य-संकलनों की राभा आलोचक डॉ. मलीना देवी राभा ने बहुत सराहना की है। सन् 2002 में नितॉय राभा ने 'रचाक पार' नामक 26 कविताओं वाले एक प्रसिद्ध काव्य ग्रंथ की रचना की। गोलपाड़ा जिले की निरूपमा राभा द्वारा इस काव्य पुस्तक का प्रकाशन किया गया। 'बी.आर.के.आर.' के अध्यक्ष श्री जगत राभा ने इस ग्रंथ की प्रशंसा में अभिव्यक्त अपने उद्‌गारों में लिखा है—"इसमें संकलित कविताएँ देश-प्रेम, प्रकृति-प्रेम की भावना एवं समाज व धर्म से सम्बन्धित विभिन्न पहलुओं का यथोचित आकलन करती हैं।" इसी वर्ष राभा गीतों पर भी दो पुस्तकें प्रकाशित हुईं, वे हैं—सुलोचना राभा की 'नानी चीका जोराई' तथा सन्देश बकसका की 'हसोनी परचान'।

बोडो साहित्य में कहानी लेखन का आरम्भ 1938 में हुआ था जबकि राभा में इसकी शुरुआत काफी समय बाद 1982 में हुई। अतः तुलनात्मक दृष्टि से कहानी लेखन के क्षेत्र में राभा साहित्य बोडो साहित्य जितना समृद्ध नहीं है। एक तरुण लेखक दुरज्योधन राभा जूरो द्वारा लिखित कहानी 'तुखुर सबरा' 'चामपाइ' पत्रिका के सन् 1982 के चौथे अंक में प्रकाशित हुई। यह सम्भवतः राभा कथा साहित्य के क्षेत्र में प्रथम तथा महत्त्वपूर्ण रचना थी। इसी लेखक ने वर्ष 2000 में 'प्रमचीना थेकॉय' नामक एक अन्य कथा संग्रह की भी रचना की। इसमें दो कथाओं का असमिया अनुवाद भी शामिल है। इसके पूर्व स्वर्गीय राजेन राभा ने भी कुछ कथाएँ लिखीं जिन्हें सन् 2001 में राभा भाषा परिषद् द्वारा 'गोपचनी गनखॉय' नामक शीर्षक से प्रकाशित किया गया। हाल के कुछ समय में राभा कहानियाँ राभाभाषी पाठकों द्वारा बहुत सराही गई हैं। राभा कथा के क्षेत्र में एक उल्लेखनीय लेखक हैं—झरना चीकासम (उपनाम), जिनकी लिखी दो मूल कहानियों—'हासोन सीरी' (1994) एवं 'हबायनी सोन्सार' (1994) की राभा पाठकों द्वारा असीम सराहना की जाती है। यह गौरतलब है कि राभा साहित्य में कथा-लेखन धीरे-धीरे ही सही परन्तु निश्चित रूप से उन्नति की ओर अग्रसर है। राभा साहित्य लेखन ने यूँ तो उल्लेखनीय तरक्की की है, फिर भी राभा में आलोचना, बाल-साहित्य, यात्रा-वृतान्त, जीवनियाँ एवं व्यंग्य जैसी साहित्यिक विधाओं में लेखन की परम्परा अभी अपने शैशव काल में ही है।

अनुवाद : *अकील कैस, योगेश कुमार*

राभा काव्य साहित्य की एक झलक

रूपक कुमार राभा

यद्यपि राभा लोग सदियों से अपने लोकसाहित्य में सम्पन्न व समृद्ध रहे हैं लेकिन उनके काव्य या गीतों के माध्यम से विचारों और भावों की लिखित अभिव्यक्ति का सिलसिला बीसवीं शताब्दी के उत्तरार्द्ध में आरम्भ होना माना जाता है। वड्र्सवर्थ की कविता की परिभाषा, जिसमें उसने कविता को बलवती भावनाओं का स्वतःस्फूर्त विस्फूर्जन बताया है, राभा काव्य के बारे में भी समीचीन है।

सन् 1978-1982 के बीच प्रकाशित 'चामपाई' को एक युग-प्रवर्त्तक साहित्यिक पत्रिका माना जाता है। यह पत्रिका कवियों और गीतकारों के लिए अपने विचारों और भावनाओं की अभिव्यक्ति का सही मंच सिद्ध हुई। तदनुसार राभा-साहित्य को तीन कालावधियों में वर्गीकृत किया जाता है—'पूर्व चामपाई', 'उत्तर चामपाई' और आधुनिक।

पूर्व चामपाई युग : 1978 के काल-पूर्व अवधि के प्रसन्न पाम, प्रभात राभा, गनपति पाम, लिस्टी राभा रंगखों आदि प्रमुख कवि थे। इनमें से राजेन पाम और प्रसन्न पाम तो इस क्षेत्र के अग्रगामी कवि थे। इन दो अग्रगामी कवियों ने अपने गीतों एवं कविताओं के माध्यम से राभा लोगों को अपनी पहचान व अपने जागरण के क्रान्तिकारी पथ की ओर बढ़ने को उत्प्रेरित किया। प्रकृति-प्रेम, राष्ट्रीय भावना से ओत-प्रोत क्रान्तिकारी विरोध ही इस काल के काव्य व गीतों की विषयवस्तु है। प्रसन्न पाम के गीतों और कविताओं में प्रकृति से प्रेम के अलावा दार्शनिक या छायावादी रचनाएँ भी देखी जा सकती हैं। प्रसन्न पाम का निम्न पद्यांश उसके प्रकृति के प्रेम की वास्तविक भावना लिए हुए है।

ओ नीलगिरी पर्वत/किसके साथ हो तुम/पीले और सफेद परिधान में लिपटे/सुन्दर ! सबसे सुन्दर.../इसके बावजूद भी तुम हो...

इस काल में रोमांटिक गीत व कविताएँ भी कम नहीं लिखी गईं। ऐसी ही रोमांटिक अभिव्यक्ति मुखर हुई है *राजेन पाम* की निम्न पंक्तियों में—

पर्वत की चोटी पर/बैठे एक पेड़ के नीचे/कल-कल करती सरिता के किनारे तुम्हें देखा मैंने/अब जब मैं करता हूँ याद बीते क्षणों की/पाता तुम्हें मैं उल्लसित

हर्षित नहाते/कल-कल करती सरिता के धारे !

यद्यपि राजेन पाम एवं प्रसन्न पाम को 60 से 70 के दशक के राभा कवियों और रचनाकारों के रूप में मान्यता मिल चुकी थी, राजेन पाम का काव्यांश 'कारानलर मौ सरा सुर' (1999) में और प्रसन्न पाम का 'सिल्पि प्रसन्न पामर गीत' का प्रकाशन उनकी मृत्यु के बाद सन् 1984 में हुआ। यहाँ रोमांटिक कवि खगेन हादो की 'हाचुइनी खुराङ' की चर्चा किया जाना समीचीन होगा। खगेन हादो की 'छोडिनि तुखुर' प्रतीकात्मक कविता है। प्रसन्न पाम के लेखन में शोकगीत भी मिल जाते हैं।

चामपाई युग : इस कालावधि में भक्ति संगीत एवम् देशभक्ति की भावनायुक्त गीत ही राभा कविताओं के मुख्य आधार रहे। कोई अन्य प्रवृत्ति इस काल में नज़र नहीं आती। हाँ इस काल में नई सोच पर आधारित, कुछ नया सर्जन भी हुआ है।

इस कालावधि के उल्लेखनीय कवि हैं–लिस्टि राभा रंगखो, प्रकाश राभा, सुलोचन राभा, मणि राभा, दलेन रुंदुं, मतीराम राभा, नरेन हाकाचम, निस्तो राभा, अमरसिंह कोच, चारु दाबाँ आदि।

राभा कवियों की रचनाओं में इस काल में व्यंग्य साहित्य, के नाम पर केवल एक 'तिकाङि काथा' ही सामने आई जो मणि राभा के कविता-संग्रह सन् 2002 में प्रकाशित 'चार्पकङि खुरां' में थी।

चारु दाबां की 'खुसुमब्रिप पार' रोमांटिक दार्शनिक कविताओं एवं सम्बोधन गीतों अर्थात् 'ओड्स' का संग्रह है। सुलोचन राभा के काव्य-संग्रह 'नाङि चिका झराय' में क्रान्तिकारी देशभक्ति और रोमांटिक भावनाओं से ओत-प्रोत कविता पढ़ने को मिलती है।

असमी भाषा से राभा भाषा में काव्यानुवाद का सिलसिला इसी समय प्रारम्भ हुआ। इन काव्य अनुवादों में निम्न नाम उल्लेखनीय हैं–लिस्टि राभा रंगखो का अमरनि मुनि नाम, प्रकाश राभा का नुखार रेङो ममो, चारु दाबां का पिथार व आया, सामेश्वर राभा का मोछा धुरि आङ।

इस युग के काव्य साहित्य में दार्शनिकता का आभास हमें चारु दाबां के 'चाबन्ना' में शामिल कुछ पद्यांश में मिलता है। यदि हमारे कृत्य अनैतिक हों तो जीवन की दीर्घता लघुता में बदल जाती है–

सुबह का खिला फूल/शाम को मुरझा जाता है/फिर भी कोई नहीं भूलता गुलाब के फूल को

चामपाई-युग की एक अन्य नई सशक्त रचना डॉ. उपेन राभा हाकाचम द्वारा रचित गद्य-काव्य 'हान्दार नाय' है।

उत्तर चामपाई आधुनिक युग : उत्तर चामपाई युग में राभा भाषा ने एक स्तर तक मानवीकरण पर दक्षता प्राप्त कर ली थी। कई कवियों की इस प्रकार की काव्य रचनाएँ प्रकाशित भी हो चुकी हैं।

परीशित राभा, सन्देश बक्शॉक, बिनॉय कुमार राभा, बिश्वनाथ तारा राभा,

अनेश्वर राभा हाकाचम, महेश्वर राभा, बोलाई राभा हादू, रेणुका बकशॉक, तापेश्वरी राभा, कामेश्वर राभा, भद्रेश्वर राभा, नमनी कान्त बार्चुङ, बरेन्द्र राभा, रोमेश राभा, नित कुमार दिपका, नित पदमिनि राभा, रोबेन चन्द्र राभा, कीर्तन जुरो, ब्रोजेन्द्र राभा आदि, इस काल के कुछ प्रमुख नाम हैं। पिछले काफी वर्षों से हिमा राभा और रिन्की चुरुचंग के नाम भी आधुनिक कवयित्रियों के रूप में उभरे हैं।

इसके अतिरिक्त चामपाई युग के प्रमुख कवि—चारु दाबां, निश्तो बख्शोक, भावेन सन्ताक, खगेन हादो, नरेन राभा हाकाचम, सामेश्वर राभा, उपेन राभा हाकाचम आदि की काव्य-सर्जना का कार्य सतत् जारी है।

इन राभा कविताओं का समान लक्षण भक्ति-भाव और राष्ट्रीय भावनाएँ रही है। दरअसल यह युग ही उपर्युक्त भावनाओं व विचारों से ओत-प्रोत रहा है। इस युग की क्रान्तिकारी आवाज़ और भी सशक्त रूप से अभिव्यक्त हुई महसूस की जा सकती है। पिछड़ापन, जातीय पहचान का लोप, जनजातीय संस्कृति के रक्षार्थ आमजन को आगे आने का आह्वान आदि कुछ बिन्दु हैं, जो इस युग की कविताओं की प्रमुख विषयवस्तु रहे हैं। कवियों द्वारा, तेजी से होते अपनी मातृभाषा के लोप से उसे बचाने का आह्वान भी एक तीक्ष्ण और मर्मस्पर्शी विषयवस्तु रहा है।

निताई राभा की रचना 'रिसि प्राऊवा' का निम्न अंश मातृभाषा की रक्षा के आह्वान का एक समीचीन उदाहरण है—

> *लेमा बोलने के प्रयास में/तुमने खो दी है अपनी ज़बान—अपनी बोली/हमारी ज़बान भी कम नहीं किसी कदर भी/मिठास में/फिर क्यों करें हम दूसरों का अनुसरण—/दूसरों की नकल*

राभा कविताओं में रोमांस व प्रकृति-प्रेम की कमी महसूस नहीं होती। सुरंजीव बक्शोक की कृति 'अंगी चाय' से उन्हें एक मार्क्सवादी विचारधारा वाले क्रान्तिकारी कवि के रूप में मान्यता मिली। सुरंजीव बक्शोक की 'अंगी चाय' की निम्न कविता पंक्तियों में एक बड़ी मार्मिक क्रान्तिकारी विचारधारा मुखर होती है—

> *भूख की आग है, मेरे गीत की आग/शमशान-भूमि में जलाती/जो मृत काया को/शव-यात्रा की आग है मेरे गीतों की आग/मेरे गीतों की होगी आलोचना/जल उठेगा मेरा दिल...*

रहस्यवाद, निराशावाद तथा समकालीन कविता आदि के सभी रुझान राभा साहित्यकार *हिमा राभा* के काव्य-संकलन *चार्पाक* में नज़र आते हैं।

इस युग की रिणिकी चुर्चङ पाम की 'मुकाचारी', निताई राभा की 'रोचोक पार', परिशित राभा की 'मादापकाय गांथिनि खुराङ' और 'आङि चायनाङ' आदि उल्लेखनीय कविता पुस्तकें हैं, जिनका नाम इस युग के सन्दर्भ में सहज ही मुँह पर आ जाता है।

आधुनिक युग : दरअसल इस युग में डॉ. उपेन राभा हाकाचम द्वारा राभा

कविताओं का हिन्दी एवं असमी भाषा में अनुवाद ही राभा काव्य के विकास का प्रयास माना जाता है।

(डॉ. यू. आर. हाकाचाम द्वारा लिखित नाट्य 'एकलाप परमय' केवल एक मात्र नाटक है जो इसी दौरान लिखा गया है।)

अनुवाद : *एन.एम. मेहता*

राभा भाषा एवं साहित्य के अनुदृश्य

नीवारानी फूकन गोगोई

राभा भाषा के शिलालेख

असम एक बहुरंगी सामाजिक-सांस्कृतिक घटकों वाला प्रदेश है। इस परिक्षेत्र में जनजातीय समूहों की व्यापक श्रेणी का होना यहाँ के सामाजिक, सांस्कृतिक पर्यावरण में काफ़ी महत्त्व रखता है। इस सन्दर्भ में एक रोचक बात यह है कि सभी जातीय-समूहों ने, चाहे वे जनजातीय हों या ग़ैर-जनजातीय, अपनी जातीय पहचान किसी न किसी रूप में संरक्षित रखी है। असम के अनेक जातीय-समूह, आदिवासी हैं। राभा लोगों ने भी अपनी पहचान असम के एक जनजातीय समुदाय विशेष के रूप में अभी तक संरक्षित रखी है। निस्सन्देह राभा लोग अब वृहद असमिया जाति का एक हिस्सा बन चुके हैं परन्तु अपनी वंशानुगत परम्पराओं या पूर्वजों से मिली विरासत के प्रति उनकी गम्भीरता और जुड़ाव में कमी नहीं आई है। राभा समुदाय की ये परम्पराएँ उनके लोकगीतों, लोकगाथाओं, दैनिक जीवनचर्या, सामाजिक सम्बन्धों एवं उनकी भाषा तथा उनके साहित्य में बख़ूबी परिलक्षित होती हैं। एक विश्व-प्रसिद्ध कहावत है कि कोई भी राष्ट्र अपनी भाषा व अपने साहित्य से पहचाना जाता है, यही बात असम के राभा समुदाय पर भी लागू होती है। भाषाई दृष्टिकोण से राभा भाषा तिब्बती-बर्मी भाषा-समूह में आती है जो कि स्वयं एक वृहद चीनी-तिब्बती भाषा-समूह का उपभाग है। यह कहते हुए निराशा होती है कि अभी तक ऐसी कोई खोज सामने नहीं आई है जिसे राभा भाषा का सबसे प्राचीन उदाहरण कहा जा सके। ऐसी सम्भावना जताई जाती है कि रेन्दु-बेन्दु पर्वतों की चट्टानों पर खुदे शिलालेख राभा लिपि के सबसे प्राचीन उदाहरण हो सकते हैं लेकिन अभी इस तथ्य को प्रमाणित होना शेष है। अधिकांश विद्वानों का मत है कि किसी प्राचीन लिपि के अभाव में राभा लोग साहित्य के मौखिक स्वरूप का ही उपयोग करते रहे हैं। 20वीं शताब्दी के प्रारम्भ काल में ही राभा लिखित साहित्य का विकास आरम्भ हुआ।

मौखिक परम्परा

पूर्व में कहा जा चुका है, राभा लोगों को अपने साहित्य की सम्पन्न मौखिक परम्परा पर गर्व है। मौखिक साहित्य में मुख्यतः राभा गेय (पद्य) साहित्य शामिल है। इसमें 'होइमारु गीत', 'बाखरा गीत' आदि 'झाकूआ-पूजा' समारोह के दौरान गाये जाते हैं। लोककथाओं व लोकगाथाओं एवं किंवदन्तियों से सम्बन्धित गीत 'चलूआ', 'निलाश्वरी', 'बार कम्ला', 'आलीकरम', 'बिसकरम' आदि नामों से जाने जाते हैं। इसके अलावा कई अन्य अवसरों पर प्रयुक्त होनेवाले गीत—'हासंग', 'साथार', 'खोकसी', 'फारकान्ति' भी हैं। कुछ गेय लिजिन्द्री कथाएँ—'दूमकचि', 'घेरक-जितूरी', 'सिसु-गिनाल', 'फुल-कुंवार', 'मणि कुंवार' आदि भी हैं। राभा समुदाय के उत्साही लोगों ने अब इस समृद्ध विरासत को इकट्ठा किया है और बेशक़ीमती हीरे-मोती तुल्य गीतों को विभिन्न गीत-संकलनों में पिरो दिया है। ऐसे उत्साही व्यक्तियों व उनकी कृतियों के नाम हैं—मणि राभा कृत 'साथार' (1963), हरि मोहन सरकार कृत 'तूकूरिया गीत' (1970), राजन राभा द्वारा संकलित 'राभा लोकगीत' (2001) और ब्रजेन्द्र नाथ राभा का 'आया बाइख़ोर माहातम्या महाकाव्य' (2001)।

लिखित परम्परा

ऐतिहासिक दस्तावेज़

उन ऐतिहासिक दस्तावेज़ों के नाम जिनमें राभा भाषा का हवाला दिया हुआ है, उल्लेखनीय हैं क्योंकि ये दस्तावेज़ राभा भाषा के विभिन्न पक्षों पर प्रकाश डालते हैं। महत्त्वपूर्ण बात यह भी है कि ये ऐतिहासिक आलेख 20वीं शताब्दी के प्रारम्भ के ही हैं। ऐसे कुछ आलेख, जिनमें राभा भाषा का हवाला है, निम्न हैं—

1. सन् 1900 में प्रकाशित रेवरैन्ड ए.एफ. स्टीफेन द्वारा 'राभा भाषा' की एक बोली 'रंगदानि' में 'द प्रोडिगल सन्' का अनुवादित संस्करण।
2. सन् 1903 में जी.ए. ग्रीयर्सन की पुस्तक 'लिंगुइस्टिक सर्वे ऑफ़ इंडिया' के वॉल्यूम तृतीय, भाग द्वितीय, पृष्ठ 120-105, 106-108 पर राभा भाषा का वर्णन ।
3. 'मार्कनि निमा साइकाई' शीर्षक के अन्तर्गत 'द गॉस्पल ऑफ़ मार्क' का राभा भाषा में अनुवाद हुआ, जो सन् 1909 में ब्रिटिश एंड फॉरेन बाइबल सोसायटी द्वारा प्रकाशित किया गया।
4. सन् 1909 में प्लेफेयर द्वारा लिखित 'द गारोज़' के परिशिष्ट में 'राभा' शब्द शामिल किए गए।
5. सन् 1911 में ऐन्डल द्वारा लिखित पुस्तक 'द कछारीज़' के पृष्ठ 83-85 पर 'राभा' शब्दों व भाषा का वर्णन।

6. सन् 1911 में फ्रैन्ड प्रेरा की 'असम के सैन्सस' (जनगणना) के प्रतिवेदन—'द राभाज़ इन सैन्सस ऑफ़ असम', 1911, वॉल्यूम तृतीय, भाग प्रथम, रिपोर्ट 1912 में राभा भाषा का वर्णन।
7. एस.एन. वूल्फैन्डन की 'आउट लाइन ऑफ़ द तिब्बती-बर्मन लिंगुइस्टिक मॉरफॉलॉजी' में 1929 में चर्चित राभा भाषा के विभिन्न पक्ष।

राभा साहित्य के सोपान

20वीं शताब्दी के दूसरे शतक के आगमन के साथ ही कुछ राभा सामाजिक कार्यकर्ताओं ने राभा समुदाय के मानस में सामाजिक जागृति लाने की कोशिश की। इस पावन प्रयास में कुछ प्रमुख व्यक्ति गोवर्द्धन सरकार, द्वारिकानाथ राभा, राजेन्द्र रंगखो एवं जोगेन बान्थो आदि अग्रणी रूप से जुड़े। उनके प्रयास रंग लाए और सन् 1926 तक राभा साहित्य का पुनर्जागरण आरम्भ हो गया। राभा भाषा व साहित्य के इस पुनरुत्थान के उपक्रम में 'असम राभा-सन्मिलन' एवं 'राभा युवक-संघ' जैसे संगठनों ने महत्त्वपूर्ण भूमिका निभाई। इस समय के बाद से ही प्रतिभाशाली राभा साहित्यकारों ने राभा साहित्य में अपना योगदान देना शुरू किया, उदाहरणार्थ—पूर्णचन्द्र कोच का 'पेनेम लामोनडम' (1926), अधर चन्द्र राभा बान्थो का 'संग्रय राभा कथा' (1931), प्रसन्न कुमार पाम का नाटक 'दोदान वीर' (1957), गणपति पाम का 'दोदान लुपता' (1960) आदि।

राभा पत्रिकाएँ

साहित्यिक पत्रिका 'बादूंग दूप्पा' (1961-62), जिसे राभा ने सम्पादित किया था, इस काल का 'मील का पत्थर' है। साहित्यिक पत्रिकाओं, स्मारिकाओं, आलेखों व समाचार पत्रिकाओं ने राभा साहित्य की लोकप्रियता व विकास में सदैव महत्त्वपूर्ण भूमिका निभाई है। 'बादूंग दूप्पा' के बाद हम 'चामपाई' (1978-1982), का नाम ले सकते हैं। इस क्रम में 'सान-नारि', 'तिनाइ सारकायो', 'रंग जूमूक कडहानल', 'बिमब्रात', 'तिकरी राउ' आदि पत्र-पत्रिकाओं के नाम का उल्लेख भी किया जा सकता है। इनमें से 'चामपाई' तो राभा साहित्य के इतिहास में एक 'मील का पत्थर' है। यद्यपि इस पत्रिका का जीवन-काल कम रहा फिर भी इसके योगदान का महत्त्व बहुत बड़ा था। दरअसल जो सृजनात्मक कार्य 'चामपाई' के प्रकाशन के पहले हुए उसे 'पूर्व-चामपाई' युग की संज्ञा दी जाती है और जो उसकी समाप्ति के बाद की सृजनात्मक कृतियाँ हैं उन्हें 'उत्तर-चामपाई' युग कहा जा सकता है। 'पूर्व-चामपाई' व 'उत्तर-चामपाई' दोनों ही युग राभा साहित्य की लोकप्रियता एवं समृद्धि के लिए आवश्यक योगदान देते रहे हैं।

गीत

गीत-साहित्य, राभा साहित्य का एक प्रमुख घटक है। गीत-साहित्य सम्मिलित किए बिना राभा साहित्य का कोई अध्ययन पूर्ण नहीं कहा जा सकता। बड़ी संख्या में गीतकारों, संगीतकारों, रचनाकारों व गायकों ने राभा गीत-साहित्य या गीत-काव्य को सम्पन्न बनाने में योगदान दिया है। आधुनिक राभा गीतों ने बड़ी सफलतापूर्वक आकाशवाणी गुवाहाटी, दूरदर्शन केन्द्र गुवाहाटी व अन्य संगीत प्रस्तुतियों आदि में सफलतापूर्वक अपनी उपस्थिति दर्ज कराई है। संगीत नाटक अकादमी से पुरस्कृत, स्व. राजन पाम राभा गीत-साहित्य के अग्रणी पुरुष रहे हैं। उनकी गीत रचना 'काडहा नलर मौ सरा सुर' के जादू ने हजारों श्रोताओं का मन मोहा है। उनके सुयोग्य उत्तराधिकारी गणपति पाम, प्रसन्न पाम, मुकुल राभा, भबेन राभा, लिस्ति राभा रंगखो आदि इस गौरवशाली गीत-विधा के रुझान को सहेजकर रखे हुए हैं।

कविता

कविता, राभा साहित्य का एक इतर पक्ष है। विभिन्न कवियों द्वारा रची गईं कविताएँ बड़ी संख्या में विभिन्न पत्र-पत्रिकाओं, स्मारिकाओं, समाचार पत्रों में बिखरे रूप में प्रकाशित हुई हैं। ऐसे कुछ संकलनों में लक्खी फेनान का 'रंदना-चंदना', खगेन हातो का 'हासूइनि खूरांग', चारु मोहन राभा दाबांग का 'खूसूमब्रिप पार', 'रिनिकि चूरचूंग पाम' का 'मूकाचारी', 'निताई राभा' का 'रसक पार', 'मणि राभा' का 'चारपाकंगी खूरांग' आदि उल्लेखनीय हैं। प्रकृति और देश प्रेम इन कविताओं के मुख्य विषय रहे हैं। केवल निताई की कविताएँ इसका अपवाद हैं। निताई की कविता का विषय सर्वव्यापी शक्ति की तलाश है। इनके अलावा अनुवादित कविताओं को भी 'राभा' (काव्य) में स्थान प्राप्त हुआ है। कुछ कवियों ने महत्त्वपूर्ण असमी कविताओं का राभा भाषा में अनुवाद भी किया है। राभा काव्य के सन्दर्भ में इस रुझान को प्रेरणादायक समझा जा सकता है।

नाटक

आम जनों के लिए नाटक हमेशा एक ऐसा माध्यम सिद्ध हुआ है जो मूल्यों की शिक्षा देने के साथ-साथ मनोरंजन भी करता है। इस बात को ध्यान में रखते हुए ही विभिन्न कालों व अलग-अलग सामाजिक व्यवस्थाओं के नाटककारों ने अपनी नैतिक व सामाजिक ज़िम्मेवारी समझते हुए दर्शकों के लिए उद्देश्यपरक एवं मनोरंजनात्मक नाटक रचे। राभा नाटककार भी उन नाटककारों से भिन्न नहीं हैं और वे भी मंचीय प्रस्तुति हेतु स्वस्थ नाटकों की रचना करने का भरसक प्रयास करते रहे हैं। यद्यपि प्रकाशित

नाटकों की संख्या काफ़ी कम है फिर भी मंच पर मंचित राभा नाटकों की संख्या अच्छी है। नाटककारों ने सामाजिक सरोकारों पर आधारित नाटकों के लेखन व मंचन को बहुत महत्त्व दिया है।

सामाजिक नाटकों का दर्शक वर्ग ने ज़बरदस्त स्वागत किया है। प्रकाश राभा ने सामाजिक नाटकों के हेतु पहल की। उनके योग्य उत्तराधिकारी हैं—अनिल राभा, नरेन हादु, उदय राभा, खनिन राभा, ध्रुब राभा आदि। राभा भाषा में हमें पौराणिक कथाओं एवं किंवदन्तियों पर आधारित नाटक मिलते हैं। दरअसल पहले नाटक का विषय लिजिन्द्री कथा पर आधारित था। उदाहरणार्थ, प्रसन्न कुमार पाम का दोदान वीर नाटक। इस नाटक का अन्य लेखकगण अनुसरण कर रहे थे। उनमें फोर सिंह बान्थो, बिनेश्वर कुमार सानतोक, राजन पाम एवं गणपति पाम के नाम उल्लेखनीय हैं। समय परिवर्तन के साथ राभा नाटक के विकास पर कई नई बातों का प्रभाव पड़ा। हाल के वर्षों में आधुनिक राभा नाटककारों ने नए आयाम वाले नाटकों की ओर भी ध्यान दिया है।

कथा-साहित्य

राभा लघु कथाओं का भी 20वीं शताब्दी के मध्यकालीन गद्य साहित्य में महत्त्वपूर्ण स्थान है। 'चामपाई' युग ने विभिन्न भावी कथा लेखकों के आविर्भाव में प्रमुख भूमिका निभाई है। इन लेखकों की कहानियों का विषय सामाजिक सरोकार, रोज़मर्रा के जीवन की छोटी-बड़ी घटनाएँ, लोगों के निजी दुख-सुख, अन्धविश्वास और धार्मिक कट्टरपंथी फ़तवे आदि रहे हैं। 'गपसानी गांखय कथा संकलन' परियोजना में संकलित कहानियों में राभा लोगों की व्यक्तिगत अभिलाषाओं व राभा सामाजिक जीवन के विभिन्न पक्षों को समाहित किया गया है। ये कहानियाँ उनके इर्द-गिर्द घूमती हैं। इन विभिन्न विषयों का समीचीन जीवन्त चित्रण जिन लेखकों की कहानियों में हुआ है उनमें उल्लेखनीय हैं—लिस्ती राभा, राभा रंगखो, प्रकाश राभा, रमेशचन्द्र राभा, महेश्वर राभा, दुर्योधन राभा, झरना चिकासम और उकिल चन्द्र राभा। इनके द्वारा रचित कथाओं के फलस्वरूप राभा कथा-साहित्य अत्यधिक समृद्ध हुआ है।

साहित्य के अन्य स्वरूपों की तुलना में राभा उपन्यास की उपस्थिति इतनी उत्साहजनक नहीं रही। जो भी थोड़े-बहुत उपन्यासकार व उनकी कृतियाँ हैं, वे निम्न प्रकार हैं—लिस्ती राभा रंगखो का उपन्यास 'फेसेक तौरांगकाई तो' और गंगाधर राभा हायु का 'नांगो चोकसा माना।' निस्सन्देह कुछ लेखकों के उपन्यासों की पांडुलिपियाँ अभी भी अप्रकाशित धरोहर के रूप में सुरक्षित हैं। ऐसे लेखक व उनके उपन्यास हैं—लिस्ती राभा रंगखो का उपन्यास 'चारपाकनि जोरा चाप' एवं उपेन राभा हाकाचाम का 'ख्यिसान्तिनी-ख्यिमान्दिनी हादाम'।

साहित्यिक समालोचना, जीवनी, निबन्ध इत्यादि अन्य ऐसे क्षेत्र हैं जिनमें राभा

साहित्यकारों को अभी भी लम्बी दूरियाँ तय करनी हैं। फिर भी लिस्ती राभा रंगखो, डॉ. उपेन राभा हाकाचाम एवं डॉ. मलिना देवी राभा ने इस दिशा में प्रारम्भिक प्रयास शुरू कर दिया है। लिस्ती राभा रंगखो ने डॉ. हेडगेवार की जीवनी का राभा भाषा में अनुवाद कर जीवनी लेखन की प्रवृत्ति की पहल कर दी है। 'रंग जूमूक' जैसी पत्रिका ने विभिन्न विषयों पर निबन्ध लिखने की दिशा में लेखकों का उत्साह बढ़ाया है।

भाषा एवं साहित्य

साहित्य के अलावा, राभा भाषाविदों एवं वैयाकरणों ने भी अपने-अपने क्षेत्रों में अपना योगदान दिया है। इसमें व्यक्तिगत व सामूहिक दोनों स्तरों के प्रयास सम्मिलित हैं। इस सम्बन्ध में व्यक्तिगत स्तर पर किए गए प्रयासों में अधर चन्द्र राभा बान्थो कृत 'संग्रय राभा कथा' (1951), डॉ. देवेन्द्र नारायण राभा, राजेन राभा, जीवेश्वर कोच, डॉ. उपेन राभा हाकाचाम आदि द्वारा रचित 'राभा भाषा अरु साहित्य' (1997) तथा 'असमिया अरु असोमार तिब्बत-बर्मीय भाषा' (2000) आदि प्रयास उल्लेखनीय हैं। उधर कुछ सामूहिक प्रयास 'बेबाक राभा क्रौरांग रूनचूम', 'राभा भाषा परिषद', 'राभा अध्ययन चक्र', 'राभा साहित्य सभा' आदि द्वारा किए गए हैं।

असमी साहित्य में योगदान

यह भी एक उल्लेखनीय बिन्दु है कि राभा लोगों ने असमी साहित्य में अपना योगदान दिया है परन्तु यह योगदान कुछ सर्जनात्मक कृतियों तक ही सीमित है। उसका कारण है उनकी अपनी विकासोन्मुख साहित्यिक परम्परा व सृजनात्मकता की ओर अधिक समय देने के चलते राभा साहित्यकार का असमी साहित्य में योगदान की ओर अधिक ध्यान नहीं दे पाना। हालाँकि अभी उनके पास इस दिशा में करने को बहुत कुछ शेष है। इस कमी के बावजूद, मोटे रूप में राभा साहित्य के अधिक विकास व प्रसार हेतु कई परियोजनाएँ व कार्य सम्पन्न कर लिए गए हैं। अन्तर्राष्ट्रीय स्तर पर यू.एन.ओ. हिमालियन लैंग्वेज सिम्पोजियम, इन्टरनेशनल कॉन्फ्रेंस ऑन साउथ ऐशियन लैंग्वेजेज यूनिवर्सिटी, यूनिवर्सिटी ऑफ़ लोवा (यू.एस.ए.) आदि ने राभा भाषा के सम्बन्ध में सराहनीय कार्य किया है। राष्ट्रीय स्तर पर सी.आई.आई.एल. नॉर्थ-ईस्ट हिल यूनीवर्सिटी, मणिपुर यूनीवर्सिटी, गुवाहाटी यूनीवर्सिटी, डिबरूगढ़ यूनीवर्सिटी, यूनीवर्सिटी ग्रान्ट कमीशन, आकाशवाणी, दूरदर्शन केन्द्र, साहित्य अकादमी, अनन्दोरम बरूवा इंस्टीट्यूट ऑफ़ लैंग्वेज, आर्ट एंड कल्चर आदि ने मोटे रूप में राभा भाषा व साहित्य के उन्नयन हेतु कई आवश्यक क़दम उठाए हैं।

यह सभी क़दम स्वागत योग्य हैं परन्तु पर्याप्त नहीं हैं। अभी बहुत लम्बा रास्ता

तय किया जाना है। इस उच्च उद्देश्य की प्राप्ति की दिशा में उत्साही, उद्यमशील राभा भाषाविद और साहित्यकार भरसक प्रयत्न में जुटे हैं।

अनुवाद : *एन.एम. मेहता*

सन्दर्भ पुस्तकों की सूची

1. राभा हाकाचाम, उपेन, *राभा भाषा अरु साहित्य,* बीना लाइब्रेरी गुवाहाटी, द्वितीय संस्करण, अध्याय 10, पृष्ठ--198।
2. उपरोक्त, अध्याय 2, पृष्ठ—203-204।
3. उपरोक्त, अध्याय-2, पृष्ठ—207।
4. राभा हाकाचाम, उपेन, *एन स्काउट ऑफ लेटेस्ट डेवलेपमैन्ट ऑफ़ राभा लैंग्वेज एंड लिटरेचर*।

गारो लिखित-साहित्य का परिचय

स्वर्ण प्रभा चैनारी

गारो भाषा की लिखित परम्परा ब्रिटिश और अमरीकी बैपटिस्ट मिशनरियों के आगमन के बाद ही शुरू हुई। निस्सन्देह, इस भाषा का लोक-साहित्य अत्यन्त समृद्ध है जो उसे पीढ़ी दर पीढ़ी विरासत में प्राप्त हुआ है। लेकिन गारो भाषा में लोकगीत, कथाओं, कहावतों, पहेलियों, मंत्रों तथा लोकसाहित्य की दूसरी विधाओं को लिखित रूप में लाकर उन्हें संरक्षित करने का काम किया जाना अभी भी बाकी है। यह एक दिलचस्प तथ्य है कि गारो भाषा बोडो भाषा की तरह ही लोक-साहित्य गद्य तथा पद्य दोनों रूपों में उपलब्ध है। गारो भाषा की अपनी लिपि न होने के कारण उसने दूसरी भाषा की लिपि उधार ली है। इस भाषा के लिए आजकल रोमन लिपि प्रयुक्त होती है।

गारो भाषा के लिखित रूप की परम्परा 18वीं शताब्दी के अन्तिम दशक में गारो शब्द-भंडार के संचयन के साथ शुरू हुई, पर बोडो भाषा में लिखित रूप कहीं 19वीं शताब्दी के आठवें दशक में जाकर आरम्भ हो पाया। स्पष्टतः दोनों भाषाओं में लिखित रूप की शुरुआत होने में लगभग सौ वर्षों का अन्तराल है। इसके बावजूद पर दोनों भाषाओं में उक्त समय में लिखित सामग्री के आधार पर उसे लेखन की वास्तविक शुरुआत नहीं माना जाता क्योंकि पूरी की पूरी सामग्री ईसाई धर्म प्रचार से सम्बद्ध थी। इसी उद्देश्य से दोनों भाषाओं में अनुवाद कार्य किया गया था। इन दोनों भाषाओं में लेखन की वास्तविक शुरुआत 20वीं शताब्दी के आरम्भिक काल में हुई, जब साहित्य की रचना शुरू हुई। प्रस्तुत लेख में गारो भाषा के लिखित साहित्य का संक्षिप्त जायज़ा लेने का प्रयास किया जा रहा है।

गारो लिखित साहित्य

बोडो तथा गारो लिखित साहित्य के प्रवर्त्तन का श्रेय ईसाई मिशनरियों को जाता है पर उनका अधिकांश लेखन अंग्रेज़ी भाषा में था और यदि वह बोडो या गारो में था भी तो धार्मिक साहित्य था। गारो भाषा में वास्तविक अथवा सेकुलर साहित्य का

आरम्भ 1924 ई. से हुआ। उल्लेखनीय है कि गारो साहित्य की आधुनिक शैली 1940 से शुरू हुई। 1924 से 1940 के काल में रचे गए साहित्य के वृहत्तर भाग में बांग्ला-अंग्रेज़ी-हिन्दी भाषा सीखने की पुस्तकें या अन्य भाषाओं से अनूदित लोककथाएँ आती हैं। पर इस काल की महत्त्वपूर्ण उपलब्धि भारतीय तथा विदेशी विभिन्न लोगों की जीवनियों का प्रकाशन है। इसके लेखक गारो जनजाति के स्थानीय लोग अथवा ईसाई मिशनरी थे। मधुनाथ मोमिन ने आठ जीवन कथाएँ लिखीं, 'फोएबे' (Phoebe) ने बारह, एल.एम. हॉलब्रुक ने नौ तथा जेमके डी. शिरा ने चार महान् लोगों की जीवनियाँ लिखीं।

पत्रिकाएँ

1940 में कुछ उत्साही युवक तथा युवतियों के सम्मिलित प्रयास से तथा प्रोफेसर 'हावर्ड डेनिसन डब्ल्यू मोमिन' के मार्गदर्शन में गारो भाषा में एक मासिक साहित्यिक पत्रिका 'ए ? चिक खू ? रंग' (गारो जन-स्वर) प्रकाशित की गई। गारो साहित्य के इतिहास में इसने एक नई शैली की नींव रखी। प्रोफेसर मोमिन को आधुनिक गारो साहित्य का जनक कहा जाता है। प्रोफेसर मोमिन इकतीस वर्ष की अल्पायु में ही स्वर्ग सिधार गए। उनकी कोई पुस्तक प्रकाशित नहीं हुई थी पर उनकी कविताएँ—'ए ? चिक खू ? रंग' (गारो जन-स्वर, 1940) में, 'नंग ? खो गीसॉक रा ? गेन' (तुम्हें याद किया जाएगा, 1941) में, 'बीलसी गवथाल' (नव वर्ष), 'दो ? मासकिनी गेट' (गानेवाली चिड़ियाँ का गीत, 1941) में प्रकाशित हुई। इनकी कविता ने काफी प्रशंसा अर्जित की। उन्होंने टैगोर की गीतांजलि के उत्कृष्टतम अंशों का अनुवाद भी किया।

काव्य

देवानसिंह रोंगमुथ गारो भाषा के प्रथम कवि थे, जिनकी कविताओं का संग्रह पुस्तकाकार रूप में प्रकाशित हुआ। उनकी इस कृति का नाम था 'अफाखो गीसॉक रा ? अनी' (अपने पिता की स्मृति में)। यह पुस्तक 1949 में प्रकाशित हुई। इसमें उनकी मौलिक रचनाओं के साथ-साथ अंग्रेज़ी तथा बांग्ला भाषा से अनूदित कविताएँ भी थीं। इस विधा के अन्य महत्त्वपूर्ण हस्ताक्षर हैं दिगमिन नेंगमिंजा। कविताओं की उनकी चयनिका का नाम है 'सोयोकगिमिन' (चुनिन्दा कविताएँ) जो 1958 में प्रकाशित हुईं। लेवीसॉन्ड एन. संगमा ने भी गारो भाषा में बहुत सारी कविताएँ रचीं। 'ए ? चिक जतनी रंग ? अनी' (गारो राष्ट्रीय गीत) नाम का उनका कविता-संग्रह 1935 में छपा था। 'परेन्द्र बंगशल' (प्रेम कविताएँ) 1964 में, दो खंडों में प्रकाशित हुआ। 1973 में के. एम. मोमिन द्वारा संकलित एक अन्य चयनिका 'चासोंग गितल ए ? चिक काव्य' (नई पीढ़ी की गारो कविता) प्रकाशित हुई। इस चयनिका की कविताएँ 'चदंबेनी

खुरांग ? रंग' नामक पत्रिका से ली गई थीं। श्रद्धेय गिल बर्थ के. मराक का कविता संग्रह 'अंग गिसॉक खू ? आँग' (मेरे अन्तस की आवाज़) प्रकाशित हुआ। इस संकलन में उनकी 100 कविताएँ संकलित हैं।

1961 में इवलिन आर. मराक की पुस्तक 'चिन्मॉनगिमिन ए ? चिक खू ? रंग' (गारो स्वर का संकलन) प्रकाशित हुई। इस पुस्तक में उनके दो कविता-संग्रहों—'ए ? चिक खू ? रंग' तथा 'ए ? चिकनी रिपेंग' से उद्धृत कविताएँ शामिल थीं। टैगोर की 'गीतांजलि' के कुछ अनूदित भाग भी इसमें शामिल थे। 1966 में असम पब्लिकेशन बोर्ड, गुवाहाटी ने इनकी कविताओं का एक और संग्रह, जिसका नाम था 'उल्सोना राँग ? विदलानी' (ईश्वरीय स्तुति के गीत) प्रकाशित किया। इसमें हरेन्द्र डब्ल्यू. मराक द्वारा अनूदित 'टैगोर कृत गीतांजलि' के 103 बन्द संकलित थे। काव्य विधा में गारो तथा गैर-गारो दोनों का महत् योगदान रहा है। इनमें सबसे महत्त्वपूर्ण नाम प्राणेश चन्द्र कार है। प्रेम, जीवन, प्रकृति, ईश्वर तथा अन्य विषयों पर केन्द्रित प्राणेश चन्द कार की चौंसठ कविताएँ संकलित रूप में 'जग्गिनिगित' (जीवन का गीत), नाम से 1973 में छपी। कुछ गारो पत्रिकाओं में उनकी भी रचनाएँ छपती थीं।

नाटक

गारो नाटक साहित्य का इतिहास 1969 से आरम्भ हुआ। इसी वर्ष तूरा राजकीय महाविद्यालय के प्राचार्य केनेथ एम. मोमिन द्वारा लिखित एक लघु नाटक 'नोकदांग' (परिवार) छपा। यह समकालीन गारो सामाजिक जीवन पर लिखा सामाजिक नाटक था। इसी का समकालीन एक अन्य नाटक 'खमनी बिथे' (कर्म का फल) भी इसी वर्ष प्रकाशित हुआ। इसके रचनाकार थे एरिग्सन जी मोमिन। यह नाटक 'शेक्सपियर' के मैकबेथ का संक्षिप्त प्रस्तुतीकरण था, जिसे 1970 में कर्णेश आर. मराक ने लिखा था। कार्टिन आर. मराक द्वारा लिखित एकांकी नाटक 1981 में 'सिन ? कारी' (शीत ऋतु) भी प्रकाशित हुआ, जो उल्लेखनीय है।

उपन्यास

बोडो की तरह गारो भाषा में उपन्यास भी कम संख्या में लिखे गए हैं। रोडिन मोमिन द्वारा लिखित खलसीन और सोनात्वी नामक उपन्यास गारो भाषा का प्रथम उपन्यास था। यह उनकी मृत्यु के उपरान्त 1972 में प्रकाशित हो पाया। इस उपन्यास का नाम दो गारो पारम्परिक चरित्र, एक स्त्री तथा एक पुरुष पर रखा गया है। गारो भाषा में 'सोनाबल मी ? चॅक' उपन्यास के लेखक थे सिमिसन आर संगमा। यह भी उनकी मृत्यु के बाद ही छप सका। उल्लेखनीय है कि यह उपन्यास वस्तुतः तारकनाथ गांगुली द्वारा लिखित मूल बांग्ला उपन्यास 'स्वर्णलता' का गारो रूपान्तरण है।

आलोचना साहित्य

बोडो भाषा की तरह गारो भाषा का आलोचनात्मक साहित्य अभी विकसित नहीं हो सका है, चूँकि अभी सभी विधाओं में भरपूर सृजन नहीं हुआ। साहित्य के शिखर तक पहुँचने हेतु अभी लम्बी यात्रा बाकी है। गोरा भाषा में नए-नए लेखकों का उभार आशा की किरण जगाता है।

अनुवाद : *अकील कैस*

सृजन की एक ऊर्ध्वमुखी सदी

नन्दकुमार देब बर्मा

त्रिपुरा की कुल जनजातीय आबादी में कोक-बोरोक बोलनेवाले जनजातीय समुदायों का बहुमत है। 19 जनजातीय समुदायों में से आठ समुदाय यथा त्रिपुरी, रियांग (Reang), नोआतिया (Noatia), जमातिया (Jamatia), रूपिनि (Rupini), कोलोई (Koloi), उचई (Uchai) और मुरासिंग (Murasing) कोक-बोरोक भाषा में संवाद करते हैं। 1991 की जनगणना के अनुसार राज्य की कुल आबादी 27,57,205 में से कुल जनजातीय आबादी 8,53,345 थी।

इस कुल जनजातीय आबादी में कोक-बोरोक बोलनेवाली जनजातीय आबादी, जिनमें उपर्युक्त आठ समुदाय सम्मिलित हैं, की संख्या कमोबेश सात लाख मानी गई है। इसके अलावा कोक-बोरोक बोलनेवाले लगभग डेढ़ लाख लोग बांग्लादेश के चाँदपुर, कुमिला (Kumilla), चिटगांग (Chitagang) आदि इलाकों में रह रहे हैं।

कोक-बोरोक बोलनेवाले जनजातीय समुदायों से इतर राज्य के अन्य अल्पसंख्यक जनजातीय समुदाय एक-दूसरे से संवाद करने हेतु सम्प्रेषण भाषा के तौर पर कोक-बोरोक का इस्तेमाल करते हैं। कुछ दिन पहले तक हलम (Halam) जनजातियाँ कोक-बोरोक को राजनी कोक (राजाओं की भाषा) कहती रही हैं। यह कोक-बोरोक भाषा, तिब्बती-बर्मी भाषा परिवार से व्युत्पन्न हुई पूर्वोत्तर की भाषाओं यथा बोडो, गारू, कोच आदि, की इस हद तक सहवर्ती हैं कि कोक-बोरोक की प्राचीनता के बारे में कोई सन्देह नहीं रह जाता। एक विकसित भाषा के साथ नज़दीकी संबद्धता होने और सदियों से उपेक्षा का दंश झेलने के बाद भी, इस भाषा में स्वयं को राज्य की सामान्य जनजातीय भाषा के रूप में बनाए रखने की क्षमता से इनकार नहीं किया जा सकता। इतना ही नहीं यह भाषा अब विकसित होकर साहित्य की भाषा बनती जा रही है। इस भाषा में मौलिकता एवं जीवन्त आयाम का होना वांछित है।

भाषा विज्ञानियों का मानना है कि यदि भाषाविज्ञान की आधुनिक पद्धतियों का अनुसरण किया जाए तो इस भाषा का विकास निश्चित है।

निम्नलिखित पंक्तियों में इस बात के उल्लेखनीय संकेत मिलते हैं कि—*राजमाला* जो त्रिपुरा के राजाओं के वृत्तान्त या इतिहास के अभिलेख (Chronical) हैं, पहले-पहल

कोक-बोरोक में लिखे गए थे।

पूरबे राजमाला छिलो त्रिपुरा बाषाते/पोयार गथिलो सोब सोकोत्ते बुझिते/सुं-बाषाते धर्मराजे राजमाला कोइलो/राजमाला बोलिया लोकेते हिइलो[1]

उपर्युक्त उद्धरण का अर्थ है—त्रिपुर भाषा में राजमाला (Rajmala) पहले से ही थी। कहा जाता है कि—महाराजा धर्म माणिक्य के आदेशानुसार इस वृत्तान्त को नए सिरे से परिष्कृत करके बांग्ला भाषा में या तो अनूदित किया गया था अथवा लिखा गया था, हालाँकि, अब तक इस बयान के समर्थन में कोई प्रामाणिक दस्तावेज़ उपलब्ध नहीं है। अब तक उपलब्ध प्रमाण यही है कि इस भाषा को छपी हुई पुस्तक के रूप में रूपान्तरित करने का प्रयास बीसवीं सदी की शुरुआत में किया गया था। इस प्रयास के एक लम्बे अर्से तक ठंडे बस्ते में पड़े रहने के कारण नए सिरे से कोक-बोरोक साहित्य सृजन का प्रयास, चालीस के दशक के प्रारम्भ में ही शुरू हो सका। पहली कोक-बोरोक पत्रिका 50 के दशक के मध्य में छपी। सत्तर के दशक से ही कोक-बोराक साहित्य सृजन की गतिविधियों और उसकी विकास-प्रक्रिया में एक निरन्तरता चली आ रही है। हालाँकि कोक-बोरोक की लिपि और वर्तनी के ढंग को लेकर अब भी विवाद बना हुआ है लेकिन कविताओं, लघु-कथाओं, नाटकों और अनूदित पुस्तकों के रूप में कोक-बोरोक साहित्य में रफ्ता-रफ्ता वृद्धि होती गई और इसका रचना-संसार काफी समृद्ध हो चुका है।

राज्य सरकार ने 1979 में कोक-बोरोक को आधिकारिक भाषाओं में से एक के रूप में मान्यता दी और सरकारी अधिसूचनाओं और प्रचार पुस्तिकाओं आदि का प्रकाशन बांग्ला के साथ-साथ कोक-बोरोक में भी होने लगा। अब से बीस साल पहले प्राथमिक कक्षाओं के छात्रों के लिए शिक्षा के माध्यम के रूप में कोक-बोरोक की शुरुआत की गई और अब माध्यमिक कक्षा के विद्यार्थी भी इस माध्यम से शिक्षा ग्रहण कर रहे हैं। अगरतल्ला स्थित आकाशवाणी और दूरदर्शन केन्द्र नियमित रूप से विभिन्न प्रकार के कोक-बोरोक कार्यक्रमों को प्रायोजित कर रहे हैं। राज्य सरकार द्वारा आयोजित किए जानेवाले सालाना पुस्तक-मेलों के कारण भी कोक-बोरोक साहित्यिक कृतियों के प्रकाशन की गति और तेज होती गई है।

कोक-बोरोक भाषा और इतिहास की ऊर्ध्वमुखी विकास-यात्रा को चार कालखंडों में विभाजित कर समझा जा सकता है।

पहला कालखंड

कोक-बोरोक भाषा को छपी हुई पुस्तक का स्वरूप प्रदान करने और इस भाषा में साहित्य-सृजन का पहला प्रयास !

---

1. राजमाला, दूसरा भाग, धर्म माणिक्य अध्याय, पृ. 6।

1. **राधामोहन ठाकुर :** इन्होंने *'कोक-बोरोकमा'* (Kok-Borokma) नाम से कोक-बोरोक का पहला व्याकरण लिखा जो 1900 ई. में प्रकाशित हुआ। राज्य-शिक्षा निदेशालय ने 1959 में उसका पुनः प्रकाशन किया। इसके अलावा उन्होंने दो और पुस्तकें लिखीं—'त्रैपुर कोथामाला' (Kothamala) और 'त्रैपुर भाषाबिधान'। 'त्रैपुर कोथामाला' (Kothamala), कोक-बोरोक, बांग्ला, अंग्रेजी अनूदित पुस्तक थी। सर्वप्रथम इस पुस्तक का प्रकाशन 1906 में किया गया था और बाद में शिक्षा निदेशालय ने 1960 में इसका पुनर्प्रकाशन किया। 'त्रैपुर भाषा बिधान' का प्रकाशन 1907 में किया गया।
2. **दौलत अहमद :** ये राधामोहन ठाकुर के समकालीन थे, जिन्होंने कोक-बोरोक व्याकरण की रचना में अग्रणी भूमिका निभाई थी। उनका जन्म सोनामुरा (Sonamura) सबडिवीजन अन्तर्गत कुल्लुबाड़ी (Kullubari) में 1271 बी.ई. *(1864 ईस्वी)* में हुआ। उन्होंने कुल 24 या 25 पुस्तकें लिखीं, जिनमें से कुछ बच्चों और किशोरों के लिए भी हैं। बंगीय-साहित्य परिषद् ने उनके कोक-बोरोक व्याकरण 'कोक-बोरोक-ओ काकमा कलई' (Kok-Borok-O Kakma Kalai) का प्रकाशन 1307 बी.ई. में किया। एजुकेशन गजट, जो उस समय का प्रसिद्ध अखबार था, ने इस पुस्तक की प्रशंसात्मक टिप्पणी की थी।

दूसरा कालखंड

त्रिपुरा जनशिक्षा समिति और क्वतल कोथोमा : राधामोहन ठाकुर और दौलत अहमद की सृजित कृतियों के 40 वर्षों बाद तक ठहराव की स्थिति बनी रही। सन्त रतनमणि त्रिपुरा के लोगों के लिए एक विख्यात शख़्सियत थे। उनके अनुयायी सन्त ख़ुशी कृष्णा द्वारा रचित आध्यात्मिक गीतों में से 33 को कोक-बोरोक में 'त्रिपुरा खा-खचंगमा खुम्बर बोई' (Tripura Kha-Khachangma Khumbar Boi) शीर्षक से संकलित तो कर लिया गया था किन्तु वह 1942-43 में ही प्रकाशित हो पाई। कोक-बोरोक के इन आध्यात्मिक गीतों को, उनके बांग्ला संस्करण तथा तरितमोहन दासगुप्ता द्वारा सन्त रतनमणि के ऐतिहासिक परिप्रेक्ष्य में की गई समालोचना के साथ, राज्य सरकार के एक साहित्यिक मुख-पत्र 'गुमती' (Gumati) में 1994 में प्रकाशित किया गया। सन्त खुशी कृष्णा की इस पुस्तक के प्रकाशन के बाद कोक-बोरोक साहित्यिक कार्यों का पुनर्आरम्भ हुआ। 27 दिसम्बर, 1945 (1352 बी.ई. की ग्यारहवीं पौष) को 'जिरानिया' (Jirania) ब्लॉक अन्तर्गत दुर्गाचौधरी पाड़ा में 'त्रिपुरा जनशिक्षा समिति' अस्तित्व में आई। इस संगठन की स्थापना कुछ जागरूक जनजातीय युवाओं ने की थी और उनका लक्ष्य स्पष्टतयः राज्य के पिछड़े जनजातीय समुदायों के बच्चों के लिए शिक्षा सम्बन्धी जागरूकता का प्रसार करना तथा उनके लिए स्कूलों की स्थापना करना था। उस वक्त जनशिक्षा समिति का अभियान तेजी से जनान्दोलन के रूप में परिवर्तित हो गया था। समिति, जनसमुदाय के श्रम, सहयोग

और वित्तीय सहायता के बलबूते राज्य के विभिन्न पिछड़े और दूर-दराज के इलाकों में 488 प्राथमिक विद्यालयों की स्थापना करने में सफल रही। बाद में, 1950-51 में राज्य सरकार ने इन विद्यालयों में से अधिकांश को मान्यता प्रदान कर दी। जनजातियों में सामाजिक विकास एवं शिक्षा के प्रचार-प्रसार के सन्दर्भ में, समिति की भूमिका, एक स्वीकृति प्राप्त ऐतिहासिक तथ्य है।

कोक-बोरोक पत्रिका 'क्वतल कोथोमा' (Kwtal Kothoma) का पहली बार 1954 में सुधनवा देब बर्मा, जो राज्य के एक विख्यात समाज सेवी और राजनीतिक व्यक्तित्व थे और त्रिपुरा जनशिक्षा-समिति के संस्थापकों में से भी एक थे, द्वारा सम्पादन और प्रकाशन किया गया। उनकी इस कोक-बोरोक पत्रिका में जनजातीय लोकगीतों, लोककथाओं और लेखों का प्रकाशन होता था। थोड़ी ही अवधि में कोक-बोरोक भाषा की यह पत्रिका, कोक-बोरोक बोलनेवाले जनजातीय लोगों के बीच काफी लोकप्रिय हो गई। इस पत्रिका में क्रम से प्रकाशित कुछ उल्लेखनीय लेखकों और उनके विषयों का वर्णन निम्नवत है—

क. 'चेथुआंग' (Chethuang) अर्थात् 'छतिम वृक्ष' (Chhatim Tree), पत्रिका के सम्पादक का एक उपन्यास।

ख. 'फुनुकमुंग' (Phunukmung) अर्थात् पहेली, ज्योतिलाल देब बर्मा, रतिरंजन देब बर्मा, माणिक देब बर्मा और रूबीरंग देबी द्वारा संग्रहीत और संकलित।

ग. नबा लक्ष्मी देब बर्मा की 'छिकला बाई छिकली रोचाबलेइमणि' (Chhikla bai Chhikli Rochablaimani) अर्थात् 'एक युवक और युवती द्वारा प्रतिस्पर्धी गीतों का आदान-प्रदान'। यह एक महत्त्वपूर्ण कृति है।

घ. दशरथ देब बर्मा की पुस्तक—'गांधीजीनी कोकलम' अर्थात् 'गांधीजी पर चर्चा प्रकाश' में आई। यह एक राजनैतिक पुस्तक है।

ङ रबीन्द्र देब बर्मा की—'कोक चोनई' (Kok Chonai)।

च. महेन्द्र देब बर्मा की—'त्रिपुरार शब्दाबली' (कोक-बोरोक शब्द-संग्रह)।

छ. सुधनवा देब बर्मा और अहेन्द्र देब बर्मा द्वारा रवीन्द्रनाथ टैगोर के कुछेक गीतों का कोक-बोरोक में अनुवाद आदि सभी पुस्तकें इसी कालखंड में आईं। इन उपर्युक्त लेखकों के अलावा जिन अन्य लोगों ने कोक-बोरोक के विकास के लिए इस पत्रिका में लेख लिखे, वे हैं—अघोर देब बर्मा, रामचरण देब बर्मा, ब्रजकुमार देब बर्मा, रतिमाणिक देब बर्मा, पुलीन देब बर्मा, जगत देब बर्मा, मनमोहन देब बर्मा, राजामणि देब बर्मा, नकुल देब बर्मा, पूरन चन्द्र देब बर्मा, जोगेन्द्र देब बर्मा, रामकुमार देब बर्मा और प्रभात देब बर्मा।

इसी अवधि में सामाजिक चेतना से सम्पन्न और सक्रिय कुछ अन्य लोगों ने कोक-बोरोक भाषा और साहित्य के विकास में महत्त्वपूर्ण भूमिका निभाई। इनमें से कुछ लोगों ने जनजातीय लोगों में अपनी समृद्ध संस्कृति और विरासत के बारे में चेतना उत्पन्न करने के लिए अपने समाचार-पत्रों में जगह निकाली। ये निम्न हैं—

1. बंगशी ठाकुर (अमरेन्द्र देब बर्मा)—ये कोक-बोरोक के सबसे पुराने लेखकों में से एक थे। तीस के दशक में कोक-बोरोक में 'होली' (रंगों का पर्व) के गीत लिखकर, इन्होंने अगरतल्ला शहर और ग्रामीण क्षेत्रों में काफी लोकप्रियता प्राप्त की थी। उन्होंने अनेक कोक-बोरोक कविताओं की रचना की, चाहे वे प्रकाशित हुईं, अप्रकाशित रह गईं अथवा अभी तक यत्र-तत्र असंकलित रूप में बिखरी पड़ी हैं। 1948 में उनकी 'कोकतांग कुलुई' (Koktang Kului) नाम से एक पुस्तक प्रकाशित हुई जो एक संक्षिप्त कोक-बोरोक व्याकरण और अनुवाद पुस्तक थी।

   स्वतन्त्रता के बाद अखिल भारतीय कांग्रेस कमेटी ने अपनी राज्य कमेटी को निर्देश दिया कि वह राज्य में जनजातीय भाषा को आगे बढ़ाने की पहल करे। परिणामस्वरूप, त्रिपुरा राज्य कांग्रेस कमेटी ने एक संगठन का गठन किया, जिसे 'त्रिपुरा भाषा प्रचार समिति' कहा गया।

   इस संगठन ने 21 नवम्बर, 1954 को कांग्रेस भवन में 'त्रिपुरा भाषा विद्यालय' की स्थापना की। बंगशी ठाकुर कोक-बोरोक भाषा सिखानेवाले विद्यालय के प्रभारी थे।

2. सुधीर कृष्णा देब बर्मा— ये एक प्रख्यात साहित्यकार, गायक और भाषाविद् थे। उन्होंने अपनी अन्य सांस्कृतिक गतिविधियों के अलावा कोक-बोरोक के विकास में चौदस भूमिका निभाई।

   उन्होंने दो कोक-बोरोक किताबें लिखीं—'कोकतांग' (Koktang) और 'सुरुंगमा याखिली' जिनका क्रमशः 1954 और 1962 में प्रकाशन हुआ।

3. अजित बंधु देब बर्मा— ये साहित्य और पत्रकारिता जगत के एक जाने-माने हस्ताक्षर थे। अपने जीवन के अन्तिम दिनों तक वे जनजातीय लोगों के उत्थान तथा जनजातीय संस्कृति और भाषा के उन्नयन हेतु कार्य करते रहे। इन विषयों पर अनगिनत लेखन और लेखों के लिए उन्हें आज भी याद किया जाता है। उन्होंने 1947 में 'अभ्युदय' (Abhyudaya) नामक एक साप्ताहिक समाचार-पत्र का सम्पादन और प्रकाशन आरम्भ किया। इसके बाद 1963 से लेकर अपनी मृत्यु तक वे 'त्रिपुर सहमति' के सम्पादक रहे।

   राज्य सरकार के शिक्षा निदेशालय ने 1963 में उनकी, 'कोक-सुरुंगमा' (Kok-Surungma), 'बगसा और बगनुई' (Bagsa and Bagnui) का प्रकाशन किया। इसके अलावा उन्होंने कोक-बोरोक के एक शब्दकोश 'कोकरोबम' (Kokrobam) की भी रचना की। शिक्षा निदेशालय ने इस पुस्तक को 1967 में प्रकाशित किया।

4. प्रभात रॉय—हालाँकि वे राज्य के विकसित श्रेणीवाले जनजातीय समाज से आते थे पर उन्होंने अपना पूरा जीवन पिछड़ी जनजातियों के लोगों का जीवन-स्तर ऊपर उठाने के लिए समर्पित कर दिया। वे त्रिपुरा जनशिक्षा समिति के अग्रणी नेता और कार्यकर्ताओं में से एक थे साथ ही 'नेशनलिस्ट स्टेट पॉलिटिकल

पार्टी प्रजा मंडल' के नेता भी थे।

वे 1948-50 के दौरान प्रकाशित होनेवाले साप्ताहिक समाचार-पत्र 'चीनी हा' (Chini Ha) अर्थात् 'हमारी धरती' के सम्पादक थे। यह पहला उदाहरण था जहाँ एक बांग्ला समाचार-पत्र का कोक-बोरोक में 'बपतिस्मा' किया गया था। इस समाचार-पत्र में राजनीतिक विचारों और माँगों के अलावा कुछ ऐसे लेख भी प्रकाशित किए जाते थे, जिनमें जनजातीय लोगों के बीच शिक्षा के प्रचार-प्रसार के लिए विचार और माँगों पर बल देनेवाले आलेख तो प्रकाशित किए ही जाते थे, साथ ही जनजातीय बच्चों को उनकी मातृभाषा में शिक्षा दिए जाने पर बल देनेवाले लेखों को भी पर्याप्त स्थान दिया जाता था।

5. जीतेन्द्र देब मोहन बर्मा—त्रिपुरा राज्य परिषद्-1956, के बनने से पहले श्री जीतेन्द्र मोहन देब बर्मा त्रिपुरा के मुख्य आयुक्त के परामर्शदाता थे। उनकी पुस्तक 'कोक-बोरोक सुरुंगमा' (Kok-Borok Surungma) जो कोक-बोरोक भाषा का संक्षिप्त शब्द-कोश है, 1959 में शिक्षा निदेशालय द्वारा प्रकाशित की गई। वे अगरतल्ला बेसिक ट्रेनिंग कॉलिज में कोक-बोरोक परीक्षा के परीक्षक थे।
6. महेन्द्र देब बर्मा—वे साहित्य और संगीत की जानी-मानी हस्ती थे। उनका आदिवासी संस्कृति तथा कोक-बोरोक साहित्य में महत्त्वपूर्ण योगदान है। उन्होंने कोक-बोरोक भाषा में कई गीत लिखे। कोक-बोरोक गीतों को आधुनिक धुन प्रदान करने का श्रेय भी उन्हीं को जाता है। उन्होंने बच्चों के लिए 'चेराई सुरुंगमा' (Cherai Surungma) तथा 'बगसा' (Bagsa) नाम की एक पाठ्यपुस्तक भी तैयार की, जिसे शिक्षा विभाग द्वारा 1958 में प्रकाशित किया गया। उनकी कोक-बोरोक कविताएँ 'कल्लोल' (Kallol) नामक साहित्य-पत्रिका 1960 में छपीं। इस पत्रिका के सम्पादक 'नेपाल डे' थे।
7. अलिन्द्रालाल त्रिपुरा—उन्होंने अपना पूरा जीवन कोक-बोरोक के विकास और कोक-बोरोक साहित्य के सृजन को समर्पित कर दिया। उन्होंने अलग-अलग कोणों से इस भाषा पर प्रयोग करने आरम्भ किए। यहाँ तक कि उन्होंने अलग लिपि भी विकसित की। इस लिपि के, कोक-बोरोक के लिए उपयुक्त होने का दावा किया जाता है लेकिन वर्तमान स्थितियों और परिस्थितियों में उनके द्वारा विकसित लिपि के इस्तेमाल को अनुपयुक्त माना गया है। वे 'कोक-बोरोक साहित्य सभा' के संस्थापक थे। वर्ष 1972 में उनके द्वारा कोक-बोरोक में रचित नाटक 'लमानी होमचांग' (Lamani Homchang) अर्थात् एक पथ-प्रदर्शक मशाल का रवीन्द्र 'सतबरशिकी' (Satabarshiki) भवन में मंचन किया गया। उन्होंने कोक-बोरोक में अनेक पुस्तकों की रचना की, साथ ही विभिन्न साहित्यिक पत्रिकाओं और समाचार-पत्रों में उनके आलेख भी प्रकाशित होते रहे।

8. सोना चरण देब बर्मा—इन्होंने 50 के दशक में विरह के गीत लिखे तथा इन्होंने 'फिरोगोई फैदी' (Firogoi Faidi) अर्थात् वापस आ जाओ, शीर्षक से प्रकाशित किया। शान्तिमय चक्रवर्ती ने 1985 में गीतों के बांग्ला संस्करण के साथ पुस्तक का पुनर्प्रकाशन किया।
9. साठ के दशक के आरम्भ में राज्य शिक्षा निदेशालय ने शान्तिमय चक्रवर्ती द्वारा लिखी अनेक कोक-बोरोक पुस्तकों को प्रकाशित किया जो निम्नलिखित थी—'भारतनी पंचाली' (ऐतिहासिक घटनाओं के लिजिन्द्री कथाओं की गाथाएँ, कविता में लिखी कविताएँ), रामायण कोचारजक (कोक-बोरोक में संक्षिप्त रामायण की छन्दबद्ध प्रस्तुति) और यपरी क्वतल (Yapri Kwtal) अर्थात् 'कोक-बोरोक सीखने हेतु पद्धति-पुस्तिका'।

कालखंड तीन

कोक-बोरोक भाषा के विकास के लिए आन्दोलन तथा 60 और 70 के दशक के आखिरी वर्षों में कोक-बोरोक साहित्य का सृजन—

1. साठ के दशक के आखिर में राज्य के जनजातीय समुदायों का राष्ट्रवादी आन्दोलन शुरू हुआ। राजनीतिक माँग से अलग मातृभाषा के माध्यम से शिक्षा उनकी माँग थी। इस अवधि में अनेक बांग्ला और कोक-बोरोक पत्रिकाओं ने जनजातीय लोगों के विचारों और उनकी अभिलाषाओं को संरक्षण प्रदान किया। इनमें से कुछ थीं, अजोय देब बर्मा और सुरजय रियांग द्वारा सम्पादित 'कोकतुन' (Koktun), आरम्भ में अजोय देब बर्मा और बाद में मृणाल देब बर्मा द्वारा सम्पादित 'चीनी कोक' (Chini Kok), जनजातीय छात्र परिसंघ की शाखा का 'सचलांग' (Sachlang), बिजोय कुमार हरंगख्वाल (Hrangkhawal) द्वारा सम्पादित 'त्रिपुरा स्टार और करम' (मेरी धरती), देबव्रत कोलोई (Koloi) द्वारा सम्पादित 'होजलाई' (Hojlai), श्यामलाल देब बर्मा द्वारा सम्पादित 'एइतोरमा' (Aitorma) और ब्रज बिहारी रॉय द्वारा सम्पादित 'हनीकोक' (Hani Kok)। इसके अलावा निरंजन देब बर्मा द्वारा सम्पादित 'लामा', श्यामलाल देब बर्मा द्वारा सम्पादित त्रिपुरा सरकार के सूचना, सांस्कृतिक और पर्यटन विभाग का मुख-पत्र 'त्रिपुरा कोगतुन' (Kogtun) तथा गजेन्द्र देब बर्मा द्वारा सम्पादित 'यपरी' (Yapri) ने इस अवधि के दौरान कोक-बोरोक साहित्यिक कृतियों के प्रकाशन में महत्त्वपूर्ण भूमिका निभाई।
2. जनजातीय राष्ट्रवादी आन्दोलन के साथ-साथ इस अवधि में दो अन्य संगठन भी अस्तित्व में आए जिन्होंने कोक-बोरोक और जनजातीय संस्कृति की विकास प्रक्रिया में उल्लेखनीय सहायता की। इनमें से एक 'त्रिपुरा कोक-बोरोक उन्नयन

परिषद्' की स्थापना 1967 में बीरचन्द देब बर्मा की अध्यक्षता में की गई। इस संगठन ने कलकत्ता विश्वविद्यालय के तुलनात्मक भाषाविज्ञान विभाग के प्रोफेसर डॉ. सुहास चटर्जी और उनके दो छात्रों कुमुद कुण्डु चौधरी और श्याम सुन्दर भट्टाचार्जी की सेवाएँ प्राप्त कीं। उन्होंने कोक-बोरोक पर अनुसन्धान कार्यों को अपने हाथ में लिया। उनके अनुसन्धान कार्यों का परिणाम 'त्रिपुरा कोक-बोरोक भास्कर लिखितो रूपे उतारण' शीर्षक से एक पुस्तक के रूप में सामने आया, जिसे 1972 में प्रकाशित किया गया।

दूसरा संगठन था 'त्रिपुरा कोक-बोरोक साहित्य सभा' जिसकी स्थापना अलिन्द्रलाल त्रिपुरा ने की थी। कोक-बोरोक साहित्य सभा वार्षिक कांफ्रेंसों और सेमीनारों आदि के जरिए कोक-बोरोक के विकास और जनजातीय संस्कृति पर नियमित रूप से चर्चाओं का आयोजन करती रही। संगठन ने 'गरहिया-उत्सव' (Garhia Festival) के अवसर पर कोक-बोरोक साहित्यिक पत्रिका 'गरहिया' (Garhia) का प्रकाशन किया। अलिन्द्रलाल त्रिपुरा के बारे में जानकारी से पूर्व इसका पहले ही उल्लेख किया जा चुका है। जनजातीय दर्शन पर आधारित उनकी पुस्तक 'त्रिपुरा सोमहिता' (Tripura Somhita) का प्रकाशन 1967 में किया गया। जनजातीय दर्शन, इतिहास और संस्कृति से सम्बद्ध बड़ी संख्या में उनकी पांडुलिपियाँ 1980 की तबाही में नष्ट हो गईं। 1973 में रोमन लिपि में कोक-बोरोक सिखानेवाली उनकी पुस्तक 'सुरुंगसमा' (Srungsama) का प्रकाशन 'त्रिपुरा बैपटिस्ट लिटरेचर सोसायटी' ने किया।

3. सत्तर के दशक में कोक-बोरोक के कुछेक साहित्यिक कार्यों का प्रकाशन किया गया। प्रथम उल्लेखनीय प्रकाशन था 'खनी रूचपमुंग' (Khani Ruchapmung) जो 'बुदुराई' (Budurai) के 17 कोक-बोरोक गीतों का संकलन था। इस प्रकाशन में लेखक ने घोषणा की थी कि उसने कोक-बोरोक के पाँच नाटक, *विसर्जन* के कोक-बोरोक अनुवाद, दो कोक-बोरोक उपन्यास, कोक-बोरोक लघु-कथाओं पर एक पुस्तक और कोक-बोरोक कविताओं की दो पांडुलिपियों को तैयार किया है, लेकिन यह ज्ञात नहीं कि बाद में इन्हें प्रकाशित किया अथवा नहीं।

1974 में श्यामलाल देब बर्मा द्वारा रचित एकल नाटक 'बंगस्वनाल' (Bengswnal) का प्रकाशन किया गया। यह रोमन लिपि में लिखा पहला कोक-बोरोक प्रकाशन था। दशरथ देब बर्मा द्वारा रचित 'कोक-बोरोक स्वरंग' (Swrung), 'कोक-बोरोक सिखानेवाली' पुस्तक का प्रकाशन 1977 में हुआ। इसी वर्ष नगेन्द्र जमातिया द्वारा रचित 'हथई' (Hathai) का प्रकाशन किया गया। इस पुस्तक में पाँच लघु-कथाएँ और एक लेख सम्मिलित था। इस लेख की विषय-सामग्री थी 'जमातिया लोको बिशिंगो चेरई कैलेइनमुंग' (Jamatia Loko Bisingo Cherai Kailainmung) अर्थात जमातिया समाज में बच्चों

की विवाह प्रणाली। यहाँ यह उल्लेख करना प्रसंगानुकूल होगा कि सत्तर के दशक में कोक-बोरोक की हस्तलिपियों (Scripts) पर विवाद अपनी चरम अवस्था पर पहुँच गया था। अपनी पुस्तक 'हथई' (Hathai) में श्री जमातिया ने बांग्ला और रोमन दोनों लिपियों का इस्तेमाल किया।

1978 में मनोरंजन देब बर्मा द्वारा सम्पादित 'बुबर' (Bubar) का प्रकाशन किया गया। इस पुस्तक में मौजूद सभी लघुकथाएँ, कविताएँ और लेख रोमन लिपि में लिखे गए थे।

4. इस दशक में कोक-बोरोक की एकमात्र साहित्यिक पत्रिका 'छबा' (Chhaba) अर्थात् युद्ध का प्रकाशन हो रहा था जिसके सम्पादक थे नगेन्द्र जमातिया। यह कोक-बोरोक साहित्यिक मासिक पत्रिका के रूप में सर्वप्रथम जून, 1979 में आई। लेकिन इसके अगले अंक से इसे नया नाम दिया गया–'डुंगुर' (Dungur) अर्थात् 'झरना' इस पत्रिका का प्रकाशन दिसम्बर 1979 के बाद बन्द हो गया। इस छोटे अन्तराल में पत्रिका ने कई महत्त्वपूर्ण लेख, सफल कहानियों और कविताओं का प्रकाशन किया तथा कोक-बोरोक भाषी लोगों में अत्यन्त लोकप्रिय हो गई। बंगशी ठाकुर जैसे पुराने बुद्धिजीवी लेखक तथा आधुनिक और विचारवान युवा लेखक इस साहित्यिक पत्रिका में अपने लेख, लघुकथाएँ और कविताएँ प्रकाशित करवा सकते थे।

कालखंड चार

अस्सी का दशक : कोक-बोरोक साहित्य आन्दोलन का केन्द्र-बिन्दु–हालाँकि कोक-बोरोक में पुस्तक के प्रकाशन और कोक-बोरोक साहित्य के सृजन के प्रयास शताब्दी की शुरुआत में ही आरम्भ हो गए थे पर इस मामले में प्रगति काफी धीमी थी। इस कमी की मुख्य वजह थी शिक्षा के क्षेत्र में जनजातीय समाज का पिछड़ापन। यहाँ पहले ही इस बात का उल्लेख किया जा चुका है कि जनजातीय समाज में शिक्षा के प्रचार-प्रसार के स्पष्ट उद्देश्यों के साथ 'त्रिपुरा जनशिक्षा समिति' चालीस के दशक के मध्य में ही अस्तित्व में आ चुकी थी। वास्तव में जनजातीय समुदाय के बीच शिक्षा के प्रचार की योजना पचास के दशक में हाथ में ली गई, जिसके परिणामस्वरूप साठ के आखिर में इस समाज के कुछ शिक्षित युवा सामने आए। इन शिक्षित जनजातीय युवाओं ने राष्ट्रवादी आन्दोलन की शुरुआत की। वे न केवल लगातार अपने राजनीतिक अधिकारों के बारे में जागरूक हो रहे थे बल्कि अपने सामाजिक-सांस्कृतिक मामलों और अपनी समृद्ध विरासत के बारे में भी चेतना से लैस हो रहे थे।

सामाजिक दायित्वों के प्रति उनकी चेतना के फलस्वरूप कोक-बोरोक साहित्यिक आन्दोलन में काफी गति दृष्टिगोचर हुई तथा कोक-बोरोक साहित्य तेज़ी से उस मार्ग पर अग्रसित हुआ, जहाँ उसे विकास की भाषा और साहित्य के रूप में मान्यता मिल जाए।

अस्सी के दशक में अब तक उपलब्ध विविध शाखाओं के कोक-बोरोक साहित्य प्रकाशन को नीचे दिया गया है–

कविताएँ, तुकांत कविताएँ और गीतसंग्रह

1. नरेशचन्द्र देब बर्मा और श्यामलाल देब बर्मा द्वारा सम्पादित 'कोक-बोरोक कोकलोब बव्छब' (Kok-Borok Bwchhab) जो कोक-बोरोक कविताओं का संग्रह था, मार्च 1983 में आया। इसमें 36 कवियों की 91 कविताओं का संग्रह था, जिसमें पुरानी पीढ़ी के बंगशी ठाकुर, महेन्द्र देब बर्मा, जोगेन्द्र चरण देब बर्मा और कुमुद रंजन देब बर्मा तथा समाज की नई पीढ़ी के कुछेक कवियों, जैसे कमालिया देब बर्मा, सुनील देब बर्मा, बलेन्द्र रियांग, मोहन मुरासिंग (Murasing) व अन्य की कविताएँ सम्मिलित थीं।
2. 1984 में नन्दकुमार देब बर्मा की 'छिमालवंग छकाओ होलोंगनी खुम' (Chhimalwng Chhakao Holongani Khum) अर्थात् 'श्मशान पर पत्थर का फूल' प्रकाशित हुई।
3. 1983 में शान्तिमय चक्रवर्ती की 'कोगतांग-कोकलोब बवतंग' (Kogtang-Koklob Bwtang) अर्थात् कोक-बोरोक कविताओं और तुकांत कविताओं का संकलन प्रकाशित हुई।
4. 1984 में महेन्द्र देब बर्मा की 'लुकु सोचामा रवूछबमुंग' (Luku Sochama Rwchhabmung) अर्थात् 'जन-गीतों की पुस्तक' छपी।
5. सुधन्या त्रिपुरा की 1983 में 'हा क्वाचर' (Ha Kwchar) अर्थात् 'लाल मिट्टी' नामक पुस्तक छपी।
6. 1986 में सुधन्या त्रिपुरा की 'अंगबई क्वखारंग त्वीनि खोरंग' (Ang Bai Kwkharang twini Khorang) अर्थात् 'मैं और नीले पानी की आवाज़' प्रकाशित हुई।
7. निताई आचार्जी की 1988 में संग्रहीत 'कोक-बोरोक गान' (Kok-Borok Gan) अर्थात् कोक-बोरोक गीतों का संग्रह आया।
8. पचास के दशक में प्रकाशित सोनाचरण देब बर्मा की 'फिरगोई फैदी' (Firogai Faidi) अर्थात् 'वापस चले आओ', 1985 में कोक-बोरोक गीतों के बांग्ला संस्करण के साथ शान्तिमय चक्रवर्ती ने इस पुस्तक का पुनर्प्रकाशन किया। इसी संस्करण में 'अमा ए गोमती माँ' (Ama a Gomti) अर्थात् 'ओ माता गोमती' और 'जादू कोलिजा' (Jadu Kolija) अर्थात् 'रियांगों का झूम गीत' भी शान्तिमय चक्रवर्ती ने संकलित किए।
9. 1986 में चन्द्रकान्ता मुरासिंग की 'हेपिंग गरिनगो चिबुकसा रिंगो' (Haping Garingo Chibuksa Ringo) अर्थात् 'वीराने झूम के अस्थायी ढाँचे से

सर्प की पुकार' आई।

10. 1986 में चन्द्रकान्ता मुरासिंग द्वारा सम्पादित 'कोलोम्टवी किशि मवखांग' (Kolomtwi Kishi Mwkhang) अर्थात् 'पसीने से भीगा चेहरा', 11 पुराने और नए कवियों की 31 कविताएँ बांग्ला के संस्करण के साथ प्रकाशित हुई।
11. 1988 में सुधन्या त्रिपुरा की 'नवंग हमजकमा रवया' (Nwng Hamjakma) अर्थात् 'तुमने प्रेम नहीं जताया' आई।
12. 1989 में शान्तिमय चक्रवर्ती की 'मुक्तवी' (Muktwi) अर्थात् आँसू आई।
13. 1987 में सुब्रत देब और चन्द्रकान्ता मुरासिंग द्वारा सम्पादित 'बोलोंग क्वखारंग फेहेलका बवकरंग' (Bolong Kwkhrang Fehelkha Bwkrang) अर्थात् 'नीले जंगल ने पंख फैलाए' छपी। इस पुस्तक में 9 कवियों की कोक-बोरोक कविताएँ कोक-बोरोक के बांग्ला संस्करण के साथ छपीं।
14. 1988 में बिनोय देब बर्मा की 'सोनेत कोकतांगरोग' (Sonet Koktangrog) अर्थात् 'सोनेट विधा' मे छपी।
15. 1988 में नरेन्द्र देब बर्मा की 'कोकिला नवंग त्वमनि अस्वक पुंग' (Kokila Nwng Twmani) अर्थात् 'कोयल, तुम निरन्तर क्यों कूकती हो' छपी।
16. 1989 में सुधन्या त्रिपुरा की 'रवचपमुंग' (Rawchapmung) अर्थात् 'गीत' छपी।
17. अलिन्द्रलाल त्रिपुरा की 'होरनी बोडो या सोंघोतरम पंचाली' (Horni Boro or Songhotram) अर्थात् 'संघोतरम उत्सव के महिमा गीत' नामक पुस्तक प्रकाशित हुई।
18. 1988 में नन्द कुमार देब बर्मा का 'बोलोंगनी बवसवकसोंग मवसाओ' (Bolong Bwsawksong Mwsao) कविताओं का संग्रह प्रकाशित हुआ।
19. 1988 में आई श्यामलाल देब बर्मा की 'कोक-बोरोक गणो संगीत' (Kok-Borok Gono Sangit) अर्थात् जन-गीत।

लघु-कथाओं का संग्रह

1. 'दुंदुरुकमा' (Dundurukma)-1984 में छपी, जिसे श्यामलाल देब बर्मा ने सम्पादित किया था और 12 कोक-बोरोक लघु-कथाएँ संग्रहीत थीं।
2. श्यामलाल देब बर्मा द्वारा सम्पादित 'अदोंग' (Adong)—1987 में आठ लेखकों की आठ लघु-कथाएँ संकलित हैं।
3. बिनोय देब बर्मा की 'नखवरी' (Nakhwari)—1987 में उनकी चार लघु कथाएँ संग्रहीत हैं।
4. हरिपदा देब बर्मा की 'इलेम्नि बीबी' (Elemni Bibi)—1989 में उनकी आठ लघु-कथाएँ मौजूद हैं।

उपन्यास

1. सुधन्या देब बर्मा की 'हचुक खुरियो' (Hachuk Khurio) अर्थात् *पहाड़ी की गोद में*, यह पहला कोक-बोरोक उपन्यास 1987 में छपा। इसका प्रकाशन कोक-बोरोक साहित्य और संस्कृति समसद ने किया था।
2. श्यामलाल देब बर्मा की 'तोंगथई नैतुगनानी' (Tongthai Naitugnani) अर्थात् 'आश्रय की तलाश में', आई। इसे कोक-बोरोक साहित्यिक पत्रिका 'लामा' में धारावाहिक प्रकाशित किया गया था।

अनूदित पुस्तकें

1. 1986 में आई नन्दकुमार देब बर्मा की 'कोक-बोरोक' गीता।
2. श्यामलाल देब बर्मा की 'नोक अरिनि कोथोमा' (Nok Arini Kothoma) अर्थात् 'पड़ोसियों की कहानियाँ'। पुस्तक में शरत चन्द्र चट्टोपाध्याय की महेश मुंशी, माणिक बंधोपाध्याय की 'खोतियान' और सोमोन चन्द्रा का 'दीरघा दिनेर एकटी दिन' (Dirgha Diner Ekti Din) का कोक-बोरोक अनुवाद भी शामिल किया गया था।
3. कोक-बोरोक बाई रवीन्द्रनाथ, श्यामलाल देब बर्मा द्वारा अनूदित आइ.सी.–ए. टी., त्रिपुरा सरकार द्वारा प्रकाशित की गई।
4. नरेन्द्रचन्द्रा देब बर्मा की 'तखुम्सा बोदोल' (Takhumsa Bodo) अर्थात् रवीन्द्रनाथ टैगोर की बालक का कोक-बोरोक में अनुवाद भी इसी कालखंड में छपा।

साहित्यिक पत्रिकाएँ

1. 1983-84 में सुनील देब बर्मा द्वारा सम्पादित 'जोरा' (Jora)।
2. वर्ष 1984 में चन्द्रकान्त मुरासिंग द्वारा सम्पादित 'हचुकनी खोंरग' (Hachukni Khorang)।
3. वर्ष 1985 में कमालिया देब बर्मा द्वारा सम्पादित 'ऐदोरोप' (Aidorop)।
4. विकास रॉय देब बर्मा द्वारा सम्पादित 'छेतुआंग' (Chhethuang : 1986-87)।
5. वर्ष 1987-88 में दरसीमा देब बर्मा द्वारा सम्पादित 'हुकुमू' (Hukumu) छपी।
6. वर्ष 1987-88 में निताई अचार्जी द्वारा सम्पादित 'यखारई' (Yakharai) छपी।
7. सन् 1987 में चन्द्रकान्त मुरासिंग द्वारा सम्पादित 'छती' (Chhati) छपी।
8. सन 1989 में बोदुराई चरण देब बर्मा द्वारा सम्पादित 'खा कामुंग' (Kha Kamung)।

9. सन् 1989 में राधाचरण देब बर्मा द्वारा सम्पादित 'शिक्षक'।

10. सन् 1990 में राजकुमार जमातिया द्वारा सम्पादित 'सिंगली' (Singli)।

इन उपर्युक्त पत्रिकाओं में से 'कोक-बोरोक साहित्य संस्कृति समसद' द्वारा प्रकाशित त्रैमासिक 'चाती' (Chati) और बिनोय देब बर्मा द्वारा नए सिरे से सम्पादित 'चेथुआंग' (Chethuang) का लम्बी अवधि तक प्रकाशन होता रहा। इसके अलावा, 'त्रिपुरा उपजाति गणमुक्ति परिषद' की एक शाखा मासिक पत्रिका 'लामा' (Lama) जिसके सम्पादक निरंजन देब बर्मा थे तथा नन्दकुमार देब बर्मा द्वारा सम्पादित त्रिपुरा राज्य कोक-बोरोक साहित्य सभा के एक अंग 'दंगडु' (Dangdu) का भी प्रकाशन इस दशक में नियमित रूप से होता रहा।

अन्य प्रकाशन

1. 1980 में शान्तिमय चक्रवर्ती द्वारा सम्पादित 'त्रिपुरानी केरेंग कोथोमा' (Tripurani Kereng Kothoma) अर्थात् 'त्रिपुरा की लोककथाएँ' जनजातीय अनुसन्धान निदेशालय, त्रिपुरा सरकार द्वारा।
2. 1986 में श्यामलाल देब बर्मा की 'स्त्वित्वी' (Sitwtwi) एकांकी नाटक।
3. निताई अचार्जी की 'सरोल कोक-बोरोक ब्याकोरोण-ओ-रचना' (Sorol Kok Borok Byankaron-O-Rochona) सन् 1987।
4. डॉ. सुधांशु बिकास साहा की 'कोक-बोरोक सहायिका' 1989।
5. 1985 में निताई अचार्जी की 'कोक-बोरोक स्वरंगम क्वलई' (Swrwng Kwlai),
6. 1988 में नन्दकुमार देब बर्मा की 'चवरेईरोगनी महाभारतोनी कथोमा' (Chwrairogni Mahabharotni Kothoma) अर्थात् 'बच्चों का महाभारत'।
7. 1988 में आई निताई अचार्जी की 'चेरईरोगनी रामायण' (Cherairongni Ramayana) अर्थात् 'बच्चों की रामायण'।
8. 1988 में आई महेन्द्र देब बर्मा की 'कुबुइनी ओचाई' (Kubuini Ochai) लेखों, कहानियों का संग्रह।
9. निताई अचार्जी की 'कोक-बोथोप—कोक-बोरोक अभिधान' (Kok-Bothop-Kok-Borok Abhidhan), 1987 में।
10. बिनोय देब बर्मा की 'नखवरी' (Nakhwrai)—अर्थात् 'कहानियों का संकलन', 1989 में।
11. नन्दकुमार देब बर्मा की 'बोलोंगनी बवसजवकसोंग मवसाओ' (Bolongni Bwsajwksong Mwsao)।

कालखंड पाँच

शताब्दी का अन्तिम दशक कोक-बोरोक साहित्य की किशोरावस्था–

यह कहा जा सकता है कि नब्बे के दशक में कोक-बोरोक साहित्य का प्रचुर-मात्रा में प्रकाशन नहीं हुआ। दरअसल यह कहना ज़्यादा उचित होगा कि इस दशक के दौरान प्रकाशित कोक-बोरोक वाङ्मय अपनी विभिन्न साहित्यिक गुणवत्ता और मानकों के कारण सराहनीय है, इसलिए उसका सम्मान किया जाना चाहिए। इस दशक के दौरान प्रकाशित कोक-बोरोक साहित्य का विवरण निम्नवत है–

कविताएँ, तुकान्त कविताएँ और गीत

1. नन्दकुमार देब बर्मा की 'अनि गनाओ गंग' (Ani Ganao Ang)।
2. 1992 में आई खजुतल जमातिया की 'दोरमा लाम ब्वाय कोक-बोरोक बउल' (Dorma Lam Boy Kok-Borok Baul)।
3. 1994 में आई पलेनजित असलोंग की 'कोक-बोरोक' कविताओं के बांग्ला संस्करणवाली पुस्तक 'बुखवरवी' (Bukhwrwi)।
4. कोक-बोरोक तेई हुकुमू द्वारा सन् 1995 में प्रकाशित कोक-बोरोक कविताओं का संग्रह 'खुमपुई बर्रवरक' (Khumpui Barrwrk)।
5. सन् 1996 में कुमुद रंजन देब बर्मा की कोक-बोरोक कविताओं की पुस्तक 'यखारई' (Yakharai)।
6. सुधन्या त्रिपुरा की 1987 में आई कोक-बोरोक कविताओं की पुस्तक 'नोनो रिखा खुम्पुई' (Nono Rikha Khumpui)।
7. 1998 में आई बिजोय देब बर्मा की कोक-बोरोक कविताओं के बांग्ला संस्करण वाली पुस्तक 'बोलोंग मुफुन्जक यकबई' (Bolong Muphunjak Yakbai)।
8. 1997 में आई बिजोय देब बर्मा की कोक-बोरोक कविताओं के बांग्ला संस्करण वाली पुस्तक 'लोंगतरैनी इकालब्यो' (Longtraini Ekalobyo)।
9. 1999 में आई चन्द्रकान्त मुरासिंग की कोक-बोरोक कविताओं की पुस्तक 'लोक छेथुआंग लोक' (Lok Chhethuang Lok)।
10. सन् 1999 में आई चन्द्रकान्त मुरासिंग की कोक-बोरोक कविताओं की पुस्तक 'पिण्डी वत्वी पिन' (Pindi Watwi Pin)।
11. सन् 2000 में नन्दकुमार देब बर्मा के गीतों का संग्रह, 'एनी रवचाबमुंग' (Ani Rwchabmung)।
12. सन् 2000 में आई सुधन्या त्रिपुरा की कोक-बोरोक गीतों की पुस्तिका 'जादूनी खोरंग' (Juduni Khorang)।
13. सन् 2000 में कुंज बिहारी देब बर्मा की कोक-बोरोक कविताओं की पुस्तक 'सिनिजक क्वरवी बुमुल' (Sinijak Kwrwi Bumul)।

14. श्यामलाल देब बर्मा की कोक-बोरोक कविताओं की पुस्तक 'कोकथाइरोग स्वंगो बोनबोनिया' (Kokthairog Swngo Bonbonia-2000)।

लघुकथाएँ, लोकगीत आदि

1. 1993 में आई नागेन्द्र जमातिया की लघु-कथाओं की पुस्तक 'बोलोंग' (Bolong)।
2. 1994 में आई स्नेहमय रॉय चौधरी की कोक-बोरोक लघु-कथाओं की पुस्तक 'मोकोल बवसकांगो' (Mokol Bwskango)।
3. 1996 में आई सुनील देब बर्मा की लघु-कथाओं की पुस्तक 'बोलोंगनी खुम' (Bolongni Khum)।
4. 1997 में आई स्नेहमय रॉय चौधरी की कोक-बोरोक लघु-कथाओं की पुस्तक 'बियाल' (Biyal)।
5. 1998 में आई बिजोय देब बर्मा, नफुराय जमातिया और रबीन्द्र किशोर देब बर्मा की लघु-कथाओं का संग्रह 'सवकलजवकमा' (Swkaljwkma)।
6. सन् 2000 में प्रकाशित हुई बिस्वा कुमार देब बर्मा की लम्बी कोक-बोरोक कहानियाँ 'ओस्थीरोग' (Osthirog)।
7. स्नेहमय रॉय चौधरी की कोक-बोरोक लघुकथाओं का संग्रह 'छेथुआंग तोलाओ' (Chhethuang Tolao-2001)।
8. सन् 2000 में छपी सुनील देब बर्मा की कोक-बोरोक लघु-कथाएँ 'बुसु' (Busu)।
9. सन् 2000 में आई हरिपद देब बर्मा की कोक-बोरोक लघु-कथाएँ 'जलई तोकपुपु' (Jalai Tokpupu)।
10. 1998 में आई नफुराय जमातिया और अशोक देब बर्मा की कोक-बोरोक लोककथाओं और तुकांक कविताओं का संग्रह 'नइथोक' (Naithok)।

उपन्यास

1. सुधनवा देब बर्मा की 'हकचुक खुरियो' (Hachuk Khhurio) अर्थात् पहाड़ी की गोद में। यह पहला कोक-बोरोक उपन्यास था। 1987 में इसका प्रकाशन 'कोक-बोरोक साहित्य और संस्कृति समसद' ने किया था।
2. 1996 में आई श्यामलाल देब बर्मा की 'खोंग' (Khong)।
3. 1997 में आई सुधनवा देब बर्मा की 'हकचुक खुरियो' (Hachuk Khurio) अर्थात् पहाड़ी की गोद में, पहले भाग का दूसरा संस्करण।

अनूदित पुस्तकें

1. बंकिम चन्द्र चट्टोपाध्याय के उपन्यास 'कोमल कानतोनी दोप्तर' (Komola Kantoni Doptor) का नगेन्द्र देब बर्मा द्वारा कोक-बोरोक अनुवाद, 1992 में प्रकाशित हुआ।
2. 1997 में आई अन्ना प्रसाद जमातिया की 'मंगनी वानसोकथानी गीता'। (Mangni Wansokthani Geeta) सतीश चरण बनिक द्वारा लिखित 'देहेतो दू भबानी गीता' का कोक-बोरोक अनुवाद।
3. 1999 में आई डॉ. प्रभाष चरण धर की 'कोक-बोरोक रामायण'। ये 'कृतिबाषी रामायण' (Krittibashi Ramayana) का कोक-बोरोक अनुवाद है।
4. अनिल शंकर बरात्या की 'जोनेर कविता' का कोक-बोरोक अनुवाद 'उसूलुजकनी कोक्लोब' (Usulujakni Koklob) भी प्रकाशित हुआ।

अन्य प्रकाशन

1. 1995 में आई कृष्णाधन जमातिया की गरहिया पर एक कहानी 'क्वरक कोकत्वमा' (Kwrak Koktwma)।
2. 1996 में आई बिनोय देब बर्मा की 'अंग्रेजी कोक-बोरोक शब्दकोश'।
3. 1994 में कोक-बोरोक तेई हुकुमू मिशन द्वारा प्रकाशित 'फुनुकमुंग' (Phunukmung) अर्थात् 'पहेली'।
4. 1994 में आई बिनोय देब बर्मा की कोक-बोरोकनी 'रंगचाक रिचाक' (Rangchak-Richak)।
5. 1995 में आई सुकान्त देब बर्मा की 'गांधी जी'।
6. 1996 में आई निताई आचार्जी की पुस्तक 'कोक-बोरोकनी कोकरोग किसा' (Kok-Borokni Kokrog Kisa), जो कोक-बोरोक लेखों का संग्रह है।
7. सन् 1997 में बिमल देब बर्मा का एक यात्रा-वृत्तान्त 'साचवलांग जोरनी इमंगनी कुम्पुई' (Sachwlang Jorani Imangni Kumpui)।
8. सन् 1997 में रबीन्द्र किशोर देब बर्मा की कोक-बोरोक 'सिखुन' (Sikhun)।
9. सन् 1999 में डॉ. नीलमणि देब बर्मा की 'बीमार तई बिनी हमरीमुंग' (Bemar Tai Bini Hamrimung)।
10. सन् 2000 में रबीन्द्र किशोर देब बर्मा की कोक-बोरोक 'प्रबाद बकये तिपरा लोकजीबन' (Prabad Bakye Tipra Lokojiban)।

साहित्यिक पत्रिका–

वर्ष 1993 में त्रिपुरा सरकार के जनजातीय भाषा सेलेने कोक-बोरोक साहित्यिक पत्रिका 'खुम्पुई' (Khumpui) का प्रकाशन आरम्भ किया। इसके अलावा कुंजबिहारी देब बर्मा

द्वारा सम्पादित 'पोहोर' और टी.टी.ए.ए.डी.सी. द्वारा प्रायोजित 'खुमुलवंग' (Khumulwng) का प्रकाशन भी आरम्भ हुआ।

बांग्लादेश में कोक-बोरोक साहित्य का सृजन

इस चर्चा के आरम्भ में यह बताया जा चुका है कि लगभग डेढ़ लाख कोक-बोरोक बोलने वाले जनजातीय लोग बांग्लादेश में रह रहे हैं। जनजातीय लोगों के बीच शिक्षा का प्रचार-प्रसार करने और बांग्लादेश में जनजातीय भाषा और संस्कृति के विकास के उद्देश्यों को लेकर 1965 में 'त्रिपुरा उपजाति शिक्षा औ संस्कृति समसद' नामक एक साहित्यिक और सांस्कृतिक संगठन की स्थापना की गई। इस संगठन के अगुआ थे समरेन्दलाल त्रिपुरा।

अन्य आयोजक थे धीरेन्द्र किशोर रोअजा, बीरेन्द्र कुमार त्रिपुरा और नबीन कुमार त्रिपुरा। 1978 में इस समसद ने सन्त रतनमणि के अनुयायी सन्त खुशीकृष्णा द्वारा रचित आध्यात्मिक गीतों के संग्रह, 'त्रिपुरा खकचंगमा खुम्बर बोई' (Tripura Khakachangma Khumbar Boi) का प्रकाशन किया। इससे पूर्व ख़ुशीकृष्णा द्वारा रचित गीतों की एक अन्य पुस्तक 'परन कचंगमा' (Pran Kachangma) का शंकरचन्द्र त्रिपुरा द्वारा प्रकाशन किया जा चुका था। 'ओजना पहाड़ी सुर' (Ojana Pahari Sur) शीर्षक से सन्त रतनमणि, सन्त ख़ुशीकृष्णा और बीरेन्द्र कुमार त्रिपुरा द्वारा लिखित और बीरेन्द्र कुमार त्रिपुरा द्वारा सम्पादित, 25 कोक-बोरोक गीतों के संकलन को 1966 में प्रकाशित किया गया था।

1978 में 'त्रिपुरा उपजाति शिक्षा-ओ-संस्कृति समसद' ने चित्तरंजन त्रिपुरा द्वारा अनूदित और सुरेन्द्रलाल त्रिपुरा द्वारा सम्पादित 'श्रीमदभागवत गीता' के कोक-बोरोक अनुवाद को प्रकाशित किया। समसद द्वारा प्रकाशित एक अन्य पुस्तक 'पुंडा तन्नानी बा जिजोक पुंडा' (Punda Tannani Ba Jijok Punda) लोकप्रिय जनजातीय लोकगीतों पर आधारित लयात्मक कविताओं का संग्रह थी। लोकगीतों का संकलन और उन्हें पद्यात्मक स्वरूप देने का कार्य शशिकुमार त्रिपुरा और महेन्द्रलाल त्रिपुरा ने किया था जबकि इसका सम्पादन बीरेन्द्र कुमार त्रिपुरा ने किया था। समसद ने एक और लयात्मक कविता संग्रह 'कोरचोक हा-सिकम कनानी' (Korchok Ha-Sikam Kanani) के प्रकाशन की घोषणा की थी। यह ज्ञात नहीं है कि यह अब तक प्रकाशित हुई है या नहीं।

1977 में सुरेश त्रिपुरा द्वारा सम्पादित 'कोक-बोरोक गीतों के एक संग्रह बोजोन' (Bojon) का प्रकाशन हुआ। गीतों के रचयिता थे प्रहेलिका त्रिपुरा, बरेन्द्र त्रिपुरा, प्रशान्त चरण त्रिपुरा, सुरेन्द्रनाथ त्रिपुरा, नंदलाल त्रिपुरा, हीरामय रोअजा और ब्रजनाथ रोअजा।

समसद के प्रकाशनों के अलावा रंगमाटी की 'सकनी कोक-प्रचार समिति' ने 'कोक सुरुंगदी' (Kok Surungdi) (भाषा सिखानेवाली पुस्तक) का प्रकाशन किया जो गीतों और कविताओं का संग्रह भी थी। पहली पुस्तक का सम्पादन कबीन्द्र त्रिपुरा और महेन्द्रलाल

त्रिपुरा ने किया था जबकि दूसरे का सम्पादन रघुनाथ त्रिपुरा द्वारा किया गया था। बीरेन्द्र त्रिपुरा, सुंन्दरलाल त्रिपुरा और सुरेश त्रिपुरा द्वारा रचित अनेक गीतों के बांग्ला अनुवाद विभिन्न समाचार-पत्रों और पत्रिकाओं में प्रकाशित हुए, जैसे 'रंगमाती' (Rangamati), 'झरना' (Jharna), 'परबत्या बानी' (Parbtya Bani), 'बनभूमि' आदि में।

अशीष त्रिपुरा द्वारा लिखित एक लघु-कथा 'अता गेरा' (Ata Gera) का प्रकाशन साप्ताहिक 'बनभूमि' में हुआ था। बांग्लादेश के अन्य कोक-बोरोक लेखक जो अपने साहित्यिक कार्यों के कारण प्रसिद्ध और लोकप्रिय हो चुके हैं, वे हैं—प्रभांसु त्रिपुरा, प्रशान्त कुमार त्रिपुरा, दीनदयाल रोअजा और लाल देनदक।

बांग्लादेश में कोक-बोरोक बोलनेवाली जनजातियाँ सर्वाधिक अल्पसंख्यक हैं लेकिन इस समाज के पढ़े-लिखे लोग कोक-बोरोक भाषा और संस्कृति के विकास हेतु अपने सर्वोत्तम प्रयास कर रहे हैं। वे एक विकसित और वृहद समाज के लोगों के बीच बांग्लादेश के विभिन्न समाचार पत्रों और साहित्यिक पत्रिकाओं में लेखों और लेखन के जरिए अपनी भाषा और संस्कृति को प्रोत्साहित कर सकते हैं।

यहाँ मैंने एक शताब्दी के दौरान कोक-बोरोक भाषा और साहित्य के विकास को प्रस्तुत करने का प्रयास किया है। यह दावा करना उचित नहीं होगा कि यहाँ प्रस्तुत कोक-बोरोक प्रकाशनों की सूची अपने आप में पूर्ण है। इसके विपरीत हो सकता है कुछ अन्य महत्त्वपूर्ण प्रकाशन इस सूची में स्थान न पा सके हों और जो अब भी मेरी पहुँच और ज्ञान से परे हैं। इस कमी के सन्दर्भ में मैं अपनी अक्षमता को स्वीकार करता हूँ।

समाज में शान्तिपूर्ण स्थिति का कायम रहना साहित्यिक और सांस्कृतिक गतिविधियों को आगे बढ़ाने की पूर्वशर्त है। राज्य की मौजूदा उथल-पुथल की परिस्थिति इस प्रकार की गतिविधियों का समर्थन नहीं करती। खासतौर पर कोक-बोरोक लेखकों और जनजातीय समुदायों के सांस्कृतिक कार्यकर्ताओं के नज़रिए से और वास्तव में यह साहित्यिक जगत के सन्दर्भ में बहुत ही स्पष्ट है कि युद्ध व अन्य तबाहियों से मानव समाज में उत्पन्न होनेवाली भयावह परिस्थितियों और मानवीय पीड़ा पर आधारित विचारों, भावनाओं और स्थितियों को शास्त्रीय साहित्य में काफी स्थान मिला है, जो चिरस्थायी बना रहेगा। हालाँकि, कोक-बोरोक कविताओं और लघुकथाओं में एसे विचार और भावनाएँ यत्र-तत्र बिखरी नज़र आती हैं लेकिन फिर भी कोक-बोरोक लेखकों में राज्य की मौजूदा परिस्थितियों को अपने उपन्यास या कविताओं में जगह देने की सोच नहीं दिखाई पड़ती या इसमें उन्होंने रुचि नहीं दर्शाई। हालाँकि कोक-बोरोक साहित्य के विकास का जो रुझान है वह दर्शाता है कि कोक-बोरोक साहित्य धीमे-धीमे ही सही पर पूरी दृढ़ता से अपने पूरे उत्साह और मौलिकता के साथ आगे बढ़ रहा है; ताकि वह समृद्ध भाषाओं के समृद्ध स्तर को छू सके।

अनुवाद : *रजनीश कुमार*

मिजो भाषा एवं साहित्य की विकास यात्रा : एक जायजा

डॉ. लल्टलुआंगलियाना खियांग्टे

मिजो दन्त कथाओं में एक चर्मपत्र की चर्चा है जिस पर हमारे पुरखों ने कुछ लिख रखा था। असावधानीवश, वह चर्मपत्र कभी किसी ड्योढ़ी पर ही बाहर पड़ा रह गया और एक भूखे कुत्ते ने उसे खाकर अपनी भूख मिटा ली। इस अनुश्रुति को नजरअन्दाज कर दें तो 19वीं शताब्दी के अन्तिम हिस्से में, हमारे यहाँ ब्रिटिश लोगों के आगमन से पहले मिज़ो लोगों द्वारा भाषा को लिखित रूप में दर्ज करने का कोई प्रमाण नहीं मिलता। क्रिश्चियन मिशनरी हमारे राज्य में 1894 में आई थी। उस समय तक एक भी मिजो पढ़ना-लिखना नहीं जानता था। बाद में, सप-उपा (पादरी एफ डब्ल्यू साविज) तथा पु-बुआंगा (पादरी जे. एच. लोरेन) नामक दो मिशनरियों ने मिजो भाषा के कूट अथवा प्रतीक विकसित किए। ये दोनों विभूतियाँ 11 जनवरी 1894 की ठंडी शीत ऋतु में त्लांवग नदी के किनारे सायरंग नामक स्थान पर एक छोटे से घर में आए थे। कुछ भी करने के पूर्व, उन्होंने मिजो वर्णमाला गढ़ने का काम आरम्भ किया। इससे बीस वर्ष पहले भी चटगाँव पहाड़ी क्षेत्र के उपायुक्त लेफ्टिनेंट कर्नल थौमस हर्बर्ट लुविन (1839-1916) ने कुछ सूचनाप्रद पुस्तकें लिखकर छपवाई थीं। 'कौलोक्विअल एक्सेरसाइज़िज इन लुशाई डायलेक्ट ऑफ ड्जो' और 'कुकी लैंग्विज विद् वौकेब्युलरीज एंड पौप्यूलर टेल्ज़' नामक 1874 में प्रकाशित, अपनी पुस्तक में उन्होंने मिजो जनजाति की तीन लोककथाओं के अतिरिक्त बहुतेरे मिजो शब्द संग्रहीत किए थे। अनुमानतः लुशाय (मिजो) भाषा पर लिखित यह प्रथम दस्तावेज है। अतः 1874 से पूर्व मिजो साहित्य के अस्तित्व का दावा करना साहित्य के वास्तविक अर्थ में शायद अहंकारपूर्ण बात ही कही जाएगी। इसके एक दशक बाद 1884 में, चटगाँव के एक चिकित्सा अधिकारी सहायक सर्जन ब्रोजोनाथ शाहा ने 'ग्रामर ऑन लुशाई लैंग्विज' नामक एक अन्य महत्त्वपूर्ण पुस्तक छपवाई। आरम्भिक काल के इन लेखकों की उक्त लिखित रचनाओं के बारे में लौरेन ने लिखा है कि इन पुस्तकों से, उन्हें तथा उनके मित्र साविज को लुशाई भाषा के शब्द तथा मुहावरे सीखने के आरम्भिक प्रयास में कुछ मदद मिली। पर दोनों पुस्तकें किसी लेखन पद्धति का प्रस्ताव नहीं करती थीं, जिसे लुशाई लोगों को पढ़ाया

जा सके। लौरेन ने इस सम्बन्ध में आगे लिखा है–'अतः इस भाषा को लिखित रूप देने का जिम्मा हमारे सिर आ पड़ा। हमारा उद्देश्य था कि, लोग हमारे द्वारा विकसित प्रणाली आसानी से अपना सकें। इस उद्देश्य के लिए, हमने सुविख्यात हन्टरियन प्रणाली की ध्वनि पर आधारित वर्तनी अपनाई जो पूरे समुदाय में सन्तोषजनक परिणामों के साथ तब से ही इस्तेमाल की जा रही है। इन पुस्तकों के अतिरिक्त एक ब्रितानवी अधिकारी सी.ए. सॉपिथ ने 1885 में 'रंगखोल-कुकी लुशाई ग्रामर' नामक पुस्तक लिखी थी। इन कृतियों तथा इसी सम्बन्ध में प्रकाशित कुछ अन्य सामग्रियों ने मिशनरियों के क्रमबद्ध तथा सुव्यवस्थित प्रयासों का मार्ग प्रशस्त किया।

इस अभियान के प्रणेता लौरेन तथा साविज ने मिजोरम में, मिजो लोगों के लिए बहुमूल्य दस्तावेज तैयार किए। इन दोनों ने बहुत सारी किताबें लिखीं, जो अपने-अपने क्षेत्र की प्रथम कृतियाँ थीं। एकदम आरम्भ में 'ज़िरतनबू' (लुशाई प्राइमर) 'हलिखी' तथा बाद में (1896) 'जौहना लेह छन्ना' (प्रश्न तथा उत्तर) लिखा। प्राइमरी कक्षाओं के लिए उन्होंने जो टेक्स्ट बुक तैयार की, उससे छात्रों ने लिखना-पढ़ना सीखने का प्रयत्न किया। इसके बाद, उन्होंने बाइबिल के अनुवाद करने की दिशा में गम्भीर प्रयास किए। इसकी शुरुआत उन्होंने 21 अगस्त 1895 में 'ल्यूक के गोस्पेल' से की। जिसके बाद 'सन्त जौन के गॉस्पेल' और फिर विभिन्न अंकों की बारी आई। ये दोनों गोस्पेल 1898 में ब्रिटिश तथा फौरिन बाइबिल सोसायटी ने प्रकाशित की थीं। उसी साल लैरेन की महान कृति 'ग्रामर एंड डिक्शनरी ऑफ द लुशाई लैंग्विज' असम सरकार द्वारा प्रकाशित हुई।

II मिजो लोक साहित्य की शुरुआत-डुहलियान भाषा

यह सर्वविदित है कि मिजो लोक साहित्य की शुरुआत डुहलियान क्षेत्रीय भाषा के लिखित रूप में आने के दिन से नहीं होती। वस्तुतः मिजो समुदाय के इतिहास से इसका आरम्भ होता है। मिजो समाज की संरचना में इसके हित अथवा अहित के लिए, जो भी चीज़ आई, वह मिजो लोक साहित्य में भी शामिल हो गई, चाहे मिजो लोगों के विस्थापन की पीड़ा हो, युद्ध की विभीषिका से जूझने की दास्तान हो या खेती के लिए उनके पसीने और उद्यम, या उनके त्योहार और लोक नृत्य, सामान्य जीवन, आशाएँ और आकांक्षाएँ हों। सब की गहरी छाप उनके लोक साहित्य पर पड़ी। हम, जिसे अब मिजो साहित्य का नाम देते हैं, उसमें केवल बाइबिल तथा पश्चिमी साहित्य और सम्बद्ध रचनात्मक लेखन की अन्य सामग्रियों का अनुवाद या मिजो भाषा में लिखित साहित्य ही शामिल नहीं है बल्कि लोकगीत तथा लोक कथाओं का वह भंडार भी शामिल है, जिसके सृजनकर्त्ताओं का अता-पता नहीं है।

पद्धति के आविष्कार से पूर्व, अपने विचारों और भावनाओं को गीतों में ही मनुष्य ने अभिव्यक्त किया। ज्ञान के आडम्बर से अछूते इन गीतों की जीवन्तता अद्भुत है। इसी प्रकार, लोक कहानियाँ, जो जनमानस की सहज अभिव्यक्तियाँ थीं, पीढ़ी दर पीढ़ी

मौखिक रूप में हम तक पहुँची। किसी भी साहित्य के इतिहास का उक्त साहित्य में आए सभी परिवर्तनों के साथ, जब हम अध्ययन करते हैं तो हमारा प्रत्यक्ष सम्पर्क क्रमबद्ध रूप में प्रत्येक पीढ़ी के अन्तस की प्रेरक शक्ति से होता है। तभी जीवन के प्रति उनके दृष्टिकोण तथा भावनाओं को हम मूल रूप में जान पाते हैं। हम यह जान पाते हैं कि उनकी दिलचस्पी किन-किन चीजों में थी और उनके आमोद-प्रमोद का क्या तरीका था। वे भावनाएँ क्या थीं, जिनसे वे गहरे रूप में अभिप्रेरित होते थे, उनकी अभिरुचि और व्यवहार का स्तर कैसा था, कैसे चरित्र उनके लिए प्रशंसा का कारण बनते थे ?

जब, हम मिजो लोक-साहित्य की बात करते हैं तो हमारा अभिप्राय लोक कथाओं, पारम्परिक कहावतों तथा लोकोक्तियों, गीत, शिशु-गीत, पहेलियों, मुहावरों, युद्ध के नारों, बलि-मंत्रों आदि के विभिन्न पहलू से है। ये सभी सामग्रियाँ अभी तक सही तरह से लिपिबद्ध नहीं हो पाई हैं। हालाँकि, मिज़ो लोगों ने साक्षरता शताब्दी समारोह 1994 में ही मनाया है। मिजो लोक साहित्य के विभिन्न विधाओं को संग्रहीत करने तथा पुनर्व्यवस्थित करने की कोशिशें की गई हैं। यहाँ हम संक्षेप में मिजो लोक साहित्य के अनोखेपन तथा विशिष्टताओं पर नज़र करेंगे।

मिजो समुदाय को 'गानेवाला समाज' कहा गया है, जो ठीक ही है। इस देश के अन्य आदिवासी समुदायों से अलग मिजो लोगों की एक सुविकसित संगीत परम्परा थी। एक मिजो इतिहासकार के. जौला का विचार है कि लेखन पद्धति के विकास से पूर्व-काल के विश्व समुदायों में मिजो समुदाय के गीतों का भंडार समृद्धतम है। एक अन्य लेखक के मतानुसार, 'यदि सभ्यता की उन्नति का पैमाना, गीतों के भंडार को मान लिया जाए तो मिजो निस्सन्देह सबसे अधिक उन्नत समुदाय ठहरेंगे।' इस समृद्ध संसाधन की आलोचनात्मक परीक्षा करनी होगी। मिजो लोक गीतों की एक विशेषता है कि वे अपने रचनाकारों के नाम से पहचाने जा सकते हैं। यह परम्परा दूसरी किसी भाषा के लोक गीतों में नहीं है। उदाहरणार्थ, मिजो लोक-गीतों की प्रथम रचनाकार ह्मुआकी के गीतों की कुछ पंक्तियाँ देखें—

- *अपने न्गेन्ते गाँव में जीवन का आनन्द उठाते हुए कितना गहरा अहसास/होता है/हमें—/मन में उठती है यहाँ बार बार आने की हुलास*
- *शरीर मेरा नष्ट हो जाए तो क्या ?/मेरे गीत नहीं मरेंगे/इन्हें पश्चिमी अफसरों के लिए अबूझ ही रहने दो*

ह्मुआकी ने विभिन्न अवसरों के लिए तरह-तरह के गीत रचे तो गाँव के लोगों को लगा कि वह सभी के जीवन के सभी विषयों और भावों पर गीत रच देगी तो आनेवाली पीढ़ियों के गीतकारों के पास गीत रचने के लिए विषयों का अकाल ही पड़ जाएगा। बस उन्होंने ह्मुआकी को कब्र में जीवित ही दफना दिया। पर जब लोग उसकी कब्र में मिट्टी भर रहे थे, एक शोक-गीत उसके मुख से तेज स्वर में फूट पड़ा—

नौजवानों, मेरे गाँव के नवयुवकों/मुझे ठीक से दफनाओ तो

जीवन के अन्तिम क्षणों में भी वह आततायियों को कवितामयी शब्द ही सुनाती रही। इससे हम अनुमान लगा सकते हैं कि ह्मुंआकी एक सहृदयी पर कंठजीव रचनाकार थी। इस महान रचनाकार के अतिरिक्त, सारगर्भित तथा स्मरणीय लोकगीत के रचनाकारों में लियानछियारी, सायकुटी, दरपौंगी, ललथेरी, लियानरिखुमी, दरलेंग्लेही और दरमनी का नाम ले सकते हैं।

लियानछियारी (1750-1810) थड़लुआह वंश के सरदार की बेटी थी। इस सरदार का शासन पूर्वी मिज़ोरम में दुंग्तलाड़ नामक स्थान में 7000 पारेवारों के गाँव पर चलता था। लियानछियारी सुन्दर थी। गाँव के कुँआरे नवयुवक उस पर फिदा थे और उससे ब्याह की महत्त्वाकांक्षा पाले बैठे थे, पर उन खुशहाल परिवारों के जवानों में उसे कोई पसन्द नहीं आया। उसका दिल तो एक मामूली नौजवान 'चौंगफियांगा' पर आ गया था। शुरू-शुरू में मुफ्त में जान से हाथ धोने के डर से वह राजा की बेटी से प्रेम का दुस्साहस नहीं कर पाया था लेकिन लियानछियारी ने अपने प्रेम के आग्रह का जवाब देने को उसे बाध्य किया। उसने अपना सर्वस्व उस नौजवान के सामने प्रकट कर दिया। चौंगफियांगा स्वयं को कितना रोकता ? आखिरकार दोनों रोमांस की नौका पर सवार प्रेमयात्रा पर चल पड़े। एक रात जब सरदार का सुआंगचनी नामक उत्सव मनाने में लोग महल के अन्दर मग्न थे, ये दोनों प्रेमी अपने आप पर अधिक नियन्त्रण नहीं रख पाए। उन्होंने ड्योढ़ी के किनारे एक अँधेरे कोने में रखे जलावन के ढेर पर अपने बीच की सारी रुकावटें समाप्त कर दीं। लियानछियारी की माँ वहाँ से, जब कुछ लकड़ियाँ उठाने की कोशिश कर रही थी तो उसकी नज़र रतिक्रिया में लिप्त दोनों पर पड़ी। उस रात विशेष-उत्सव के अवसर पर काफी लोग जमा थे। गाँव के लोगों में यह बात तुरन्त फैल गई। लियानछियारी को बाद में इसका पछतावा भी हुआ जैसा कि उसके निम्नलिखित दोहे से स्पष्ट है—

ग्लानि से भरा है मेरा मन, आनन्द में इतनी डूबी/अपने पिता के नाम पर बट्टा लगा दिया

बाद में विवाह-सम्बन्ध तय करनेवाले बिचौलिए के षड्यन्त्र के कारण, चौंगफियांगा को उस जगह से अपनी प्रेयसी को बताए बिना चुपके से भागना पड़ा। इस घटना ने लियानछियारी को बहुत आहत किया—

मुझसे छिपाई क्यों तुमने, अपने पलायन की बात/छोड़कर जाने की मैं न दूँगी कभी अनुमति/ओ मेरे पहले प्यार !

वह चौंगफियांगा के सुनसान पड़े घर तथा आसपास का चक्कर लगाती फिरती और गीत गाती—

तुम्हारे वियोग के बाद/तुम्हारे सुहावने घर मैं आई/फर्श पर पड़े पंख की तरह/इस घर का कोई रखवाला नहीं अब।

अपने प्रियतम के साथ जंगल में लकड़ियाँ जमा करने के क्षणों को याद करते हुए उसने कहा—

तन्हा जाती हूँ बन में अपनी तन्हाई के संग/पेड़ के साए में तुम्हारी यादें

मुझ पर टूट पड़ती हैं

अपने प्रेम को सम्बोधित करते हुए उसने ऐसी ही बेशुमार रचनाएँ सृजित कीं।

पी ह्मुआकी, लियानछियारी तथा अन्य कवयित्रियों के अलावा कुछ कवियों के नाम भी उल्लेखनीय हैं। यथा–मंगसेला, ज़कुआला, डरछुमा, ललसुथहला, ललटूछिंगपा, ललाविथंगपा आदि। बहुतेरे लोकगीत, जैसे–चौंगचेनज़ई,चयहला, बौवहला, हलाडो, त्लंगलमजय, रलरूनज़ई, छेईहजई आदि अभी भी विद्यमान हैं, जो पीढ़ी दर पीढ़ी हम तक पहुँचे हैं। उनका नामकरण गीत के पैटर्न पर हुआ है।

यहाँ ऐसे लोकगीतों की विस्तृत चर्चा सम्भव नहीं है। इन गीतों को गहराई से देखने पर मिजो औरतों की सुन्दरता तथा पुरुषों की शक्ति और सामर्थ्य का पता चलता है। मिजो लोकगीत का यह अनोखापन उल्लेखनीय है।

मिजो कविता

मिजो लोगों को अपने पूर्वजों से कविताओं की बहुरंगी विरासत मिली है। लोकगीत, भक्तिगीत, प्रेमगीत, देशभक्ति गीत, व्यंग्य गीत तथा कविताएँ मिजो काव्य की प्रमुख विधाएँ हैं–

बीसवीं शताब्दी के आरम्भ में मिजो काव्य ने अविथंग्पा की काव्य रचनाओं से विकास की सीढ़ियाँ चढ़नी शुरू कीं। पारम्परिक मिजो शैली में अविथंग्पा दिरिअल्लोवा तथा अन्य कई कवियों की प्रतिभाएँ जन्मीं। मौलिकता तथा विषयवस्तु के दृष्टिकोण से लियांग्खाइया, हराब्बा, आर. एल. कमलला, रोकुंगा, एल. बियाकलियाना, जिकपुईपा, पी.एस.चोंग्थू आदि विशेष रूप से उल्लेखनीय हैं। मिज़ोरम के दक्षिणी भाग से, हेडमास्टर ललममा तथा पादरी एच. डब्ल्यू. कार्टर के प्रयासों से, बीसवीं शताब्दी के तीसरे दशक में सेरकौवन कन्सर्ट ह्ला के नाम से रची गईं ये कविताएँ, मिजो वीर नायकों की विरुदावली हैं या फिर मिजो-समाज के पारम्परिक मूल्य की प्रशंसा। प्राकृतिक सुषमा और मनुष्य की अभिरुचि की अन्य बातें भी इनकी विषय-वस्तु है। सामुदायिक गीत के नाम से मशहूर ये कविताएँ मिजो साहित्य का एक नया अध्याय रचती हैं। दूसरे विश्व युद्ध के बाद के काल में ललजोवा छंगटे, वड़खमा, ललजुईथंगा, लल्टनपुईया और अन्य कई रचनाकारों ने अनगिनत सुन्दर प्रेमगीत लिखे। द्वितीय विश्वयुद्ध के विध्वंस तथा परवर्ती राजनैतिक चेतना से पूरी दुनिया में राष्ट्रवाद तथा नैतिक विकास की जरूरत का अहसास लोगों में आया, जिससे प्रेरित हो, कुछ कवियों ने प्रेरणास्पद तथा प्रकृति के विचारोत्तेजक पहलू पर कविताएँ रचीं। यहाँ हम समकालीन मिजो गीत की संक्षिप्त विवेचना गीतिकाव्य, सम्बोधन-गीति, शोकगीत, सॉनेट आदि शीर्षकों के अन्तर्गत करेंगे।

गीति काव्य : गीति काव्य या लीरिक मूलतः लायर नामक वाद्य यंत्र के संगीत के साथ गाई जानेवाली पद्य-विधा है। लगभग सभी प्रकार के मिजो गीत, संगीत के साथ

गाए जा सकते हैं। कवियों ने अधिकांशतः अकथात्मक कविताएँ या गीत रचे हैं, जिसमें एक व्यक्ति अपनी मनःस्थिति या विचार-क्रम या भावनाएँ अभिव्यक्त करता हुआ मिलता है। संक्षिप्त कविता होने के कारण, गीति-काव्य में भाव-केन्द्रता और विचार, अनुभूति तथा शैली का एक ठोस रूप मिलता है तथा इसमें मूलभाव से विचलन अथवा असम्बद्ध बातों के शामिल करने की गुंजाइश नहीं होती। तथ्य यह है कि मिजो कविता—चाहे वह आरम्भिक काल की हो अथवा आधुनिक काल की उसका वृहत्तर भाग गीति काव्य के रूप में ही है। मिजो कवियों ने अपनी अन्तरतम भावनाओं को अत्यन्त संवेदनशील तरीके से संगीतमय अभिव्यक्ति दी है। पर लगभग सभी कविताएँ मुक्त छन्द में हैं और उनमें नियमित बन्द भी नहीं होते। कुछेक कविताओं में तुकबन्दी का एक पैटर्न-सा जरूर मिलता है। इसका सबसे लोकप्रिय रूप है—'एक चतुष्पदी बन्द तथा उससे जुड़ा उतने ही पाद का एक कोरस।' इन रचनाओं को कुछ कठोर आलोचक कविता की बजाय गीत कहना अधिक पसन्द कर सकते हैं।

लियांडला, रोकुंगा, एल. बियाकलियाना और पी.एस. चौंग्थू के गीति-काव्य मिजो साहित्य की सबसे संगीतमय कविताओं में से हैं। संगीत प्रभाव उत्पन्न करने के लिए इनकी रचनाओं में शब्दों के चयन में अतिरिक्त सतर्कता देखी जा सकती है। इन कवियों ने स्वर अक्षरों के प्रचुर प्रयोग तथा कर्कश स्वरों के इस्तेमाल से बचने की कोशिश की है। उदाहरणार्थ लियांडला के 'खन त्लंग रम' में संगीत की लय में भाव और स्थिति के अनुसार चतुराई भरा परिवर्तन देखा जा सकता है। कवि लियांडला प्रत्येक शब्द के स्वर के अनुसार संगीत प्रभाव की रचना करता है। मात्र कविता पाठ से उसके संगीत को सहज ही महसूस किया जा सकता है। एक अन्य कवि बियाकलियाना ने अपने गीत 'पार्टिंग थंग वुलना' में ऋतु को आनन्दमय बनानेवाले नाना प्रकार के फूलों की सुन्दरता का बखान किया है। बियाकलियाना प्रकृति के सौन्दर्य के रसास्वादन के लिए आस-पास की पहाड़ियों को थोड़ा नीचे झुक जाने का आह्वान करते हैं ताकि वे भी समय के प्रवाह तथा खिले हुए फूलों की सुन्दरता का आनन्द उठा सकें।

स्पष्ट है मिजो गीति काव्य का केन्द्रीय विषय 'प्रेम' है। प्रेम के भी कई रूप हैं। आरम्भिक मिजो कविताएँ प्रकृति प्रेम की भावना से ही ओत-प्रोत हैं। आधुनिक कवियों ने इस प्रकृति को अपनी रचनाओं में अपनाया है। अपनी कविता 'सच्चा प्रेम' में बियाकलियाना ने जीवन का अपना दर्शन प्रस्तुत किया है—

लम्बी स्याह रात गुजर चुकी है/निराशा और श्रम/भाप के झोंकों की तरह/अन्ततः गायब हो चुके हैं/देखो पूरब में/सूरज जाग रहा है/और साथ ही जागी है खुशियाँ/हमारे मन के क्षितिज पर

क्या तुम दुखी हो, मेरे दोस्त/मत रोना किस्मत का रोना/सच्चे प्यार के लिए जूझना ही/हमारे लिए खुशी लाता है।

एक अन्य कवि पी. एस. चौंग्थू (जन्म 1922) ने अपने गीत 'बिछुड़ा प्यार' में

मर्मस्पर्शी भाव उकेरे हैं–

हरे-भरे पेड़ अब मुर्झा कर सूख गए हैं/हमारे मिलन के बीते दिनों की याद दिलाते वे/ओह ! कैसे भुलाऊँ उन दिनों को?/बाँहों में समेटे प्रिय का रूप/पहाड़ियों पर पसरा है जामुनी रंग/सुखद चमक डूबते सूरज की/जगाती है, मधुर यादों का कसैला अहसास/अपने प्रियतम की वह उदास विदाई।

निस्सन्देह मिजो प्रेम गीति-काव्य में प्रकृति का मुख्य स्थान है और इसके बिना प्रेम की अभिव्यक्ति पूरी तरह सम्भव नहीं है। अधिकांश मिजो कवियों ने अपने प्रेमोद्‌गार के लिए प्रकृति का सहारा लिया है। पर मिजो प्रेम गीत वास्तविकता से मुँह नहीं चुराते। उनकी भावनाएँ, अनुभव, संवेदनाएँ तथा अनुराग सुखद हो अथवा दुखद, मिजो कवि अपने गीतों में उन्हें अभिव्यक्ति देने से कतराते हुए नहीं मिलेंगे। रोकुंगा नामक लोकप्रिय कवि की रचना 'हमारी मनोरम मिजो पहाड़ियाँ' में प्रकृति से उनके प्रेम की अभिव्यंजना एक उपदेशात्मक स्वर के साथ खत्म होती है–

मनोहर मिजो पहाड़ियो, सुन्दरतम स्वप्नलोक हो तुम/तुम्हारी गोद में शान्ति है विराजती/खुशी की गंध बयार बन बहती फूल मुस्कुराते हैं/ओ सुन्दर मिजो भूमि हम तुम्हारे ही गीत गाते हैं/आगे बढ़ो मेरे देश के जवानो/अपनी सुषमा और जादू बिखेरना हम पर ओ मिजो मातृभूमि/वरदान लेकर साथ ईश्वर का भविष्य बनाने/आओ, हम विजय-दिशा की ओर बढ़ें

रोकुंगा के प्रेम की संकल्पना को मोटे तौर पर उनकी दो कविताओं से समझा जा सकता है, ये कविताएँ हैं, अपने पिता की मृत्यु पर लिखा गीति-काव्य, 'का पा डुह तक' (मेरे स्नेही प्यारे पिता) और 'हमंगाइहना हि चकना अ नि (प्रेम जीत की शक्ति है)।' प्रेम को छिपाया नहीं जा सकता। मृत्यु भी उसके पिता के प्रेम को रोक पाने में असमर्थ है। 'हमंगाइहना हि चकना' में कवि जोर देकर कहता है कि प्रेम शक्ति का स्रोत तथा मुक्ति का साधन है। यह बड़े-बड़े शासकों और शक्तिशाली सैनिक दल-बल को हरा सकता है। यह पूरे विश्व को आसानी से विजित कर सकता है। राष्ट्र की शक्ति इसी बात पर निर्भर है कि उसके लोगों के मन में राष्ट्र के लिए कितना प्रेम है। प्रेमाधारित एकता ही मनुष्य को मुक्ति तथा स्वतन्त्रता दे सकती है। रोकुंगा के तमाम देशभक्तिपूर्ण गीतों का मुख्य स्वर यही है।

प्रेम सम्बन्धी गीति काव्य के महानतम मिजो रचनाकारों में वानखमा के विचार अलग हैं। अपने गीत 'मिमंड़कन पियाड़ हमुन टा सी लो' में तएजा प्रेमियों के नए जगत का वर्णन करते हैं। उनका कहना है कि अनुभवहीनता के कारण नया प्रेमी प्यार के आनन्द और महानता की गहराई को पूरी तरह आँक नहीं सकता। इसलिए प्रेम उसके लिए स्वप्निल संसार है, वह कहता है–

तुम्हारी मुस्कान की चमक/मेरी दुनिया फिर से जवाँ कर जाती है

वानखमा की कविता 'नुनरौंग हमेल्था' (हृदयहीन सुन्दरी) में एक झूठे प्रेमी का चरित्र है। इस कविता में प्यार की अन्य विशेषताओं की चर्चा है। इसमें प्रेमिका प्रेमी

से अपना प्रेम सम्बन्ध उसके क्रूर स्वभाव के कारण तोड़ लेना चाहती है पर वह ऐसा कर नहीं पाती और इस स्थिति में कह उठती है—ऐ हृदयहीन सुन्दर युवक, काश मैं तुझसे अपना हृदय बदल लेती ! इस कविता की तुलना जौन कीट्स के चरित्र 'ला बेले डेम सान्स मर्सी' यानी 'निर्दयी सुन्दरी' से की जा सकती है। वानखमा के प्रेम की संकल्पना बाइबिल में वर्णित 'शर्तहीन प्रेम' से मिलती-जुलती है—

तुम्हारे खूबसूरत चेहरे को देखूं—यह चाहत मेरी/पर तिरस्कार करती तुम्हारी ऐंठती जबान से मैं/हो जाती हूँ निराश मैं काले क्षितिज की मानिंद/मेरे प्यार, मेरी तमाम नेक तमन्नाएँ तुम्हें मुबारक हों/जो मुमकिन हो तो सितारे भी तोड़ लूँ, मैं तुम्हारे लिए/किसी और की प्यार की रोशनी, 'गर बन जाओ तुम तो क्या!/सदा रहें दोनों खुश, इधर मैं और उधर मेरा खुदा खुश।

कतिपय मिजो गीति काव्यों में विवाह सम्बन्ध द्वारा प्यार पाने को लेकर उदासीनता का भाव प्रकट हुआ है। नीतिशास्त्र के अलिखित नियमों के अनुसार, विवाह माता-पिता तथा सम्बन्धियों द्वारा लड़के-लड़की की समझ-होश विकसित होने से पूर्व तय कर दिए जाते थे। माता-पिता द्वारा तय किए गए विवाह सम्बन्ध बलात् स्थापित सम्बन्ध जैसे थे। आधुनिक काल में युवक-युवतियाँ अपने साथी चुनने को स्वतन्त्र हैं, कभी-कभी तो वे अपने साथी को बदल लेने को भी आजाद होते हैं। एक मिजो गीत है—

फिर से अपने अन्तर्मन में गहरे बैठी मनोकामना पूरी कर लो/कोई इच्छा बाकी न जाए रह मेरी प्रिय!/इसके बाद ही मैं अपने नए प्यार की ओर मुड़कर/लूँगा तुमसे विदा।

इस प्रकार, प्रेम की नाना प्रकार की अभिव्यक्तियाँ अलग-अलग रूपों में हम पाते हैं। कभी-कभी प्रेम को खुशियाँ पाने का साधन बताया जाता है, कभी कवि स्वीकार करता है कि वह न तो अपनी प्रेमिका की आलोचना करना चाहता है और न उसके विरुद्ध कुछ बात सुनना चाहता है। फिर, जैसा कि मिजो कविता में होता है, प्यार का अन्त आत्म-बलिदान में होता है। चाहे कुछ भी मामला हो, कवि-मन सारी सर्वोत्कृष्ट चीजें अपने प्रियतम के लिए सुरक्षित रखना चाहता है और प्रेमी अपनी चाहत को पाने के लिए हर कठिनाई का सामना करने को तैयार है। वह कुछ भी करने को तैयार है, यही सबसे बड़ा गुण है यानी 'आत्मोत्सर्ग की भावना।' मिजो कवियों ने प्रेम का विषय अत्यन्त अर्थपूर्ण रूप से निभाया है।

अब सम्बोधन-गीति को लें। मिजो साहित्य में इस विधा ने विषय-वस्तु तथा शैली की अपनी अनोखी राह अपनाई है। आदिकालीन मिजो कवियों को कविता के विविध रूपों का ज्ञान नहीं था, इसलिए उनके यहाँ गीति-काव्य को सम्बोधन गीति से अलग करना एक दुष्कर कार्य है। पर मिजो सम्बोधन-गीति में नियमित बन्द पाए जाते हैं, जिसमें प्रायः चार या छह पाद होते हैं। अंग्रेजी भाषा के सम्बोधन गीति-कवियों की तरह मिजो कवि भी सीधे वस्तु को ही सम्बोधित करते हैं। विर्थलिलेंग नामक सम्बोधन गीति

में ललममा पवन को सम्बोधित करते हुए प्रारम्भिक पंक्तियों में कहता है—

ओ पवन, कहाँ गए हो तुम?/नीरव रात्रि बेला में चीख़ते, शोर करते,/दमकती चाँदनी के नीचे/हमारे बरगद वृक्ष को झिंझोड़ते, अठखेलियाँ करते/क्या मैं केवल देख सकता हूँ/तुम्हारा चेहरा, ओ अदृश्य पवन!/मुझसे बतियाओ! बताओ न मुझे कि तुम कहाँ गए हो?/हाय! किधर चले गए हो तुम?

इस कविता में सुधार अथवा सामाजिक मुक्ति का कोई सन्देश नहीं है। इसका अन्त एक नए प्रकार के संसार के जन्म की दैवी दृष्टि के साथ होता है और वस्तुतः कवि इसका आरम्भ और अन्त दोनों एक उत्तेजक प्रश्न से करता है। कुछ मिजो सम्बोधन-गीति यथा विर्थलिलेंग, त्लॉवमन्गाइहना, फेंगफे नुन्नेम, पेरइयुआंग, जैतिन थियाम, दरथ्लालांग में वस्तुनिष्ठ विचारों को आत्मपरक प्रस्तुतीकरण के साथ मिला दिया गया है। मिजो कवियों ने हालाँकि विचार, किसी प्रकार के अंकुश के बिना अभिव्यक्त किए हैं पर उनका काव्य एक प्रकार का प्रचार काव्य या नैतिक उपदेश का काव्य माना जाता रहा है। कहीं-कहीं रचनाओं में सामाजिक सुधार और मुक्ति का आह्वान मिल सकता है पर कुछ मिजो सम्बोधन-गीत, कीट्स के मुहावरे में नैतिक उपदेश के खुले इरादे से मुक्त हैं। रोकुंगा के सम्बोधन-गीत 'त्लॉवमनगाइहना' को देखें तो उसमें नैतिक उपदेश के मनसूबे नहीं दिखते पर आलोचनात्मक दृष्टि डालें तो पाएँगे कि नैतिक सुधार का आग्रह चोर दरवाजे से झाँकता पकड़ा जा सकता है। एक कोरस/वृन्दगीत देखें—

ओ जीवन, खिलाओ अब फूल अमोल त्लॉवमनगाइहना के/हमारे इस शान्त सुन्दर घर में/हजारों हजार वर्षों तक/सदा-सदा के लिए तुम हमारे साथ रहो।

'त्लॉवमनगाइहना' एक मिजो आचरण-संहिता का नाम है, जिसका पर्याय दूसरी किसी भाषा में नहीं मिल सकता। इस शब्द से आत्मोत्सर्ग, आत्मसंयम, निस्वार्थता, वीरता, स्वतन्त्रता, सुख्याति, उद्यमशीलता, स्वेच्छापूर्ण परोपकार तथा दूसरों को प्रसन्न करने का गुण आदि की ध्वनि एक साथ निकलती है। इसे विशेषण के रूप में मिजो शब्द का पर्याय या समानार्थक समझा जाना चाहिए। जब हम किसी को गैर मिजो कहें तो इसका अर्थ है कि उस व्यक्ति में 'त्लॉवमनगाइहना' का गुण नहीं है। एक मिजो व्यक्ति के लिए इससे अधिक निन्दासूचक कुछ और नहीं हो सकता। अतः कवि उपर्युक्त वृन्द गीत में 'त्लॉवमनगाइहना' से मिजो लोगों के साथ रहने का अनुरोध करता है ताकि इसकी प्रतिध्वनि से प्रत्येक मिजो हृदय की शुद्धि हो सके और वे आत्मोत्सर्ग की भावना से परहित के लिए जुटे।

शोक-गीत की विवेचना तथा मिजो-काव्य की गम्भीर विवेचना करें तो हम पाएँगे कि अधिकांश कविताएँ या गीतों में भाग्य का रोना रोया गया है। मृत्यु के समय मिजो समाज में प्रचलित रीतियों के कारण 'शोकगीत' की विधा मिजो लोगों को बहुत प्रिय है। इस रीति के अनुसार, प्राणोत्सर्ग के उपरान्त मृतक के दफनाए जाने तक दिन-रात शोकगीत लगातार गाया जाता है। यह रस्म आज भी जीवित है और ऐसे अवसरों के

लिए कवि सृजन शक्ति का इस्तेमाल करते रहते हैं। पश्चिमी देशों के गीतों के अनुवाद से असन्तुष्ट कई प्रतिभासम्पन्न मिजो कवियों ने मिजो जीवन-मूल्यों तथा ईसाई धार्मिक दृष्टि से सींचे अपने विशिष्ट मुहावरे कविताओं में गढ़े हैं। ये भन लेंगखौम ज़ई कहलाते हैं और पारम्परिक मिजो रीति से ढोल बजाकर गाए जाते हैं। अपनी शैली और गहन अर्थ के कारण ये मिजो युवकों में बहुत लोकप्रिय हैं और मिजो साहित्य की ये मौलिक धरोहर हैं।

मिजो शोक-गीतों में न्गुरछावना लिखित 'फाम आन चांग ता' सबसे लोकप्रिय रचना कही जा सकती है। यह गीत उन सभी मिजो लोगों के लिए है, जो अब जीवित नहीं हैं। इस पर महान मिजो कवियों, जिन्होंने अपने पीछे बहुमूल्य कविताएँ छोड़ी हैं की मृत्यु पर शोक प्रकट किया गया है। कवि कहता है कि यदि वे महान कवि जीवित होते तो आज मिजो लोगों तथा मिजोरम की कीर्ति पूरे संसार में फैल जाती। मिजो परिपक्वता उनके भौतिक विकास पर आधारित न होकर महान मिजो कवियों की साहित्यिक कृतियों पर अवलम्बित है। न्गुरछावना के अनुसार केवल मनुष्य ही नहीं बल्कि सभी पक्षी, हवा, मनोहर सूर्यास्त और तारे उन महान कवियों की मृत्यु पर शोकाकुल हैं। कविता का अन्तिम बन्द नीचे प्रस्तुत है क्योंकि मूल रूप में, जो माधुर्य कविता में है, वह अनुवाद में नहीं आ सकता–

जाकाय लेन्तु जिंग रियाय लेह अवम्हार सिर्वा/थल अवि लेल्ते, विरथली लेंग नेन/त्लाय न्ला एंग लेह सि-अर पाव्ह खियान/सुन नन लुआयथलि अन नुल/थ्लाफाम पुईनि अन कय ता हि/'लो किर ला, जय नेमिन मिन हिल्हलेहरौव्ह'/ति हियान तापिन आन ऑ वे ए।

लल संगजुआली साइलो (जन्म 1949) करुण गीतों की महानतम रचनाकारों में जानी जाती हैं। 1972 में अपनी माँ की मृत्यु के बाद, उन्होंने कई शोकगीत रचे हैं। उन्होंने पहला शोकगीत 15 अप्रैल 1974 को लिखा–नाम था 'चुन्नुन्नेमी'। इसके बाद अपनी माँ पर दो गीत 'फामन्गाइह जुनलेंग' तथा 'का नु थ्लान' (मेरी माँ की कब्र) लिखे। 'वानपुई आलो चिम' और 'थिनलाइयाह इ हलुई लो' गायिका के रूप में उन्होंने अपने शोकगीत को लोकप्रिय बनाने का बड़ा काम किया है। अपने परिजनों की मृत्यु पर शोक सन्तप्त कई परिवार ललसंगजुमाली से गीत रचने का आग्रह करते हैं। केवल साइलो को रचनाओं में ही नहीं बल्कि अन्य मिजो शोकगीतकारों ने आज भी इस विधा को जीवित रखा है।

हमारा अगला विषय है–व्यंग्य-काव्य। इस रचना का प्रमुख उद्देश्य है–'दोष या त्रुटियों को दूर करना।' दूसरे शब्दों में व्यंग्य काव्य (Satire) ऐसा काव्य है जिसमें समाज के अवगुण तथा त्रुटियों पर प्रहार किया जाता है। यद्यपि व्यंग्य-काव्य का उद्देश्य सुधार करना होता है पर मिजो कवि इस विधा का प्रयोग किसी व्यक्ति के कृत्यों पर स्पष्ट और प्रभावी रूप से टिप्पणियाँ करने के लिए करते हैं। व्यंग्य-कवि असहमति के तमाम बिन्दु पर हल्ला बोलता है। वह व्यक्तिगत त्रुटियों पर भी

आलोचना करता है। मिजो लोक कविता में आपस में युद्धरत राजाओं या सरदारों की मूर्खता या गलतियों पर स्पष्ट टिप्पणियाँ मिलती है। आधुनिक युग में भी कई प्रसिद्ध कवियों के एक दूसरे से लम्बे व्यंग्य-युद्ध में लिप्त होने के उदाहरण मिलते हैं। दिरिअल्लोवा और अविथंगपा के बीच में चले काव्य युद्ध को उदाहरणार्थ लिया जा सकता है–

तूफान की तरह जो होतीं मेरी कविताएँ बलशाली/आइजौल शहर का
विध्वंसकारी दिरिअल्लोवा/कर देता नष्ट अपने प्रहार से अविथंग्पा के घर!

मौबु आंग ग्रामवासी एक साधारण व्यक्ति (कविता में बुआंग खौपुई कहा गया है) अविथंग्पा ने इसका उत्तर निम्न प्रकार दिया–

ओ बुआंग खौपुई के भयंकर चक्रवात/उठो और हमला करो भगते हुए
दिरिअल्लोवा पर/जिसमें अपना लक्ष्य पूरा करने का दम नहीं

इन दोनों कवि महानुभावों के बीच कविताओं के माध्यम से व्यंग्य युद्ध का लम्बा दौर चला।

उपर्युक्त प्रकार के व्यंग्य काव्य के अतिरिक्त धार्मिक व्यंग्य-काव्य की भी मिजो साहित्य में नींव उस समय पड़ी, जब इस प्रदेश में नए धर्म ने लोकप्रियता प्राप्त की। इसके अलावा सामाजिक व्यंग्य भी है। 'छुइहथांग वलमाविया' में सांगलियाना ने मिजो समाज के एक जाहिल व्यक्ति के अनैतिक कृत्यों का पर्दाफाश किया है। इस कविता के मुख्य चरित्र में दूसरों को प्रसन्न करने का ढंग तथा शिष्टाचार नहीं है। कवि एक स्त्री चरित्र के माध्यम से, जिसके पास वह अज्ञानी व्यक्ति जाता है, इसके प्रति अपनी खीझ प्रकट करता है। रात के समय नवयुवतियों से प्रणय-निवेदन की मिजो परम्परा पर कवि ने चोट की है। एक अन्य कवि ललमामा ने कुछ परिवारों में प्रचलित मातृसत्ता की परम्परा पर हमला बोला है क्योंकि मिजो समाज मूलतः पितृसत्तात्मक रहा है–अपनी एक कविता (थाइबाविहह्ला) में उन लोगों की जिन्हें 'जोरू के गुलाम' कहते हैं की अच्छी खबर ली है।

यह भी दिलचस्प बात है कि आधुनिक व्यंग्य कवियों ने नई पीढ़ी के रहन-सहन और फैशन के तौर-तरीकों की आलोचना की है। 'लेंग उचुआकी' नामक रचना में कवि पी. एस. चौंग्थू ने युवा पीढ़ी की केश सज्जा, पहनावे और व्यवहार पर व्यंग्य प्रहार किया है। वे अंग्रेजी नाम रखने पर एतराज करते हैं। वे गैर-मिजो नौजवानों से प्रेम करनेवाली लड़कियों के भी घोर आलोचक हैं। एक अन्य कवि ने युवा पीढ़ी के फैशन के प्रति उत्साह, अतिरेक के साथ-साथ उनके मद्यपान और जीवन बर्बाद करने के तौर-तरीकों की निन्दा की है। एफ. लाल्टुआइया (जन्म 1935) जिन्होंने क्रिस्तानी पुनर्जागरण की लहर के प्रबल प्रवक्ता के रूप में ख्याति अर्जित की, अपनी व्यंग्य कविता 'त्लेइतिर लुगमौव्ल' में कहते है कि मिजो युवाओं के खोखले हृदय ही उनकी आलोचना के लक्ष्य हैं। वे नवयुवकों के पश्चिमी नृत्यों के आकर्षण तथा दूसरी संस्कृतियों के तौर तरीके अपनाने के विरुद्ध स्वर उठाते हैं। अपनी कविता के अन्त में, वे दन्त कथाओं के एक

चरित्र थसियामा नामक व्यक्ति की चर्चा करते हैं, जिसके बारे में मशहूर है कि वह युवा पीढ़ी के व्यवहार से निराश हो कुढ़-कुढ़कर मर गया था। कवि जोर देकर कहता है कि थसियामा मिजोरम में दुबारा जन्म ले तो वर्तमान युवा पीढ़ी की जीवन शैली देख, तेरह बार मरना पसन्द करेगा।

उपर्युक्त विवेचना से स्पष्ट है कि मिजो साहित्य में गीति काव्य, सम्बोधन गीति, करुण गीत और व्यंग्य कविताएँ रची गई हैं। व्यापक अध्ययन से अन्य विधाओं यथा गाथा-गीत सॉनिट, महाकाव्य आदि के अस्तित्व का पता चल सकता है। सॉनिट मिजो कवियों की पारम्परिक विधा नहीं है। एक कवि ने, जो अधिक स्थापित नहीं है, लगभग सौ कविताएँ अब तक लिखी हैं। अपनी कुछ कविताएँ सॉनिट के रूप में लिखी है। अपनी रचना, जो 'वल छुआनोवम' (1999) में 1999 के कारगिल संघर्ष में सैनिक वीरों के मूल्यवान योगदान तथा बलिदान का बयान किया है—

हाय ! ऐसे टाइम बम से नहीं बच पाया/असाधारण नस्ल का हमारा चौकस सिपाही/जिसने कभी तालिबान योद्धाओं के हरे थे प्राण/नहीं बच पाया वह खुद ही विद्युत-गति प्रहार से/वहाँ पड़ा है रालथा प्साल्था साथी के संग अपने/घर से बहुत दूर ठंडे बर्फीले शहर में/देश के लिए देकर प्राण

उसने इसी प्रकार अपने निकट के मित्रों और सहयोगियों पर भी कई कविताएँ लिखी हैं। जैसे कि 'त्लंगवाल छुआनॉव्म सुन्ना' (1986), 'सौम तौगंताइया' (1998), 'रौंगबॉलपुई न्गहिल्ह लोह नन' (1986), 'नायक वनललजेमाविया' (1999), 'वन रो मवि चंग ज़ेल नंग चे' (1999) आदि। कुछ लेखकों तथा बड़े व्यक्तियों की मृत्यु पर लिखी कविताओं में 'जो फाटे रोलू ज़ोसप्थरा' (1998), 'बियाकलियाना रियाह रून' (1999), 'राजकुमारी डायना के लिए' (1997), 'मदर टेरेसा के नाम' (1997) आदि उल्लेखनीय हैं। उनके बड़े अवदान का उल्लेख करते हुए कवि कहता है—

वापस लाना चाहता है मन उन दिनों को/बन कर प्रतीक चिन्ता मुक्त संसार का सभी के वास्ते/अन्तिम क्रिया के भावोद्गार सन्देश/जिसने भी सुने, उसे हैं याद

(राजकुमारी डायना के लिए)

रोशन हुए सभी अँधेरे कोने/सभी हृदय हुए प्रकाशमान/तुम्हारा प्यार, करुणा, स्नेह और सन्देश/अन्तिम साँसों तक रहेंगे हमारे मन में

(मदर टेरेसा के नाम)

स्थानाभाव के कारण लल्टनपुइया (1915-1997), कैप्टन एल.जेड. साइलो (1924), जेम्स दोखुमा (जन्म 1932), वी. थंगज़मा (1935), ललथंगफला साइलो (जन्म 1933), सी. ललखवलियाना (जन्म 1937), सी. छुआनवौरा (जन्म 1941), आर.एल. थनमाविया (जन्म 1954), ललजुआहलियाना (जन्म 1962), एच.ललरिनफेला (जन्म 1975) तथा कुछ अन्य महत्त्वपूर्ण कवियों की रचनाओं की विवेचना नहीं हो पाई है। इसमें सन्देह नहीं कि उन्होंने अपनी सुन्दर और महत्त्वपूर्ण रचनाओं से मिजो

काव्य-साहित्य को समृद्ध किया है।

उपर्युक्त उदाहरण से स्पष्ट है कि अंग्रेजी काव्य विधा के तमाम रूपों को मिजो कवियों ने अपनाया है, पर उनके लिए वे नियत छन्द या पैटर्न का निर्वाह नहीं करते। जो भी हो, मिजो काव्य पर सुनियोजित शोध की जरूरत है। साथ ही इसे अंग्रेजी तथा अन्य प्रमुख भारतीय भाषाओं में अनुवाद करके प्रकाशित भी करना चाहिए ताकि देश के अधिकाधिक पाठक इसका रसास्वादन कर सकें।

मिजो नाटक

नींव का काल (1912-1924)--मिजो नाटक की बुनियाद इस प्रदेश में क्रिसमस के त्योहार के आरम्भ पर पड़ी। 25 दिसम्बर 1903 में मिशनरियों तथा कुछ मिजो लोगों ने बच्चों के साथ क्रिसमस मनाया और उन्हें विशेष दावतें दी। बैपटिस्ट मिशनरी जे. एच. लौरेन तथा पादरी डॉ. एफ.डब्ल्यू साविज आइजौल में क्रिसमस की दावत में शामिल हुए। यह दावत पादरी डी. ई. जोन्स तथा पादरी एडविन रौलैन्डस ने दी थी। इससे क्रिसमस उत्सव मनाने की परम्परा चल पड़ी और इसमें भाग लेनेवालों की संख्या भी बढ़ती गई। 1912 का क्रिसमस का दिन, मिजो नाटक के इतिहास में एक यादगार दिन है क्योंकि उस दिन की शाम थाकथिक वेंग् के छोटे फूस की छतवाले थियेटर में पहला नाटक आयोजित हुआ। इसमें काफी दर्शक आए और उन्होंने नाटक का आनन्द उठाया। मिशनरियों द्वारा आयोजित यह वेराइटी शो बहुत सफल आयोजन रहा। क्रिसमस वेराइटी शो के कार्यक्रम मे 26 प्रस्तुतियाँ शामिल थीं। भाषण तथा गायन के अतिरिक्त हास्य वार्तालाप की सात प्रस्तुतियाँ पहली बार मिजो भूमि पर लोगों ने देखीं। इनमें अभिनय के स्तर से लगता था मानो सब कुछ वास्तविक घटना हो। लोगों ने इसका बहुत आनन्द लिया। 'साप मी खुआव लेह त्वांग लेत लिंग तू' (अंग्रेजी अजनबी और दुभाषिया) पहला आयोजन था। विदेशी लोग, जब मिजोरम में पहली बार आए तो गोरी चमड़ी और भूरे बालोंवाले आदमी को देखकर प्रदेश के लोग बड़े अचम्भित हुए। वे मिजो भाषा की बजाय कुछ और बोल रहे थे। वे उनके पास हैरान जमा हो गए फिर तनिक और निकट आकर उनके हाथों और पैरों को छूकर देखने लगे। एक व्यक्ति बाहर निकल गोरे व्यक्ति की बातों का अनुवाद कर लोगों को बताता था। दुभाषिया लोगों को यकीन दिलाने की कोशिश करता था कि गोरा आदमी ऐसा बोल रहा है, पर वास्तविक रूप में ऐसा था नहीं। जब वे अंग्रेजी समझ जाते थे तो लोगों को देसी और गोरे चरित्रों की भिड़ंत में खूब मजा आता। इसी तरह की प्रस्तुतियाँ कुछ परिवर्तनों के साथ दुहराई जाने लगीं।

'वेराइटी एंटरटेनमेंट' की एक प्रस्तुति सबसे अधिक यादगार थी। 'बोरसाप लेम', 'लेह थू छिया नेई तू लेह रसी लेम चंग बे.' यह मिजोरम में मंचित प्रथम लघु नाटक था। इसमें संवाद तथा अभिनय का सामंजस्य मात्र ही नहीं था बल्कि इसका एक प्लाट

भी था। यह नाटक अपने पड़ोसी की बकरी चुरा लेनेवाले एक लालची व्यक्ति की कहानी पर आधारित था। बकरी के मालिक ने बोरसाप (मजिस्ट्रेट) को इसकी सूचना दे दी। न्यायालय ने दोनों को जिला न्यायाधीश के समक्ष प्रस्तुत होने को कहा। चोर ने इस पर 'रसी' यानी क्षेत्र के दुभाषिए को अपने बचाव में बहस के लिए रखा, जिसके लिए उसने उसे अच्छी रकम दी। बोरसाप को रिश्वत देने की बात मालूम हो जाने के कारण उसने फैसला बकरी के असल मालिक के पक्ष में दिया। सजा पाए चोर ने 'रसी' से अपना पैसा वापस माँगा, जिस पर घबराए 'रसी' को बचने का कोई उपाय नज़र नहीं आया। उसने जवाब में बकरी के मिमियाने की आवाज निकालनी शुरू कर दी और इस प्रकार इस मुसीबत से अपना पिंड छुड़ाया।

इस प्रकार के नाटक का मंचन बाद के वर्षों में भी किया गया। बाद में केवल आइजौल में ही नहीं, विभिन्न गाँवों में भी क्रिसमस के अवसर पर नाटक के आयोजन की परम्परा चल पड़ी। चर्च में भी इस तरह के नाटकों का मंचन दो-तीन वर्षों पर हुआ करता था। नैतिक तथा धार्मिक शिक्षा के लिए मिशनरी 'लघु नाटक' का आयोजन किया करते थे। इस प्रकार, मिजोरम के नाटको कीं परम्परा की शुरुआत का श्रेय चर्च को जाता है।

नाटकों के विकास का मुकुलन काल (1925-1958) : पैसीना (1893-1961) 1925 में लन्दन से शिक्षा का डिप्लोमा लेकर आइजौल लौटे। उनके इस प्रशिक्षण से शिक्षा के क्षेत्र में ही नहीं नाटक मंचन के क्षेत्र में भी बड़ा लाभ हुआ। उन दिनों बाबू त्लांग (अफसर कॉम्लेक्स के बंगाली बाबुओं) द्वारा आयोजित पूजा वेराइटी शो तथा आइजौल में प्रथम असम राइफल्स रेजिमेंट द्वारा आयोजित 'नाटक' से मिजो लोग बड़े प्रभावित थे। नाटक मंचन की दुबारा शुरुआत के लिए बहुत उपयुक्त समय था यह। आध्यात्मिक पुनर्जागरण के कारण नाटक मंचन की परम्परा कुछ कमज़ोर पड़ गई थी पर पैसीना ने लोगों की सुप्त नाटक प्रतिभा को जगाया।

1925 से 1933 के बीच पैसीना ने छह नाटक तैयार किए और उनकी तत्काल प्रस्तुति की। यह मंचन आईजौल के मिशन में लड़कों के 'मिडल इंग्लिश स्कूल', जिसका लोकप्रिय नाम 'सिकुलपुई हॉल' था, में हुआ था। इन सभी नाटकों में मनोरंजन के अतिरिक्त नैतिक शिक्षा का पुट भी था। उनका पहला मंचित नाटक 'हेरोडाचविमविना' (राजा हेरोड का गौरव) एक दुखान्त प्रस्तुति थी। यह 1925 में मिशन वेंग के अभिनेताओं द्वारा मंचित हुआ। इसमें राजा के हेरोड के देशवासी, उसके एक गीत द्वारा, उसका गुणगान करते हैं—

महान हैं राजा हेरोड/राजाओं के राजा/आओ, सब मिलकर करें उनका गुणगान

उसकी चिरस्थायी महानता के सम्मान में उसकी सौतेली बेटी ने जो अपने समय की सर्वश्रेष्ठ नर्तकी थी, राजा हेरोड के राजसिंहासन के इर्द-गिर्द नृत्य प्रस्तुत किया। इससे राजा अत्यन्त प्रसन्न हुआ और वादा किया कि वह जो भी माँगेगी वह उसे पूरा करेगा। माँ के परामर्श अनुसार, उसने सन्त जौन का सिर माँगा। राजा यह सुनकर शोक

में डूब गया पर फिर भी वादे के अनुसार, सन्त जौन का सिर कटवा लिया। पैसीना ने यह कहानी बाइबिल से लेकर नाटक के रूप में प्रस्तुत की थी, जिसका अन्त राजा की शोकाकुलता से होता है।

पैसीना ने बाइबिल के दो अन्य कहानियों का भी नाट्य रूपान्तर किया, इनमें 'फापा त्लानबो' (फिजूलखर्च पुत्र) 1927 में तथा 'खुआलबुका मि आ' (सराय में एक मूखी) 1933 में मंचित हुआ। शेष तीन पैसीना की अपनी कृतियाँ भी–'तिनरेंग दाइल खैल' (रोबो या मस्तिष्कधारी मशीन) 1928, 'रसना खौमपुई' (पशुओं का सम्मेलन) 1928 में तथा 'रोरिलना' (फैसला) 1933 में मंचित हुए। इनका प्रमुख उद्‌देश्य दैनिक जीवन में नैतिकता पर जोर देना था। 'रसना खौमपुई' में तो मद्‌यपान का प्रबल विरोध किया गया था और इसे सभी बुराइयों की जड़ बताया गया। 'रोरिलना' कोर्ट से सजायाफ्‌ता एक दुश्चरित्र लड़के की कहानी है, जो व्यक्ति तथा परिवार पर दुष्कर्म के प्रभाव को चित्रित करती है।

मिजो नाटक के मुकुलन काल को पैसीना काल कहना उचित होगा। उनका प्रभाव उनके समकालीन तथा परवर्ती नाटक पर रहा। अपनी कृतियों के मंचन के अलावा, उन्होंने शेक्सपियर के 'मर्चेन्ट ऑफ वेनिस' के 1929 में सिकुलपुई हॉल में मंच प्रस्तुति में नाटककार चुआउथुआमा को सहयोग दिया था।

दूसरे महत्त्वपूर्ण नाटककार हैं ललकाईलुइया, जो रेइएक गाँव के सरदार के बेटे थे। उनकी शैली अपने पूर्ववर्ती नाटककारों से भिन्न थी। उनकी पहली दो कृतियाँ मिजो लोक कथा पर आधारित थीं। 1935 में 'असम राइफल्स ड्रिल शेड' में मंचित नाटक 'तुआलवुंगी एंड जौलपाला' पीढ़ी-दर-पीढ़ी चली आ रही एक मिजो प्रेमकथा पर आधारित था। उसी वर्ष उसी स्थान पर लोककथा आधारित एक अन्य नाटक 'लियान्डोवाते उनाओ' का मंचन ललकायलुइया ने किया। ललकायलुइया एक अच्छे अभिनेता भी थे। अपने नाटकों में प्रमुख चरित्र भूमिका उन्होंने स्वयं की थी।

मुकुलन काल के दूसरे तथा बेहतर अर्द्धभाग को हम चौंगजिका युग का नाम दे सकते हैं, जो 1934 में शुरू हुआ। चल्लियाना द्वारा मिजो भाषा में अनूदित क्रिस्ता पलाई (यीशु के लिए राजदूत) की नाटक प्रस्तुति चौंगजिका ने की। यह मिजो भाषा में टाइप किया हुआ पहला नाटक था। 'आइजॉल थियेटर परफौमेन्स' द्वारा सिकुलपुई में 1934 में नाटककार ने अपने निर्देशन में इसका मंचन करवाया। प्रवेश शुल्क लेकर मंचित यह प्रथम नाटक था।

चौंगजिका ने पादरी सैमुएल डैवीज की मदद से एक अनूदित उपन्यास 'क्रिस्टियन वनरम कौंग जौह' का नाट्य रूपान्तर किया और 1938 में 'सिकुलपई' में तथा बाद में 'दौरपुई सिकुल' में इसका मंचन किया। सैमुएल डैवीज इसे ही मिजोरम का प्रथम नाटक मानते हैं। पादरी सैमुएल डैवीज 1937 से 1951 तक मिजोरम में रहे। 'लन्दन स्कूल ऑफ ड्रामा' से उन्होंने डिप्लोमा किया हुआ था और उनका सक्रिय सहयोग मिजो नाटक के लिए वरदान ही था। नाटकों की प्रस्तुति में कई तकनीक जैसे छद्‌मवेश,

प्रकाश प्रबन्ध, पृष्ठभूमिका संगीत, दृश्य के समावेश का श्रेय उनको ही है।

इसके अतिरिक्त उन्होंने साज-सज्जा और सुव्यवस्थित प्रस्तुति पर भी खूब जोर दिया। मिजो नाटक तथा थियेटर प्रस्तुति के स्तर में सुधार के लिए अपनी बड़ी बेटी के नाम पर 1940 में उन्होंने 'ज़ोसियामी कप प्रतियोगिता' भी आयोजित की थी। इस नाटक के प्रवेश शुल्क से इकट्ठा राशि ब्रिटिश साम्राज्य के युद्ध कोष में गई। यह एक रनिंग ट्रॉफी थी जिसे लगातार दो बार जीतनेवाला स्थायी रूप से जीत लेता था। द्वितीय विश्वयुद्ध के आरम्भ के कारण इसका आयोजन रुक गया।

'राजकुमारी पाकाहोन्टाज़' (1940) नाटक की कहानी चौंगज़िका ने किसी मिशनरी से सुनी रेड इंडियन लोगों की जिन्दगी से तैयार की थी। इस नाटक में राजकुमारी ने रेड इंडियन लोगों द्वारा पकड़कर रखे गए एक गोरे कैदी सप त्लंगवल को देवी-देवताओं के नाम पर बलि चढ़ाने से ठीक पूर्व बचा लिया था। नाटक का अन्त राजकुमारी और सप त्लंगवल के विवाह से होता है। लुशाई हिल्ज़ के सुपरिन्टेन्डेन्ट ने इस नाटक की शानदार प्रस्तुति देखकर कहा था कि अंग्रेज अदाकार इनसे बेहतर अभिनय नहीं कर सकते।

चौंगजिका ने बाइबिल की कुछ कहानियों का नाट्य रूपान्तर किया था। 'द रॉयल रोब्ज' (1998), 'क्रिसमस स्पिरिट' (1949), 'स्टार ऑफ क्रिसमस' (1950) और 'नामना' (1950) इनमें उल्लेखनीय हैं। दूसरी भाषाओं से भी कहानियाँ अनूदित कर उन्होंने नाटक तैयार किए और स्थानीय मासिक पत्रिका में नाटक पर कुछेक लेख भी लिखे। इसके अलावा, उन्होंने पादरी सैमुअल डेवीज़ के साथ मिलकर पाँच-छह नाटक मंचित किए, जिसमें उन्होंने भी अभिनय किया।

एक अन्य नाटककार लल़ज़ुईथंगा (1916-1950) के योगदान की चर्चा जरूरी है। लेखक तथा अभिनेता लल़ज़ुईथंगा का पहला नाटक 'द ब्लैक कौर्न ऑफ आइजॉल' काफी सफल नाटक माना जाता है। इस नाटक को 'प्रथम जोसियामी कप प्रतियोगिता' में द्वितीय पुरस्कार भी प्राप्त हुआ था। यह एक जासूसी कथा है, जिसमें एक नौजवान, जो एक होटल के शराब खाने में अक्सर जाता है, को बाद में आगजनी और हत्या के आरोप में मृत्युदंड मिलता है।

ललजुईथंगा संगीतकार तथा हास्य कलाकार भी थे। 1941 में 'असम राइफल्स ड्रिल शेड' में उन्होंने 'कौस्मोपोलिटन वेरायटी एंटरटेनमेंट कार्यक्रम' का आयोजन किया था। इसमें 'लुशाई फंतासी तथा हवाइयन फंतासी' का मंचन संगीत के साथ किया गया। इसी में 'द हौरिब्ल' भी प्रस्तुत किया गया जिसके सम्बन्ध में कार्यक्रम की पर्ची में चेतावनी दे दी गई थी कि बीमार व्यक्ति तथा कम उम्र के बच्चे इस नाटक को न देखें। यह भी दुखान्त नाटक था। इसका नायक नाटक के आरम्भ में फाँसी देकर मार दिया जाता है। डॉक्टर, जब शव परीक्षा कर रहा होता है तो उसका प्रेत उसके सामने आ जाता है। इस क़ायान्तरण की प्रस्तुति सचमुच रोंगटे खड़े कर देनेवाली थी।

मिजो नाटक का 30 वर्षों का मुकुलन काल इसके साथ हो पूरा होता है।

पुष्पण काल (1959-2000) : आधुनिक नाटक एकदम अलग किस्म का था क्योंकि इस काल के नाटक वास्तविकता के बिल्कुल करीब थे। इन कलात्मक नाटकों में धार्मिक या नैतिक आग्रह तो विद्यमान है पर मुख्य जोर जीवन के यथार्थपरक चित्रण पर ही होता है। पुष्पण काल तक नाटक गाँव-गाँव में लोकप्रिय हो चुका था। पर पहला पूर्ण नाटक 'संगी इंगलेंग' जो ललथंगफला सायलो द्वारा लिखित था 1963 में जाकर प्रकाशित हुआ। ललथंगफला सायलो (जन्म 1933) का दूसरा नाटक 'लियान्दोवा ते उनाओ' अक्तूबर 1969 में प्रकाशित हुआ। 1999 में लम्बे अन्तराल के बाद उन्होंने 'कन रम अ नि' नामक नाटक संग्रह प्रकाशित किया। इसमें शामिल तीन नाटक 'थंगलियाना लेन', 'लियानफुंगा एंड कलखमा' और 'सुआल मन थिहमा' दिलचस्प नाटक हैं।

ललहमुआका (जन्म 1915) एक अन्य आधुनिक नाटककार हैं, जिनके नाटकों का एक संग्रह 1965 में आया। 'लेमचन बू' नामक इस पुस्तक में छह लघु नाटक हैं, जिनमें चार ललहमुआका ने स्वयं लिखे हैं तथा दो उनके मित्रों के हैं। ललहमुआका ने कुल मिलाकर सात नाटक लिखे हैं। अन्य महत्त्वपूर्ण नाटककारों में खॉलकुंगी का नाम उल्लेखनीय हैं। इस महिला मिजो नाटककार ने 'जौलपला थ्लान त्लांगाह' (1981) तथा 'लेमचान थौथूं थ्लान छुआह' (1999) नामक नाट्य पुस्तक लिखी। लेमचान थौंथू थ्लान छुआह में 08 लघुनाटक शामिल हैं।

इसके अलावा लाल्टलुआंगलियाना खियांगटे का मिजो नाटक के विकास में महत्त्वपूर्ण योगदान रहा है। उन्होंने 30 से भी अधिक नाटक लिखे हैं, जिनमें से 17 प्रकाशित हैं। उनका प्रथम नाटक थूफा का रौनचवी ए (1982) शिलांग में मंचित हुआ था। उनकी नाट्य पुस्तक पसाल्था खुआंगचेरा ने, जो तीन नाटकों का संग्रह है 1997 में 115 किताबों को पछाड़ती हुई 'बुक ऑफ द इयर' पुरस्कार जीता। उनके अन्य नाटक 'ललनू रोपुइलियानी' को मिजोरम राज्य सरकार द्वारा आयोजित 'राज्य स्तरीय नाटक लेखन प्रतियोगिता' में 1990 में प्रथम पुरस्कार प्राप्त हुआ। उनका नाटक 'चनचिन्था मेइछर' (1993) को 'चर्च शताब्दी समारोह' के अवसर पर 1994 में प्रत्येक गाँव में मंचित किया गया। इसके अतिरिक्त, उन्होंने लेमचन खौवेल (नाटक संसार) तथा 2001 में 'चंतुआल रान्नौन' नामक एक अन्य नया नाटक संग्रह प्रकाशित किया। मिजो आधुनिक नाटकों की विवेचना के अन्त से पूर्व एक अन्य प्रमुख नाटककार लियानसाइलोवा का उल्लेख समीचीन होगा। उनका पहला नाटक संग्रह 'लॉम अ किम' 1989 में छपा। वे आज भी नाटक लेखन के क्षेत्र में सक्रिय हैं। उनका नाटक 'जोवी ते छुंग' पुरस्कार प्राप्त नाटक है। कुछ अन्य नाटककार जैसे एच ललसियामा (1909-1983), जेम्स दोखुमा (जन्म 1932), के. साइबेला (जन्म 1936) तथा अन्य कुछ युवा नाटककारों ने भी मिजो नाटक को समृद्ध करने में योगदान किया है। अब तक लगभग सौ से अधिक नाटक मिजो भाषा में छप चुके हैं।

गद्य लेखन

नाटक की तरह मिजो गद्य लेखन की नींव भी चर्च तथा मिशनरियों ने रखी। उन्होंने मिजो भाषा में धार्मिक विषयों पर लेखन किया और स्कूलों के लिए पाठ्य पुस्तकें तैयार कीं। इससे मिजो भाषा को एक लाभ यह हुआ कि मारा (लखेर) तथा चकमा लोगों को छोड़ अन्य सभी जनजातियों ने मिजो भाषा को अपना लिया। पहले ये जनजातियाँ अपनी-अपनी अलग भाषाएँ ही इस्तेमाल करती थीं।

1897 में लौरेन तथा साविज द्वारा प्रणीत साहित्य को मिशनरियों, जिनमें जोसाफ़लुइया, पादरी डी. ई. जोन्स तथा जोसाफथरा और पादरी एडविन रॉलैन्डस के नाम उल्लेखनीय हैं, ने अनुवाद तथा लेखन कार्य द्वारा आगे बढ़ाया। आरम्भिक गद्य लेखन के नाम पर पाठ्य पुस्तकें ही लिखी मिलती हैं। 1899 में लिखित 'जिरतिरबू थर' (न्यू प्राइमर) में नैतिक तथा धार्मिक पाठों के अतिरिक्त सामान्य ज्ञान के कुछ लेख हैं। इसके पश्चात् 1902 में पादरी एडविन रॉलेन्ड्स ने दो नई पुस्तकें 'थू रो बू' (न्यू रीडर) तथा 'ही सेलना बू' (स्वच्छता प्राइमर) लिखीं। इसके अतिरिक्त रोलैन्ड्स ने 'छियार कौपना' (अंकगणित), 'खौवेल थू' (भूगोल), 'खौमुअलपुई थू' (महादेश तथा महासागर), 'हमा बू' (प्रथम प्राइमर) 'ग्रैमेटिकल प्राइमर', 'इंडिया रम चनचिन' (भारत का इतिहास), 'अलय बू' (मध्य प्राइमर) 'इंग्लिंश प्राइमर' (मिजो भाषा में) आदि पुस्तकें लिखीं। जिससे मिजो भाषा के विकास तथा प्रसार में काफी मदद मिली। 1909 में पादरी चलिलयाना द्वारा लिखित 'द स्टोरी ऑफ बाइबिल' तथा पादरी चुआउतेरा द्वारा अनूदित 'द पिलग्रिम्स प्रोग्रेस' (1910) सबसे अधिक लोकप्रिय पुस्तकें मांनी जाती हैं। प्रकाशन जगत में 1898 में पहला मिजो पत्र 'मिजो चनचिन लाईशुइह' प्रकाशित हुआ। यह हस्तलिखित साइक्लोस्टाइल किया हुआ अखबार था, जिसका पहला अंक जुलाई के महीने में निकला पर 1899 में हस्तलेखन की कठिनाइयाँ नहीं झेल पाने के कारण बन्द हो गया। इसके बाद 'मिजो लेह वाई चनचिन लेह खबू' नामक मासिक पत्रिका 1902 में प्रकाशित हुई। इसका श्रेय लुशाई हिल्स के मेजर जे. शेक्सपियर को जाता है। यह बहुत ही दिलचस्प तथ्य है कि इस पत्र में लिखनेवाले पहले तीन शिक्षित मिजो व्यक्ति (मिजो सरदार) थे, जिन्होंने मिजो गद्य लेखन में गहन रुचि ली। यह पत्र द्वितीय विश्वयुद्ध तक ही जीवित रह पाया। फिर 'क्रिस्टियन त्लांगों' आइजौल के प्रेसबिटारयन चर्च मिशन द्वारा प्रकाशित हुआ, जो 1911 से आज भी प्रकाशित हो रहा है। अन्य महत्त्वपूर्ण अखबारों और पत्रिकाओं में 'एम जेड पी चनचिनबू' (मिजो छात्र संगठन का प्रकाशन), 'मेइछर' (व्यस्क शिक्षा विंग का प्रकाशन), 'थू लेह हला' (मिजो अकैडमी ऑफ लेटर्स का मुख पत्र) का उल्लेख जरूरी है। आज मिजो भाषा में कई साहित्यिक पत्रिकाएँ प्रकाशित हो रही हैं।

मिजो गद्य साहित्य में इतिहास लेखन का भी अपना हिस्सा रहा है। लियांगखाइया ने 1926 में 'हिस्ट्री ऑफ मिज़ोज' लिखी थी। यह लेखन प्रतियोगिता में प्रथम पुरस्कार

प्राप्त एक पांडुलिपि के रूप में था पर बाद में दो खंडों में प्रकाशित हुए। लियांगखाइया ने 1979 में देहान्त से पूर्व लगभग 30 पुस्तकें और सौ से अधिक लेख लिखे। इतिहास तथा संस्कृति से सम्बद्ध विषयों पर लिखनेवालों में के. जौला, सेलेत थंगा, पादरी साइअयथंगा, वी. हौला, वनलौना और ललहमुआका का कार्य मूल्यवान है।

निबन्ध लेखन तथा आलोचनात्मक लेखन में काफलेइया, सी थुआमलुआइया, ज़िकपुईपा, जे. मलसौमा, सियामकिमा खौलहिंगा, जेम्स दोखुमा, देग छुआना, दरछावना महत्त्वपूर्ण हस्ताक्षर हैं।

कथा उपन्यास लेखन

पहला मिजो उपन्यास हाविलोपारी एल. बियाकलियाना (1918-1941) द्वारा 1936 में लिखा गया था। इसी रचनाकार में 'लली' नामक कहानी 1937 में लिखी। काफलेइया (1910-1940) अपनी एक मात्र कहानी 'छिंगपुई' के लिए प्रसिद्ध है। ललज़इथंगा (जिन्होंने थ्लाहरांग, फिरा लेह न्गुरथनपरी तथा अन्य कई उपन्यास रचे) सी खुमा, सी. थुआमलुइया के सी ललवुंगा, जेम्स दोखुमा, सी लाइजौना के योगदान महत्त्वपूर्ण हैं।

इधर हाल के वर्षों में साहित्य मे जितना अधिक लेखन कार्य हुआ है उसकी सम्यक विवेचना एक पुस्तक में ही की जा सकती है। लियांगखाइया को 1979 में 'मिजो अकैडमी ऑफ लेटर्ज' द्वारा प्रदत्त साहित्यिक पुरस्कार तथा जेम्स दोखुमा को मिले 'पद्मश्री सम्मान' (1985) से यह सिद्ध होता है कि आवश्यक संरक्षण तथा प्रोत्साहन से मिजो साहित्य विकास की ऊचाइयाँ छू सकता है। इस समय मिजो भाषा के लगभग सात लेखक पद्मश्री पुरस्कार प्राप्त हैं तथा छह साहित्यिक संस्थाओं द्वारा प्रदत्त अकादमी पुरस्कार प्राप्त।

मिजो भाषा एवं साहित्य के विकास के मार्ग में सबसे बड़ी बाधा धन का अभाव है। आज पुस्तक प्रकाशन लेखक के अपने बूते की बात नहीं रह गया है। इसे सरकारी संरक्षण की सख्त जरूरत है।

अनुवादक : *अकील कैस*

सन्दर्भ पुस्तकों की सूची

1. एल. टी. एल. पुस्तकालय एवं अभिलेखागार बी-43 मिशन वेंग, आइजौल की सामग्रियाँ तथा अप्रकाशित पांडुलिपि।
2. खियांग्टे ललटलुआंगलियाना लिखित 'लेह खबू रमतियाम', 1993 एल. टी. एल. प्रकाशन, आइजौल।
3. थुहलरिल लिखित 'लिट्ररी ट्रेन्ड्ज एंड हिस्ट्री ऑफ मिज़ो लिट्रेचर', 1995, आइजौल।
4. बियाकलियाना रोबौम कवि उपन्यासकार-1996, एल. टी. एल. प्रकाशन, आइजौल।
5. 'मिजो ड्रामा : अ थिमेटिक एप्रोच', (पी. एच. डी. थीसिस : 1991)।

6. 'एंथोलोजी ऑफ मिज़ो लिट्रेचर' : (साहित्य अकादमी द्वारा प्रकाश्य)।
7. 'मिजो ड्रामा : ओरिजिन डेवलपमेंट एंड थीम्स', 1993, कौस्मो प्रकाशन, नई दिल्ली।
8. 'थ्लीफिम : 2001', (एल टी एल प्रकाशन, आइजौल)।
9. थंजौना, आर एल सेरकौन कन्सर्ट हलाटे, 1991।
10. थनमाविया आर. एल.–'मिजो पोएट्री' 1998, दिनदिन हेवेन पब्लिकेशन, आइजौल।
11. तलांगमिंगथंगा–जोरीमावी–'म्यूजिक मिनिस्ट्री ऑफ द मिज़ोज', 1994, एल. टी. एल. पब्लिकशन, आइजौल।
12. एन्साइक्लोपीडिया, डिक्शनरी, हिस्ट्री ऑफ लिट्रेचर, आदि।

मिज़ो साहित्य का अन्य साहित्य के सन्दर्भ में आकलन

आर. थंगबुंगा

[वनपा हॉल, आइजॉल में 3 से 7 अक्तूबर, 2001 तक मिज़ोरम विश्वविद्यालय एवं मिज़ोरम सरकार द्वारा आयोजित एवं नेशनल बुक ट्रस्ट द्वारा प्रायोजित सेमिनार में पढ़े जाने हेतु तैयार किया गया आलेख]

अधिक विवाद की आशंका के बिना यह माना जा सकता है कि समृद्ध संस्कृति वाले इस राष्ट्र में जो असंख्य देशज साहित्य फल-फूल रहे हैं, उनमें मिज़ो साहित्य की उत्पत्ति स्वतन्त्र रूप से हुई है। इस मान्यता को इस तथ्य से पुष्टि मिलती है कि मिज़ो तिब्बत-बर्मी नस्ल के हैं और आर्य अथवा द्रविड़ अथवा 'ऑस्ट्रिक' वंश के लोगों, जिनसे भारत की अधिकांश जनसंख्या निर्मित है, से मिज़ो लोगों का सामाजिक-सांस्कृतिक सम्बन्ध नाम मात्र का है या बिल्कुल कोई सम्बन्ध नहीं है। चीन की *ताओ घाटी* से भारत स्थित अपने मौजूदा पर्यावास में आ बसने की दीर्घकालिक प्रक्रिया में मिज़ो सांस्कृतिक एवं धार्मिक जीवन इतना परिपक्व हो गया कि मिज़ो जाति की एक विशिष्ट पहचान, उनके इर्द-गिर्द बसी अन्य जातियों से अलग विकसित हो गई। अपेक्षाकृत अधिक सभ्य अन्य समुदायों से लम्बे समय तक उनके कटे रहने का उन पर परिरक्षात्मक प्रभाव पड़ा है। आदिम सादगी और स्वभावगत निश्छलता वाले मिज़ो अपने आसपास रह रहे जटिल व्यवहार वाले अपेक्षाकृत अधिक प्रगतिशील समुदायों से एकदम जुदा हैं। यूँ लगता है जैसे प्रकृति ने मिज़ो लोगों को दूसरे समुदायों के विषाक्त प्रभाव से बचाने के लिए ही अलग-थलग रखा। सादगी का यह काल मिज़ो साहित्य का आरम्भिक काल है जिसकी विपुल मौखिक परम्परा एवं मूल्यवान विरासत है, जो किसी दैवी घटना के चमत्कार से ही साहित्य के इतिहास के पन्नों पर सुरक्षित रह पाई है। इस परिचयात्मक आलेख की संकुचित परिधि में एक ऐसी जाति के अनछुए गीतों, जो शायद वड्र्सवर्थ का भी मन मोह लेते, की विवेचना असम्भव है। निश्चय ही यह एक लुभावना ख्याल है कि ईसाई धार्मिक साहित्य, उस ईसा पूर्व रचित साहित्य से—जो 'पियारलाल' (मिजो लोगों का स्वर्ग) अर्जित करने हेतु शौर्यपूर्ण कर्म और विचार पर आधारित है—की बजाय बिना समुचित कृत्य किए आसानी से मिल जानेवाले स्वर्ग की मूर्खतापूर्ण आशाएँ जगाता

है, मानवीय संवेदनाओं से अधिक रचा-पगा है। 'पियारलाल' का विचार संसार की दूसरी लड़ाकू जातियों में शूरवीरों के लिए पुरस्कार स्वरूप स्वर्ग प्राप्ति के विचार के समान है, जैसा कि यूनानी मिथकों में वाहल्ला अथवा एलियिसियम अथवा स्कैण्डिनैवियाई संस्कृति में एलिसियम नामक स्वर्ग का विचार है।

यदि हम मान लें कि साहित्य की आत्मा मनुष्य के सपनों और आदर्शों के बैरी वातावरण के प्रति उसके प्रतिरोध की सशक्त अभिव्यक्ति है, तो मूर्त्तिपूजकों के साहित्य को बिना किसी भय के उच्चतर अभिप्रेरणा से जन्मे साहित्य से श्रेष्ठतर कह सकते हैं क्योंकि वीरता एक उच्चस्तरीय मानव गुण है और साहित्य विवेकशील व्यक्तियों का विचार है। जी. विल्सन नाइट ने कहा है—प्रबल आस्था किसी त्रासदी को असम्भव बना देने का सामर्थ्य रखती है। इस कथन की सत्यता स्पष्ट है। यह मानववादी विचार जो अनुभवसिद्ध या अरस्तू की शिक्षाओं से अभिप्रेरित है, ने मध्ययुगीन चर्च की कठोर तथा आडम्बरपूर्ण विचारधारा के मुक़ाबले, किसी मिल्टन या पश्चात्तापग्रस्त डॉन की शक्तिसिंचित लेखनी से सृजित जागृति की आदिम ऊर्जा के रूप में अपना औचित्य सिद्ध किया है। ईसाई धर्म तथा यीशु के शौर्यपूर्ण आत्मोत्सर्ग में विश्वास पुनरुत्थान—युग (रिनेसां) का एक लोकप्रिय विषय रहा है। 'स्पेन्सर कृत द फेयरी क्वीन' इसका उदाहरण है। एक धार्मिक व्यक्ति के आध्यात्मिक संघर्षों को एक आसान तीर्थयात्रा बताकर उसका महत्त्व कम करने की कभी कोशिश नहीं की गई है। जौन बन्यान का 'पिलग्रिम' यानी तीर्थयात्री चौसर के कैन्टरबरी टेल्स के तीर्थयात्रियों में नहीं मिलता।

यह मानना निश्चित रूप से अपर्याप्त होगा कि प्रबल आस्था में भावनाओं के विरेचन की सामर्थ्य नहीं है क्योंकि आस्था का मार्ग कभी सरल नहीं होता और कई लोग इसे छोड़ कर भाग खड़े होते हैं। धार्मिक साहित्य एवं भव्य महाकाव्य ऐसे आध्यात्मिक संघर्षों से भरे-पड़े हैं, जिन्हें अंजाम देना साधारण मनुष्य के बूते के बाहर है। यह सच है कि मन जब एक स्थायी सत्य, जिसके लिए आत्मोत्सर्ग किया जा रहा है, के इन्द्रियातीत अनुभव में औदात्य की स्थिति प्राप्त कर लेता है, तो शारीरिक पीड़ा साधारणतया गौण हो जाती है—परन्तु यह भी सत्य है कि सैद्धान्तिक रूप में शारीरिक पीड़ा को स्वीकार कर लेने से विकल्प चुनने की कीमत के रूप में, मन को जो संघर्ष करना पड़ता है, वह कोई सुखद अनुभव नहीं होता। इन दो महत्त्वपूर्ण दृष्टिकोणों के आधार पर ही मिज़ो साहित्य के कुछ नमूनों को आपके मूल्यांकन हेतु एक विश्वजनीन मंच पर प्रस्तुत करने का मेरा यह प्रयास है। इस कार्य को सुविधाजनक बनाने के लिए अंग्रेज़ी में समान विषयों पर धार्मिक एवं आलोचनात्मक कृतियों के उपलब्ध रूपान्तरणों पर ही हमें मुख्य रूप से निर्भर रहना पड़ेगा। इस सम्बन्ध में निम्नलिखित कृतियाँ अपरिहार्य हैं—

1. एस.एन.बरकाकती कृत 'ट्राइबल फ़ोक टेल्स ऑफ असम हिल्स', इसमें 69 मिज़ो लोक कथाएँ संग्रहीत हैं।
2. 'फ़ोक-लोर-1', 'फ़ोक टेल्स ऑफ मिज़ोरम', लेखक डॉ. एल.टी. लियाना खियाङत्ते, 1997।

3. 'एंथोलोजी ऑफ मिज़ो लिट्रेचर'—डॉ. ललतलुआङलियाना खियाङ्ते, 2001।
4. डॉ.आर.एल.थनमोइया कृत 'मिज़ो लिट्रेचर, 1998'।
5. 'द लुशाई कुकी क्लैन्स'—लेखक ले. कर्नल जे. शेक्सपियर, 1998।

अन्य भाषा साहित्यों के साथ मिज़ो-साहित्य का तुलनात्मक अध्ययन, अत्यन्त जरूरी और वांछनीय होने के बावजूद, इस आलेख की सीमा और मेरी योग्यता के परे है। आगे प्रस्तुत साहित्यिक नमूनों के विश्लेषण के क्रम में अन्य समुदायों के साहित्यों से मिज़ो साहित्य के सम्बन्ध पर प्रसंगवश प्रकाश पड़ सकता है। सामान्य मानव प्रकृति के मूल तत्त्वों को प्रकट करनेवाली सजातीय अनुभूतियों पर प्रकाश डाल कर मिज़ो भूमि की आवाज़ को बोधगम्य बना सका, तो यह मेरे लिए अत्यन्त सन्तोष की बात होगी।

मिज़ो लोग

यहाँ अब तक हुए शोधकार्य के आधार पर मिज़ो जाति का इतिहास निर्धारित करना अभीष्ट नहीं है। ब्रिटिश प्रशासकों द्वारा जुटाए गए मौखिक लोक-साहित्य और परम्पराओं से बेहतर स्रोत-सामग्री परवर्ती काल में हुए अनुसंधानों के लिए नहीं मिल पाई है। मिज़ो लोगों के सामान्य नामकरण कुकी के सम्बन्ध में सबसे पहला प्रमाण 1512 ई. में मिलता है। मिज़ो नाम पहली बार 1794 ई. में कर्नल लूविन द्वारा अपनी पुस्तक प्रोग्रेसिव कौलोक्विअल एक्सेरसाइजिज में मिलता है, जिसमें यह नाम उनके कबीलों की बजाय तथाकथित लुशाई हिल्स के निवासियों के लिए प्रयुक्त हुआ था।

मिज़ो लोग 50 से 300 घरों वाले समुदाय में रहते थे, जिनका सरदार वंशानुगत आधार पर बनता था। वह उषा कहलाने वाले सलाहकारों के परामर्श से प्रशासन कार्य चलाया करता था। आजीविका के लिए खेती तथा शिकार पर निर्भर होने के कारण मिज़ो लोगों को लगभग दस वर्ष के अन्तराल पर एक पहाड़ी से दूसरी पहाड़ी पर स्थानान्तरित होना पड़ता था। इस कारण वे सुरक्षा और विकास क्या है, नहीं जानते थे। युद्ध में औचक आक्रमण का तरीक़ा प्रचलित था, इसलिए हर मिज़ो नवयुवक, चाहे वह विवाहित ही क्यों न हो, हर समय चौकन्ना रहता था और सामुदायिक अनुशासन के लिए बनाए एक प्रकार के दल या क्लब, जिसे वे जॉलबुक कहते थे, में सोया करता था।

अधिकांश जनजातीय समाजों की तरह मिज़ो लोगों ने अपने कृषि आधारित कैलेन्डर में कई त्योहार और धार्मिक अनुष्ठान अपना लिए थे, जिनसे उन्हें अपने कठोर जीवन में आनन्द के कुछ अवसर मिल जाते थे और हाड़तोड़ शारीरिक श्रम, युद्ध की आशंका तथा भयजन्य दबावों से उन्हें मुक्ति मिलती थी। इन त्योहारों को छोड़कर देखें तो उनका जीवन शारीरिक भावनात्मक और आध्यात्मिक रूप से थका देनेवाला ही था। यह अस्तित्व का ऐसा दुष्चक्र था, जिसमें अन्धविश्वासों एवं पशुओं, मनुष्यों तथा

भूत-प्रेतों के भीषण भय की काली छाया सदैव बनी रहती थी।

मिज़ो लोगों के धार्मिक विश्वासों को 'एनीमिस्टिक यानी जीववादी' बताने की आम परम्परा के विपरीत उनके धार्मिक क्रियाकलापों की व्यापक जाँच-परख से मैं इस निष्कर्ष पर पहुँचा हूँ कि वे मुख्य रूप से दीस्तिक यानी देववादी हैं। वे सदिच्छा सम्पन्न ऐसी शक्ति में विश्वास करते थे जो सभी वस्तुओं की सृष्टि और रक्षा करती है और जो मानव जगत् की घटनाओं से अप्रभावित रहती है। उसने ही भौतिक और अभौतिक जगत् के नियम बनाए हैं, जिनके अनुपालन हेतु सृष्टि के तमाम जीव बाध्य हैं। मनुष्य के कार्यों को प्रभावित करनेवाले नैतिक नियम तथा निषेध का सम्बन्ध ईश्वर से उतना नहीं था जितना कि एक शक्ति प्रणाली से था। यह प्रतिशोध की देवी *नेमेसिस* के यूनानी विचार के समान थी और यह नेमेसिस की तरह ही त्रुटिहीन, स्थायी स्मरणशक्ति-सम्पन्न तथा उद्‌देश्य-प्रेरित थी। मिज़ो समाज के प्रमुख धार्मिक अनुष्ठान इस सर्वोच्च सत्ता के लिए ही थे। व्याधियाँ उत्पन्न करनेवाली विभिन्न दुष्ट प्रेतात्माओं के शमन के लिए बलि चढ़ाने आदि की रीति, धर्म का अंग नहीं थी क्योंकि यह उपासना के रूप की बजाय अभिशाप-मुक्ति या झाड़-फूँक से सम्बद्ध एक प्रकार की प्रक्रिया-प्रधान प्रथा थी।

मिज़ो भाषा : मिज़ो लोगों द्वारा बोली जानेवाली भाषा या भाषाएँ तिब्बत-बर्मी परिवार की तिब्बत-असमी शाखा से सम्बन्ध रखती हैं। प्रमुख मिज़ो क़बीले अलग-अलग क्षेत्रीय भाषाएँ बोलते हैं, पर उनकी बोली-भाषाएँ आपस में प्रत्यक्ष तथा गहरे रूप से जुड़ी हुई हैं। समय के साथ 'दुहलियान' बोली, जो राजनैतिक रूप से प्रभावशाली लुशाई क़बीले की भाषा थी, ने मिज़ो राष्ट्रीयता के छत्र तले मिज़ो समाज के बहुसंख्यकों की सामान्य भाषा का स्थान ले लिया। इस भाषा को अतिरिक्त बल तब मिला जब 1894 ई. में दो क्रिश्चियन मिशनरी रेवरेन्ड एफ. डब्ल्यू. सैविज तथा रेवरेन्ड जे.एच. लॉरेन वहाँ पहुँचे और रोमन लिपि की सरल तथा प्रभावकारी 'हन्टेरियन स्वरविज्ञान प्रणाली' का प्रयोग कर इस भाषा को लिखित रूप दिया। इससे पहले इस उद्‌देश्य से देवनागरी लिपि अपनाने का प्रयत्न किया गया था, जिसका परिणाम अच्छा नहीं रहा। हालाँकि पू बुआङ ने स्वीकार किया है कि एक अपेक्षाकृत अधिक परिष्कृत तथा विकसित लिपि के लिए कुछ और करने की जरूरत थी पर इस सब के बावजूद रेव. सैविज और रेव. लॉरेन की कोशिश आज पूरी तरह सफल रही है। कई अन्य भारतीय भाषाओं की तरह इस भाषा की एक विशेष ध्वन्यात्मक प्रकृति है, जो उपर्युक्त मिशनरियों द्वारा विकसित लिपि में अगर अभिव्यक्त न की जाए तो यह ध्वन्यात्मक अक्षरों का मात्र एक समूह बचेगा, जिसका प्रयोग उस काल के मिज़ो लोगों के सामर्थ्य की बात नहीं थी। इसके अलावा आज जिस स्थिति में यह भाषा है वह स्थिति उसे कभी प्राप्त नहीं होती।

साहित्य : आज जिसे मिज़ो साहित्य के नाम से जाना जाता है वह मिज़ो साहित्य, जिसका प्राचीन रूप श्रुति आधारित यानी मौखिक था दरअसल विभिन्न मिज़ो बोलियों का घाल-मेल ही है, जो आधुनिक छात्रों की समझ से बाहर की बात है। शब्द-भंडार

तथा सांस्कृतिक इतिहास से सम्बद्ध प्रचुर मात्रा में टीका और व्याख्या के बिना काम ही नहीं चल सकता। उनका वर्गीकरण एक अलग समस्या है। यह वर्गीकरण कई आधारों पर तय किया जा सकता है, यथा—कालानुक्रम, जाति, विषय, शैली अथवा कार्यानुसार। ईसा पूर्व का प्राचीनतर साहित्य ईसा काल के साहित्य की तुलना में अधिक विविधता सम्पन्न है। देश के अन्य जनजातीय समाज के समान, मिज़ो सामाजिक जीवन में लोक साहित्य की लहरें साँस ले रही थीं। मिज़ो सामाजिक जीवन में क़िस्से-कहानी सुनाने, सदाबहार उत्साहवर्द्धक गीत गाना, विजय और शौर्यपूर्ण अद्यतन कृत्यों के कालजयी जोशीले गीतों, पहेलियों तथा नीति-कथाओं को सुनना-सुनाना अत्यन्त प्रिय था। उनमें बन्दूक की तड़तड़ाहट की संगत में गाए जानेवाले 'हलादो' तथा 'बोह्ला' (आखेट एवं रणनाद) नामक शिकार तथा युद्ध उद्घोष के गूँजते गीतों को गाने तथा दिन-रात चलनेवाले गीत और नृत्य से भरे-पूरे आनन्दमय उत्सव मनाने का प्रचलन था। हर्ष, विषाद, विजय और शिकार में मिली सफलता—सामूहिक अनुभव थे—सबके लिए एक समान—जिन्हें आधुनिक जगत् प्रायः बिसार चुका है। यदि मिज़ो-साहित्य मनुष्य के लिए ताज़गी भरे नूतन दर्शन का परिचय करा पाए तो मिज़ो साहित्य में, मिजो जीवन की अन्तहीन धारा से प्रवाहमान इस भाषा के गीतों की केन्द्रीय महत्ता को कोई नकार नहीं सकता। ऐसा कौन-सा राष्ट्र होगा जिसके पास हर व्यक्ति या हर सार्वजनिक अवसर के लिए कविता रचनेवाला हो ! मिज़ो अपने विचारों को गेय रूप देनेवाली जाति के रूप में सबसे आगे हैं।

लोक साहित्य एक आकर्षक ऐतिहासिक तथा मानवशास्त्रीय अनुसन्धान प्रस्तुत करता है। मिज़ो लोक साहित्य इसका अपवाद नहीं है। मिज़ो मूल के अनिश्चित इतिहास के कारण शायद यह कुछ अधिक आकर्षक है। इसके अलावा अनुश्रुतियाँ तथा मिथक हैं, जो पीढी दर पीढ़ी चले आए हैं। ये अनुश्रुतियाँ तथा मिथक सृष्टि के जन्म, पूरे विश्व को अपने अंक में समेट लेनेवाले जल-प्रलय और अन्धकार तथा ठंढ, विभिन्न नस्लों तथा भाषाओं के पूरे संसार में फैलने जैसी बड़ी महत्त्वपूर्ण घटनाओं के अतिरिक्त राक्षसों, देवताओं, महामानवों, दैत्याकार सर्पों, पक्षियों, ड्रैगनों, प्रेतों, बेतालों और जादू-टोनों की सर्वज्ञात कहानी कहते हैं। ऐसे लोकसाहित्य के कुछ उदाहरण नीचे प्रस्तुत हैं—

1. 'छिनलुङ' नामक गुफा या पत्थर की दीवार, जिससे लोगों की उत्पत्ति हुई। (मिज़ो का उत्पत्ति सम्बन्धित मिथक)
2. 'थिमजिंङ' के मिथक के अनुसार जब घनघोर अन्धकार ने पूरे संसार को घेर लिया तब लोग पशुओं में बदल गए।
3. 'पियालराल' यानी स्वर्ग, 'मित्थी खुआ' यानी मृतात्मओं का आश्रयस्थल, 'लुङलोतुइ' एवं 'रिही लेक' तथा 'पौला' मृत्यु के बाद जीवन की अवधारणा से सम्बन्धित पौराणिक मिथक हैं।
4. 'पालोवा' की कहानियाँ अपने अज्ञात पिता की खोज में निकले पुत्र की जोखिम भरी यात्रा कथाएँ हैं।

5. यह 'ङाइतेई' नामक लड़की और उसके पिता के प्रेत की कथा है जो अपनी पुत्री को पाने के लिए बाढ़ लाता है।
6. महामानव 'मुआलज़ावाता' की लिजिन्द्री कथा ।
7. 'छूरा' की हास्य कथा।
8. सात भाइयों की कहानी जिसमें सबसे छोटा भाई 'त्लुम्तेया' आकाश की देवी से प्रणय-निवेदन करता है। यह नवयुवकों के लिए आदर्श प्रतीक-कथा है।
9. 'ललरुआंङा' नामक जादूगर की एक लिजिन्द्री कथा।
10. 'चोंङचिल्ही' तथा साँप की लिजिन्द्री कधा है।
11. 'लियान्दोवा' तथा 'तुआइसियाला' नामक अनाथों की सफलता-कथा, जिसमें वे अपने गुणों के आधार पर सफलता प्राप्त करते हैं।
12. 'चाला' और 'थांङी', 'दुहमाङा' और 'दारदिनी', 'रालदोना' और 'तुमछिङी' के रोमांस की कहानी—जो सुगठित कथानक तथा यथार्थ के अप्रतिम उदाहरण है।

कथाओं की इस धरोहर के अतिरिक्त, साहित्य-रचना की निरन्तर प्रवाहमयी धारा के रूप में प्राचीन कालीन काव्य-धरोहर की विवेचना भी उचित जान पड़ती है।

मिज़ो काव्य

द्विपद तथा त्रिपद कविताएँ मिज़ो काव्य साहित्य की विशेषताएँ हैं। ये कविताएँ अपनी विशिष्ट लय के लिए जानी जाती हैं। कोई भी अन्य कवि, जो गवैया-कवि न हो, इन कविताओं में जितने बन्द चाहे जोड़ सकता है। एकदम आरम्भिक काल की जो कविताएँ बची रह गई हैं वे शिशु-गीत हैं। इनमें से कई शिशु-गीत बच्चे खेल के दौरान खेल की विभिन्न क्रियाओं की संगति के लिए गाया करते हैं। ऐसे एक गीत का उदाहरण देखें—

हाथ से हाथ मिला लहर-लहर कर/गोल-गोल गह्वर से घूमते बच्चे/
पुनः लहर-लहर बिखर-बिखर जाते हैं

एक अन्य प्रकार की कविता, एक विशेष तरह के वाद्ययंत्र के संगीत की संगत में गाई जाती है। इन वाद्ययन्त्रों में बाँस की अलग-अलग आकार की पतली नलियाँ होती हैं, जिनसे अलग-अलग विशिष्ट सुर निकालते हैं। बाँस के स्थान पर कभी-कभी छोटे-छोटे घड़ियाल व घंटे भी प्रयुक्त किए जाते हैं।

Chhimbu leh peng peng intu/ A lu lam kawng lu lam kawng/
Liando te unau unau,/ Dar zeng nge in tum in tum ?
चिर-चूँ चिर-चूँ, चूँ-चूँ करते मीठी-मीठी लय में/चहचहाते पंछी—सुनो-सुनो/मोहते और लुभाते मन को/सराहो इनको/ओ तुम लियांदवा के भाई/किन पुरातन घण्टों को बजा रहे हो !

आदिम समाज में आमतौर पर युद्ध और शिकार के दौरान रणनाद और आखेट

के नारों के उद्घोषों का प्रचलन था। मिज़ो लोगों के पास अनेक ऐसे नारे थे जिन्हें शत्रुओं पर उनकी विजय की गर्वपूर्ण घोषणाएँ कहा जा सकता था। शत्रुओं का कटा हुआ सिर विजय के प्रमाणस्वरूप वे अपने पास रखते थे। *बोह्ला* ऐसे ही युद्ध के रणनाद एवं आखेट के नारे थे। कतिपय उदाहरण देखिए—

मैं जन्मा शिकार और शत्रु के साथ/मुझ से जो लड़ा मारा गया वह/मैं गंधैला 'सर्वहंता' !

सफल शिकार के बाद 'हलादो' का उद्घोष होता था—

पुरुषों में वीर, पशुओं में हिंस्र जंगली पशु/तियाओ के साथ बढ़ा मैं आगे/करता शेर का पीछा, कीर्ति मेरी पीछे-पीछे!

जनजातीय समाज में उत्सव-गीत तथा नृत्य की सम्पन्न परम्परा होती है। ऐसे कुछ गीत भावानुरूप भंगिमाओं या मूक अभिनय के साथ गाए जाते हैं। असमिया तथा गारो गीतों के साथ यह परम्परा विशेष रूप से चलती है। दूसरे प्रकार के गीत सक्रिय सामाजिक जीवन का वर्णन करते हैं। इस प्रकार जीवन में कलात्मक सुषमा लाकर मिज़ो लोग अपने लम्बे सामाजिक जीवन को जैसे छोटा कर लेते थे या यूँ कहें कि उनका पेशा इतना कठिन और असुरक्षित था कि वे उसे संगीत या वास्तुकला जैसी सामंजस्यपूर्ण व शान्त कलाओं में हिस्सा लेकर भी भुला नहीं सकते थे। उनका सबसे लोकप्रिय नृत्य था 'चाय', जिसे किसी अहम् दिन पर युवक तथा युवतियाँ एक-दूसरे से बाँहें और कंधे मिला कर एक बड़ा वृत्ताकार घेरा बना लेते थे और नाचते हुए झूमते, थिरकते हुए अपना पसन्दीदा गीत गाते जाते थे। उदाहरण के तौर पर ललवोङा ज़ाई को देखें—

ललवोङा था कहता—'हूँ मैं बहुत महान्'/नहीं बचा पाया वह अपना ही गाँव—फ़ारज़ॉल/ना ही डट पाया शत्रु के आगे/उलटा देने पड़ गए दंड में तीस मिथुन!

विजय गीतों में व्यंग्य और मज़ाक उड़ाने का पुट मिलता है। कैद में पड़े राजकुमार की दुर्दशा पर भी गीत रचा जाता है—

मैं जब था बच्चा नन्हा-मुन्ना, कड़ा पहनता था पीतल का/मांगा ने पहनी थी लाल लकड़ी की हथकड़ी

(मांगा—साइलौ वंश का एक महत्त्वपूर्ण व्यक्ति)

इन गीतों के विषयों का कोई अन्त नहीं है। इनके यहाँ हर विषय पर एक गीत मिल जाएगा। झूले को लेकर रचा गया एक गीत देखें—

हमने बनाया इक झूला यहाँ वहाँ और जगह-जगह/काट गिराया था जिसने इसे उस शूरवीर को/देखा मैंने छिप कर आलूबुखारे के पेड़ तले सुन्दर फुनचोङा राजकुमार वह

स्पष्ट है कि कविता का दोहा रूप अत्यन्त लोकप्रिय है। हतभाग्य किशोरी मन की गहराइयों से गाती है—

तुम्हारी चाह में पंछियों के मीठे गीत की लय में/देती हूँ उत्तर मैं/बेआवाज़ रात भी नहीं दे पाती/मेरी पलकों को आराम !

(दारलेङ्लेहूई)

एक माँ अपने मृत पुत्र के शोक में गाती है—

हर पहाड़ी से होकर गुजरती है मृत्यु/हमारे अभागे घर पर थम जाती है/मेरी आँखों के तारे को बाँह पकड़ घसीट ले जाती है

(दरपोडी)

जैसे ही कोई कवि या कवयित्री कविता का कोई नया रूप गढ़ लेती है, हर पहाड़ी के लोग इसका स्वागत करते हैं और सरदार इसे अपना संरक्षण देकर इसे प्रोत्साहित करते हैं। फिर किसी भी विषय पर कितने भी बन्द उस कविता में जोड़े जा सकते हैं। (कॉपी राइट विवाद का भी कोई सवाल नहीं है।)

सम्भवतः रचना की गेयता से ही कवि तथा उनके गीत लोकप्रियता अर्जित कर पाते हैं। ऐसे गीतों को गाने में एक गाँववाले दूसरे गाँववालों से यूँ होड़ लेते हैं मानो यह उनका सामाजिक दायित्व हो।

बाद के काल में गैर-धार्मिक गीतों के लिए धार्मिक गीतों के सुर अपनाने की प्रवृत्ति ने जोर पकड़ा। पहले असंख्य ईसाई भजनावलियों का मिज़ो भाषा में अनुवाद हुआ और फिर आध्यात्मिक पुनर्जागरण की लहर में स्थानीय सुरों पर आधारित क्षेत्रीय उपासना-गीत और स्तुति-गीत गाने की शुरुआत हुई। शिक्षा और व्यापक दृष्टिकोण से लोगों में चिन्तामुक्त जीवन जीने का उत्साह बढ़ा और पनपा। शुरू-शुरू में नए ईसाई बने लोगों के संयमपूर्ण नियम-आचार का व्यंग्यपूर्ण उपहास उड़ाने हेतु ईसाई भजनों की पैरोडी बनाने की रीति भी चली थी।

साहित्य के अन्य विशेष विषय जैसे कि प्रेम, मृत्यु, समय और जीवन की अपेक्षाएँ आदि मिज़ो कविता में बहुत ही संक्षिप्त रूप में तथा आधे-अधूरे रूप में मिलते हैं। त्रिपद कविता की निश्चयात्मक प्रकृति ने विचार के पैटर्न को प्रभावित किया और इस तरह कविता में एक बन्द होने पर भी उसमें पूर्णता के दर्शन होते हैं। इससे उनके मौखिक या गेय स्वरूप के बावजूद उनकी अपूर्णता या खंडित होने की समस्या महसूस नहीं होती।

ईसाई धर्म ने मिज़ो कविता को विचार तथा शैली की नई ऊँचाइयाँ प्रदान कीं। धर्मान्तरण के उद्देश्य से मिज़ो प्रदेश में आए मिशनरी अच्छे भाषाशास्त्री थे। भाषा और साहित्य को लेकर उनके अग्रणी कार्यों ने मिज़ो भाषा तथा साहित्य को एक ठोस आधार पर खड़ा कर दिया। मिशनरियों तथा उनके सहायकों ने अंग्रेजी के भजनों के अनुवाद से शुरुआत की और नए ईसाई बने मिज़ो लोगों ने उसका अनुसरण करने में देर नहीं लगाई। आध्यात्मिक पुनर्जागरण की शृंखलाओं ने ऐसे ओजस्वी दृष्टिसम्पन्न महान् धार्मिक कवियों को जन्म दिया जिनकी प्रतिभा से मिल्टन को भी ईर्ष्या होती। इन कवियों ने अपनी कविताओं में सुस्पष्ट तथा प्रभावपूर्ण बिम्ब-विधान

अपना कर प्रतिज्ञाती भूमि यानी (Promised Land) तथा गोल्डेन सिटी में जीवन-नद का धार्मिक दर्शन प्रस्तुत किया और धर्मपरायण ईसाइयों की आस्था को मजबूत बनाया।

मिज़ो लोगों के जीवन में स्वर्ग जैसा कुछ भी नहीं था। मेहनत और डर, तानाशाह सरदारों के शासन में स्थापित सामाजिक वैषम्य, उच्च मृत्यु-दर, सामाजिक वर्जनाएँ और शकुन-अपशकुन की बातों ने उनके मन को अपने पंजों में जकड़ रखा था। मिज़ो धार्मिक गीतों के भगवद्दर्शनोन्मुखी होने और उनमें मर्त्य-जीवन को तुच्छ समझने की प्रवृत्ति को लेकर आश्चर्य नहीं होना चाहिए।

एक नया-नया ईसाई किसी गाँव में घूमने-देखने के उद्देश्य से निकला। वहाँ के सरदार को उस व्यक्ति के बारे में पता चला तो उसने गाँव में उसके प्रवेश पर रोक लगा दी। अब वह व्यक्ति घर वापस लौटने की स्थिति में नहीं था क्योंकि रास्ते में बाघों की भरमार थी। हैरान-परेशान वह सूर्यास्त की प्रतीक्षा करने लगा ताकि अँधेरा उतरते ही वह गाँव में घुसे और सुरक्षा और भोजन पा सके। इस मनःस्थिति में उसके अन्तस से निम्नलिखित गीत फूट पड़ा–

सियोन शहर ! शेष–सूर्य का अस्त होना/आहों-आँसुओं में बिताया पूरा दिन कुढ़ते हुए मैंने/वे विचरते राजसी वस्त्र में–/गुनाह-मुक्त इस प्रकाश-भूमि में/जहाँ मेरे लिए है एक जगह !

कविता का पूरा जोर उस व्यक्ति की दुर्दशा और पीड़ा के तीव्र अहसास, तथा जहाँ उसे अपने स्वागत का पूरा विश्वास था, उस निश्चित स्थान के लिए उसके द्वारा किए गए संघर्ष पर है। पर सभी आस्तिक व्यक्ति इतने सहृदय नहीं होते–

बहुत पहले ही बिसार चुके हैं वे/तुम्हें सलीब पर चढाए जाने की घटना/उनके गुनाहों भरे मन को करो रोशन/करो अन्त इन दम्भी विजेताओं की–/खुशियों का–फूलों का/कि तुम ही दे सकते हो/उन्हें सच्ची खुशियाँ !

आध्यात्मिक चिन्तन की ऐसी परिपक्वता के बल पर मिज़ो कविता वयस्क हुई है। महान् साहित्य की ऊँची पढ़ाई और शिक्षा से एक अभिनव स्वप्न पल्लवित हुआ। परोपकार के उत्साह से भरे शिक्षित युवा लोग के मन से कविता की एक नई धारा प्रवाहित हो उठी। मिज़ोरम की इन मनोहर पहाड़ियों में ही अपना *यरूशलम* बनाने के अभिलाषी इन तरुणों ने एक नए दायित्व को महसूस किया था। उनकी कविताएँ अपनी पहाड़ियों तथा यहाँ की प्राकृतिक शान्ति और समरूपता के प्रति प्रेम भाव से ओत-प्रोत हैं। कवि *रौकुङा* के गीतों में देशप्रेम की एक नई अनुभूति देखने को मिलती है, जो उनके गीतों की विशेषता है। एक उदाहरण देखें–

हमारी मनोहर पहाड़ियाँ हैं आकाश के महलों जैसी/जहाँ रहते हम शान्ति से एकजुट होकर!

इस नई कविता की एक और महत्त्वपूर्ण विशेषता है कि इनमें आमतौर से प्रयुक्त काव्य शब्द योजना का प्रयोग कम होता गया है, जो वर्ड्सवर्थ के विवाद की ही तरह

एक नियम की तरह इस्तेमाल होती है और जिसका प्रयोग आसान नहीं रह गया है। शायद 'रौकुङ' के गीतों में वड्र्सवर्थ के आदर्शों का निर्वाह सबसे बेहतर रूप में हुआ है। क्योंकि उनमें माध्यम एकदम पारदर्शी और अदृश्य है और कवि सीधे हृदय से संवाद करता है।

तुलनात्मक रूप से मिज़ो कविता में कुछ कमी है। सतहीपन जिसे सरलता और स्वतःस्फूर्त्तता का नाम दे दिया जाता है, मिज़ो कविता में बहुत स्पष्ट रूप से मिल जाएगा। मिज़ो लोगों के लम्बे बहिष्करण के कारण उनकी मानसिकता में एक प्रकार का अभेद्य रक्षात्मक कवच विकसित हो गया है, जिससे जीवन और विचार के स्तर पर उनमें परिष्कार का अभाव है। एक घायल हृदय की सबसे मर्मस्पर्शी अभिव्यक्ति में भी स्थिति एकदम उथले रूप में सामने आती है। उदाहरण देखें—

कैसे हो सकते हो तुम इतने हृदयहीन/ओ मेरी माँ ! ओ मेरे पिता !/पीले पड़ गए सुन्दर थंङ के कटे सिर से/तुमने ढक लिया है अपना आँगन ?/

इससे भिन्न एक अन्य उदाहरण भी देखें—

हमारे घर का/एक आत्मा लगाती है चक्कर/जैसे मधुमक्खी माँ !/यह भूखी है इसे एक कटोरा चावल दो !

(ललथेरीजाई)

इसमें संवेदनशील आत्मा को जीवित रहने के लिए कुछ मिलता है। मिज़ो लोगों में यह विश्वास आमतौर से पाया जाता था कि मृत आत्मा अपने आश्रय स्थल जिसे 'मित्थी खुआ' कहते हैं, के लिए प्रस्थान करने से पूर्व ततैया या तितली के रूप में मृतक के घर में बार-बार आती है। ऐसे संकेतों और बिम्बों के प्रयोग मिज़ो साहित्य में असाधारण नहीं माना जाता क्योंकि मिज़ो साहित्य के पास संस्कृति और इतिहास का एक सम्पन्न भंडार उपलब्ध है।

मिज़ो नाटक

इंग्लैंड की तरह धार्मिक उत्सवों से मिज़ो नाटक का इतिहास भी जुड़ा हुआ है। आज भी नाटक का आयोजन चैरिटी शो में ही होता है और नाटकों में सामाजिक तथा नैतिक शिक्षा का स्वर मुखर होता है। आज जब संचार के साधनों ने घर-घर में पैठ बना ली है तो लोगों से थियेटर जाने की उम्मीद करना उचित नहीं है। फिर भी मिजो भाषा में कुछ इतिहास-नायकों के ऊपर कुछ नाटक रचे गए हैं। इनमें उल्लेखनीय हैं—डॉ. एल. टी.लियाना खियाङते द्वारा लिखित 'पासालथा', 'खुआङचेरा', 'ललनु रोपइलियानी', तथा 'दारललपुई'। मिज़ो बोलचाल की भाषा, सच पूछिए तो स्तरीय नाटक के तेज, वागविदग्धतापूर्ण संवाद—जैसा कि उपर्युक्त नाटकों के चरित्र इस्तेमाल करते हैं, के लिए सर्वोत्तम माध्यम नहीं है, तो भी इन नाटकों में प्रयुक्त भाषा कहानी के लक्ष्य को पूरा करती है। कथानक का गठन भी बढ़िया हुआ है।

उपन्यास तथा कहानी

मिज़ो लोग कहानी के बड़े प्रेमी थे और अभी भी हैं। इस प्रेम में अपने जीवन में लाभों की परवाह नहीं करते। नौजवानों की गोष्ठी में उपन्यासों के हस्तलिखित अनुवाद के पढ़ने की परम्परा रही है। द्वितीय विश्वयुद्ध से प्रेम के विषय पर मिज़ो रचनाओं को प्रोत्साहन मिला। जो कुछेक उपन्यास लिखे गए हैं वे लेखकों की जीवन दृष्टि और उनके कथा कौशल के परिचायक हैं। इन उपन्यासों में ललजुईथंगा, थ्लाह्रांग, फिरा लेह ङूरथनपारी विशेष रूप से उल्लेखनीय हैं। पहले वाले में तो कथानक का कौशलपूर्ण निर्वाह है तथा बाद वाले उपन्यास में कथानक ढीला होने के बावजूद पाठक को बाँधे रहने की उत्कृष्ट क्षमता है। हालाँकि पाठक की उत्कंठा नैतिक स्वांग तथा चतुराई भरे मौन की जमी हुई परतों को उधेड़ने में सक्षमता और अवचेतन को झकझोर देनेवाले चरित्र के कारण उपन्यास में बनी रहती है।

अनुवाद : *अकील कैस, रमणिका गुप्ता*

सन्दर्भ पुस्तकों की सूची

1. 'मिज़ो हुन ह्लुई ह्लाते', बी. ललथंगलियाना, आइजॉल, 1998।
2. 'मिज़ो क्रिस्टियन ह्ला थार बु', साईनाड पब्लिकेशन, आइजॉल, 13वाँ संस्करण, 1988।
3. 'मिज़ो पोएट्री', आर. एल. थनमोइया, आइजॉल, 1988।
4. 'हिस्ट्री ऑफ मिज़ो इन बर्मा', बी. ललथंगलियाना, आइजॉल, 1978।
5. 'द लुशाई कुकि क्लैन्स', जे. शेक्सपीयर, आइजॉल, पुनर्मुद्रित, 1988।
6. 'ट्राइबल फॉक टेल्स ऑफ असम', एस.एन. बरकाकती, गोवाहाटी, 1970।
7. 'क्म्पेरेटिव इंडियन लिट्रेचर', खंड-1 (संपा.) के.एम. जार्ज, मैकमिलन, 1984।

मिजो नाटक की उत्पत्ति और विकास

डॉ. एल.टी. लियाना खियाङ्ते

कोई नहीं जानता कि मानव इतिहास में पहले-पहल कब नाटक का मंचन शुरू हुआ। पर ऐसा प्रतीत होता है कि अपने सरलतम रूप में नाटक का स्वाभाविक विकास पहले कृति, फिर कहानी और सच्चे खेल के तौर पर हुआ। नाटक की उत्पत्ति में सदा मनुष्य की धार्मिक अन्तःप्रेरणा आधारभूत रही है।

भय, सहानुभूति और उत्सुकता ने नाटक को अपनी धार्मिक शुरुआत के लिए प्रेरित किया। इस प्रक्रिया में उम्मीद का स्थान बाद में आया। आदमी नाचते थे, उछल-कूद करते थे, वेश बदलते थे, किसी अदृश्य जीव या परिचित ख़तरे का आदर करने, सान्त्वना देने या धोखा देने के लिए। उदाहरण के लिए जैसे—बिजली गिरने या सिंह जैसे किसी खास खतरनाक जानवर का आ जाना। नाटकीय तरीकों से वे भय का निवारण और उसका सामना करने का प्रयास करते थे। भय—भागने की इच्छा को प्रोत्साहित करता है। सहानुभूति—समीप जाने को प्रेरित करती है। उत्सुकता—अनुकरण करके अथवा मंत्रों द्वारा रहस्यों या अच्छी और बुरी आत्माओं, पूर्वजों या देवताओं की इच्छाओं का पता लगाने की कोशिश करती है। अस्तित्व के *रहस्य*—जन्म, तरुणाई, शादी, मृत्यु आदि धार्मिक कृत्यों से घिरे हुए होते हैं। ये कृत्य इनकी व्याख्या करते थे और इन्हें खास देवताओं या आत्माओं को उत्सर्ग करते थे। जब आदमी अधिक कपटी हो गए, तब नाच, नाटक और स्वांग अमल में आए जो भय, सहानुभूति और उत्सुकता को व्याख्यायित करते थे, मानो कि प्रकृति के लिए आईना लेकर यह दिखाने हेतु खड़े थे कि गुण उनका अपना चरित्र है, घृणा उनकी अपनी छवि है तथा समय का अंश और जीवनकाल उनका अपना रूप और बल है।

मिस्र के लोग, ग्रीक, रोमन जैसी आदिम जातियाँ अपने देवताओं और पराक्रमी पुरुषों का अभिनय वार्षिक उत्सवों में करती थीं। मिज़ो लोगों के लिए भी यही सच है। हमारे पूर्वज वास्तव में वार्षिक उत्सव नाच और चावल की बियर के साथ मनाते थे और अपने पवित्र संस्कारों में देवताओं को धार्मिक बलिदान देते थे। पुराने जमाने में मिज़ो लोगों में 'राल-लु-लाम' (मुख्य नृत्य) आयोजित करने का रिवाज़ था, आक्रमण में सिर पा जाने पर नृत्य और भोज का आयोजन होता और 'सा-लु-लाम' (पशु-नृत्य)

होता। इसी प्रकार शिकार में सफलता मिलने पर नाच और भोज का आयोजन होता तथा *आइ* समारोह मनाया जाता। *आइ* समारोह दूसरे शिकार में सफलता और मरे हुए की आत्मा को परलोक में नियन्त्रित करने हेतु ईश्वर की कृपा के लिए मनाया जाता। किसी दुश्मन को मारने पर, *आइ* समारोह मनाना अनिवार्य था। यह केवल इस उद्देश्य से नहीं किया जाता कि मृत्यु के बाद मरे हुए की आत्मा मारनेवाले की शक्ति में विलीन हो जाए बल्कि यह दिखाने के लिए भी किया जाता था कि मारनेवाला सभी तरह से श्रेष्ठ है। इन जानवरों और मनुष्यों की आत्माएँ *पियालराल* यानी स्वर्ग के मार्ग में उसका साथ देंगी। व्यवस्थापक *पाओला* इतने जंगली जानवरों और आक्रमणकारियों का जुलूस नायक के साथ देखकर यकीन करेगा और उस वीर का स्वागत *पियालराल* के प्रवेश द्वार पर करेगा। मैंने कार्यों और कृत्यों की शृंखला से केवल दो उदाहरण प्रस्तुत किए हैं, जो मिज़ो नाटक की पृष्ठभूमि निर्मित करते हैं।

मिज़ो नाटक के विकास के तीन चरण हैं—

1. उद्गम काल— धार्मिक या मनोरंजक नाटक (1912 से 1924)
2. उदय काल—नैतिक या प्रारम्भिक नाटक (1925-1958)
3. उत्कर्ष काल—कलात्मक या आधुनिक नाटक (1959-1999)

1. मिज़ो नाटक का उद्गम काल : मिज़ो नाटक की जड़ भव्यतम क्रिसमस समारोह मनाने के साथ प्रदेश में विकसित हुई। आरम्भ में मिशनरी और कुछ देशी भाषा-भाषी बच्चों का मनोरंजन करने हेतु 25 दिसम्बर, 1903 को विशेष भोज देकर क्रिसमस त्यौहार मनाया गया था। तब से 25 दिसम्बर, 1903 के उत्सव ने एक वार्षिक कार्यक्रम का रूप ले लिया और 1904 में 'साउथ लोरेन' और सैविज की बैप्टिस्ट मिशनरियों ने जोंस और एडविन रौलैंड्स द्वारा ऐजवाज़ में आयोजित भोज में भाग लिया। हरेक साल बड़ा दिन समारोह बढ़ने लगा। 1912 में बड़ा दिन अधिकांश गाँवों में भव्य भोज के साथ मनाया गया। 25 दिसम्बर 1912 का बड़ा दिन मिज़ो नाटक के इतिहास में स्मरणीय रहेगा क्योंकि इसी दिन शाम को छाई हुई छतवाले थकथिं ग्वेङ्, आइजॉल के बनावटी थिएटर में पहले-पहल नाटक अभिनीत हुआ। मिशनरियों की भागीदारी से पहले-पहल लोगों ने विविध मनोरंजन का लुत्फ उठाया। समारोह में थियेटर आनेवालों की अच्छी उपस्थिति थी, जिन्होंने उस रात जमकर आनन्द लिया।

क्रिसमस के विविध मनोरंजन में छब्बीस विषय थे, जिनमें अधिकतर गीत थे। मिशनरियों ने सावधानीपूर्वक विभिन्न क्रिसमस गीतों को ऐसी क्रमबद्धता दी थी, जिससे वे पूरे जनसमूह द्वारा गाए जा सकते थे। मिशनरी लोग खास गीतों के लिए 'पैथोफोन' बजाने के लिए लड़के-लड़कियाँ, बच्चों, युवतियों एवं माताओं का चयन करते थे। विशेष गीत प्रस्तुत करनेवाले इतनी मधुरता से गाते थे कि वे श्रोताओं के दिल को छू लेते थे। भाषण और गाने के अलावा इस प्रदेश में पहले-पहल सात अन्य *हास्य संवाद* प्रस्तुत किए गए। सारे पात्रों का अभिनय कथोपकथन के साथ किया गया, जिससे लोगों का भरपूर मनोरंजन हुआ। पहला था 'सापमिखुअल लेह् टॉगूलेट्लिंतु' (अंग्रेजी परदेशी और

दुभाषिया)। जब विदेशी पहले-पहल मिज़ोरम आया, देशी मिज़ो लोगों ने गोरे-चमड़े, भूरे बाल, बिना भाषा जाने बुदबुदाते आदमी को देखा, तो चकित रह गए। उसके इर्द-गिर्द आकर अचम्भे से उसे देखा, फिर पास आकर उसके हाथ-पाँव छुए। एक साहसी व्यक्ति आगे बढ़ा और उस विदेशी ने उनसे जो कुछ कहा, उसका मतलब लोगों को समझा दिया। यह एक बनावटी मतलब था और इसके बाद इसकी पुनरावृत्ति करने लगे।

'क्रिसमस ह्रिया लेह् ह्रेलों' (जो क्रिसमस का मतलब जानता है, उसने अपने मित्र को इसकी महत्ता बतला दी), 'ख्रिस्टियान लेह ख्रिस्टियानलौ इनबियाक्ना' (क्रिश्चियन और गैर-क्रिश्चियन के बीच संवाद), 'साप पुतर लेह् मोसलमान पुतर इनबियाकनो' (अंग्रेज बूढ़ा और मुसलमान बूढ़ा के बीच बातचीत), 'खासी डायलॉक्' (दो खासियों के बीच संवाद) जैसे अन्य आइटमों की उस समारोह में रोचक और दिल बहलानेवाली प्रस्तुति की जाती थी। यह बिल्कुल सत्य है कि अभिनय में किसी तरह का संवाद अनिवार्य है। किसी नाटक में कार्य-गति और संवाद एक-दूसरे के पूरक तत्त्व हैं। इन तत्त्वों के बिना नाटक की कथावस्तु अर्थहीन हो जाएगी।

विविध मनोरंजनों में सबसे यादगार प्रदर्शन था—आयटम संख्या उन्नीस, बॉरसापलेम लेह छियानेश्तु 2 लेह् रॉसी लैम् चाङ् बे (सुपरिंटेंडेंट की कचहरी का दृश्य)। इस खास आइटम को मिज़ोरम में मंचित किए जानेवाले पहले लघु नाटक के रूप में दर्ज किया जा सकता है। यह केवल संवाद और गतिविधि का मिश्रण मात्र नहीं था बल्कि इसकी एक कथावस्तु है और चित्रित करने के लिए एक लघुकथा, और इसीलिए यह एक नाटक है। यह एक लोभी आदमी के बारे में था जिसने अपने पड़ोसी की बकरी चुरा ली थी। मालिक ने इसकी शिकायत बॉरसॉप (दंडाधिकारी) से की। न्यायालय ने दोनों को जिला दंडाधिकारी के समक्ष पेश होने को कहा। इसलिए, चोर ने रॉसी (हलके का अधिवक्ता) को बचाव के लिए आमंत्रित किया और उसे अच्छी रकम दी। इतने में बॉरसॉप को इस घूसखोरी की ख़बर लगी। न्यायालय ने बकरी के कानूनी हकदार के पक्ष में फ़ैसला दिया। परेशान अपराधी ने निराश होकर रॉसी से अपने पैसे माँगे। तब, घबड़ाया हुआ रॉसी कुछ कहने की हालत में नहीं था, उसने केवल बकरी के मिमियाने की आवाज़ की (मिज़ो में...बे...बे) और वहाँ से चलता बना।

ऐसे अभिनय में नाटकीय विलक्षणताओं की अनदेखी नहीं की जा सकती है। प्रदेश के पहले प्रदर्शन-मंचन को बेहद सफलता मिली। दूसरे साल इसे दोहराया गया। दिसम्बर 25, 1913 के सार्वजनिक भोज के बाद क्रिसमस मनोरंजन कार्यक्रम फिर आयोजित किया गया। मिशनरी ने क्रिसमस पर यह जिक्र करते हुए व्याख्यान दिया था कि पूरी दुनिया में ईसाइयों के लिए ईसा मसीह का जन्म महत्त्वपूर्ण है। उसके बाद अभिनेताओं के दल ने एक अर्थपूर्ण नाटक का मंचन किया था और गायकों की मंडली ने एक ईसाई गीत गाया—ओह मैरी, मैरी ख्रिस्टमस चाइये।

उस समय प्रत्येक बड़े दिन पर बड़े-बड़े, पर विविध मनोरंजन समारोह आयोजित करने का रिवाज़ था। न केवल आइजॉल में, बल्कि अलग-अलग गाँवों में भी बड़े दिन

की शाम तमाशे के समय के रूप में मनाई जाती थी। दो या तीन साल बाद गिरजाघरों में कभी-कभी नाटक दिखाए जाते थे। मिशनरी भी चर्च में नैतिक और धार्मिक शिक्षा देने के लिए वर्णन और ऐक्शन का सहारा लेते थे जो एक प्रकार का लघु नाटक था। इन कारणों से यह निष्कर्ष निकाला जा सकता है कि मिज़ो नाटक साफतौर पर चर्च के धार्मिक कृत्यों से सम्बन्धित थे। मिशनरियाँ चर्च में मंचन और मनोरंजन-कार्यक्रम करने में उदार थीं, जो मिज़ो नाटक के उचित विकास में सहायक हुए।

आध्यात्मिक पुनर्जीवन की तीसरी लहर 1919 में एक ताजा विस्फोट की तरह आई (पहला पुनर्जीवन 1906 और दूसरा 1913 में आया)। यह ईसाइयों के लिए असाधारण शक्ति के रूप में प्रकट हुई और इसके बाद मिज़ोरम की फ़िज़ा बदल चुकी थी। सलीब (क्रॉस) और ईसामसीह की पीड़ा पर जोर दिया गया, आदमी के लिए परमेश्वर के प्रेम का प्रकटीकरण और परिणामतः बिरादराना प्रेम और ईसाई स्नेह की माँग उठी। उन दिनों ईसाई लोग अक्सर प्रेम-भोजों का आयोजन करते। जब कभी वे इकट्ठा होते, स्तुति गीत गाना अधिक लोकप्रिय हुआ करता और ढोल का उपयोग जो पहले कम हुआ करता, पुनर्जीवन की तीसरी लहर के बाद से हर चर्च में फैल गया। लोगों के जीवन में इतने बड़े बदलाव ने उनकी नाटकीय प्रवृत्ति को कुन्द कर डाला जो मिज़ो नाटक के क्रमिक विकास में सहायक होती। इसलिए नाटक का मंचन और दूसरे मनोरंजन-कार्यक्रम क्रिसमस के मौसम में भी छोड़ दिए गए और लोग अत्यन्त आनन्द के साथ नाचने-गाने में समर्पित हो गए। सच तो यह कि आध्यात्मिक पुनर्जीवन ने नाटकों के अभिनय को चर्च से बाहर कर दिया, जो मिज़ो नाटक के विकास के लिए एक बड़ा धक्का था।

2. मिज़ो नाटक का उदय काल : शुरुआती मिज़ो नाटक भाव में नैतिकतामूलक हैं क्योंकि उन पर धार्मिक शिक्षा का बहुत प्रभाव है। इसने चर्च के क्रिसमस मनोरंजनों को बन्द कर दिया। इसका तात्कालिक परिणाम था धर्म-निरपेक्ष नाटक का उदय। लगभग इसी समय, 'पसेना' (1893-1961), जो लन्दन से 'डप्लोमा इन एजुकेशन' लेकर लौटा था, 1925 में आइजॉल वापस आया। उसका प्रशिक्षण मिज़ो लोगों के लिए न केवल शिक्षा के क्षेत्र में, बल्कि नाट्यकला के लिए भी उपयोगी था। उन दिनों लोगों को *बाबूत्लांग* में बंगाली बाबुओं का पूजा वेराइटी शो और प्रथम असम राईफल रेजीमेंट द्वारा आइजॉल के ड्रिल शेड में किए गए सजीव नाटक ने बहुत लुभाया। वास्तव में वह समय नाटक के पुनरुद्धार के लिए परिपक्व था, जो आध्यात्मिक जागरण की वजह से क्षीण पड़ गया या 'पसेना' लोगों की सुप्त नाटकीय प्रवृत्ति को जगाने के लिए आगे आया। नाट्य-प्रस्तुतियों में उसकी भागीदारी सामयिक थी क्योंकि वह सभी प्रकार के मित्रों से घुल-मिल जाता था। देशी लोगों को 'पसेना' पर विश्वास था, पर वह विदेशी के लिए भी फायदेमन्द था।

1925 से 1933 तक 'पसेना' ने छह सद्यः स्फूर्त नाटक तैयार कर उनका निर्देशन किया। मिशन वेंग, आइजॉल के सिकुलपुइ हॉल में मंचन हुआ जो लड़कों के मिडिल इंगलिश स्कूल के नाम से लोकप्रिय है। ये नाटक मनोरंजन के साथ-साथ नैतिक शिक्षा के लिए भी खेले गए। उसका पहला नाटक *हेरोदा चोरमोइना* (राजा हेरोद की कीर्ति),

जो कि एक दुखान्त नाटक था, 1925 में मिशन वेंग के अभिनेताओं द्वारा सिकुलपुइ हॉल में मंचित हुआ। 'राजा हेरोद' को उनके देशवासियों ने उनकी प्रशंसा का गीत गाकर गौरवान्वित किया—

हेरोदा लाल रौपुइ,/लल रौपुइबेर अनि,/हेरोदा लल रौपुइ बेर चु/नाङ्निन चोइमीइ रोह् उ/

अर्थात्—

राजा महान् है/हेरोद है राजा,/महान् राजाओं का राजा/जिसके नाम को रोशन करे हर आदमी।

उसकी अमर महानूता की प्रतिष्ठा में उसकी बेटी जो उस युग की सबसे अच्छी नर्तकी थी, ने अपने बाप के सिंहासन के चारों ओर नृत्य किया, जिससे राजा प्रसन्न हुआ और उसने उसे मुँहमाँगी वस्तु देने का वचन दिया। *नर्तकी कुमारी सलोम* ने अपनी माँ से परामर्श कर *बैपटिस्ट जॉन* का सिर माँगा। शोकाकुल राजा निरुपाय था और उसके आदेश पर *जॉन* का सिर काट दिया गया। *पासेना* ने बाईबिल की इस कथा को नाटक के रूप में परिवर्त्तित किया, जिसका अन्त राजा की शोकाकुल टिप्पणी से हुआ। *पासेना* ने बाईबिल से अन्य दो कहानियों का नाट्य-रूपान्तर किया—फ़ापा त्लानूबौ (फिजूलखर्च बेटा), जिसे 1927 में मंचित किया गया और 'खुआलबुका मि आ' (सराय में एक बेवकूफ) जिसका मंचन 1933 में हुआ। अन्य तीन—'तिनरेङदइह्खोल' (रोबोट या दिमाग वाली मशीन), 1928 में मंचित, 'रनसाखोम्पुइ' (जानवरों का सम्मेलन), 1929 में मंचित और 'रौरेल्ना' (कचहरी), 1933 में मंचित, उसके अपने सृजन थे। इन नाटकों का उद्देश्य दैनन्दिन जीवन में नैतिकता का प्रचार करना था। 'रनसाखोमूपुइ' समाज में शराब पीने की लत का घोर विरोध करता है, जो सभी बुराइयों का स्रोत है। 'रौरेल्ना' एक बुरे लड़के का जीवन दर्शाता है जिसे न्यायालय से सजा मिली। यह पाप का पुरस्कार और परिवार पर इसका प्रभाव दिखाता है।

मिज़ो नाटक के उदय काल के पहले हिस्से को वस्तुतः 'पसेना-युग' की संज्ञा दी जा सकती है। उसके समकालीनों और उत्तराधिकारियों की नाट्यकला पर उसका प्रभाव देखा जा सकता है। एक शिक्षाशास्त्री बेगिन दूसरे लेखकों के लिए उदाहरण प्रस्तुत करने को उत्सुक था। मैं 'पसेना' को मिज़ो नाट्यकला का पथप्रदर्शक मानता हूँ। अपनी कृतियों के अलावा उसने 'चुआउथुआमा' को शेक्सपियर का 'मर्चेंट ऑफ वेनिस' (वेनिस का सौदागर) रूपान्तरित करने में सहायता की थी, जिसे मिज़ो लोग 'सैलोका' के रूप में याद करते हैं। शेक्सपियर का यह पहला नाटक मिज़ोरम में वर्ष 1929 में सिकुपुई हॉल, आइजॉल में मंचित किया गया।

दूसरा महत्त्वपूर्ण नाटककार *रीएक* गाँव के मुखिया का बेटा लालकैलुइया था। लालकैलुइया की शैली अपने पूर्ववर्त्ती से भिन्न है। उसके सबसे महत्त्वपूर्ण दो नाटक मिज़ो लोककथाओं पर आधारित थे। उसने पूर्वजों के समय से लोकप्रिय प्रेमकथाओं में से एक का नाट्य रूपान्तर किया। नाटक का शीर्षक था 'तुअलवुंगी' और 'ज़ोलपला',

जिसे असम राईफल ड्रिल शेड में 1935 में मंचित किया गया। यह पहली मिज़ो प्रेमकथा थी जिसे इस भूमि में मंचित किया गया। लालकैलुइया ने एक अन्य लोकप्रिय लोककथा 'लियानदोवा ते उनाउ' का नाट्य रूपान्तर किया। इसे उसी साल उसी जगह खेला गया। इसी कथा का दूसरे नाटककार ने दोबारा नाट्य रूपान्तरण किया। लालकैलुइया महज एक नाटककार ही नहीं, अच्छा अभिनेता भी था। अपने नाटक में वह खुद प्रमुख भूमिका निभाया करता था।

उदयकाल के दूसरे हिस्से की बेहतर आधी अवधि को 'चोङजिका युग' की संज्ञा देना सही होगा, जो आधिकारिक तौर पर 1934 से शुरू हुआ। 1934 में 'ख्रिस्टा पालाइ' (ईसा मसीह का राजदूत, चल्लियाना द्वारा मिज़ो में अनूदित) का नाट्य रूपान्तर चोङजिका द्वारा किया गया। लगता है कि यह मिज़ो भाषा में टंकित पहला लिखित नाटक है। 1934 में इसे नाटककार के अपने निर्देशन में सिकुलपुइ हॉल में आइजॉल थिएटर कर्मियों द्वारा खेला गया। 'पावंगी स्मारक' फंड में चन्दा उगाही के लिए ऐसा किया गया। इस क्षेत्र में यह पहला मंचन था जिसमें प्रवेश के लिए टिकट की बिक्री हुई।

1938 में चोङजिका ने ख्रिस्टियान व़ानरम कोङ्जोह् के अनूदित उपन्यास का नाट्य रूपान्तर (रेव. सैमुएल.डेविस की सहायता से) किया, जिसे सिकुलपुइ और बाद में दौरपुई सिकुल में दिखाया गया। रेव. सैमुएल डेविस (1937 में आकर 1951 में चला गया) लन्दन स्कूल ऑफ ड्रामा से सर्टीफिकेट प्राप्त व्यक्ति था। उसने नाट्य सोसाईटी में सक्रिय भाग लिया। उसका आना नाट्यकर्मियों के लिए वरदान था। उसने वेश बदलना, प्रकाश-व्यवस्था, पार्श्व संगीत, दृश्य जैसे प्रयोग प्रारम्भ किए और मिज़ो नाटक और अभिनय में सुधार के लिए सजावट और क्रमबद्ध प्रस्तुति को प्रोत्साहित किया। इसके लिए उसने नाट्य प्रतियोगिता अर्थात् 'जौसियामी कप' 1940 में आयोजित किया। इस कप का नाम उसकी पहली पुत्री जौसियामी के नाम पर पड़ा। तीन नाट्यदलों ने 3 अक्टूबर 1940 को इस पहली नाट्य-प्रतियोगिता में भाग लिया। परिणाम था—

पहला इनाम—'मिशन वेंग वाई एल.ए'—शीर्षक—'राजकुमारी पकाहोनूटस'।

दूसरा इनाम—'कुलिकॉन वाई एल.ए'—शीर्षक—1999 में आइजॉल का 'काला कोना'।

तीसरा इनाम— 'वुल्फ क्लब'—शीर्षक—एक अच्छी दिशा दूसरी की पात्रता रखती है।

प्रवेश शुल्क ब्रिटिश साम्राज्य के युद्ध कोष के लिए इकट्ठा किया गया। कुल राशि 70/- (सत्तर रुपए) थी। कप एक रनिंग ट्रॉफी थी, जो दूसरी बार जीतता स्थायी रूप से कप उसी का हो जाता। लेकिन द्वितीय विश्व युद्ध के कारण बाद के वर्षों में प्रतियोगिता फिर कभी नहीं आयोजित की गई।

पुरस्कार जीतने वाला नाटक, राजकुमारी पकाहोनूटस (1940) का श्रेय चोङजिका

को था। कहानी रेड इंडियनों के जीवन से ली गई थी। इस कहानी को लेखक ने किसी मिशनरी से सुना था। कहानी राजकुमारी के व्यक्तिगत जीवन को दर्शाती है, जिसने व्यवस्थित रूप से श्वेत बन्दी, साप त्लाङ्वाल को अपने साथी रेड इंडियन योद्धाओं से बचाया। ठीक इसके पहले के उस श्वेत आदमी का बलिदान वे अपने देवी-देवताओं को देते। नाटक राजकुमारी और साप त्लाङ्वाल की शादी से ख़त्म होता है, उनमें पहली नज़र में ही प्यार हो गया था। लुशाई हिल्स का सुपरिंटेंडेंट जिसने इस सुखान्त नाटक को देखा, ने अपना मन्तव्य दिया, यह अद्‌भुत है, अंग्रेजी अभिनेता भी इनसे बेहतर नहीं हैं।

चोङजिका ने बाइबिल की कुछ कहानियों को नाटक में तब्दील किया। 'द रॉयल रोब्स' (1948), 'रब्बोनी' (1948), 'क्रिसमस स्पिरिट' (1949), 'द स्टार ऑफ क्रिसमस' (1950) और नामना (1950) कुछ ऐसे नाटक हैं जिनका मंचन उसके अपने पर्यवेक्षण में हुआ। उसने दूसरे साहित्य से कहानियों का अनुवाद कर उनका नाट्य रूपान्तर किया और स्थानीय मासिक पत्र में नाटक पर कुछ लेख भी प्रकाशित किए। इसके अलावा, 'चोङजिका' और 'सैमुएल डेविस' ने संयुक्त रूप से चार से छह नाट्य रूपान्तर कर उनका अभिनय किया। इन सभी नाटकों का अभिप्राय मनोरंजन से बढ़कर नैतिक अर्थ चित्रित करना था। सैमुएल डेविस (प्रदेश का एक मिशनरी) ने उस समय के मिज़ो नाटककारों को प्रोत्साहित किया था। मिज़ो नाटक के विकास में उनका योगदान उल्लेखनीय है।

दूसरा महत्त्वपूर्ण नाटककार लालजुइथंगा (1916-1950) था। वह लेखक और अभिनेता दोनों था। उसका पहला नाटक, 'द ब्लैक कॉर्नर ऑफ आइजॉल' (1999 में) ने सफलता पाई, जिसने 1940 में 'जौसियामी कप', जो पहली नाटक-प्रतियोगिता थी, में दूसरा पुरस्कार प्राप्त किया। पुरस्कार 'सैमुएल डेविस' और उसकी पत्नी ने दान के रूप में दिया। वह भविष्य-कथन सम्बन्धी नाटक है। यह 1999 में ऐक्शन दिखाता है उस उपन्यास का जिसे जॉर्ज ऑरवैल्शने 1984 में लिखा था। 'द ब्लैक कॉर्नर ऑफ ऐजल'—1999 में, एक युवा के बारे में जासूसी कहानी है, जो शराबघर के साथवाले एक होटल में जाया करता था, जिसे बाद में डकैती और हत्या के लिए मृत्यु की सजा मिलती है। यह उत्तम रूप में खेला गया नाटक था और मिशनरियों ने लक्ष्य किया कि अंग्रेजी नाटक से यह भिन्न नहीं है। लेखक ने खुद नायक के रूप में इस मंचन में भाग लिया।

लालजुइथंगा संगीतकार और कॉमेडियन दोनों था। 17 अक्टूबर, 1941 को उसने कॉस्मोपोलिटन वेराइटी एनटरटेनमेंट आसाम राइफल ड्रिल शेड में आयोजित किया। विविध मनोरंजन में 'लुशाई फैंटेसी' और 'हवाइयन फैंटेसी संगीत' की व्यवस्था के साथ खेली गई। एक रोचक कविता कार्यक्रम पत्र के नीचे लिखा हुआ था—

मि ह्रिसेल था लो तक लेह/नौपंग लुतुक चू/हारिबुल छुआह डाउनहियाँ/पावना छुआह थिएह ए नी/

अर्थात्–

अस्वस्थ हैं जो बहुत, वे/और बच्चे चले जाएँ बाहर/जब दिखाया जाना हो हॉरिबल।

'द हॉरिबल' एक त्रासदी है। नाटक के प्रधान पुरुष को शुरू में ही फाँसी दे दी गई, फिर भी डॉक्टर जब उसका अंत्यपरीक्षण कर रहा था, उसका भूत प्रकट हुआ। प्रक्रिया में ऐसा विचित्र परिवर्तन सचमुच भयानक था।

अपने विकास के तीस वर्षों में मिज़ो नाटक ने विभिन्न तकनीकों में उन्नति की है। पसेना, लालकैलुइया, चोङजिका और लालजुइथंगा ने नाम कमाया। इस बीच मिज़ो नाटक के विकास में उनके योगदान और अभिनेता के रूप में उनकी भूमिका की बहुत सराहना की गई। इसलिए, मैंने उन्हें मिज़ो नाटक के चार मशालची के रूप में माना है। सैमुएल डेविस के प्रोत्साहन ने उन्हें अपनी कल्पना शक्ति के विकास और अपनी योग्यता के अनुकूलन में मदद दी। उसे अभी भी मिज़ो नाट्यकला का मार्गदर्शक माना जाता है।

3. मिज़ो नाटक का उत्कर्ष काल : नए नाटक पहले के नाटकों से मौलिक रूप में भिन्न हैं क्योंकि वे जीवन को अपने असली रूप में दर्शाते हैं। नए कलात्मक नाटकों का उद्देश्य भले ही धार्मिक या नैतिक हो लेकिन उनका मुख्य निमित्त जीवन का प्रतिनिधित्व करना है। पचास वर्षों से नाटकों के मंचन में विकास हो रहा है, जिसकी जड़ 1912 में रोपी गई थी। पहला मुद्रित नाटक 1963 में दृष्टिगोचर हुआ था। इस अवधि में हरेक गाँव में अभिनेताओं के दल ने नाट्यकला अपनाई। 1944 में जब 'गोस्पेल गोल्डेन जुबिली' मनाई गई, सैमुएल डैविस ने ईसाई धर्म के आगमन को नाटक में उतारा। यह नाटक था 'थुह्रिलतु' (अग्रदूत), जो वस्तुतः एक लघुनाटिका थी, जिसे आइजॉल में खेला और प्रकाशित किया गया। लगभग इसी समय प्रत्येक गाँव में नाटकों का प्रदर्शन शुरू हुआ लेकिन पहला सम्पूर्ण नाटक 1963 के आखिर में प्रकाशित हुआ।

एक बार जब नाटक मुद्रित और प्रकाशित होता है, हमारी उत्सुकता और जिज्ञासा नाटककारों और उनकी कृतियों की ओर उन्मुख होती है। इसी ने मुझे मिज़ो नाटक में चल रहे विकास के परिप्रेक्ष्य में बड़े नाटककारों और अन्य सम्बद्ध जानकारियों का संक्षिप्त लेखा प्रस्तुत करने को प्रेरित किया है। लालथंगफाला सैलो (जन्म 1933) प्रथम प्रकाशित नाटक के लेखक हैं। 1959 में उनका पहला नाटक 'संगी इनलेंग' लिखा गया। उनका दूसरा नाटक 'लियानदौवाते उनाउ' अक्टूबर 1969 में प्रकाश में आया। यह नाटक मिज़ो लोगों की सर्वाधिक लोकप्रिय लोककथाओं में से एक पर आधारित है। लम्बे अन्तराल के बाद सैलो ने काफी परिश्रम कर नाट्यकला को पुनः गति प्रदान की और 1999 में नाटकों का एक संग्रह 'कन रम अनि' प्रकाशित किया। पुस्तक में तीन नाटक 'थङलियाना लेन', 'लियानाफुंगा' व 'कलंखमा, सुवालमान थिह्ना' हैं, जो पढ़ने योग्य नाट्य-खंड हैं।

ललह्मुअका (जन्म 1915) मिज़ो लोगों में दूसरा ऐसा नाटककार है जिसने 1965

में लघु नाटकों का अपना पहला संग्रह प्रकाशित किया। नाटकों की यह किताब 'लेमचन बु' कहलाती है, जिसमें छह लघुनाटक हैं और उनमें से चार संग्रहकर्त्ता द्वारा तथा दो उसके मित्रों द्वारा लिखे गए हैं। कुल मिलाकर ललहूमुअका ने सात नाटकों की रचना की। अन्य बड़े नाटककारों में खोलकुंगी (जन्म-1927) के नाम का जिक्र किया जा सकता है। पहली महिला नाटककार, खावलकुंगी ने ज़ोलपला थ्लान त्लांङअह् (1981), लेमचन थनथु थ्लान छुअह् (1999) जैसे कुछ नाटक लिखे जो 8 लघुनाटकों का एक संग्रह है।

इस लेख के लेखक ललतलुआङलियाना खियाङ्ते ने विभिन्न प्रकार से मिज़ो नाटक के विकास में योगदान दिया है। नाटककार के रूप में उन्होंने लगभग 30 नाटक लिखे, जिनमें 17 विभिन्न खंडों में प्रकाशित हैं। उनका पहला नाटक, थुफा का रोनचोइ ए (1982) शिलांग में लिखा और खेला गया। अब तक प्रकाशित 17 नाटकों में पासालठ़ा खुअंचेरा (तीन नाटकों का संग्रह) को बुक ऑफ द इयर—1997 पुरस्कार से नवाजा गया, अर्थात् 1997 में 115 नई प्रकाशित पुस्तकों में उसे सर्वश्रेष्ठ चुना गया। उनके दूसरे नाटक लालनु रौपुरलियानी को मिज़ोरम सरकार के कला एवं संस्कृति विभाग द्वारा 1990 में आयोजित राज्य स्तरीय नाटक लेखन प्रतियोगिता में प्रथम पुरस्कार प्राप्त हुआ। उनके एक नाटक चानचिनठ़ा मेइछेर (1993) का उपयोग नाटक के सरकारी हस्तलेख के रूप में किया गया जिसे गोस्पेल शताब्दी समारोह के उपलक्ष्य में 1994 में मिज़ोरम के हर गाँव में मंचित किया गया था।

इस बिन्दु पर प्रधान नाटककार के रूप में लियानसैलोवा के नाम का उल्लेख करना ज़रूरी है। उन्होंने 1989 में नाटकों का पहला संग्रह लोम अकिम प्रस्तुत किया। वह अभी भी सक्रिय रूप से नाटक के प्रणयन में संलग्न हैं। उनके जौविते छुङ् पर लिखित नाटक को नाट्य-प्रतियोगिता में पुरस्कार मिला। कुछ सामान्य नाटककार भी हैं जिन्होंने अच्छे नाटक लिखे हैं। एच. लालसियामा (1909-1983), जेम्स दौखुमा (जन्म 1932), के. साइबेला (जन्म 1935) जैसे नाटककारों और कुछ युवा कलाकारों ने मिज़ो नाटक के विकास में सराहनीय योगदान दिया है। मेरे अभिलेख के मुताबिक, बीसवीं शताब्दी के अन्त और द्वितीय सहस्राब्दी के निकट तक सौ से ऊपर नाटक मिज़ो भाषा में प्रकाशित हो चुके हैं। इसलिए, अन्त में मैं कहना चाहूँगा कि नाटक के क्षेत्र में अनुसन्धान की अच्छी सम्भावना है तथा मिज़ो साहित्य में सुधार और समृद्धि प्रदान करने का भी अच्छा अवसर है।

अनुवाद : *रिपुरमन लाल*

खासी-काव्य साहित्य

आई.एम. साइमन

यह एक दुर्भाग्यपूर्ण सत्य है कि खासी साहित्य में काव्य रचना कम हुई है। यही बात उत्तर-पूर्व की अन्य पहाड़ी जनजातियों पर भी समान रूप से लागू होती है। सम्भवतः अरुणाचल प्रदेश की आदि-जनजाति, जिनका मौखिक साहित्य देश के सम्पन्नतम साहित्य में से है, को इसके अपवाद के रूप में लिया जा सकता है।

यहाँ इस टिप्पणी का अर्थ यह नहीं है कि खासी लोगों का मन कविता से रिक्त है। कविता उनके मन में बसती है। अलेक्जैंडर विल्सन ने कविता की भाव-रंजित बुद्धि की उपमा कई पौधों तथा प्राकृतिक वस्तुओं के खासी नामों की वजह से ही दी है—इससे इस बात की पुष्टि होती है। अंब्रेला प्लान्ट (Umbrella Plant) की एक उपजाति को खासी में 'तियु दोहमा लायफियु-ना-अर-जिंङमुत' कहते हैं, जिसका अर्थ है—दो कम तीस विचारों वाले पत्थर को चूमने वाला फूल। वस्तुतः यह पुष्पी पादप अधिकांशतः छिपे स्थानों पर होता है, जिससे इसकी रहस्यकामी प्रवृत्ति का पता चलता है।

इन टिप्पणियों के अलावा यह भी उल्लेखनीय है कि खासी लोक साहित्य में चारण काव्य की परम्परा संस्थागत रूप से विद्यमान रही है। इधर हाल में भी कई नामचीन चारण कवि हुए हैं, जो 'मैराइनथिङ' तथा 'मैराइङ ओद' अथवा 'दुईतारा' जैसे वाद्य के संगीत पर हर्ष या विषादमय गाथागीत गाकर श्रोताओं को मंत्रमुग्ध कर देते थे। इन कवियों की नस्ल अब तेजी से विलुप्त होती जा रही है। इस दृष्टि से मैं स्वयं को सौभाग्यशाली समझता हूँ कि मुझे 'लाइत का इन्सियू' के लब्ध प्रतिष्ठ गाथा गायक यू हरिदोन को उनके देहावसान से ज़रा सा पहले सुनने का अवसर मिला। खासी काव्य साहित्य की इस स्थिति का कारण यह है कि पुराने गाथागीतों तथा कथा-आधारित कविताओं को उनके जीवन काल में ही लिपिबद्ध करने की कभी कोशिश ही नहीं की गई। इसका दूसरा कारण यह हो सकता है कि ये कविताएँ या गीत सामान्यतः कई घंटों तक गाए जानेवाले लम्बे गीत थे, जिन्हें रचनेवाले साहसी तथा धैर्यवान लोकगीतकार विरल थे।

उपरोक्त दुखद स्थिति के बावजूद 'फवर' नामक काव्य रचना किसी हद तक संरक्षित रह गई। 'फवर' को तुकान्त कविता कहा जा सकता है, जो छोटी और सामान्य

रूप से दोहे के रूप में होती है। इसकी प्रत्येक पंक्ति के दो भाग होते हैं। प्रथम पंक्ति का प्रत्येक भाग गायक मंडली का प्रमुख गाता है। इस भाग को 'तुक स्थापक' (Rhyme slang) कहते हैं। दूसरी पंक्ति में इसके सदृश भाग को गायक मंडली गाकर दुहराती है। प्रथम पंक्ति शब्दों का निरर्थक समूह ही लगती है क्योंकि पूरी पंक्ति अपने अर्थ के लिए दूसरी पंक्ति पर निर्भर करती है। एक उदाहरण देखिए–

यू काइन्देह का जलाइङ्खन,/यू सोइब्रप हो इया का/स्केई वत तेइत लेह काम बाइम्मन,/इयोह तिम-पप का बिलेई

अर्थात्–

वह कढ़ी पत्ते के लिए ललकता है, जो 'हो' नामक काम में फल है हिरणों के लिए। मत करो जो है बुरा न अन्यथा देगी देवी तुम्हें श्राप।

उपरोक्त विन्यास इसके लिए सामान्यतः प्रयुक्त होता है। जिसमें प्रत्येक पंक्ति में सात या नौ पाद होते हैं। इनमें तीन-तीन या चार-चार पद के मध्य शिरोहीम पद होता है। पंक्ति में एक संक्षिप्त विस्मयादिबोधक शब्द यथा 'हो' बीच में प्रयुक्त हुआ है जिससे यूँ लगता है इसका इस्तेमाल 'लय' के लिए किया गया हो।

'फवर गीत' खासी उत्सवों के अनिवार्य अंग के रूप में इस्तेमाल होते हैं, चाहे वह सफल शिकार पर आयोजित उत्सव हो या फिर अपेक्षातया अधिक पवित्र अवसर जैसे कि पितामही की पुण्यतिथि (का लाम मेइखा) हो।

इस द्विपदी कविता का प्रयोग यू राधोन सिं बेरी ने पद्य रूप में प्रस्तुत खासी सूक्तियों के अपने-अपने संग्रह 'जिंगस्नेंग ताइम्मेन' (परिपक्वता के नीतिवचन) तथा 'कि अकोर खासी' (खासी शिष्टाचार) में नियमित रूप से किया है। 'जिंगस्नेंग ताइम्मेन' का प्रथम संस्करण 1902 में छपा। इसमें प्रयुक्त द्विपदी कविताओं की छन्द रचना खासी 'फवर' की है पर सूक्तियों का अर्थ बताने का काम दोनों पंक्तियों से लिया गया है। कुछ नमूने नीचे प्रस्तुत हैं। प्रथम उदाहरण के रूप में वे ईश्वर के आह्वान वाली पंक्तियाँ हैं, जिनसे संग्रह आरम्भ होता है।

- का जिंगकाइरपाद ईश्वर/जगतप्रभु, जगतस्वामी, विवेकवान/बनाओ हमें इस काबिल कि हम बनें सच्चरित्र और ज्ञानवान/ताकि कर सकें हम मार्गदर्शन अपने परिजनों/एवं परिवार का/हमें शर्मशार और कलंकित न होने देना।
- भतीजो, भतीजियो, परिवार, बच्चे और पौत्र-पौत्रियो/आओ! लड़को और लड़कियो, दूँ तुम्हें एक नेक सलाह/पल भर थिर हो तनि बैठ कर देखो मेरी ओर/नजरअन्दाज मत करो मेरी सलाह।/याद रखो सभी हो बिरादर/करो सदा इक-दूजे से प्यार यह भी रखो याद/आपस में जब भी करो तुम बात, आदर से करना/'तू' शब्द का कभी भी इस्तेमाल न करना।
- भाई-बहनों में कैसी ईर्ष्या?/आपस में कैसी तकरार/माँ-बाबा की इज्जत करना/जागो तब हाथ जोड़कर ईश्वर का करो धन्यवाद/बूढ़े और बुजुर्गों का

करना सम्मान/कर्म-वचन से/गुस्से और अनादर से कभी न बोलो/रहो सदा शालीन व्यवहार में कुटुम्ब संग मधुर वाणी में बोलो।

- कोई वस्तु ग्रहण करो तो छीना-झपटी मत करना/वनमानुष जैसा घृणित सलीका यहः/जो कुछ भी पड़ा हो घर में,/पांव से मत मारो ठोकर।
- अनसुना करके कभी मत चलना राह में,/यह हिस्र पशुओं का चलन हैः/जब चलो तो दूसरों पर कदम धरके मत चलना/अशिष्ट, पापपूर्ण और घातक यह दूसरों के लिए/कभी भी बाएं हाथ से न लेना, न देना/कि पनपे न कहीं तुममें भी परजीवी जैसी दुस्प्रवृत्ति।
- न होना कभी आसक्त किसी पर/बिन जाने-पहचाने कुल और कबीला/अकलमंदी से करना कोशिश जानकारी लेने की/कि रख सको खुद को पापों से दूर।
- मिले-जुले लोगों की संगत में, विनम्रता और बुद्धि से करो बात/दुर्भाग्यवश जो हैं विपदा में मत उड़ाना कभी उनका मज़ाक/कहीं होना न पड़ जाए तुम्हें भी किसी दिन उसी विपदा के रूबरू/गर तुम हंसोगे ऐसे लोगों पर/क्या सोचते हो असर मात्र उन्हीं पर पड़ेगा?/बल्कि यह तो होगा अपमान सिरजनहारे का,/चाँद और सूरज भी खाते हैं जिसकी सौगन्ध/वे कैसे भी हों चाहे दिखने में--ऐसे या वैसे,/इसमें उनकी क्या मर्जी?/यह तो ईश्वर की इच्छा है।

मनुष्य की अन्तरतम भावनाओं को विभिन्न लयपूर्ण तथा संगीतमय रचनाओं में अभिव्यक्ति देने वाले साधन के रूप में खासी कविता का इतिहास पुराना नहीं है। यह आश्चर्यजनक तथ्य है कि इसकी शुरुआत वेल्श मिशनरियों द्वारा भजनों के अनुवाद के क्रम में की गई। वस्तुतः संगीतकार, कवि तथा स्वप्न द्रष्टा के रूप में वेल्श लोग (सभी केल्टिक जातियों की तरह) विश्वप्रसिद्ध हैं। इसे ध्यान में रखकर हम आसानी से समझ सकते हैं कि लगभग 140 वर्ष पूर्व थौमस जोन्स द्वारा रचित भजन आज भी जीवन्त क्यों है ?

खासी कवियों ने अंग्रेजी साहित्य में अत्यधिक लोकप्रिय मानक काव्य विधाओं को सामान्यतः पसन्द किया है। ये आमतौर पर नियमित लम्बाई तथा छन्द विन्यास के बन्दवाली रचनाएँ होती हैं पर सॉनेट का पूरी तरह प्रयोग नहीं हुआ है और अतुकान्त कविता तो खासी में एकदम नई बात है। सभी खासी काव्य विधाओं के उदाहरण देना यहाँ सम्भव नहीं है। इनमें केवल ऐसी विधाओं को यहाँ प्रस्तुत किया जा रहा है जो खासी काव्य का प्रतिनिधित्व करती हैं। आशा है कि खासी काव्य साहित्य को सम्पन्न बनाने में प्रयासरत बहुत सारे कवि, जिनके नाम यहाँ आने से रह गए हैं, हमें क्षमा करेंगे।

जॉन राबर्टस द्वारा सम्पादित स्कूल रीडर्स में कई उत्कृष्ठ कविताएँ शामिल हैं। यह कह पाना सम्भव नहीं हैं कि ये कविताएँ खासी कवियों द्वारा रचित हैं या नहीं पर पिछले 50 वर्षों में प्रकाशित चयनिकाओं से खासी कविता निश्चिततः ठोस रूप लेने लगी हैं। हालाँकि रेवरेन्ड मोरखा जोसफ की रचना हाल में ही उनकी मृत्यु के बाद उनके बेटे

द्वारा ही प्रकाशित हो पाई है पर तथ्य यह है कि उनकी रचनाएँ उनके साहित्यिक उत्तराधिकारी तथा सम्बन्धी यू सोसो थम, जिन्हें अपेक्षतया अधिक प्रसिद्धि मिली, से कई साल पहले ही आ चुकी थीं। उनके उपरोक्त संकलन में बायरन तथा मैकाले की लम्बी कविताओं सहित अंग्रेजी की कई कविताओं के अनुवाद भी सम्मिलित हैं। मूल रूप में प्राप्त उनकी रचनाओं में, उनका अतिशय आग्रह, इन रचनाओं को कभी-कभी निष्प्रभ बनाता है। पर इन सब बातों के बावजूद मोरखा जोसफ को यह सिद्ध कर पाने का श्रेय दिया जाना चाहिए कि काव्य-रचना, काव्य-पाठ के समान अपने आप में एक आनन्दकारी कार्य है।

मोरखा जोसफ के द्वारा स्थापित परम्परा का निर्वाह यू सोसो थम ने उत्साहपूर्वक किया। वे खासी लोगों द्वारा आज भी सर्वाधिक प्रतिभाशाली खासी कवि माने जाते हैं। उनकी विशिष्टता उनकी रचनाओं में खासी मुहावरों के प्रभावपूर्ण प्रयोग से झलकती है, जिससे Drive the nail aright जैसी नीरस कविता ने भी एकदम नया रूप धारण कर लिया। वे मूल कविता के रूप से बंधे रहने वाले कवियों में से नहीं है। जॉन गिलियन की रचना अनुवाद में उनका साहसिक अन्दाज स्पष्टतः सामने आता है। उदाहरण देखें–

'So Fair also softly', John cried/ But John cried in vain;/ That trot became gallop soon,/ Inspite of curb and rein

इसका हिन्दी अनुवाद निम्न है–

'जरा धीरे, आराम से', जोन चिल्लाया/लेकिन बेकार ही चिल्लाया जोन/दुलकी चाल बन गई थी छलांग/घुमावदार मोड़ और खींचती लगाम के बावजूद

सोसो थम ने खासी में जो इसका खासी अनुवाद निम्न प्रकार किया–

'Aste kariwan!' ong u Jojn :/ Shano yn 'aste pat!/ Wat la u khun,— u komom phrak,/ Ban sied syndom arkjat.

इसका हिन्दी अनुवाद निम्न प्रकार है–

'आहिस्ते! गाड़ीवान', जौन चीखा/पर कैसे होता वह अब आहिस्ता?/कितनी भी खींचे लगाम--वह तो हवा से कर रहा बातें/फलाँग रहे थे एक साथ पाँव

वे अपने अनुवाद में गैर खासी मुहावरों को भी–यदि वे उपयुक्त हों और उनके उत्कट आवेग को सम्प्रेषित करने में सक्षम हों–तो प्रयोग में लाने में संकोच नहीं करते थे।

यूँ सोसो थम की रचनाएँ किसी भी अन्य खासी रचनाकार से विविधता तथा विषय दोनों दृष्टि से अधिक हैं। मानवीयता के दर्शन उनकी लघु कविताओं यथा 'यू सिब' में होते हैं। 'यू सिब' में भी उन्होंने एक नेत्रहीन खासी स्ट्रीट-गायक (Street Singer) जो नैसर्गिक कवित्व प्रतिभा के धनी थे और 1920 के दशक के शिलांग के अभिन्न हिस्सा थे–को अमरत्व प्रदान किया है। 'यू सिब' इस कविता में स्वयं अपने विषय में गाते हैं। यहाँ उक्त कविता के दो पद्यांश के हिन्दी रूपान्तरण प्रस्तुत किए जा रहे हैं :

मैं पीता हूँ मीठे झरनों का पानी/और रात को गहनतम नींद में खो जाता हूँ/नहीं पड़ती कभी भी मुझ पर तीखी हवाओं की मार/फिर होऊँ क्यों मैं दुखी?/चाहे नहीं दीखे मुझे चाँद या सूरज/चूँकि मेरी आँखे बंद हैं,/मेरे लिए वह चमकते हैं वैसे ही दिन और रात/उसी चमक से जिसे केवल मैं ही जान सकता हूँ।

यू दिंएङ बिलात (देवदार का वृक्ष)

बस अकेले मैं ही बनाता हूँ जंगल/हालाँकि मैं अकेला ही खड़ा हूँ/और सभी उदात्त विचार/मेरे हस्ती लेते हिलोरे...

सिफ आदमी में ही/बसती है प्रबलतम 'इच्छाशक्ति'/भले तुम उसे गालियां दो/लेकिन नहीं पाओगे उसे उखाड़!

ये सोसो थम सम्भवतः पहले खासी कवि हैं। जिन्होंने खासी लोगों में अपने प्रदेश के प्रति गौरव का भाव जाग्रत किया। उनकी कविताएँ वर्ड्सवर्थ की प्रकृति प्रेम की कविताओं की तरह एक सुन्दर प्रदेश की छवि का चित्रण कर उस वतन की सन्तानों की संवेदनाओं को समृद्ध करती हैं, जिसकी अनदेखी कर लोग स्वयं अपना ही नुकसान करते हैं। वे गाँव का एक अलग जीवन्त वजूद मानते हैं, जिसका अपनी एक अलग आत्मा तथा व्यक्तित्व है। 'शिलांग शिखर' के बारे में लिखते हुए, वे कहते हैं।

साल आएँगे, साल जाएँगे/उम शाइरपी, उम जसाय/उल्लसित पारदर्शी सी बहती रहेंगी/उनका न कोई 'कल' था, न कोई 'कल' होगा

सबसे सुखी तुम, ओ, शिलांग के शिखर/सभी पर्वत इस प्रदेश के/देखते तुम्हें–बस सिर्फ तुम्हें ही/जैसे तुम हो उनके राजा!

यू सोसो थम की सर्वाधिक महत्त्वपूर्ण कृति है–'कि स्नगी बरिम यू हाइन्यू ट्रेप', जिसका शाब्दिक अर्थ है–'सात कुटीरों के पुराने दिन।' कई सर्ग तथा 175 श्लोकों के वितान वाली इस रचना में खासी जाति के जीवन का, इसकी निर्दोषता के युग से वर्तमान समय तक की, इसकी भूलों तथा चूकों का और इस कारण ईश्वरीय कृपा खो देने का बयान है। पर कविता अन्त में प्रेरणा का प्रकाश बिखेरती है और यह सन्देश देती है कि अपनी तमाम भूलों और गलतियों के बावजूद, इस जाति को अपने अनुभव से सीख लेनी चाहिए कि यह जाति एक दोराहे पर खड़ी है। इसकी मुक्ति, इसकी दृष्टि-सामर्थ्य और बेहतर रास्ते पर चलने की शक्ति में निहित है।

प्रतिष्ठित तथा दृष्टि सम्पन्न लेखक डॉ. एच लिंगदोह का मंतव्य है कि यू सोसो थम मात्र इस एक कविता के रचयिता होने के आधार पर खासी जन कवि या खासी पोएट लौरियेट के अधिकारी हैं। यहाँ इस एक कवि की चर्चा को इतना विस्तार देने का कारण हमारा यह अहसास है कि लिंगदोह का उनका मूल्यांकन कितना सटीक है।

एस. जे. डंकन भी अपनी 'माइल्लूड. का रिपाइन्न्गाद' (शीतोष्ण प्रदेश का कवि) नामक कविता में सोसो थम को श्रद्धा सुमन अर्पित करते हुए कहते है—

हो ईश्वर कृपा करे तुम पर, ओ शीतोष्ण प्रदेश के कवि,/कि स्नगी बरिम तुम समय की अतल गहराइयों से/लाए हो निकाल/पुराने पुरखों की मासूमियत—कि सकें उसे हम जान/दिये हैं तुमने एक सौ पचहत्तर रत्न/ईश्वर ने तुम्हें बक्शा बुद्धि और मनोबल से।/कौन है हममें जो करे उसका मूल्यांकन?

उच्च विवेक के ये कर्णप्रिय शब्द/गूँजते रहेंगे देर तक नहीं पड़ेगी मद्धम उनकी महक

उठाकर ले गये हो तुम अपने लोगों को सर्वोच्च शिखर तक/इसीलिए रहेगी प्राचीन विरासत हमारी अजर और अमर/सुनो हम भी कर सकते हैं उतना ही प्यार तुमने किया जितना/हमारी मातृभूमि से/करते हुए सम्मान और कद्र अपनी मातृभाषा की;/कितने गौरवमय ढंग से करेंगे हम तुम्हारा सत्कार!/कि हम भी रहेंगे जिन्दा और चढ़ पाएँगे उच्चे शिखर पर!

बाद के वर्षों में, दूसरे कवियों ने खासी काव्य-साहित्य में मूल्यवान योगदान दिया। उनमें से सभी का उल्लेख इस लेख में कर पाना सम्भव नहीं है। विद्वता की तरह पढ़ने का कोई अन्त नहीं होता फिर भी कुछ कवियों की रचनाओं के एक या दो नमूने प्रस्तुत किये जा सकते हैं। हमने कुछ रचनाएं पढ़ीं और निजी रूप से वे हमें आकर्षक लगीं। निस्सन्देह, ऐसे कई कवि रत्न हैं, जिनका साहित्य इस लेख में सामने नहीं आ पाया।

फिर भी आशा है कि इस संक्षिप्त जायजे से, खासी भाषा के लिखित रूप में आने के बाद से हुई इसमें महती प्रगति का पता मिल ही जाएगा। खासी भाषा में गद्य तथा काव्य के साथ-साथ नाटक की सैकड़ों पुस्तकें लिखी गई हैं और लिखी जा रही हैं। आरम्भ में प्रकाशित कुछ किताबों के तो कई संस्करण प्रकाशित हो चुके हैं। यह एक ओर लेखकों के सामर्थ्य का प्रमाण हैं तो दूसरी ओर खासी लोगों में साहित्य पढ़ने की आदत में वृद्धि का संकेत भी हैं। हाल में प्रकाशित पुस्तकों का मूल्य समय ही तय करेगा। पर इतना तो विश्वासपूर्वक कहा ही जा सकता है कि इनमें से कई खासी समाज के पाठकों की कठोर परख पर खरी उतरेंगी।

अनुवाद : *अकील कैस*

खासी पहाड़ियों के कुहासे में अंग्रेजी कविता के भँवर

सुमन्यु सत्पथी

कभी-कभी कविता किसी स्थान विशेष से इस तरह जुड़ जाती है कि वह जगह ही कविता से पहचानी जाने लगती है। यही विलक्षण स्थिति शिलांग के साथ भी हुई। शिलांग के लगभग आधा दर्जन कवि राष्ट्रीय तथा अन्तर्राष्ट्रीय स्तर पर ख्याति अर्जित कर चुके हैं। द टाइम्स ऑफ इंडिया, द न्यू वेल रिव्यू, फेमिना, वर्ल्ड लिट्रेचर टुडे, द न्यू स्टेट्समेन, द हिन्दुस्तान टाइम्स, कुनापीपी, द टेलिग्राफ, इंडियन लिट्रेचर और अन्य कई प्रकाशनों ने डेसमन्ड एल. खरमाफ्लांग, रॉबिन एस. न्गनगोम, अनन्या एस. गुहा, काइनफाम एस. नौंगकाइनरिह, अंजुम हसन, पॉल लिंगदोह, आल्मंड डी. साइएम, ग्वेनेथ ए. मॉवलोंग तथा इन्द्रि एस. वरिज्री की कविताएँ प्रकाशित की हैं या फिर उनकी रचनाओं के उद्धरण दिए हैं। वस्तुतः इन कवियों को एक सुसम्बद्ध दल के रूप में जाना जाने लगा है। उदाहरणार्थ, भारतीय कवियों की अंग्रेजी कविता के उत्साहजनक पर्यवलोकन में विनोद के जौन का वक्तव्य देखें–

"अंग्रेजी में लिख रहे भारतीय कवियों ने उत्तर-पूर्व क्षेत्र को अपना नया घर बना लिया है। वेल कवि डैफाइड रॉलेन्ड्स, 1994 में वेल लेखक नाइजेल जोन्किन्स के साथ खासी पहाड़ियों की यात्रा पर आए थे। तब उन्होंने भी कहा था कि शिलांग के लेखकों का एक ग्रुप है, जिनकी कृति की मैं बहुत कद्र करता हूँ।"

शिलांग की मिट्टी कविता के लिए उर्वर क्यों है ? इन कविताओं का स्वरूप क्या है ? शिलांग की कविताओं को लेकर क्या एक आम राय बनाई जा सकती है ? भारतीय कवियों द्वारा रचित अंग्रेजी कविता के व्यापक परिदृश्य में, इन कविताओं को देखें तो शिलांग की कविता का क्या स्थान होगा ? इन सब प्रश्नों का ही मैं इस निबन्ध में विवेचन करना चाहता हूँ पर इससे पहले कुछ स्पष्टीकरण देना चाहूँगा।

इस निबन्ध में, शिलांग की अंग्रेजी कविता ही मुख्य रूप से विवेच्य है। यहाँ खासी कविता मूल रूप में या अनूदित रूप में मेरी चर्चा का विषय नहीं है, सिवाय प्रसंगवश चर्चा के। मूल खासी कविता में हालाँकि कई खूबियाँ हैं पर जैसा कि जेन्किन्स ने लिखा है, इधर हाल के वर्षों में इसकी प्रासंगिकता क्षीण हुई है। इसका कारण यह है कि युवा खासी कवियों की अंग्रेजी कविता के मुकाबले यह असुलभ तो है ही, साथ ही यह पुरानी

दुनिया में खोई भी है। दूसरी बात है कि शिलांग के सांस्कृतिक परिदृश्य पर इधर कुछ बहुत ही दमदार आवाजें उभर कर सामने आई है। इनके सशक्त स्वर शिलांग से अभिन्न रूप से जुड़े हुए हैं। यह शहर ही उनका प्रेरणा स्रोत तथा उनकी रचना का विषय भी है।

जोन्किन्स ने प्रतिभा-सम्पन्न खासी कवियों की युवा पीढ़ी की चर्चा करते हुए कहा है कि इनका मानस लोरका, सेफेरिस, अर्गेजी, नेरुदा और तीसरी दुनिया के आधुनिक कवियों की खुराक पर ही पला-बढ़ा है। उनका यह कथन इस ग्रुप के प्रत्येक कवि पर समान रूप से लागू होता है। इन सभी ने रचनात्मक अभिव्यक्ति के लिए अपनी मूल भाषा छोड़कर अंग्रेजी अपना ली है। अंग्रेजी में लिख रहे अन्य कई भारतीय कवियों की भी यही खूबी है। जयन्त महापात्र, जिन्होंने स्वयं हाल ही में ओड़िया में भी लिखना शुरू किया है, जिसे कुछ लोग बहुत सफल प्रयोग नहीं मानते, कहते हैं कि 19वीं शताब्दी के मध्य से 20वीं शताब्दी के मध्य तक भारतीय लेखन में एक प्रकार की तारतम्यता है, जो पहले कई सालों तक नहीं थी। भारत से ब्रिटिश लोगों के चले जाने के बाद ही भारतीय अंग्रेजी कवियों तथा लेखकों के इरादों में गम्भीरता का पुट दिखाई दिया। यही विरोधाभास खासी पहाड़ी क्षेत्र की कविताओं के इतिहास में भी दिखता है। यह सही है कि अंग्रेजों ने ही वेल अभिभूतियों के माध्यम से खासियों को कविता लेखन की लिखित परम्परा सिखाई पर वह कविता, विशेषकर अंग्रेजी में लिखी गई कविता, वेल लोगों के यहाँ से जाने के बहुत बाद ही सही तौर पर आधुनिक हो पाई। इसके कई कारण हो सकते हैं। मेरे विचार से पहला कारण तो यह है कि आपातकाल के बाद के समय में—महापात्र के शब्दों में—'पंजाब तथा असम के राज्यों में आतंकवाद तथा अनावश्यक हिंसक घटनाएँ आम हो गईं। लेखकों तथा कवियों ने, जो कुछ वहाँ देखा तथा महसूस किया, उसकी व्यथा ने उन्हें एक मंच पर ला खड़ा किया। तीन दशक पहले तक शिलांग अविभाजित असम की राजधानी थी यहाँ देश के विभिन्न स्थानों की प्रतिभाओं के मिलन का केन्द्र बन गया था। अपने स्कूलों तथा कॉलेजों के लिए मशहूर शिलांग में पूरे देश से बड़ी संख्या में छात्र आते थे। पर अचानक ही साठ के दशक के उत्तरार्द्ध तथा सत्तर के दशक के दौरान यह शहर देश में इतर स्थानों में व्याप्त अस्थिरता और भ्रम की 'मुख्य धारा' में शामिल हो गया और पागलपन भरे खून खराबे की लहर में डूब गया। इसमें सन्देह नहीं कि भाषा तथा सांस्कृतिक परम्पराओं की आश्चर्यजनक विविधता वाले उत्तर-पूर्व के जनजाति समुदाय, सरकार की अस्पष्ट नीतियों और उपेक्षा के शिकार भी हैं और संभवतः वे बुरी तरह मोहभंग के शिकार भी। ऐसी परिस्थितियाँ 'उपराष्ट्रवाद' के पनपने में खाद का काम करती हैं। यही 'उपराष्ट्रवादी चेतना' बाद में 'उग्रवाद' का रूप धारण कर लेती है। दरअसल जब दशकों से शान्ति सद्भाव से साथ रह रहे विभिन्न समुदाय/नस्ल समूह, अचानक परस्पर घृणा और सन्देह के अँधेरे कुएँ में छलाँग लगा देते हैं और चरित्रहीन राजनीतिज्ञों के हाथों खेलने लगते हैं, क्या होता होगा तब? धूर्ततापूर्ण शब्दजाल और राजनैतिक बयानबाजियों

की लाली (रूज़) गाल पर मल कर, जब भ्रष्टाचार तथा शोषण की विषकन्याएँ हमें रिझाने लगती हैं, तब भ्रम के बाद मोहभंग की स्थिति आती है और तब नस्ली पहचान की जिद और उग्र राष्ट्रवाद अपने प्रेम तथा घृणा के लक्ष्यों को निशाना बनाना आरम्भ करते हैं। शिलांग के कवियों को, अपनी नस्लगत विभिन्नताओं के बावजूद अन्तर-नस्ली झंगड़ों के झंझावात झेलने पड़े हैं। वे राज्यपोषित आतंकवाद तथा उग्रवादियों के आतंकवाद के बीच हो रही गोलाबारी में फँस गए हैं। तारिक अली जिसे 'वास्तविक संघर्ष का साहित्य' कहते हैं, उसका जन्म ऐसे ही समय में होता है। दूरस्थ मध्य यूरोपीय देशों, मध्य-पूर्व और लातीनी-अमेरिकी देशों में ऐसा हो चुका है और ऐसा ही हमारे अपने देश में हुआ है या होने जा रहा है। ये राजनीतिक परिस्थितियाँ कम से कम अंशतः बताती हैं कि शिलांग के कवि जेन्किन्स के गिनाए हुए कवियों से ही प्रेरणा क्यों ग्रहण करते हैं। वे किसी इलियट के अन्तर्मुखी, बौद्धिक मुँहचोर आधुनिकतावाद या राजनीतिक असहायपन से ग्रस्त, किसी ऑडेन ('कविता से कुछ नहीं होता') सरीखे कवि से क्यों उर्जस्वित नहीं होते? इससे हमें यह समझने में भी आसानी होती है कि उत्तर उपनिवेशवादी बहस, आन्तरिक उपनिवेशवाद तथा हाशियाकरण की जटिलताओं को समझ पाने में अक्षम क्यों है? इन दुर्बोध सैद्धान्तिक प्रश्नों पर विचार करने का यहाँ समय नहीं है। यहाँ तो मैं पूर्वी खासी पहाड़ी क्षेत्र में अंग्रेजी में रची जा रही उत्कृष्टतम कविता का परिचय ही प्रस्तुत करना चाहता हूँ। इस क्षेत्र की कविताओं को जानने से सम्भव है, अधिक महत्त्वपूर्ण सैद्धान्तिक व्याख्याओं का मार्ग प्रशस्त हो।

समकालीन इतिहास और स्वतन्त्रता पूर्व भारतीय इतिहास, दोनों ही शिलांग के कवियों के प्रति निष्ठुर रहे हैं। खासी लोग कई अनुग्रहों के लिए वेल लोगों के आभारी रहे हैं–विशेष रूप से थौमस जोन्स (1810-1849) के, जिन्होंने खासी वर्णमाला गढ़कर खासी लोगों को उपहारस्वरूप दिया, जिससे खासी समुदाय शैक्षिक रूप से उन्नत बन पाया। लेकिन वेल लोगों की मेहरबानियाँ एकदम दोषमुक्त नहीं थीं और इन दोषों के लिए खासी अपने उन मेहमानों को न तो भूल सकते हैं और न क्षमा ही कर सकते हैं क्योंकि उनके हाथों ही उनकी आदिवासी संस्कृति नष्टप्राय हुई। बहरहाल, खासी लिखित साहित्य मुश्किल से एक सदी पुराना है। नस्लगत तथा गैर नस्ली मेल-मिलाप की नींव 1880 के दशक में पड़ी, जब सिलहट के एक मुस्लिम अमजद अली ने खासी कविता की प्रथम पुस्तक प्रकाशित करवाई। खासी कविता के शैशवकाल में उसके देसीपन को वेल लोगों तथा स्थानीय गैर-खासी लोगों से खतरों का सामना करना पड़ा। इसी तरह, खासी संस्कृति के ऊपर दूसरी संस्कृतियों के वर्चस्व की समकालीन आशंका निर्मूल नहीं है। इन सब बातों के बावजूद, गैर खासी संस्कृतियों के उनके वर्तमान विरोध में वेल तथा गैर-खासी लोगों के प्रति कृतज्ञता के भाव भी मिले हुए हैं। इस कारण उनकी कविता और भी सशक्त हो गई है तथा खासी कवियों द्वारा जो बेहतरीन कविताएँ लिखी जा रही हैं, उनमें अनियन्त्रित क्रोध तथा बयानबाजी से परहेज करने का एक स्वस्थ रुझान देखा जा सकता है। बाहरी तत्त्वों के प्रति मूल लोगों में, जो प्रेम तथा घृणा

का यह रुख है उसे छोड़ भी दें, तो खासी प्रदेश के सौन्दर्य तथा हिंसा की भयावहता तथा अमानवीयता के बीच एवं प्रेम के व्यक्तिगत संसार तथा घृणा के सार्वजनिक संसार के बीच के द्वन्द्वों ने, यहाँ की कविता को समृद्ध बनाने में प्रमुख भूमिका निभाई है। उदाहरणार्थ खारमावफ्लांग की दो कविताएँ 'सितम्बर का गीत' तथा 'विजय' देखें। पहली कविता में शोक प्रकट करते हुए, वे कहते हैं—

दो जिन्दगियाँ जो बुझ गई थीं/खूनी तूफान में/पड़ी हुई है/पराया असमान भी उनका मातम नहीं करता।

इसमें खून खराबे से त्रस्त कर्फ्यूग्रस्त शिलांग का चित्रण है। दूसरी कविता पहले बन्दूक की गोलियों, रक्त के बदले पैसे तथा धर्म का उपहार लिए यहाँ आए अंग्रेजों द्वारा तथा बाद में उमस भरे मैदानी इलाके के निवासियों द्वारा शिलांग की जमीन से बलात्कार का विलाप करती है। आल्मंड साइएम की कविता की निम्नलिखित मर्मस्पर्शी पंक्तियों में भी वही द्वन्द्व झलकता है—

कोई पीतवर्णी दिव्य तेजस्वी चेहरे वाला युवक/एक बार आया, कोहरे में लिपटी हमारी पहाड़ियों में/लाया था वह हमारे लिए चिट्ठियाँ, साहित्य और बाइबिल/वह 'वेल' था/पर बन्दूकें लाईं द्वेष/और हमारी हरित भूमि को रंग दिया हमारे/पुरखों के रक्त से/उसने गोलाबारी की सी धमाकेदार आवाज़ में हमसे/बातें की

(एक वेल कवि से मुठभेड़)

नौंगकाइनरिह भी उसी शोकाकुल स्वर में बात करते हैं। वे अपनी रचना में नाशपाती को अपरिवर्तनीय विजय के रूपक के रूप में उभारते और कहते हैं—

उनकी तरह त्याग दी, हमने अपनी परम्पराएँ
और इस विमुखता के बाद हमें
नहीं मिला बसन्त कोई
फूलों में जीवन वापस लाने के लिए

वे उन तरुण आकृतियों की सुन्दरता की प्रशंसा करने के बाद तुरन्त यह भी कहते हैं—लेकिन अन्ततः केवल 'अजनबी फूल' जमाते हैं 'रोब हम पर'

और यह भी कि—/फूलों की तरह/केवल पराए लोग और उनके पराए तरीके/आ गए हैं, इस धरती पर/फलने-फूलने

('ओनली स्ट्रेंज फलावर्ज हैव कम टू ब्लूम')

इन कवियों की आरम्भिक कुछ कविताओं में इतिहास की दुख भरी चेतना की बजाय आक्रोश की आग अधिक है। यह राहत की बात है कि उनकी आवाज अब बिल्कुल बदल गई हैं। इधर हाल की उनकी कविताओं में गालियों की अपेक्षा आत्मालोचना का पुट ज्यादा है। क्रुद्ध प्रलाप के स्थान पर व्यंग्य के प्रयोग का रुझान बढ़ा है। खरमावफ्लांग अंग्रेजी भाषा को अपनी अभिव्यक्ति का माध्यम बनाने पर भी निराशा जताते हुए कहते हैं—

अंग्रेजी ज्ञान का बोझ/कचोटता है, मुझे/और इस ज्ञान की कब्र/निरन्तर अट्टहास करती है।

इन सब परिवर्तनों के बावजूद कवि उन विदेशी मेहरबानों को माफ नहीं कर पाए हैं—

विदेशी संरक्षकों ने, अपने/*स्याह चोगों में मुझे छिपाकर सिखाया था/अपने आप पर शर्मिन्दा होना*

(द कॉकेस्ट)

इस स्थायी अक्षमाशील रवैए के बावजूद उन्हें कविता में सूक्ष्मतर प्रतिरोध का अंश स्पष्ट दिखता है क्योंकि व्यंग्य परोन्मुख है न कि आत्मोन्मुख। उनकी कविताएँ भारतीय अंग्रेजी कविता पर आत्मतुष्टि के आरोप को खारिज करती है। उनकी रचनाएँ संवेदनाओं की तीक्ष्णता में तीसरी दुनिया के अन्य कवियों जैसे ओक्तावियो पाज़ और तारिक अली से होड़ लेती दिखती हैं।

पाज 'एकरूपता के रुझान' पर दुख प्रकट करते हुए कहते हैं—"सभी कवियों के सपने में एक आदर्श पाठक होता है—उसका अपना।" अपनी परिस्थितियों से अंग्रेजी में लिखने को मजबूर खरमावफ्लांग को शायद इस बात का मलाल है कि उनकी अपनी ही जमीन पर उनका कोई आदर्श श्रोता नहीं है। मुशायरों के बारे में बात करते हुए अली बताते हैं कि वहाँ अनपढ़ होते हुए भी हजारों श्रोताओं के लिए "कवि के शब्द किस प्रकार अर्थों की एक नई दुनिया" रचते हैं और अब, जब उन्होंने उपन्यास लेखन का अकेला रास्ता चुन लिया है तो आमतौर पर "लाहौर का श्रोता-समूह, जिसके सदस्य कभी वे स्वयं थे, उनके मानस-पटल पर मौजूद रहता है।" खासियों के लोक साहित्य की अपनी एक सशक्त परम्परा है, जिसका अधिकांश 'विजय अभियान' में नष्ट हो गया। तथाकथित विदेशी संरक्षकों ने एक ओर खासियों को लिखित शब्द दिए पर दूसरी ओर उनकी वाणी छीन ली। आधुनिक खासी कवि, जो अंग्रेजी में लिखने को अभिशप्त है। निस्सन्देह पाठकों के एक व्यापक वर्ग तक पहुँच रखते हैं पर विडम्बना यह है कि उस भीड़ में उनका आत्मीय पाठक मौजूद नहीं है।

महापात्र के शब्दों में कहें तो विवशता के इस अहसास के बावजूद भारत में हर जगह पढ़े-लिखे लोगों के लिए दूसरा सबसे महत्त्वपूर्ण साधन अंग्रेजी भाषा है। सम्पर्क भाषा की जो भूमिका अंग्रेजी निभा रही है उसे नकार पाना सम्भव नहीं है, चाहे हिन्दी के प्रबल समर्थक कुछ भी कहें। समुदायों की जरूरतों को पूरा करने के लिए अंग्रेजी अत्यावश्यक है और क्षेत्रीय साहित्य के साथ-साथ अंग्रेजी के बढ़ते महत्त्व की उपेक्षा नहीं की जा सकती। कुछ अकादमिक कवियों की आलोचना करते हुए महापात्र आगे कहते हैं कि "ऐसे कवियों की रचनाएँ उसकी अपनी पृष्ठभूमि की संस्कृति के तनावों से प्रेरित नहीं होतीं—वे उस कवि के पढ़ने भर के लिए हैं।" (महापात्रा—287) यह स्थिति निश्चित रूप से हमारे उन कवियों की नहीं है जिन पर हमारी चर्चा केन्द्रित है। उनकी कविता की जड़ें अपनी जमीन में गहरे पैठी हुई हैं, और इसके बावजूद उसमें सार्वभौम

आकर्षण विद्यमान है।

खरमावफ्लांग पेशे से विशुद्ध लोक साहित्यकार हैं, और स्वभाव से रोमांटिक। उनके इस बाहरी अलमस्त अन्दाज के पीछे एक गम्भीर संवेदनशील कवि मन छुपा है जो हर महत्त्वपूर्ण अनुभव को अपने अन्दर समेटने को आतुर है। अपनी शोध यात्रा में वे घने जंगल के अन्दर विचरते दिखते हैं। उनकी बेहतरीन कविताओं में से दो कविताएँ इन जंगलों के आन्तरिक अनुभव से उपजी हैं। 'लेटर फ्रॉम पहाम्बीर' विशुद्ध रूप से खासी कविता है। 'पहाम्बीर' एक अगम्य ग्राम है जहाँ—

'यू दी' बैठी है, जमीन पर पालथी मारे/टेढ़े-मेढ़े हाथ पसारे/
मिची-मिची आँखें /आग से निकलती सूक्ष्म किरणों को चुराती'

गाँव का सरदार जो 'बाघ वाला व्यक्ति' भी है, शहर से आए आदमी से उसके आने का स्पष्टीकरण माँगता है। आगन्तुक की बात चिन्तित सरदार को आश्वस्त करती हुई प्रार्थना की तरह है :

'हम आए थे' मैंने तर्क किया/'सीखने/सिखाने नहीं /हम इच्छा लिए आते हैं/हमारी पीढ़ी भुलक्कड़/हमारे दिलों की धड़कन में/लज्जा की लय/जो हमारे अतीत से/हमारे वर्तमान को अलग करती है...हम स्वयं ही हैं/अपने सबसे बड़े दुश्मन.'

कवि की यह ईमानदारी 'यू दी' की बुद्धिमानी से मिल जाती है और तब उसकी परिणति इस तरह होती है—

दास्तानें हमारी यादों को राख कर देती हैं /एक उल्का दूर कहीं उठता हुआ/एक अनाम अँधेरा /उनके प्रकाश में रखता हूँ मैं/अपनी आत्मा का गहरा जख्म /अपनों को ही छोड़ देने का/

(लेटर फ्रॉम पहाम्बीर)

दूसरी चिट्ठी भी इसी तरह गहरी और जमीनी संवेदनाओं से अटी पड़ी है—'लेटर फ्रॉम पहल रिन्ओह विलिज।'

मैं लुत्फ अन्दाज हो रहा हूँ, एक गठीले /नंगे पाँव व्यक्ति/को देख /आँखें उसकी टिमटिमाती सी, चिमड़ा सा चेहरा/पचपन ग्रीष्म ऋतु देखे हुए /मैं एक कुख्यात अनाधिकृत/शिकारी के घर में हूँ /जो चावल की शराब गटक रहा है/और मसालों में सुखाई मछलियाँ निगल रहा है।

यह कविता हम पर गहरा प्रभाव छोड़ती है क्योंकि हमारा इस दुनिया से न तो किताबों में और न ही वास्तविक जीवन में साक्षात्कार हुआ है। कवि एक विचित्र खासी व्यक्ति की बातें सुनकर कहता है—

मैं पूरे समय रहता हूँ, चुप /कल की तरह ही जब /घने जंगल में मुझे ले जाकर/उसने सिखाया, क्या था /उल्टे
पड़े पत्तों का अर्थ/पक्षियों का चोरी-चुप्पे मिलना/और जानवरों का

इस कविता का रहस्य कहाँ छिपा है? क्या इसकी संस्कृति में ही निहित है यह?

या जमीनी अनुभव को एक उपयुक्त माध्यम में व्यक्त करने की सटीकता में ? या यह अनुभव का तात्त्विक स्वभाव ही है, जिसके माध्यम से कवि हमें अपने प्रभाव में बाँध लेता है? मैं यकीन से कुछ नहीं कह सकता।

खरमावफ्लांग, उस संस्कृति विशेष-परायी संस्कृति, जिसके प्रति उनकी राजनीति ने उनके मन में दुराव उत्पन्न किया है, को समझने का प्रयास भी करते है। मैदानी इलाके में रह रही औरत, अपने प्रेमी के हाथों, जिस जुल्म का शिकार है—कवि भावुकतापूर्ण और रोमांटिक मुहावरे में उसके प्रति अपना विरोध अभिव्यक्त करता है। पारम्परिक भारतीय स्त्री का स्निग्ध और कुआँरा रोमांटिक चरित्र गढ़ने में चूड़ियाँ अलंकार के रूप में इस्तेमाल होती हैं। पर यही स्त्री कहीं-कहीं रोमांस रहित पीड़ित, त्याग करती और शोषित के रूप में भी सामने आती है।

मैंने देखा तुम्हें क्रुद्ध देवों के समक्ष साष्टांग करते/और क्रुद्धतर पुरुषों के आगे भी—/क्या तुम्हें ये प्रताड़नाएँ आानन्द देती है?

नौंगकाइनरिह की कविता, खरमावफ्लांग की कविता के समान ही जमीन से जुड़ी है। वे स्वयं स्वीकार करते हैं कि अपने आरम्भिक कवि जीवन में उनका ज्ञान आंग्ल-अमेरिकी कवियों की धार्मिक उपदेशों वाली कविता और खासी लोक कहानियों तक ही सीमित था। लेकिन बाहरी जगत के अनुभव से रिक्त तथा नौसिखिया होने पर भी, उनकी आरम्भिक कविता में व्यक्तिगत अनुभव का एक घना संसार है। लोककथाओं से गुथी तथा स्थानीय रंग में रंगी, ये कविताएँ हमें बाँधे रखने में सफल रहती है। अपने पहले दो काव्य-संग्रह में वे अधिकांशतः चेरापूंजी—उसके तुषार, जलप्रपात, गर्त तथा उनसे जुड़े मिथकों, से अपने बचपन के रिश्ते का, बयान करते दिखते हैं। इन भोली-भाली कथायुक्त कविताओं में कुछ ऐसा है, जो इन्हें चीनी कविताओं के निकट ले जाता है—सीधा सादा और प्रत्यक्ष विवरण। उनमें मरते हुए मिथकों को पुनर्जीवित करने का प्रयास एवं बचपन की निजी यादों के बीच से गुजरने की कोशिश है। ये हमें न केवल सुन्दर जगहों का सजीव चित्र देने का प्रयास करती हैं, बल्कि उन स्थानों के लोगों के दिल में झाँकने का यत्न भी करती है। वे समय के उन क्षणों 'दैनथ्लेन' तथा 'नोह का लिकाय झरना' को दुबारा जीने का प्रयास करती हैं, जिनसे खासी लोकसाहित्य गुँथा हुआ है। ये दोनों जगहें 'लिकाय' तथा 'स्नगी थियांग' नामक स्थान दो औरतों के नाम पर हैं (अ डे इन चेरापूंजी : II तथा III)।

नौंगकाइनरिह ने अपने शुरुआती दिनों के सीमित ज्ञान की क्षतिपूर्ति बाद में लातीनी अमरीकी तथा मध्य यूरोपीय कविताओं के व्यापक अध्ययन से की। उनकी हाल की कविताओं में, जिन्हें संकलित रूप में आना शेष है, परिपक्वता के चिन्ह देखे जा सकते हैं। विषयों की विविधता, अनुभव की जटिलता और कठिन समस्याओं के प्रति उनका द्वन्द्व—ये उनकी हाल की कविता की विशेषताएँ हैं, जो उनकी आरम्भिक रचना से उन्हें अलग करती हैं। जहाँ तक शैली का प्रश्न है, उनकी बाद की रचनाओं में साहसपूर्ण प्रयोग तथा मुहावरों का कसाव सहज ही देखा जा सकता है। उनके बिम्ब

भी अब अधिक तीक्ष्ण होते हैं। उनकी प्रेम कविताएँ हमारा ध्यान खीचने का दम रखती हैं, पर जो चीज़ उन्हें आमतौर से गम्भीर प्रकृति के शिलांग के अन्य कवियों से अलग करती है, वह है उनकी वाग्विदग्धता। ताबिश खैर ने भारतीय अंग्रेजी कविता में हाल में वाग्वैदिग्ध्य के अभाव की ओर इंगित किया है। समर्थ कवियों में उन्होंने इसके लिए रॉबिन एस. न्गनगोम को उदाहरण के रूप में प्रस्तुत किया है। खैर का आरोप, यदि आधारहीन नहीं भी है तो विवाद का विषय तो है ही। नौंगकाइनरिह के सन्दर्भ में उनकी बात तो बिल्कुल सही नहीं है। उनकी एक कविता में मकान-मालकिन कहती है—

शायद मेरा पति अभी बेरोजगार है /पर एक दिन उसे काम मिलेगा/शायद मेरी चौथी सन्तान होने के बाद, कौन जानता है ?

(ओनली माई टेनन्ट)

उसकी सुनो/उसके कॉमा बाल्टी के सूराख जितने बड़े हैं।/और फुल स्टॉप्स वजनी शॉट-पुट के से

(द न्यू प्रोफेसर)

एक साधारण कॉलेज में शिक्षक के रूप में कार्यरत नौंगकाइनरिह उन लोगों पर कटाक्ष करते हैं, जो आर्थिक रूप से बेहतर होने के कारण एक गरीब शिक्षक को दीन-हीन मानते हैं। खरमावफ्लांग तथा नौंगकाइनरिह अपनी गम्भीर कविताओं के मध्य ही वाग्विदग्धता की छटा भी बिखेर देते हैं। न्गनगोम की निम्नलिखित पंक्तियाँ उदाहरण के रूप में देखें—

मैं रति-क्रिया के दौरान कविता रच सकता हूँ/और जब मैं चुम्बन लेता हूँ, हम आँखें मूँद लेते हैं/जब तुम घुरघुराहट की आवाज़ निकालते हुए स्खलित हो जाते हो/अपने सजे-पुते साथी पर तीन मिनटों के भीतर/जब, वह इस बीच ही धूम्रपान करती रहती है शायद/अपने पैर की उँगुलियों के बीच सिगरेट फंसाए हुए।

(वैल्यूज)

अगर व्यंग्य का यह नमूना आपको प्रभावित नहीं कर सकता तो फिर कौन सा करेगा ? पर न्गनगोम की कविता अपने कारणों से हास्य-व्यंग्य की सीमा से आगे जाती है। उपर्युक्त पंक्तियों में भी क्रोध की अभिव्यक्ति है—भौतिकतावादियों द्वारा उसकी बुद्धि का उपहास किए जाने से उपजा गुस्सा। अपने ही गृह प्रदेश मणिपुर के लोग ही हैं ये, जो भ्रष्ट सरकारी कर्मचारी हैं या फिर बेज़मीर पूँजीपति जो कवि सरीखे लोगों पर तरस खाते रहते हैं—

"मेरे ज्ञान के बावजूद/एक मिस्त्री, एक किरानी या/ग्रुप 'सी' अधिकारी/मुझ से अधिक कमाता है।

यह बताते हुए कि भारतीय अंग्रेजी कविताओं में 1970 वाले दशक के दौरान एकदम बदलाव आ गया है और एक नाटकीय पुनर्मूल्यांकन की प्रक्रिया शुरू हो गई है, महापात्र न्गनगोमकी चर्चा करते हुए कहते हैं—"भारत के अंग्रेजी भाषा के कवियों

में उनकी अपनी संस्कृति ही दिख रही थी'' न्गनगोम मूलतः शिलांग के नहीं है। वे तो मणिपुर के मैतैई हैं जिन्होंने शिलांग को अपना घर बना लिया है। उन्होंने दोनों ही संस्कृतियों का प्रभाव ग्रहण किया है और इस कारण 'उपद्रव ग्रस्त शहर शिलांग' की उनकी समझ उत्तर-पूर्व के व्यापक परिदृश्य में विकसित हुई है। अपने गृह राज्य में नस्ली टकराव, तथाकथित 'स्वतन्त्रता सेनानियों' के अविश्वसनीय आधार और उनके तथा भारतीय सेना के हाथों मानवाधिकार उल्लंघन तथा मणिपुरियों के अपने भ्रष्ट चरित्र से वे बखूबी परिचित हैं–

आओ मासूम चीजों से हम युद्ध करें/प्रकृति की सन्तान से, अपनी मिट्टी के लालों से,/छुरे डंडे और पत्थर लेकर/इस छोटे भूखंड में/जिसे इतिहास ने भुला दिया/और नौ पर्वत श्रेणियों ने अलग कर दिया/अज्ञानता के स्वर्ग में है कंगलापन/कभी यह उत्कृष्ट भूमि थी–उपकारी और मशहूर/और अब काला-बाजारियों का अड्डा/पैसे बनानेवालों का घर, जहाँ/किसी की हृदय गति नहीं रुकती/चाहे आप रिश्वत दें, इज्जत बेचें या करें/न्याय बाँटने का धंधा

(आई ऐम सॉरी टू सी पोएट्री इन चेनूस)

अपने गृह प्रदेश और अपनी संस्कृति के इस परिदृश्य से सुपरिचित होने के साथ-साथ खासी संस्कृति, उसके अन्दर से उपजी तथा बाहर से अर्जित समस्याओं में भी उनकी गहरी पैठ है। इस दृष्टि से न्गनगोम के मुकाबले अन्य कवि उन्नीस ठहरते हैं।

अपनी इस विशिष्टता के कारण 1988 में अपने प्रथम कविता संग्रह 'वर्ड्स एंड सायलेन्स' से वे महापात्र का ध्यान तुरन्त अपनी ओर खींच पाने में सफल हुए। परांजपे की तरह कई अन्य समीक्षक भी उनकी मौलिकता से अभिभूत हुए। परांजपे ने उनकी कविता को 'आम्डबरहीन तीव्रता तथा अत्वरित संगीत की कविता' की उपमा दी। शिलांग पोएट्री सोसायटी की लघुपत्रिका 'लिरिक', जिसका सम्पादन वे, खरमावफ्लांग तथा गुहा मिलकर करते है, में शामिल एक आरम्भिक नोट में वे कहते हैं–'मेरी आस्था संवेदनापूर्ण कविता में है। ऐसी सम्वदेना जिसे बाँटा जा सके, जो केवल काल्पनिक न हो।' उनका आत्मीय स्वर, उन्हें पाठकों का चहेता बनाता है और उनका खामोश पीड़ित व्यक्तित्व पाठक को अपने विश्वास में ले लेता है। अपने गहरे और आत्मीय क्षण, जिसमें उनका भय, गुस्सा, दुश्चिन्ता, प्रेम तथा मोहभंग सब शामिल हैं, वे हमारे साथ बाँटते हुए कहते हैं–

''कौन सोच सकता था /कि मेरे छब्बीस वर्षीय चेहरे के पीछे/आनेवाले वर्षों का भय छिपा है?''

उनके संग्रह की पहली कविता की शुरुआत करती ये पंक्तियाँ संग्रह के अन्दर की सामग्री का पता देती हैं। इसके अन्त में वे कहते है :

''केवल मैंने ही चुना है /कविता रचने का रास्ता''

(टायर्ड एज़ आई एम)

'कविता रचनेवाला' इस पूरे संग्रह में एक विलक्षण अप्रिय मुहावरे के रूप में उभरता

है। कवि बार-बार अपने बचपन के दिनों में लौटता है और क्रूर वर्तमान से उनका अन्तर स्पष्ट करता है–

एक शैतानी युद्ध जारी है /हमारी जमीन पर/रक्त सने शरीर हमारे धान के खेतों से/घसीट कर ले जाए जा रहे हैं/

और उनका चुभता हुआ व्यंग्य देखिए–

'सुना है आजादी उस जगह ही आती है/जो हो, सशस्त्र जवानों से अनुरक्षित

(होमलैंड आई लेफ्ट)

उनकी वेदना मणिपुर के इतिहास से जन्म लेती है। इतिहास के नायकों और वर्तमान के देशभक्तों के बीच का अन्तर बताते हुए वे, कहते हैं–

'द्वितीय विश्वयुद्ध के उपेक्षित स्वतन्त्रता सेनानी'

(टू अ वैली नोन एज इम्फाल)

कवि तीक्ष्ण स्वर में चीख़ने के बजाय शान्त प्रतिवाद का रास्ता चुनता है–

और मैंने देखा अपना दर्द, जिसे मैंने ही चुना था, समूचा इतिहास/याद तथा प्यास के झोकों से अनावरत/और देखी, अपनी अन्तिम प्रतिछाया/अपनी नंगी शर्म, अपने खाली हाथ /जीवन भर की खामोशी

(पोएट्री)

खामोशी उनकी कविता में सचमुच बहुत महत्त्वपूर्ण है। जून 1987 में लिखी अपनी कविता में न्गनगोम कहते हैं–

जब आप लिखते हैं आप खामोश होते हैं/खामोश और स्वप्नहीन/अकेले और मित्रहीन/खामोश और प्रेमविहीन/अकेले आनन्द या वेदनाहीन

('व्हेन यू राइट यू आर सायलेन्ट')

इस संकलन को, कवि ने महापात्र को समर्पित किया है, जो उचित ही है। महापात्र ने 1994 में उद्‌घोषणा की थी 'खामोशी शब्द मेरे जीवन में बार-बार लौटकर आती है, और इस कारण मेरी कविताओं में भी'।

न्गनगोम के प्रथम कविता संग्रह की सारी कविताएँ मणिपुर की परिस्थितियों से उत्पन्न नहीं हैं। अपनी सबसे अधिक मर्मस्पर्शी कविताओं में से एक उन्होंने अपनी माँ पर लिखी है। हालाँकि उपमाओं के पीछे छिपे अर्थ बलात् ढूँढ़ निकालने वाले आलोचक इसमें माँ और मातृभूमि का समीकरण देख सकते हैं पर वास्तव में ऐसा नहीं है। इसकी बजाय हमें कवि द्वारा अपनी माँ या 'पालेम अपोकपी' के प्रति अभिव्यक्त आत्मालोचनात्मक श्रृद्धांजलि को महसूस करना चाहिए–

क्षमा करना माँ/अपने जीवन के शेष दिनों के लिए/शान्ति और सुख के तुम्हारे सपनों के बावजूद/मैं बन पाया बस एक मामूली आदमी/छोटे-छोटे सपनों वाला, क्षुद्र जिन्दगी जीता हुआ।

(अ पोएम फॉर मदर)

उनका दूसरा काव्य–संग्रह टाइम्स क्रौसरोड्स (औरिएन्ट लौंगमैन, 1994) आने से

पूर्व ही उन्हें कुछ मान्यता प्राप्त हो गई थी और वे इसके हकदार भी थे। उनकी कुछ कविताएँ परांजपे द्वारा सम्पादित 'न्यू इंडियन पोएट्री इन इंग्लिश' में खरमावफ्लांग की कविताओं के साथ शामिल थीं। उक्त संग्रह, जिसका ब्लर्ब महापात्र ने लिखा था, की आदिल जस्सावाला ने भूरि-भूरि प्रशंसा की थी। एक समीक्षा में जस्सावाला लिखते है–"न्गनगोम का तिलिस्म अंशतः दूरी के आकर्षण से उत्पन्न होता है।" उनकी अन्य महत्त्वपूर्ण टिप्पणियाँ हैं–(1) उसमें खासी तथा मैतैई मिथकों, चीनी कविता तथा सादगी भरे किशोर की महत्त्वाकांक्षा का मेल है (2) न्गनगोम उन चन्द कवियों में हैं जो राजनीति और प्रेम पर एक साथ अच्छी कविताएँ लिख सकते हैं और उनके परस्पर गठजोड़ को सामने लाने से डरते भी नहीं (जस्सावाला)। न्गनगोम का तीसरा कविता संग्रह अब आना चाहिए और आशा की जानी चाहिए कि वे अपना सर्वोत्तम सृजन उसमें देंगे। उनकी नई शैली की झाँकी तो पत्रिकाओं में लोगों ने देख ली है। 'द स्ट्रेंज अफेयर ऑफ रॉबिन एस. न्गनगोम' इनमें सबसे अधिक महत्त्वाकांक्षी रचना है।"

कभी 'शिलांग की कविता का परिदृश्य' का अर्थ गुहा, खरमावफ्लांग तथा न्गनगोम की (व्हिस्की के जाम के साथ) शाम को जमनेवाली नियमित महफिलों से लिया जाता था। यह कोई बहुत सालों पहले की बात नहीं है। इन आत्मीय बैठकों में वे, अपनी लिखी और पढ़ी कविताओं पर चर्चा करते या फिर रचनाओं के प्रकाशन के विभिन्न रास्तों पर जानकारी बाँटते थे। इसका लाभ तीनों के दो-दो संग्रह के रूप में, कई राष्ट्रीय तथा अन्तर्राष्ट्रीय स्तर के प्रकाशनों तथा उनकी अपनी पत्रिका 'लिरिक' के कुछ अंकों के रूप में सामने आया। इन तीनों में गुहा सबसे कम जनजातीय थे और शायद इसी कारण समीक्षकों ने उन पर सबसे कम तवज्जो दी। उनकी कविता द्वैध या बहुआयामी निष्ठा से युक्त उत्कृष्ट है। शिलांग में जन्मे तथा पले-बढ़े तथा अंग्रेजी शिक्षा प्राप्त गुहा का मामला 'अपना आदमी, पराया' के रूप में विलक्षण रूप से सटीक बैठता है (उत्तर-पूर्व में प्रत्येक गैर-जनजातीय आदमी बाहरी व्यक्ति माना जाता है)। वे टैगोर तथा आधुनिक बांग्ला कवियों से अच्छी तरह परिचित हिन्दू बंगाली हैं पर गो तथा शूकर मांस के शौकीन हैं। उन्होंने स्वयं का लगभग पूरी तरह जनजातीयकरण कर डाला है। वे जनजातीय लोगों के बीच जवान हुए और उनके सबसे अच्छे दोस्तों में जनजातीय ही हैं। शिलांग की प्रकृति तथा लोगों तथा गुहा में पूर्ण संगति है। लेकिन संकट काल में, तेल पानी के ऊपर बहता है और गुहा अपने कलकत्ता की याद में खो जाते हैं। अपनी एक कविता में, वे बोल पड़ते हैं–

...परियों का देश/मानसून सिंचित मेरा गृह नगर/तुषार से अटा मेरा घर/मैंने जिए यहाँ कई अलसाए वर्ष/हर सुबह महसूस करते हुए/ताज़गी का एक झोंका/पहाड़ी हवा का/

(रैंडम थौट्स ऑन आ 'होम टाउन')

एक अन्य कविता में वे स्वीकारते हैं–'मेरा शहर शिलांग उबाऊ हो गया है।'

वह उदास नयनों वाली, वह खुमारज़दा आँखोंवाली/तन्हाई महसूस करती,

उत्तप्त/और डरावने कैटरपिलर की तरह भागते पुरुष/उन्हें देख मैं कलकत्ते को करता हूँ याद

(अ कलकत्ता पोएम)

गुहा का प्रथम काव्य संग्रह 'व्हाट एल्स इज अलाइव' (राइटर्ज वर्कशाप, 1988) में कई कविताएँ ऐसी थीं, जो टेलिग्राफ तथा इंडियन पेन (क्रमशः महापात्र तथा एजकिएल द्वारा सम्पादित) में छप चुकी थीं। इसकी इंडिया रिव्युअर में खूब प्रशंसा हुई। कहा गया कि "विषयों का निर्वाह करने में गुहा का कौशल विशिष्ट स्थिति आधारित कविता के फलक को व्यापकता प्रदान करने के उनके अन्दाज से अनुमानित किया जा सकता है" (चटर्जी) पर मेरे ख्याल से कुछ स्थितियों का इस्तेमाल उन्होंने 'कौतुकपन' गढ़ने के लिए किया है :

इसीलिए मैं कभी कभी/शब्दों का प्रयोग करता हूँ कविता रचने को/और/लोगों की जान लेने को

(सौंग फॉर इंडिया)

यहाँ यह बात हमारी समझ से बाहर है कि कवि को, व्यंग्य रूप में या उपमा के रूप में लोगों को मारने की जरूरत क्यों आ पड़ी!

कई अन्य कविताओं में कुछ जबरदस्त पंक्तियाँ शिलांग की सुन्दरता को पकड़ने में सफल हुई हैं। पर इसका प्रयोग उन्होंने पीड़ा का चित्रण करने के लिए किया है, इसीलिए 'भिखारी', 'कुष्ठ रोगी', 'बाढ़ पीड़ित लोग' (बांग्ला देश के) 'मार्च की हवाओं', 'ये वर्षा धुली पहाड़ियाँ', 'सूर्यमुखी' और ऐसे ही मुहावरों से होड़ लेते हैं। वह मल्लिका भी देख लेते हैं–

'भिखारियों में/लगड़े, सड़क पार करने को घिसटते/मैं देखता हूँ तुम्हें जब पढ़ता हूँ कविता'

आखिरी पंक्ति गुहा के अपने विशिष्ट अन्दाज की है–उन्होंने कविताओं अथवा काव्य विधा पर कई कविताएँ लिखी हैं पर जब उन्हें बात करने की पूरी आजादी होती है तो वे उत्कृष्ट रचना रचते हैं। यह बांग्ला देश में छूटे अपनी माँ के गाँव मैमनसिंह पर लिखी उनकी निम्नलिखित कविता से स्पष्ट है–

आदिम बुद्धि मैमनसिंह/संस्कृतियों का सड़ता बर्तन मैमनसिंह/हिन्दू मुस्लिम, मैमनसिंह/हिन्दू बनाम मुस्लिम, मैमनसिंह

माँ कहती हैं अच्छी धरती की गंध /हर जगह एक सी होती है...

(मैमन सिंह)

अपनी कविता लिखने के अतिरिक्त गुहा ने, न्यानगोम तथा खरमावफ्लांग की ही तरह युवा कवियों को रचनात्मक सुझाव तथा प्रोत्साहन देकर सहायता की है–आल्मंड साइएम, ग्वेनेथ मावलौंग, अंजुम हसन और पौल लिंगदोह सभी इन वरिष्ठ कवियों (जिनमें से कोई भी पैंतालीस की उम्र के नहीं हैं) से लाभान्वित हुए हैं। आल्मंड बड़े

होनहार हैं और उन्होंने यदि इसी प्रकार अपनी मेहनत जारी रखी तो इस युवा भूगर्भशास्त्री की आवाज़ निश्चित ही अक्सर तथा व्यापक स्तर पर सुनी जाएगी। खरमावफ्लांग की तरह अंग्रेजी में लेखन को लेकर उनमें अपराध-भाव नहीं था। ऐसा इसलिए था कि शिलांग में उनकी शिक्षा शुरू से ही अंग्रेजी माध्यम से हुई। उनकी सोच का माध्यम भी अंग्रेजी ही है। खासी में अनूदित उनकी कविताएँ अंग्रेजी कविता का पूरा मूल अर्थ सम्प्रेषित नहीं कर पातीं, चाहे गुहा ने स्वयं ही उनका अनुवाद क्यों न किया हो ? वास्तविकता यह है कि उन्होंने कुछ अनुवाद करने की कोशिश की भी है। उनकी कविताएँ प्रेम की कविताएँ हैं, पर वे भूमि के हड़प लिए जाने की कहानी भी कहती हैं। इस अर्थ में वे विशुद्धतः शिलांग के कवि है–

पहाड़ी की चोटी पर मैं हूँ खड़ा/नंगी पहाड़ी नग्न स्त्री की तरह/जिसकी छातियाँ उघाड़ दी हों किसी /पागल बलात्कारी ने

(ऑन टॉप ऑफ अ हिल)

अंजुम हसन भी गुहा की तरह जनजातीय नहीं हैं। वे आत्मविश्लेषण, दार्शनिक प्रकार की कविताएँ रचती हैं। अंग्रेजी भाषा में शिक्षित तथा भाषाओं के साहित्य तथा दर्शनशास्त्र का अच्छा ज्ञान रखनेवाली अंजुम हसन की पृष्ठभूमि गम्भीर तथा प्रतिबद्ध कविता के लिए उपयुक्त है। हालाँकि उनका संग्रह अभी नहीं आया है, फिर भी एक विश्वस्त 'नारी स्वर' के रूप में उन्होंने ख्याति अर्जित कर ली है। फेमिना में प्रकाशित एक साक्षात्कार में गायत्री एम. भट्ट ने उभरते हुए कवियों में उन्हें एक महत्त्वपूर्ण नाम के तौर पर गिना है। उनकी कविताएँ 'द ब्राउन क्रिटिक', 'काव्य भारती', 'इंडियन लिट्रेचर', 'फेमिना', 'क्रिटिकल क्वार्टरली' तथा 'लिरिक' में छप चुकी है। वे भारत में आयोजित 'ब्रिटिश काउन्सिल कविता प्रतियोगिता' में अन्तिम चयन सूची में आए कवियों में से थीं। सिवाय इंग्लैंड में बिताए कुछ सालों के, शिलांग में ही उनका घर रहा है। यह स्वाभाविक ही है कि उनकी कुछ बेहतरीन कविताओं के घटना-स्थल, वे स्थान हैं जहाँ वे रह चुकी हैं तथा उनके मानस पटल पर अंकित चरित्र तथा बिम्ब उनके ही हैं, जिन्हें वे अपने जीवन में देखती रही हैं। इतनी कम उम्र होने पर भी अपने बीते दिनों को दुबारा कहने तथा अपनी पसन्दीदा यादों को सशस्त्र बिम्बों से सुसज्जित करने की उन्होंने विशेष जादुई तथा रहस्यमय योग्यता विकसित कर ली है और तिस पर अनावश्यक भावुकता में वे शायद ही आपा खोती हों। 'मनरोय मेमरीज़' तथा 'वर्जिनिया' ऐसी ही रचनाएँ है, वे तुरन्त हमारे मस्तिष्क में उभर आती हैं। पहली कविता में फोटोग्राफ का अलबम, उन्हें बचपन के दिनों में खींच ले जाता है–

पर मैं पहुँच चुकी हूँ.../मैं जाती हूँ दरवाजे तक/जो सफेद शामों के पहले बन्द हो जाता है/और ठंडे छिपे बीजों तक

(मनरोय मेमरीज़)

कुछ यादगार पंक्तियों से, वे हमें सम्मोहित कर लेती हैं। "हम हैं, आखिरकार, वहीं जो हम थे" वे अँधेरे विक्टोरियन घर डैफनी को याद करती हैं। वे याद करती हैं

जोनाथन को और वर्जिनिया के मध्य बार-बार मन में उभरनेवाले रूप को, जिसे वे भुला नहीं पातीं। वे अमीलिया तथा डेविड को भी याद करती हैं। बचपन के दिनों के सभी लोगों तथा स्थानों से भरी याद, उनकी कविताओं में उभरती है, क्योंकि जैसा कि वे सादगी भरे गम्भीर अन्दाज़ में कहती हैं–

'विनाश के पहले कोई विनाश नहीं होता।/अधेड़ वय के पहले होते हैं, फोटोग्राफ'

कुछ गहन व्यक्तिगत कविताओं को छोड़ शिलांग के कवियों के दल में उनकी कविता सबसे कम प्रत्यक्ष है। वे बड़ी सावधानीपूर्वक रूढ़ पंक्तियों से बचने की कोशिश करती हैं और अपनी इस कोशिश में आसानी से सफल भी हो जाती हैं क्योंकि वह अंग्रेजी साहित्य की शैक्षिक पृष्ठभूमिवाली कवयित्री नहीं हैं (यह तीसरी दुनिया के कवियों-कवयित्रियों के लिए एक बड़ा अवरोध रही है)। वे पीड़ा, प्रेम , बेघर लोग और शराबियों के ऊपर उनका नाम लिए बिना और उन्हें भावुकता की चाशनी में डुबोए बिना कविताएँ लिख सकती हैं। उनके विचार भाव, बिम्ब और रूपकों का टेढ़ा तिरछा रास्ता तय करते हैं। सच कहें तो उनकी कविताएँ समाकलन-बिम्बों से अटी पड़ी है–

एक कविता मेरी नब्ज़ के तले जिन्दगी भरती है/शब्दों, पत्तों, रंग और इच्छाओं की काली धारा में/उदासी, जो बिखेरते हैं बच्चे/प्रतिकूल परिस्थितियों/में जीते हुए/पहाड़ियों के ऊपर धुएँ की चादर/नापती है आकाश के नीलाभ का विस्तार

यहाँ सुन्दर आह्वानकारी बिम्बों का प्रयोग हुआ है। पर वे कौन से विचार या भाव सम्प्रेषित करने की कोशिश कर रहे हैं? अकादमिक लोगों के लिए सहज, पर पाठकों के लिए नीरस बिम्ब हैं ये।

अंजुम हसन के अतिरिक्त यहाँ चर्चा के योग्य केवल दो नारी कवि हैं, शायद इसलिए कि मातृसत्तात्मक समाज में उनका स्वर मुखर रहा है। वर्जरी की कविता 'द गॉड ऑफ रिवेन्ज' कथ्य की दृष्टि से साहसिक है और उनकी बातें निष्ठापूर्ण। 'न्यू वेल रिव्यू' में प्रकाशित उनकी निम्नलिखित कविता इस बात का प्रमाण है कि सामाजिक सच्चाइयों के प्रति भावप्रवण प्रतिक्रिया सच्ची हो तो कैसे कविता जन्म लेती है। उनकी आक्रोशपूर्ण कविता में जितनी क्षेत्रीय अपील है उतनी ही सार्वभौम भी :

मैं तुम्हें नहीं कहती 'भाई'/तुमने बच्चों के विरुद्ध जंग छेड़ रखी है/और उन्हें तकते रहते हो मूक, यातना से प्राण त्यागते

पौल लिंगदोह छात्र नेता हैं और राज्य में ढेर सारे उनके अनुयायी है। टेलीग्राफ में उनकी कविताएँ प्रकाशित हो चुकी हैं और उनका एक संग्रह भी छप चुका है। उनकी कविता सहज ही मुखर रूप से राजनैतिक हैं। पर उनका लड़ाकूपन उनकी कविताओं को दूषित करता है। पर हमें हाल की उनकी कविताओं में क्रोध और खीझ पर बढ़ते स्पष्ट नियन्त्रण से आश्वस्ति मिल सकती है। उनका व्यंग्य दो धारी तलवार की तरह है, जो बाहरी लोगों पर सीधा आक्रमण करता है क्योंकि वे खासी लोगों के हाशियाकरण को उद्धत है और खासी संस्कृति को नष्ट करने पर तुले हैं और भ्रष्ट स्थानीय

राजनीतिज्ञ, व्यापारी वर्ग तथा अफसरशाही के गठजोड़ और विचारशून्य खासी औरतों के विश्वासघाती रवैए पर चोट करते हैं। उनकी कृति 'लैण्ड फॉर सेल' से यह स्पष्ट है।

मैंने इस निबन्ध की शुरुआत पाठकों को शिलांग में लिखी जा रही कविताओं की एक झलक, इसकी विषय वस्तु और मुद्दों को बताने के लिए की थी पर इस अपूर्ण विवरण से भी यह स्पष्ट हो जाता है कि अपने सतरंगेपन के बावजूद शिलांग की कविता अपनी मिट्टी और तुषार से जन्मी है और इसमें उत्तर-पूर्वी संस्कार कूट-कूटकर भरे हैं। तो भी यह भारतीय तथा विदेश के पाठकों तक अपनी पहुँच बनाने में सफल रही है यह भारत में लिखे जा रहे अंग्रेजी काव्य साहित्य का अविभाज्य अंग है। हलचल और अशान्ति भरे समय में शिलांग के कवि की उदासी की कल्पना 1939 की शीत ऋतु में इलियट की उदासी की याद करके की जा सकती है।

जो कुछ आज घटित हो रहा है उसके बीच जब आप बैठे हों तो यह भरोसा करना मुश्किल है कि इन शब्दों तथा लय के साथ छेड़छाड़ का यह काम अगली सुबह आपको एक-सा ही लगेगा।

इस बात की प्रतिक्रियास्वरूप और सम्भवतः ऑडेन के कविता के बारे में एक सपाट बयान से कि 1980 के अपेक्षाकृत शीत मौसम में कविता से कुछ नहीं बदलता, पर दिए गए सीमस हीनि के बयान को देखें–

'यह कविता तथा कल्पनाशील कला के बीच का जबरदस्त विरोधाभास है। एक अर्थ में कविता की सार्थकता शून्य है क्योंकि कोई गीत कभी किसी टैंक को नहीं रोक पाया, पर दूसरे अर्थ में कविता की सार्थकता असीमित है।'

इस दूसरे अर्थ में ही, वे कविता के लिए 'जिह्वा की सरकार' का मुहावरा प्रयुक्त करते हैं या कविता को अपनी समर्थक शक्ति कहते हैं। यह शिलांग की कविता और राजनीति के सतरंगे संसार के लिए उपयुक्त है। राजनीतिज्ञ, यहाँ जो नहीं कर पाए, उसे कवियों ने सफल कर दिखाया है। उन्होंने इस इलाके के लोगों की गहन पीड़ाओं को स्वर तो दिया ही है साथ ही साथ हाशिए पर ढकेल दिए गए तथा निर्धन बना दिए गए लोगों तथा प्रभाव और वर्चस्ववाली शक्तियों के बीच टकराव के परिदृश्य में मानवीय स्थितियों के सभी पहलू का चित्रण उनके समस्त लेखन में मिलता है। राजनीतिज्ञ और नीति-निर्माता लोग, जो आमतौर पर गर्मियों में यहाँ घूमने आते हैं, को यहाँ के राजनीतिज्ञों या अपनी इंटेलिजेन्स एजेन्सियों पर निर्भर रहने की बजाय ऑर्किड लेक पर सुस्ताते हुए, यहाँ के सर्वोत्तम कवि तथा कहानीकारों को पढ़ना चाहिए ताकि उन्हें यहाँ के लोगों में व्याप्त अलगाव की गहरी भावना, कड़वाहट तथा उनके कारणों को वे ज्यादा अच्छी तरह समझ सकें। पोलिश कवि अन्ना स्विर ने ठीक ही कहा है, 'कलाकार दुनिया की आवाजों को पकड़नेवाले एन्टिना हैं।'

अनुवादक : *अकील कैस*

सन्दर्भ पुस्तकों की सूची

1. तारिक अली, 'लिटरेचर एंड मार्किट रियलिज्म', न्यू लेफ्ट रिव्यू नं. 199-ए, मई-जून, 1993।
2. चन्द्र चटर्जी, रिव. ऑफ गुहाज़ व्हाट एल्स इज अलाइव इन प्रतिवा इंडिया नं. 2, वॉल्यू. IX, जनवरी-मार्च, 1990।
3. डैफिड रॉलैन्ड्स, 'इन्टरव्यू विद अपफिरा', 28 अगस्त, 1994।
4. ए.एस. गुहा 'व्हाट एल्स इज अलाइव. कलकत्ताः राइटर्ज़ वर्कशॉप, 1988
5. नाइजेल जेन्किन्स, 'इन्ट्रोडक्शन : खासिया इन ग्वालिया' स्वैनसी : अलन बुक्स, 1995।
6. आदिल जस्सावाला, 'अ रेन्ज ऑफ पोएम्ज', टाइम्स ऑफ इंडिया, 20 फरवरी, 1994।
7. विनोद के. जॉन, 'राइम एंड रीजन', इंडियन एक्सप्रेस, संडे मैगजीन, 21 अगस्त, 1994।
8. ताबिश ख़ैर, 'अ फनी लैक ऑफ ह्युमर' टाइम्स ऑफ इंडिया, 31 दिसम्बर, 1995।
9. डेसमंड खरमावफ्लांग, टचस्टोन, शिलांग।
10. डेसमंड खरमावफ्लांग, 'हियर', राँचीः राइटर्ज़ फ़ोरम।
11. नौंगकाइनरिह एस., 'किनफाम मोमेंट्स', कलकत्ता राइटर्ज़ वर्कशॉप, 1988।
12. नौंगकाइनरिह एस., किनफाम 'द सीव' कलकत्ता राइटर्ज़ वर्कशॉप, 1988।
13. जयन्त महापात्र, 'मिस्ट्री एज मंत्र', वर्ल्ड लिटरेचर टूडे, वसन्त, 1994।
14. रॉबिन एस. न्गनगोम, 'वर्ड्स एंड सायंस' कलकत्ताः राइटर्ज़ वर्कशॉप, 1988।
15. रॉबिन एस. न्गनगोम, 'टाइम्स क्रॉसरोड्ज़', हैदराबादः ओरिएंट लौंगमैन, 1994।
16. मकरंद परांजपे, 'रोमैन्टिक लिरिसिज्म', रिव्यू ऑफ टाइम्स क्रॉसरोड्ज़, बिज़निस स्टैन्डर्ड, 11 मार्च, 1994।
17. ऑक्तावियो पाज़, 'हू रीड्ज़ पोएट्री', पार्टिज़न रिव्यू में प्रकाशित 'द अदर वॉयस : एस्सेज़ ऑन मॉडर्न पोएट्री' से उद्धृत।

उपरोक्त कृतियों/सन्दर्भों के अतिरिक्त लेखक ने न्गनगोम, गुहा और हसन के लिए निम्नलिखित पत्र-पत्रिकाएँ भी बतौर सन्दर्भ शामिल कीं—द टेलीग्राफ, टाइम्स ऑफ इंडिया, न्यू वेल्स वीकली, लिरिक, स्कोरिया, इंडियन लिटरेचर, ग्रीनूज़ मैगज़ीन (न्यूजीलैंड), न्यू क्वेस्ट, फेमिना और कई अन्य अल्पजीवी लघुपत्रिकाएँ। उपरोक्त कवियों तथा कुछ अन्य कवियों जिनका इस निबन्ध में उल्लेख आया है, ने अपनी कुछ अप्रकाशित पांडुलिपियाँ भी अवलोकनार्थ दीं।

'का जिंगस्नेंग तिम्मेन' : खासी-जैन्तिया प्रकृति का आईना

आर. टी. रिम्बाई

बिजोया सावियां ने 'का जिंगस्नेंग तिम्मेन' के प्रथम खंड का खासी से अंग्रेजी में अनुवाद करके प्रशंसनीय कार्य किया है। आशा है कि वे इस पुस्तक के खंड-II का अनुवाद भी शीघ्र प्रस्तुत करेंगी। 'का जिंगस्नेंग तिम्मेन' एक छोटी पर महत्त्वपूर्ण पुस्तक है जिसमें 'की हिन्नीयू ट्रैप' नामक विचार-रत्न सम्मिलित है। यह पुस्तक हमें उपयोगी, भला और सच्चा जीवन जी कर ईश्वर और उसके स्वर्ग की प्राप्ति के योग्य बनने का रास्ता बताती है।

'की हिन्नीयू ट्रैप' वस्तुतः 'का री हिन्नीयू ट्रैप' के मूल निवासी हैं जो ब्रिटिश लोगों के आगमन के बाद खासी तथा जैन्तिया पहाड़ी प्रदेश के रूप में जाना जाने लगा। 19वीं शताब्दी के तीसरे दशक में ब्रिटिश आधिपत्य में इसके आने से पूर्व यह प्रदेश उत्तर में ब्रह्मपुत्र, पूर्व में कछार की पहाड़ियों तक, दक्षिण में सुरमा तक और पश्चिम में गारो पहाड़ी प्रदेश तक फैला था। आज जो लोग अपने वास स्थान के नाम के अनुसार खासी या खाइरियम, जैन्तिया या प्नार या सिंतेग, वार, भोई और लिंगन्गम कहलाते हैं, वे नृजातीय दृष्टि से एक ही हैं क्योंकि वे सब के सब हिन्नीयू ट्रैप के वंशज हैं। वस्तुतः वे स्वयं को सदा 'कि पातेंग की हिन्नीयू ट्रैप' यानी 'हिन्नीयू ट्रैप के वंशज' या 'की हिन्नीयू ट्रैप' कहते हैं और अपने पूजा-पाठ में अपना यही नाम खास तौर पर प्रयुक्त करते हैं। खासी कहलाने वाले लोग साधारणतः खासी पहाड़ी प्रदेश में और जैन्तिया (प्नार या सिंतेग) पहाड़ियों में रहते हैं, जो कि खासी पहाड़ियों का ही एक भाग है। 'वार' जनजाति के लोग सुरमा घाटियों की ढलान क्षेत्र के दक्षिणी पट्टी के वासी हैं, 'भोई' और 'लिंगन्गम' उत्तर के निम्न पहाड़ी प्रदेश, जिसका विस्तार ब्रह्मपुत्र घाटी तक हुआ है, में रहते हैं। ब्रिटिश शासन काल में वे सब खासी और जैन्तिया कहलाते थे, जब कि स्वतन्त्रता प्राप्ति के बाद उन्हें खासी-जैन्तिया या 'खासी-प्नार' कहा जाता है। आम बातचीत में भी वे एक-दूसरे के लिए यही नाम प्रयुक्त करते हैं। पर राष्ट्रीय महत्त्व के सभी मामलों में या जब भी उनके एक होकर संघर्ष करने का मामला हो तो वे 'की हिन्नीयू ट्रैप' नाम का इस्तेमाल करते हैं।

'की हिन्नीयू ट्रैप' का शाब्दिक अर्थ है 'सात झोंपड़ी'। 'खासी-प्नार' लोगों में प्रचलित दन्तकथा के अनुसार इनके सोलह परिवार थे जो स्वर्ग में रहा करते थे। वे हर दिन 'जिंगकिएंग विधयार' (जिसका शाब्दिक अर्थ है—स्वर्ण सोपान, पर वास्तविक अर्थ है स्वर्ग से पृथ्वी को

जोड़ने वाला एक आकाश-मार्ग) से पृथ्वी पर उतर आते थे और खेती करते थे। यह उनका नियम था पर एक दिन यह स्वर्ण सोपान नष्ट हो गया और इसके पुनः निर्माण की कोई सम्भावना नहीं बची। इस प्रकार पृथ्वी पर आए हुए वे सात परिवार या सात झोपड़ियाँ सदा-सर्वदा के लिए यहीं के होकर रह गईं। उनका ही वंश यहाँ फला-फूला।

मानवविकास विज्ञानी इस दन्तकथा तथा कंपूचिया के मोन ख्मेर लोगों में प्रचलित दन्तकथा में एक दिलचस्प सम्बन्ध बताते हैं। मोन ख्मेर लोगों की दन्तकथा चौदह नावों में सवार लोगों के यात्रा पर निकलने की बात बताती है, जिनमें से सात नावें हमेशा के लिए रहस्यपूर्ण ढंग से गायब हो गईं। सभी प्राचीन संस्कृतियाँ महाजलप्रलय के काल की बात करती हैं। उदाहरणार्थ भूमध्यसागरीय तथा मध्य पूर्वी क्षेत्र में नूह की नौका की कथा प्रचलित है। खासी-प्नार लोगों का विश्वास है कि इसी महाजलप्रलय में उनकी धार्मिक पुस्तक की पांडुलिपि खो गई थी।

मानव विकासशास्त्री ऐसा मानते हैं कि खासी दरअसल भारत-चीनी वंश के पारम्परिक इलाके से आई पहली खेप की सन्तान हैं, जो अपने मौजूदा पर्यवास में सुदूर इतिहास-काल में आ बसे थे। उनकी भाषा मोन ख्मेर समूह की भाषाओं की एकमात्र बची हुई भाषा है। खासी भाषा बर्मा और भारत-चीन में प्रचलित 'मोन ख्मेर पालौग' उपभाषाओं में एक स्पष्ट समानता विद्यमान है। जातीय रूप से खासी लोग भारत-चीनी जनजातियों से बहुत मिलते हैं पर वे निश्चित रूप से विशुद्ध मंगोल नस्ल के नहीं हैं। निश्चित रूप से काफी समय पहले ही एक अन्य प्रमुखतः ऑस्ट्रिक जाति के साथ उनके वैवाहिक सम्बन्ध स्थापित हुए होंगे। आर्य वंश के लोगों से अन्तर्विवाह तो हाल में होने शुरू हुए।

खासी लोगों के बारे में सबसे पहला लिखित साहित्यिक सन्दर्भ भागवत पुराण की असमिया भाषा में लगभग 1500 ई. में शंकरदेव द्वारा लिखित टीका में मिलता है। किन्तु कई संस्कृत स्रोतों, विशेष रूप से कश्मीर के ऐतिहासिक दस्तावेजों यथा 'राजतरंगिणी' में खस नामक एक पहाड़ी जाति का उल्लेख मिलता है। ये लोग मुख्य रूप से दक्षिणी कश्मीर के पर्वतों पर रहते थे जहाँ उनके वंशज आज भी मिलते हैं। 'खस गिलगित', 'चित्रल', 'कुमाऊँ', 'गढ़वाल' और 'नेपाल के दोती' जिले में भी पाए जाते हैं। 'खास' और 'खासी' लोगों द्वारा प्रयुक्त गहनों और आभूषणों में एक विशिष्ट् सादृश्यता और साम्य है। कुछ विचारकों का मानना है कि ये दोनो जातियाँ सम्भव है एक ही नस्ल की हों जो कालान्तर में आहिस्ता-आहिस्ता पूर्व की ओर बढ़ती हुई पूर्वी पहाड़ियों में चली आईं।

डेढ़ सौ साल पहले तक खासी जनों में स्मृतियों की एक जबरदस्त मौखिक परम्परा विद्यमान थी। माता-पिता, चाचा-चाची ने अनादि काल से पीढ़ी-दर-पीढ़ी अपने बच्चों, भतीजे-भतीजियों को अपने शब्दों तथा उपभाषा में अभिव्यक्त ये स्मृतियाँ सौंपीं, जो बताती हैं कि किस प्रकार ईमानदारीपूर्वक, सम्मानपूर्वक तथा मर्यादित रूप से घर तथा समाज में जीना, काम करना तथा व्यवहार करना चाहिए। खासी लोगों की ईश्वर में प्रबल आस्था है। उनके अनुसार ईश्वर, जो स्रष्टा है और अच्छे समय में लोगों द्वारा किए कार्यों के अनुसार उन्हें पुरस्कृत अथवा दंडित करता है। अतः लोगों का सत्य-मार्ग पर चलने को सदा सतर्क

रहना वांछनीय तथा आवश्यक है। राधन सिंह बेरी ने जितनी संख्या में उनसे हो सका इन विचार-रत्नों को सोहरा उपभाषा में पद्य रूप में सर्वप्रथम लिखकर और प्रकाशित कराकर एक महत्त्वपूर्ण कार्य किया है, जिसका पहला खंड 1902 एवं द्वितीय खंड 1903 में छपा।

उत्तर-पूर्वी भारत की अन्य सभी जनजातियों की तरह की हिन्नीयू ट्रेप भी पश्चिम से ईसाई मिशनरियों के आने से पूर्व तक पठन और लेखन की कला नहीं जानते थे। वंश कैल्विनिस्टिक मेथोडिस्ट फौरिन मिशन के थौमस जोन्स ने पहली बार रोमन वर्णमाला का प्रयोग कर उन्हें यह कला सिखाई।

रेवरेन्ड जोन्स ने लिवरपुल से 25 नवम्बर, 1940 को समुद्री मार्ग से यात्रा आरम्भ की और सोहरा (चेरापूँजी) 22 जून 1841 को पहुँचे। पश्चिम द्वारा मूर्तिपूजक और धर्मविमुख बताए गए लोगों को ईसाई बनाना उनका मिशन था पर उन्हें यह पता नहीं था *की हिन्नीयू ट्रेप* अत्यन्त उच्च्य नैतिक, धार्मिक तथा आध्यात्मिक मूल्यों से समृद्ध हैं।

'खासी-प्नार' सर्वशक्तिमान, सर्वव्यापी और सर्वज्ञ ईश्वर में आस्था रखते हैं। इसलिए ईश्वर को किसी भी प्रतीक रूप में दिखाने या उसके चित्र बनाने को धर्म विरोधी मानते हैं। ईश्वर के तीन आदेश हैं–

1. कामाइ या का होक–इसका शाब्दिक अनुवाद है–सदाचारी बनो। इस धमदिश का जोर सदाचारपूर्ण जीवन की महत्ता पर है। 'की हिन्नीयू ट्रैप' और उनके वंशजों को अपने पूरे सांसारिक जीवन में ऐसे ही जीना चाहिए। इस सदाचारी जीवन के लिए उन्हें न केवल सच बोलना, सम्यक् आचरण करना तथा अपने साथ के लोगों के साथ सम्यक् व्यवहार करना आवश्यक है, बल्कि उन्हें अपने विचारों और इच्छाओं में ईमानदार होना चाहिए।

2. तिप ब्रियू-तिप ब्लेई–इसका शाब्दिक अनुवाद होगा–मनुष्य को जानो-ईश्वर को जानो। इसका तात्पर्य यह है कि मनुष्य अपने साथी मनुष्यों को समझ कर ही ईश्वर को जान सकता है। साथी मनुष्यों को जानने का अर्थ है कि अन्य लोगों के प्रति वह अपने कर्तव्यों का निर्वाह करे यानी सभी के प्रति दया रखे और उनकी सहायता करे। वह अपने लाभ और आनन्द के लिए किसी को चोट-हानि न पहुँचाए।

3. तिप कुर-तिप खा–इसका अर्थ है–अपने माता तथा पिता के सम्बन्धियों को जानो। इस आदेश का अर्थ 'खासी-प्नार' लोगों के सामाजिक ताने-बाने से झलकता है।

'की हिन्नीयू ट्रैप' अपना वंश माता से मानते हैं। बच्चों के नाम के साथ माँ का या अपने कुल का नाम लगाया जाता है। प्रथम जननी का इयाओबेई के सभी वंशज एक कुल वंश के हैं। एक ही पुत्री के सदस्यों में वैवाहिक सम्बन्ध अक्षम्य पाप माना जाता है और ऐसे पतित लोगों को जाति से बहिष्कृत कर दिया जाता है।

किसी पुत्री को समाप्त कर देने वाले ईश्वरीय कोप से, ये लोग सबसे अधिक डरते हैं। ये लोग जाति तथा पुत्री के विकास को ईश्वर का सबसे बड़ा वरदान मानते हैं। अन्य समाज के लोगों में प्रचलित यह धारणा कि इस समाज में नारी का वर्चस्व है–गलत है। इसके विपरीत इनके मातृकुलीय समाज में पुरुष को दोहरा सम्मान प्राप्त है।

अपनी बहन के घर में वह 'ऊ क्निई हा का याप हा का इम' (जीवन काल में तथा

मृत्योपरान्त चाचा) माना जाता है क्योंकि वह सलाह देता है और रक्षा करता है। हालाँकि सबसे छोटी पुत्री पर ही पारिवारिक सम्पत्ति के परिरक्षण का दायित्व होता है, उसे सम्पत्ति के सम्बन्ध में तथा अन्य महत्त्वपूर्ण मामलों पर अपने मामा की राय के बिना निर्णय लेने का अधिकार नहीं है। पुरुष अपनी ससुराल में 'ऊ क्पा उबा इयाह बा इयई' (योग्य तथा अटल पिता) के रूप में जाना जाता है। पुरुष जनक है, अपने समुदाय और अपनी पत्नी की पुत्री को बढ़ाने तथा लुप्त हो जाने से बचाने के लिए ईश्वर का एक उपकरण।

स्त्रियों का समाज में सम्मानजनक स्थान है और वे पुरुष की दासी या अधीनस्थ नहीं है पर धौंस जमाने वाली स्त्रियों को बुरा माना जाता है। इस समाज में एक लोकोक्ति है : 'अदुर लानोत, वेई बा ला किन्इह का क्यिार किनथेई' अर्थात् 'जब मुर्गियाँ बांग देने लगें तो समझो समय खराब है।' स्त्री के ससुराल सम्बन्धी और उसके पति के रिश्तेदार *खा* कहलाते हैं और हमेशा अत्यन्त सम्मान से देखे जाते हैं। 'खा' का शाब्दिक अर्थ है जन्म देना। स्त्रियाँ शासन, विधि-निर्माण और न्यायव्यवस्था के पारम्परिक ढाँचे में हिस्सा नहीं लेतीं।

इसलिए 'तिप कुर तिप खा' के तीसरे ईश्वरीय आदेश के अनुसार मनुष्य को अपने 'कुर' तथा 'खा' दोनों के प्रति अपने कर्तव्यों का अपने पूर्वजों द्वारा आदिकाल से बनाए आचार संहिता और उपदेशों को समझकर और नियमपूर्वक निर्वाह आवश्यक है।

की हिन्नीयू ट्रैप एकेश्वरवादी हैं। किन्तु वे विभिन्न अवसरों की आवश्यकतानुसार ईश्वर का आह्वान अलग-अलग नामों से करते हैं, क्योंकि ईश्वर सर्वगुण सम्पन्न है तथा कल्याणकारी शक्तियों से पूर्ण है। इसलिए यदि व्यापार-धंधे में कामयाबी की प्रार्थना करनी हो तो वे लेई लं स्पाह के नाम से ईश्वर को याद करते है। युद्ध के समय अपने देश की रक्षा और सुरक्षा की बात हो तो लेई खरदप तथा लेई खाराय नामों का प्रयोग करते हैं और अपनी जाति के फलने-फूलने की दुआएँ माँग रहे हों तो लेई लं कुर की कृपा की कामना करते हैं। की हिन्नीयू ट्रैप जीववादी नहीं हैं और न ही वे पितृपूजा करते हैं।

उनका कोई एकईश्वरवादी पूजा स्थल नहीं है। सभी का स्रष्टा, 'ईश्वर' स्वर्ग तथा पृथ्वी सब में व्याप्त है। भूमि का अंश-अंश पवित्र है और इस प्रकार पूज्य है। अतः एकान्त में या अन्य लोगों के संग बाहर कहीं भी खुले में या फिर अपने घर में ही ईश्वर की पूजा की जा सकती है। बस शर्त यह है कि पूजा करनेवाले का हृदय निर्मल हो।

एक खासी-प्नार व्यक्ति का विश्वास होता है कि मरने पर उसकी आत्मा पंख लगा ईश्वर के पास चली जाती है ताकि खिन्दाय ट्रैप (नौ कुटीर या परिवार) के साथ स्वर्ग में रह सके। खासी-प्नार के लिए उसका शरीर रुह प्युत है यानी सड़ा हुआ पिंजर। यह शरीर अग्नि से शुद्ध होकर पृथ्वी माता के पास लौट जाता है, पर उसका अनश्वर अंग जिसे वह का रिंन्गयू कहता है पृथ्वी पर अपने सगे-सम्बन्धियों की रक्षा करता रहता है। का रिंन्गयू का पर्याय मुझे अंग्रेजी भाषा में नहीं मिला। मेरे विचार से इसका सटीकतम अर्थ होगा—एक आदमी के व्यक्तित्व और अस्तित्व का सत्व। खासी प्नार लोगों के यहाँ मृतक के दाह-संस्कार की प्रथा है।

हमारे यहाँ सामूहिक पूजा के दिन निश्चित नहीं हैं। प्रत्येक दिन प्रार्थना का दिन है और

अच्छे विचार, वचन और कर्म, ईश्वर को अंजलि अर्पण के लिए किसी विशेष दिन की कैद नहीं है। मनुष्य को हर प्रकार से और हर समय ईश्वर के इस आदेश का स्मरण करना चाहिए—'सदाचारी बनो' (कमय इया का होक) और 'सत्य मार्ग पर चलो।'

दुख की बात है कि औपनिवेशिक काल में पश्चिम से आए लोग शक्ति और सत्ता के अहंकार में सभ्यता और संस्कृति से दूर अपनी अधीनस्थ जातियों को असभ्य और असंस्कृत मान कर हेय दृष्टि से देखते थे। पहाड़ी क्षेत्र के लोगों, जिन्हें लिखना-पढ़ना बिल्कुल ही नहीं आता था और जिनके इतिहास तथा साहित्य लिखित रूप में उपलब्ध नहीं थे, के मामले में यह बात ज्यादा लागू होती थी। वे उनके मौखिक साहित्य को अन्धविश्वास और अज्ञात के भय में जीनेवाले अपढ़ लोगों के मिथक और अनुश्रुति कहकर उपहास करते थे। अपने ऊँचे मंच से नीचे उतरने का कष्ट उठाकर यदि उन्होंने 'की हिन्नीयू ट्रैप' लोगों की कहानियों और स्मृतियों, संस्कृति, रीति-रिवाज़, और ईश्वर और मानव के परस्पर सम्बन्धों को लेकर उनके उदात्त विचारों का अध्ययन किया होता तो वे उनके स्वभावगत सच्चेपन, सहनशीलता, सदाचार और खुशमिजाजी, जिसकी झलक सहज 'ही का जिंनस्नेंग तिम्मेन' के पृष्ठों में मिल जाती है, को जानकर आह्लादित हो उठते।

रेवरेन्ड थामस जोन्स समझते थे कि ईसाईकरण के उनके मिशन को पूरा करने का सबसे बढ़िया तरीका लोगों को उनकी अपनी भाषा में बाइबिल तथा अन्य ईसाई धार्मिक साहित्य पढ़ना-लिखना सिखाना है। घर लिखे अपने पहले पत्र में उन्होंने लिखा था—"एक ही योजना मुझे कारगर मालूम होती है कि विभिन्न गाँवों में बच्चों तथा वयस्कों के स्कूल खोले जाएँ ताकि लोग अपनी भाषा को पढ़ना सीखें और फिर उन्हें ईसाई धर्म के सिद्धान्तों की शिक्षा दें।" दूसरे शब्दों में कहें तो उन्हें वैसी ही शिक्षा दी जाए जैसी कि घर पर रविवारी स्कूलों में दी जाती है। उसमें किसी और तरह की बात शामिल न की जाए, सिवाए ऐसी बातों के जो बच्चों को स्कूलों की ओर आकर्षित करने या स्थानीय शिक्षक के प्रशिक्षण के लिए जरूरी हों अथवा यहाँ के लोगों को अपने लोगों को पढ़ना सिखाने के लिए आवश्यक हों। इस तरह ही हम लोग न केवल नवयुवकों को धार्मिक सिद्धान्तों का ज्ञान पढ़ा पाएँगे बल्कि उन्हें साक्षर भी बना पाएँगे। जब हम अपनी धार्मिक पवित्र पुस्तकों को उनकी भाषा में अनूदित कर लेंगे तो हम कम से कम हर परिवार के कुछ लोगों को उन्हें पढ़ने योग्य बल्कि मैं तो यह कहना चाहता हूँ कि समझने योग्य भी बना पाएँगे। मेरे ख्याल से उनके ईसाईकरण की दिशा में यह एक अहम् कदम होगा।

इस उद्देश्य की प्राप्ति के लिए अत्यन्त एकजुट तथा समर्पित होकर उन्होंने तुरन्त एकाग्रचित्त भाव से सोहरा उपभाषा सीखने में समय लगाया और केवल छह माह में ही इस भाषा पर अधिकार अर्जित कर लिया। इस उपभाषा के लिखने के लिए उन्होंने रोमन लिपि का प्रयोग किया और अब तो सोहरा भाषा खासी-प्नार लोगों की साहित्यिक भाषा हो गई है। अपनी योजना को कार्य-रूप देने के लिए शुरू में उन्होंने तीन प्राथमिक स्कूल सोहरा भाषावाले तीन गाँवों में खोले। उत्तर-पूर्व भारत के पहाड़ी प्रदेश में जहाँ-जहाँ ईसाई मिशनरी धर्म प्रचार के लिए आए और रेवरेन्ड थामस जोन्स की योजनानुसार जहाँ काम

हुआ, वहाँ ईसाई धर्म के जबरदस्त प्रसार के हिसाब से देखें तो यह योजना अत्यन्त सफल रही। सच तो यह है कि स्वतन्त्रता प्राप्ति तक भारत के उत्तर-पूर्वी प्रदेशों में शिक्षा वस्तुतः पश्चिमी मिशनरियों के हाथ में थी। सरकार लोगों को एकदम अलग-थलग, लगभग घेर कर के रखती थी और उनके आर्थिक विकास या सामाजिक कल्याण में नहीं के बराबर दिलचस्पी लेती थी। उसकी पूरी दिलचस्पी कानून-व्यवस्था बनाए रखकर लोगों को सरकार के प्रति वफादार और आज्ञाकारी बनाए रखने में थी, जिससे कि गोरे सिविलियन, उच्च अधिकारी लोग और बक्से वाले, मैदानी क्षेत्रों की गर्मी और धूल-गर्द से बच कर पहाड़ी प्रदेशों के स्फूर्तिदायक जलवायु में गर्मियों में आकर शान्ति से आनन्द और मौज कर सकें। अगर मिशनरियों के लिए यह सुविधा नहीं तैयार की जाती तो ज्ञान का आलोक लोगों में फैलाने का प्रयास बन्द हो गया होता। शुरू-शुरू में जो मिशनरी केवल प्राथमिक स्कूल खोले बैठे थे, जहाँ कहीं भी मिशनरी के लिए रहने की व्यवस्था की गई वहाँ स्कूल का स्तर उठा कर माध्यमिक अंग्रेजी स्कूल बना दिए गए। 19वीं शताब्दी की समाप्ति पर कहीं जाकर शिलांग में एक-दो अंग्रेजी हाई स्कूल खुल पाए, ताकि उनमें उत्तर-पूर्वी भारत के पहाड़ी प्रदेश से छात्र-छात्राएँ पढ़ने आएँ। यही कारण था कि कुछ परिवार अपने बच्चों को सेकंडरी स्तर की शिक्षा दिला पाते थे। उच्चतर शिक्षा के लिए मैदानी क्षेत्रों में तो और भी कम लोग अपने बच्चों को भेज पाते थे—वह भी सामान्य प्रकार की शिक्षा के लिए। यह सब होने पर भी वही समर्थ परिवार ऐसा करते थे जो शिक्षा का महत्त्व समझते थे।

उनके दोहे खासी जैन्तिया लोकाचार के परिचायक हैं। इनसे उनके आत्मसम्मान, आत्मनिर्भरता, सहिष्णुता और सूझ-बूझ, जिनसे उनका परोपकारी, विचारवान और मिलनसार स्वभाव का पता चलता है। उनके स्वभाव की यह विशेषता तथा प्रदेश की सुन्दरता और भव्यता दूर-दूर के आगन्तुकों, अपने देशवासियों तथा विद्रोहियों को अपने आकर्षण में बाँधती है। एक अमेरिकी मिशनरी रेवरेन्ड जे.टी. संडरलैंड, जो योरोप के देशों की उपनिवेशवादी मनोवृत्ति से मुक्त थे, इस प्रदेश मे आए तो यहाँ के लोगों के स्पष्ट और दोस्ताना स्वभाव से बड़े प्रभावित हुए और 24 पंक्तियों की संक्षिप्त और मधुर एक कविता लिखी जो गुलाब की खिलती हुई कली की तरह लोगों की आत्मा को भी प्रस्फुटित करती है। मैं उन पंक्तियों को इस प्रदेश के लोगों के जीवन दर्शन और व्यावहारिक जीवन की बेहतर समझ विकसित करने के प्रथम प्रयास के रूप में उद्धृत करने का लोभ संवरण नहीं कर पा रहा हूँ—

'खुबलेई'—ईश्वर आपकी रक्षा करे/—जे.टी. संडरलैंड/'खुबलेई'! ईश्वर तुम्हारी रक्षा करे/ऐसा कहते भोले-भाले खासी/जब भी राह में पहाड़ियों की ढलान पर/मिलते हैं वे एक-दूसरे से/यही है उनका सुबह का अभिवादन और/यही शाम का सलाम/दूर से लौटे दोस्तों का स्वागत इन्हीं शब्दों से करते /विदा लेते समय भी उनसे/'खुबलेई'! ईश्वर तुम्हारी रक्षा करे कहते/क्या इन शब्दों में हमारे कपट के लिए /डाँट नहीं भरी है ?/हम जो खुद को कहते हैं ईसाई/मिलन और विदाई पर

जो करते हैं /शब्द इस्तेमाल आदतन/ईश्वर का नाम या विचार नहीं शामिल उनमें/क्या पूरे जगत् का ईश्वर/नहीं देना चाहता एक गम्भीर सबक/आदर और विनम्रता का/अभिमानी ईसाई को एक सरल समाज के/इस मधुर अभिवादन से/'खुबलेई'—ईश्वर आप की रक्षा करे !

अनुवाद : *अकील कैस*

एक कवि की दृष्टि में खासी लोकतन्त्र : एक विश्लेषण

किनफामसि नौंगकिनरिह

पुराने और खोए हुए दिनों से ही
था मौजूद वहाँ भाईचारा–जो था उनकी पूँजी
गढ़े उन्होंने अपने अनुष्ठान–रीति-रिवाज
पाया अपना धर्म उन्हीं में
चूल्हे की आग पायी जब से
तभी से सिरजी उन्होंने राजनीति अपनी !

(सैक्शन–VIII, 31)[1]

कविता में परम्परागत खासी प्रजातन्त्र के बारे में काफी चर्चाएँ, बहस एवं प्रशंसा हो चुकी है। इस घरेलू प्रणाली की श्रेष्ठतम काव्याभिव्यक्ति देने वालों में किसी का नाम लिया जाता है तो वह है सोसो थाम (1873-1940)। थाम खासी भाषा के स्वीकृत प्रतिष्ठित और बेताज़ कवि हैं। कविताओं में खासी जीवन और व्यवहार[2] को प्रदर्शित करने के कारण सभी खासी कवियों में इन्हें सबसे खाँटी खासी माना जाता है। वे अपनी वृहत्-रचना 'की सेन्जि बा रिम ऊ हिन्नीयू ट्रेप' (द ओल्डेन डेज़ ऑफ यू हाइन्यू ट्रेप, 1936) में खासी जीवन की स्तुति और उसके रूप की परख[3] करनेवाले पहले कवि हैं। थाम अपने लोगों की संस्कृति की चर्चा करते हुए अपनी मौखिक परम्परा के दौर में चले जाते हैं और उन्हें उजागर करते हुए उद्धृत करते हैं कि–खासी व्रंश के पूर्वजों की ऊ हिन्नीयू ट्रैप की 'लोहारशाला' मातृगृह के 'चूल्हे की आग' ही थी, जिसके गिर्द बैठकर विधि और विधानों का निर्माण करने वाले चाचा और पिताओं ने अपनी सामाजिक एवं आर्थिक व्यवस्था, अपना धर्म और अपनी राजनीतिक व्यवस्था गढ़ी।

यह आकस्मिक नहीं है कि कवि ने राजनीति से पहले सामाजिक, आर्थिक और

1. सोसो थाम, 'की श्नैंगी बा रिम यू हिन्नीयू ट्रैप' *(शिलांग : प्रिमरोज़ गतफोह, 1976)* 31। कविता सम्बन्धी उक्तियाँ इसी पुस्तक से ली गईं हैं।
2. एस के भुईंया, 'इंट्रोडक्शन' उपरोक्त 1 को, VIII
3. वैल्स शब्द को ढीले-ढाले ढंग से कई प्रकार की चाहत के अर्थ में अनुवादित किया गया है।

धार्मिक प्रणाली पर बात की है। लोक परम्परा के अनुरूप ही यह बताया गया है कि खासियों में राजनीतिक संरचना जिस रूप में वह आज अस्तित्व में हैं, बहुत बाद में जाकर तब बनी, जब उस समय की लागू व्यवस्था को *उन्हें* बदलने की जरूरत महसूस हुई। इस तथ्य का कोई प्रतिवाद नहीं कि मूल विषय घर के *चूल्हे या भट्ठी की* (आग) से बनता है। यह तथ्य बहुत महत्त्वपूर्ण है। *थाम* ने अपने लोगों की संस्कृति के इस पहलू को इतना महत्त्वपूर्ण माना है कि इसका परिचय वे पहले ही पैरा में देते हैं—

'पुराने समय में कैसे चाचा और पिताओं ने/
राजनीति गढ़ी और राज्यों की नींव डाली (3-4)'

ये पंक्तियाँ पाठकों की जिज्ञासाएँ बढ़ाती हैं और उन्हें अनिवार्य रूप से अपने प्रश्नों के साथ उत्तर देती हैं कि पूर्वजों ने कैसे राजनीति गढ़ी और राज्य बनाए ? यह देखा जा चुका है कि कैसे उनकी राजनीति *माँ के घरों* में आकार लेती है। कविता के आठवें अनुच्छेद में कवि पूर्वजों की राजनीतिक रूप-रेखा का वर्णन करता है। वे घोषणा करते हैं कि इसकी शुरुआत इस बात से हुई जब उन्होंने यह जानना चाहा कि कहाँ है—'हाबा की वाड हांगनो ऊ सिएम (113)' अर्थात् शासक यानी सिएम, जो नेता के रूप में सभी को स्वीकार्य हो और जो सबके प्रति जवाबदेह भी हो।

ये पंक्ति सिएम वंश की उत्पत्ति की कई लिजिन्द्री गाथाओं की ओर इंगित करती हैं। का पाहसिनत्यू की गाथा इनमें सबसे प्रसिद्ध गाथा है, ये प्रथम सिएम या 'हिमा' शिलांग के राजा अथवा शिलांग राज्य के पूर्वज माने जाते हैं। गाथा के अनुसार 'का पाहसिनत्यू'[4] सचमुच में फूलों के प्रति आकर्षित होनेवाली शिलांग की पवित्र चोटी के देवता की बेटी थी, जो 'यू लेई शिलांग' के नाम से जानी जाती है। 'सिएम' चोटी के इर्द-गिर्द बसे गाँव में रहने वाले लोगों की प्रार्थनाओं और अनुरोध को स्वीकार करते हुए, शासक सिएम ने अपनी एक बेटी को 'क्रेम मराई' नामक गुफा में रहने के लिए भेज दिया जो चोटी के आस-पास ही स्थित थी। बाद में देवता की इस बेटी की गुफा के सामने, उन्हीं गाँवों में से एक गाँव के 'मिलल्यैम' नामक बुजुर्ग ने फूलों की डाली सजाकर रख दी। देवता की बेटी फूलों से आकर्षित होकर बाहर निकल आई। 'मिलल्यैम' और गाँव के दूसरे बुजुर्गों ने तब देवी के साथ विवाह रचने के लिए 'नौंगिरी' गाँव के एक खूबसूरत युवक को चुना। 'हिमा शिलांग' का प्रथम शासक उनके ही समागम से उत्पन्न हुआ।

कहानी का यह सिर्फ एक पक्ष है। गाथा यह भी इंगित करती है कि 'मिलल्यैम' और गाँवों के समूहों के बुजुर्गों ने तब एक अत्यन्त रमणीय और उतनी ही गोरी एक कुँवारी कन्या को मैदानी क्षेत्र से लाकर गुफा में थोड़ी देर के लिए रख दिया। तब उन्होंने 'क्रेम मराई' गुफा में रहने के प्रसंग में एक परी कथा गढ़ीं और दिखावे के लिए परी को पकड़ने का अभूतपूर्व तमाशा भी खड़ा किया गया। ऐसा इसलिए किया गया क्योंकि

4. लिजिन्द्री कथाओं का विस्तृत विवरण नौंगकिनरिह की—'खासी फोक टेल्स, द लिजेन्ड ऑफ का पाहसिनत्यू', अफिरा डेली न्यूज *(शिलांग 12 फरवरी 1994)* सप्लिमेंटरी विभाग, एन पृष्ठ।

वे किसी ऐसे व्यक्ति की खोज में थे जो गाँव के समूह को 'सिएम' के नाते शासक बनकर नेतृत्व दे सके, पर ऐसे व्यक्ति को जो उनके जीवन को अपनी विलक्षण शक्ति से नियन्त्रित कर सके, वे अपने वंश अथवा गाँव से चुनने में असमर्थ थे चूँकि उससे उनके भीतर विद्रोह पैदा होने का खतरा था। इसीलिए उन्होंने अपनी समझदारी के अनुसार उपरोक्त युक्ति अपनाई। ऐसा करते हुए उन्होंने जाने-अनजाने राजा की दैविक उत्पत्ति की अवधारणा प्रस्तुत तो जरूर कर दी लेकिन इस अवधारणा में राजाओं के अधिकारों की चर्चा का कोई स्थान नहीं रखा।

इस बहस की पुष्टि करते हुए एल. आर.टी.रिम्बाई[5] कहते हैं—"हिन्नीयू ट्रैप में बर्बाद घरों की सम्पत्ति लेना वर्जित माना जाता है क्योंकि उनका मानना है कि दैवीय कोप के कारण ही ऐसे परिवारों को निर्दयी किस्मत का सामना करना पड़ रहा है। उनके लिए ऐसे घरों से कोई वस्तु, पैसा या आभूषण लाना भी निषिद्ध है। इन नकारने वाले परिवारों का मानना है कि यह सम्पत्ति जरूर बुरे तरीके से अर्जित की गई होगी। उनका यह भी दृढ़ विश्वास है कि अब जो भी इसे लेगा या रखेगा उसे भी ऐसी ही निर्दयी किस्मत का सामना करना पड़ेगा। फिर भी यह युक्तिसंगत नहीं था कि हिमा की आमदनी के इस स्रोत को बर्बाद होने दिया जाए। उसे बचाने के कुछ तरीके ढूँढ़े गए। इस सोच और राइज दरबार तथा प्रशासन का संचालन करने के लिए एक संचालक की बढ़ती माँग के कारण, ऐसे परिवार तथा कबीलों का आविष्कार किया गया जो इन वर्जनाओं से परे थे। इसलिए सिएम नामक राज्य के उपाधिकारी प्रधान की उत्पत्ति हुई जो हिमा को ढूँढ़नेवाले बाख्रा कबीले से नहीं आते थे और न ही ऊ बाबुन ऊ बालंग नामक राज्य बनानेवाले देशज कबीले से आते थे, लेकिन उनके हाथों में हिमा के शासन का पूरा दारोमदार था। जैसा कि दिन सदैब रात के बाद आता है, हमारे पास भी का पाहसिनत्यू नामक रानी की लिजिन्द्री कथा है जो की सिएम का हिमा शाइलाँग राजवंश को स्थापित करने के लिए पोमनाकराई नामक जगह पर पत्थर की दरार से उपजी थी।"

'रिम्बाई का लि दहखा' नामक जलपरी की गाथा के बारे में भी बताते हैं, जिसने अपने आप को एक खूबसूरत कुँवारी कन्या के रूप में बदलकर 'की सिएम सुतन्गा' राजवंश की स्थापना की, जो बाद में जैतिन्या राज्यों और 'महारम', 'नौहलाँ' और 'लैंगरीन' नामक हिमाओं के 'की सियेमलेह सियेमयंग' राजवंश के नाम से जाना गया। इसी ढ़ंग से 'रिम्बाई राजवंश जैन्तिया राइज' और कई 'हिमा' राज्यों तथा 'सोहरा' के 'सिएमों' की दैवीय उत्पत्ति के बारे में भी बताते हैं। वे कहते हैं—

"हमारे पास पौराणिक सूअरी की एक लिजिन्द्री कथा है, जिसने एक खूबसूरत लड़की को जन्म दिया। इस खूबसूरत लड़की ने ही की सिएम का हिमा मैलिंग्यांग के राजवंश को स्थापित किया जो पन्द्रहवीं शताब्दी के आसपास विखंडित हुआ था। इसके सिएम अब माउसिनराम राज्य में पाए जाते हैं। का हिमा सोहरा के मामले में जब

5. आर. टोकिन रिम्बाई, *'द इवोल्यूशन आफ द हिन्नीयू ट्रैप पोलिटी'* खासांमारी—यू खुन यू हाजार का रि हिन्यूट्रैप, सम्पादक : सुमर सिंह सवियां *(शिलांग : अफिरा पब्लिकेशन सन्स, 1998)* एन पेज।

बाख्राओं लोगों को यह समझ में नहीं आ रहा था कि अपने सिएम को कैसे खोजें, तब वहाँ एक सुसभ्य और दैवीय गरिमामयी महिला कहीं से आई। उस महिला ने कहा कि जो बच्चे उसकी कोख़ से पैदा होंगे वही उनके हिमा राइजों के सिएम होंगे।''

बेशक वहाँ कई ऐसे हिमा भी थे जिनकी मदद करने वाला कोई 'सिएम' या कोई दैवीय शक्ति नहीं थी। ऐसे मामले में 'बाख्राओं' लोगों का नीचे मैदानी इलाकों में उतर कर और वहाँ पर जो भी जोड़ा सामने पड़ जाए उसे अपहृत कर लाना पड़ता था। ऐसे अपहृत जोड़े ही उनके 'हिमाओं' के राज्यवंशों की नींव डालते थे। 'का हिमा मावियंग' के मामले में ऐसा ही हुआ। ऐसे ही उत्पत्ति-परक मिथकों और लिजिन्द्रियों के चलते 'हिन्नीयू ट्रैप' समाज ने अपने 'सिएमों' के लिए कुछ विशेष लक्षण तय किए। उनके अनुसार सिएम को 'कि सिएम कि बिल्यै' अर्थात् देवता राजा, 'ऊ सिएम ऊ क्मिे' अर्थात् माता राजा और 'ऊ सिएम ऊ मराओ' यानी गुलाम राजा सभी गुणों से परिपूर्ण होना चाहिए। देवता के नाते 'सिएम' को न्यायप्रिय होना लाजमी है ताकि वह सभी नागरिकों के धन और सामाजिक रुतबे पर ध्यान न देकर, सभी को बराबर का न्याय दे। माता के नाते 'सिएम' को सभी नागरिकों की प्रेम और स्नेह से हिफ़ाज़त रखनी जरूरी है। गुलाम के नाते एक 'सिएम' को सबके कल्याणार्थ निःस्वार्थ और अथक सेवा करनी पड़ेगी। इस प्रकार की राजनीतिक समझदारी की प्रशंसा में कवि ने गाया है। अपना 'सिएम' खोज लेने के बाद कवि आगे कहता है—

> *इस ढंग से उन्होंने सीखा राजनीति करना/और सीखा स्थापित करना राज्य/ और की सभी ने प्रतिज्ञा उनके रक्षार्थ/खून उबलता है रगों में उनके इसीलिए—/नाम अमर है उनका और महिमा जीवित''*

(सैक्शन–VIII 116.120)

कवि के पूर्वजों ने राजनीति का प्रथम पाठ तब सीखा जब वे एक 'सिएम' की खोज के प्रयास में लगे थे। 'सिएम' पाने के बाद उन्होंने अपने गाँवों को 'हिमा' या राज्य के रूप में संगठित किया। उनके रक्षार्थ उन्होंने यह संकल्प लिया कि—चाहे किसी को मारना पड़े या खुद मर जाना पड़े, वे अपने हिमा के लिए मर मिटने को सदैव तैयार रहेगें। कवि कहता है उनकी देशभक्ति के कारण उनके 'हिमा' समृद्धि करते चले गए और उनकी कीर्ति और महिमा बढ़ती रही। 'हिमाओं' के विषय पर 'माजॉअ' कहते हैं—

''कवि सोसो थाम, हिमा की स्थापना पर ही खासियों की राजनीति को आधारित मानते हैं। हिमा के निर्माण को वे धर्म पर आधारित मानते हैं, जो क्रमानुसार उनके प्रतिज्ञापत्र पर आधारित है। यह प्रतिज्ञा-पत्र 'ऊ हिन्नीयू ट्रैप' और उनके सृजनकर्त्ता[6] के बीच हुआ एक संधिपत्र है।''

पर यह 'हिमा' या राज्य क्या है जो 'हिन्नीयू ट्रैप' लोगों की राजनीति का आधार तैयार करता है और ज़िसके लिए कवि विभिन्न अनुभवों से गुजरते हुए इतना विचलित है? खासी लोकतन्त्र पर लिखते हुए हिप्सन रॉय कहते हैं—

6. एस.एस. माजा, 'कि सिरवैत जिन्गसाई दो', सम्पादक : एस.एस.माजा *(शिलांग–1985)*।

"खासियों की लोकतांत्रिक व्यवस्था और जीवन-शैली ने उन्हें अपने छोटे से गणतन्त्र में हजारों वर्षों से जिन्दा रखा है। महामहिम फ्रीमैन थॉमस अर्ल ऑफ विलिंग्डन ने भारत सरकार के वायसराय और गवर्नर जनरल रहते हुए इस पहाड़ी इलाके का दौरा करने के दौरान कहा था–

"ये आपके लोगों की सहनशीलता, पौरुष, हिम्मत-दम और योग्यता का द्योतक है कि जब पूर्व और पश्चिम में सदियों से कायम राजवंश बनते और बिगड़ते रहे हैं, तब आप अपने इस खुशनुमा पहाड़ी इलाके में अपने वंश के पुराने तौर-तरीकों और सिद्धान्तों पर आधारित इस छोटे से गणराज्य की आजादी को बरकरार रखे हुए हैं।"[7]

हिप्सन रॉय और वायसराय दोनों का खासी राज्यों को गणराज्य कह कर सम्बोधित करना यूनानी नगर/राज्य के साथ इनकी तुलना का बोध कराता है। रिम्बाई इसे निम्न प्रकार व्याख्यायित करते हैं–

"अलग-अलग राज्यों के एक-दूसरे से स्वतन्त्र और एक साथ रहने के सवाल पर की हिन्नीयू ट्रैप का राजनीतिक संगठन मूलतः प्रजातांत्रिक है। मूलतः वे प्रकृति में सभी गणतन्त्रवादी हैं लेकिन रूप में वे राजतांत्रिक हैं। पारम्परिक तौर पर यह कहा जाता है कि यहाँ तीस राज्य थे जो एक उपाधिधारी सिएम के अधीन थे। इनमें 29 राज्य केवल खासी पहाड़ियों के थे तथा केवल एक राज्य जैन्तिया पहाड़ियों का था। जैन्तिया पहाड़ियों में आरम्भ में बारह दलोयस थे जो सिएम के समान ही होते हैं। ये एक-दूसरे से स्वतन्त्र थे लेकिन बाद में उन्होंने एक सिएम को अपना उपाधिधारी प्रधान चुन लिया।"[8]

हिमा राज्यों की स्थापना और गणतन्त्र की प्रकृति की व्याख्या करते हुए वे आगे कहते हैं कि–

"हिमा का प्रधान खुद से कुछ करने की शक्ति या अधिकार से लैस नहीं है। शक्ति जनता में निहित है। प्रधान या शासक, लोगों की समान ईच्छा को लागू करने हेतु मात्र एक एजेंट है। राज्य के लोग, राज्य के प्रधान की प्रजा नहीं होते बल्कि वे सब के सब उसके नागरिक होते हैं, जिन्हें ऊ खून ऊ हाजार नाम से जाना जाता है।

7. हिप्शन रॉय, 'द खासीज़ व्हेयर लाईज़ द सोल ऑफ आवर रेस', सम्पादक *(शिलांग हिप्शन रॉय, 1982)*।

8. देखें ऊपर 5–अंग्रेजों ने खासी पहाड़ियों पर कब्जे के बाद उसके सात राज्यों को समाप्त कर सीधे अंग्रेजी हकूमत की सीमा में मिला लिया। उन्होंने अन्य आठ राज्यों की अवनति कर दी और उन्हें छोटे उपाधिधारी प्रधान जिन्हें *लिंगदोह* कहा जाता था, के अधीन रख दिया। इसी प्रकार उन्होंने अन्य पाँच राज्यों को इनसे भी छोटा दर्ज़ा देकर *सरदार* उपाधिधारी प्रधान के अधीन कर दिया। अंग्रेजी हकूमत ने आज कल की खासी हिल्स के 31 गाँवों और पूरे के पूरे जैन्तिया क्षेत्र को अपने अधीन कर लिया। खासी पहाड़ियों के क्षेत्र को उन्होंने सरदारों और जैन्तिया पहाड़ियों के क्षेत्र को *डालोरस* उपाधिधारी प्रधानों के तहत रख दिया। हालाँकि अंग्रेजों ने खासी हिमाओं की भौगोलिक सीमाओं में तो बहुत हस्तेक्षप किया लेकिन उन्होंने खासियों के गणतन्त्रीय व्यवस्था के ढाँचे को नहीं छुआ।

सत्ता की व्यवस्था त्रिस्तरीय आधार पर विभाजित है। गाँव के ग्रासरुट ईकाई स्तर पर रंगबाह श्नौंग यानी गाँव का प्रधान होता है जो गाँव के बुजुर्गों की परिषद् की मदद से सब कार्यभार सँभालता है। गाँव के सारे मामलों को दोरबार श्नौंग यानी ग्रामीण परिषद् को सुपुर्द कर दिया जाता है। इस ग्रामीण परिषद् में प्रत्येक बालिग पुरुष को उपस्थित रहने और भाग लेने का अधिकार प्राप्त होता है। प्रधान समानता में सब के समान प्रथम सदस्य होता है। वह परिषद् के स्तर पर लोगों की सहमति से चुना जाता है।

कई गाँव के समूह से *राइज* बनता है जिसके उपाधिधारी प्रधान को *सिएम राइज* कहा जाता है। *रंगबाह श्नौंग* की तरह ही इसे भी खुद से कुछ करने की शक्ति एवं अधिकार प्राप्त नहीं है। इसे अपने कर्तव्यों को निभाने में मददगार के रूप में बुजुर्गों की एक परिषद् होती है। जिसे *बासान्स* कहा जाता है। यह परिषद् *राइज* के अन्तर्गत अलग-अलग गाँव के निवासियों अथवा राज्य के विभिन्न गाँवों के आपसी विवादों का निपटारा करती है। वह उस वंश के सदस्यों द्वारा चुनी जाती है जिनके मध्य से केवल *सिएम* ही चुना जाता है। सारे मामले परिषद् के सदस्यों के मतैक्य से निपटाए जाते हैं। *राइजो* को प्रभावित करनेवाले सभी मामले सीधे *दोरबार राईज* को सौंप दिए जाते हैं, जिसमें *राइज* का प्रत्येक बालिग पुरुष, हाजिर होने से उसकी चर्चा एवं बहस में भाग लेने के लिए अधिकृत है।

कई *राइज* मिलकर एक *हिमा* यानी एक राज्य बनता है। *हिमा* के आकारानुसार ही *राइजों* की संख्या परिवर्तित होती रहती है। *हिमा* का *सिएम* साधारणतया *बखरा* यानी कुलीन वर्ग द्वारा स्वीकृत कर लिया जाता है, यदि वंश के सभी सदस्य उसे सर्वसम्मत राय से चुन लेते हैं और वह किसी गम्भीर शारीरिक विकलांगता या नैतिक पतन के कारण अयोग्य नहीं होता हो, तब यदि *सिएम वंश* या कई वंशों के सदस्य मिलकर किसी एक उम्मीदवार को नहीं चुन सकते तो मामला प्रतिष्ठित कुलीन वर्ग के लोगों को सौंप दिया जाता है। वर्ग के लोग भी किसी एक पर सहमत नहीं हो पाएँ तो मामला *हिमा* राज्य के बालिग पुरुषों की पसन्द पर छोड़ दिया जाता है।"

रिम्बाई यह भी घोषित करते हैं कि खासी राजनीति की व्यवस्था की गणतांत्रिक प्रकृति अपनी ताकत उसे अपने समाज के सामाजिक ढाँचे से मिलती है। वे कहते हैं–

"*हिन्नीयू ट्रैप* समाज की सामाजिक संरचना के क्रमानुसार *सिएम* वंश किसी दूसरे वंश से उच्च नहीं होता। *बाख़्रा वंश* पर भी यही नियम लागू है। यह सामाजिक संरचना एक और अनेक की समानता पर आधारित होती है। विभेद सिर्फ *हिमा, राइज* या *श्नौंग* का शासन और प्रबन्धन करने की विभिन्न प्रक्रियाओं में ही देखने को मिलता है। प्रशासन के दैनन्दिनी कार्यक्रमों के संचालन में *बखरा* लोगों की परिषद् जो *लिंगदोह, लिंश्कर, बासन्स* और *मित्रीस* इत्यादि नामों से जाने जाते हैं, हर दिन के कार्यक्रम में *सिएम* की सहायता करती है। ये सभी अपने-अपने वंश द्वारा स्थापित *हिमाओ* के निर्वाचित प्रतिनिधि होते हैं। राज्य का प्रधान वास्तव में एक औज़ार होता है। *दोरबार*

जब सत्र में होता है तो उसके उपाधिकारी प्रधान सदस्यों द्वारा अभिव्यक्त किए गए सर्वसम्मत निर्णयों को लागू करते हैं। यह कार्यवाही प्रशासनिक मामलों की रोज की कार्यवाही होती है। इस प्रकार ये *हिमा दोरबार* के खुले सत्र के सभी बालिग पुरुष सदस्यों द्वारा अभिव्यक्त किए गए सभी महत्त्वपूर्ण परामर्शों व निर्णयों को जिससे *हिमा* प्रभावित होता हो–को लागू करते हैं।''

खासी *हिमा* की गणतन्त्रीय प्रकृति और लोगों की ऐसी ही भूमिका के सन्दर्भ में कवि कहते हैं।

> *राजा पत्थर का ही क्यों न हो,/क्या फर्क पड़ता है/बड़ों-छोटों से मिलकर/ही तो बनता है राज्य/उसके साथ है सामूहिक न्याय/उसके पास हैं बेड़ियाँ/पर गेंदे की तरह गोल-गोल गुँथी खिले-खिले/राज्य की परिषद् चलती है।*

(सैक्शन–VIII, 121-126)

कवि की पारम्परिक राजनीतिक समझ का ढाँचा शाश्वत है। चूँकि राज्य के राजकीय और गम्भीर भारी-भरकम मुद्दों का संचालन *महान्* यानी *बाख्रा* और *छोटे* यानी *ऊ खुन ऊ हाजार* नामक नागरिक दोनों साथ-साथ मिलकर करते हैं।

महत्त्वपूर्ण है *सिएम* को सबका समर्थन प्राप्त होना। जब तक *सिएम* को ऐसा समर्थन प्राप्त रहता है तब तक सचमुच में इससे क्या फर्क पड़ता है कि *सिएम* कैसा है। सबसे महत्त्वपूर्ण और जरूरी बात जो कविता के पैरा में दर्शाई गई है वह है–*दोरबार* या *राइजों* की परिषद्। इस *दोरबार* के प्रति कवि इतने अधिक अभिभूत हैं कि वे इसकी तुलना पूर्ण खिले गेंदे के फूल से करते हैं। कवि केवल *दोरबार* की खुली हवादार गोलाकार बैठने की खासी व्यवस्था से ही अभिभूत होकर यह तुलना नहीं करते, वे खासी *दोरबार* के राजसीय ठाठ-बाट और भव्यता से परिपूर्ण शैली से भी प्रभावित हैं। *थाम* ही एकमात्र ऐसा कवि नहीं था जो खासी *दोरबार* के प्रति आराधना और प्रेम से लबालब भरा हो। *दोरबार* की प्रजातांत्रिक प्रकृति की चर्चा करते हुए *रिम्बाई* कहते हैं–

''की हिन्नीयू ट्रैप की राजा की भूमिका के बारे में अवधारणा और ये तथ्य की सत्ता जनता के हाथों में होती है, ही उनकी राजनैतिक संस्था की गणतन्त्रीय प्रकृति की आधारशिला है। इस राजनैतिक संस्था में लोगों की राय आमसहमति से व्यक्त होती है। ऐसी बहसों के दौरान पक्ष-प्रतिपक्ष दोनों तरफ के वक्ताओं में एक भाईचारे का वातावरण बना रहता है चूँकि प्रत्येक भागीदार अपने लक्ष्य की इस भावना के नियम से निर्देशित होकर चलता है कि–या का बा देई इन या बत, या का बा लाइत इन या ब्रेत अर्थात् जो सत्य है उसे हम बरकरार रखेंगे, और मानेंगे, जो गलत है उसे हम नकारेंगे और रद्द करेंगे।''

हिन्नीयू ट्रैप लोगों की इसी विलक्षण प्रवृत्ति ने नेता सुभाष चन्द्र बोस को भी इतना प्रभावित किया कि उन्हें इंडियन नेशनल कांग्रेस के अध्यक्षीय भाषण में कहना पड़ा–

''जिन्हें लोकतन्त्र को सचमुच में क्रियात्मक रूप से लागू होते हुए देखना हो तो उन्हें खासी जैन्तिया की पहाड़ियों पर अवश्य जाना चाहिए और वहाँ के लोगों से

लोकतन्त्र की सच्ची आत्मा और अवधारणा को सीखना चाहिए।''[9]

इस प्रकार की ऊँची प्रशंसा के साक्ष्य उत्तर-पूर्वी भारत में ब्रिटिश साम्राज्य के निर्माता *डेविड स्कॉट* और *नौंगख्लाव* के *सिएम तिरोत सिंह* के बीच, उनके राज्य की रीमा से होते हुए *सिलहेट* तक सड़क बनाने की जमीन के बारे में हुई वार्ता के दस्तावेजों में उपलब्ध हैं। *हेन्री इंलिश* नामक एक व्यापारी उस समय *स्कॉट* के साथ ही जा रहा था। उसी के दर्ज किए हुए दस्तावेजों में निम्न संवाद मिलता है—

''परिचारकगण, तलवार, धनुष और थर्राते हुए तीरों से लैस पहाड़ी पर पहुँचे। आगे बढ़कर राजा ने सभी नागरिकों एवं भिन्न-भिन्न वक्ताओं को उस दिन की सभा के विषय के बारे में विस्तारपूर्वक समझाया और उन्हें अंग्रेजी हकूमत द्वारा प्रस्तावित रोड के लिए जमीन देने के बारे में, अपनी राय और भावनाएँ, सबके समक्ष रखने को कहा। मुख्य वक्ता जो प्रतिपक्ष से था, ने इस कदम के खिलाफ एक लम्बे आरोपों की सूची रखी दी। वह सभा में सतत् बोलता जा रहा था। उसकी भाषा के सतत प्रवाह के साथ-साथ उसका मुख, हाथ-पाँव और उसके सभी अंग-प्रतिअंग, उसके हाव-भाव को पूरी तरह व्यक्त करने में साथ दे रहे थे। इस विपक्षी का जबाब राजा पार्टी के वक्ता की तरफ से दिया गया। इस प्रकार देर रात तक बहस जारी रही और वार्ता इधर से उधर वाद-प्रतिवाद में चलती रही। उनकी इस सभा में शान्तिपूर्वक और अनुशासनिक ढंग से बहस जारी थी। बहस और सभा को इस शालीन और मर्यादित तथा शिष्टाचारपूर्ण ढंग से चलते देखकर मैं आश्चर्यचकित रह गया। कोई शोर-शराबा नहीं, वक्ताओं द्वारा एक दूसरे को या विपक्षी पार्टी को नीचा दिखाने के लिए कोई अशोभनीय आचरण नहीं किया गया। उल्टे हर वक्ता को पूरी तरह सभी ने ध्यान देकर सुना। मैंने प्रायः सेन्ट स्टीफन चैपल में कई बहसें देखी हैं लेकिन कोशिया संसद सबसे अधिक प्रतिष्ठित अन्दाज से चलाई गई लगती थी।''[10]

निचले पैरा में उपर्युक्त बातों की चर्चा करते हुए कवि *सिएम* की भूमिका और उसके कार्य पर प्रकाश डालते हैं। साथ ही वे भूमि राजस्व व्यवस्था जो उनके पूर्वजों ने तय की थी, पर भी प्रकाश डालते हुए कहते हैं—

उसके पास थे सड़क और बाजार/जिन्दा रहने के लिए/उसके पास रहतीं थीं हमेशा बेड़ियाँ /थी उसके पास जुर्माना लगाने की शक्ति /लेकिन कोई नहीं देता था उसे टैक्स /सभी समाज का—समाज ही सर्वोपरि/भूमि अपनी/वही लोग ही हैं कौम के मालिक

(सैक्शन–VIII, 127, 132)

कवि 'उसके' शब्द का प्रयोग राजा के लिए करता है और 'वही' शब्द का प्रयोग नागरिकों के लिए करता है राजा की आय की तरफ इशारा करते हुए कवि ने जो कहा है उसे रिम्बाई निम्न तरीके से व्याख्यायित करते हैं—

''उनकी (सिएम की, बखराओं की, सिएम राइजों की और बासान्स की) आय

9. रिम्बाई की उक्ति के अनुसार ऊपर 5, देखें. एन. पेज।
10. रिम्बाई की उक्ति के अनुसार ऊपर 5, देखें. एन. पेज।

अपराधिक मामलों के जुर्मानों, सिविल मुकद्मों की फीस, मर्किट पर लगी टोल आदि से प्राप्त होती है जो हिमा और राइज को मिलती है। इसके अतिरिक्त जब वे अपने पद पर कार्यरत होते हैं तो उन्हें उनके उपयोग हेतु खेती करने के लिए जमीन भी आवंटित की जाती हैं। यह जमीन आमतौर पर जीवन भर के लिए दी जाती है, जब तक कि उसे नैतिक पतन या शारीरिक विकलांगता के कारण हटा न दिया जाए।'' (एन. पीएजी.)

यह देखा जा सकता है कि राजा बाजार से तथा बाजार में ले जानेवाली उत्पादित वस्तुओं पर टोल ले सकता है। वह दंड तो लगा सकता है और अपराधिक या सिविल मामले भी चला सकता है। वह दैनन्दिनी प्रशासन की देखरेख भीं कर सकता है लेकिन वह कोई टैक्स नहीं लगा सकता। कवि इन पंक्तियों के माध्यम से–''उसके पास हमेशा रहतीं थीं बेड़ियाँ/जुर्माना लगाने की शक्ति थी उसके पास'' उपर्युक्त सैद्धान्तिक मूल्य की बातें ही व्यक्त करता है। कवि की ये पंक्तियाँ–''सभी समाज का–समाज ही सर्वोपरि /भूमि अपनी/वही लोग ही हैं कौम के मालिक'' की व्याख्या हिप्शन रॉय निम्न प्रकार करते हैं–

''सन् 1847 में ब्रिटिश कोर्ट ऑफ जस्टिस ने एक कौम के पारम्परिक नियमों को आधार मानकर निम्न डिक्री दी–'खासी पहाड़ियों की भूमि या जमीन धरती पुत्रों की सम्पत्ति होती है और उसका मालिक किसी प्रधान को जवाबदेह नहीं होता और न ही वह उस जमीन पर किसी प्रकार का टैक्स भरता है।' ऐसी भूमि का मालिक कोई व्यक्ति, वंश अथवा समाज या गाँव की कम्यून अथवा कई गाँवों के समूह भी हो सकते हैं।''

यह है हिन्नीयू ट्रैप की लोगों की राजनीति और उनके राज्यों के गठन का स्वरूप जो लोकतांत्रिक मूल्यों और गणतन्त्रीय सिद्धान्तों पर आधारित है, जिन्हें विश्व की सर्वश्रेष्ठ संस्कृतियों के प्रतिनिधि के रूप में सुभाष चन्द्र बोस और डेविट स्कॉट जैसे लोगों से सर्वश्रेष्ठ प्रशंसा प्राप्त हो चुकी है। जैसे पहले भी कहा जा चुका है कि इसी उच्च राजनैतिक चेतना और समझदारी ने ही कवि को इतने शक्तिशाली रूप से प्रेरित किया कि उसने लिख डाली–'द ओल्डन डेज़ ऑफ ऊ हिन्नीयू ट्रैप!' कवि मुक्त कंठ–खुले अन्दाज़–और ऊँचे स्वर से गाने लगा...।

अनुवाद : *रमणिका गुप्ता*

●●●